休闲美学读本
Aesthetics of Leisure: A Reader

赖勤芳 主编

培文读本 —— 文艺学—美学读本丛书

北京大学出版社
PEKING UNIVERSITY PRESS

图书在版编目（CIP）数据

休闲美学读本／赖勤芳主编． —北京：北京大学出版社，2011.5
（文艺学—美学读本丛书）
ISBN 978-7-301-18620-6

Ⅰ. ①休… Ⅱ. ①赖… Ⅲ. ①闲暇社会学：美学-研究 Ⅳ. ①C913.3

中国版本图书馆 CIP 数据核字（2011）第 035340 号

书　　　名：	休闲美学读本
著作责任者：	赖勤芳　主编
丛 书 策 划：	高秀芹　于海冰
责 任 编 辑：	于海冰
标 准 书 号：	ISBN 978-7-301-18620-6/B·0964
出 版 发 行：	北京大学出版社
地　　　　址：	北京市海淀区成府路 205 号　100871
网　　　　址：	http://www.pup.cn　电子信箱：pw@pup.pku.edu.cn
电　　　　话：	邮购部 62752015　发行部 62750672　编辑部 62750112
	出版部 62754962
印 　刷　 者：	三河市欣欣印刷有限公司
经 　销 　者：	新华书店
	787 毫米×1092 毫米　16 开本　21 印张　310 千字
	2011 年 5 月第 1 版　2011 年 5 月第 1 次印刷
定　　　　价：	38.00 元

未经许可，不得以任何方式复制或抄袭本书之部分或全部内容。
版权所有，侵权必究。举报电话：010-62752024　电子信箱：fd@pup.pku.edu.cn

目 录

导　论　休闲与休闲美学 / 1

第一编　休闲的审美蕴涵 / 11
  理解休闲
 选文一　爱丁顿、陈彼得论休闲 / 12
 选文二　王国维论人间嗜好 / 17
 选文三　朱光潜谈消遣 / 20
 选文四　三木清论旅行 / 25
 选文五　罗素论休闲的娱乐 / 28
  艺术形式与休闲
 选文一　胡适论故事诗的起来 / 37
 选文二　鲁迅论宋人之"说话" / 38
 选文三　丹纳论法国文化和古典悲剧 / 41
 选文四　瓦特论小说的兴起 / 45
 选文五　本雅明论趣味、灵晕和电影 / 51
  休闲与审美传统
 选文一　庄子论"逍遥游" / 60
 选文二　林语堂论孔子的幽默 / 62
 选文三　宗白华论艺术生活、美学的散步 / 66
 选文四　赫尔德论希腊艺术 / 70
 选文五　海德格尔论荷尔德林的诗 / 76

第二编　休闲审美的构成 / 87

休闲的主体

选文一　金圣叹论善游人 / 88
选文二　丰子恺论画家之生命 / 90
选文三　福塞尔论中上层阶级 / 93
选文四　费斯克论消费的妇女 / 96
选文五　鲍曼论在消费者社会中做一名消费者 / 102

休闲的对象

选文一　古尔蒙论海之美 / 109
选文二　陈从周论园日涉以成趣 / 112
选文三　卢伯克论家的快乐 / 114
选文四　莫特论伦敦大都市及苏和区 / 120
选文五　费瑟斯通论身体的形象 / 123

休闲的依据

选文一　亚里士多德论快乐与幸福 / 131
选文二　康德论艺术一般与美的艺术 / 136
选文三　蔡元培论美育与人生 / 139
选文四　里斯曼等论自主性、娱乐的地位 / 141
选文五　戈比论"畅" / 144

休闲的方式

选文一　李渔论随时即景就事行乐之法 / 149
选文二　莫洛亚论休息的艺术 / 152
选文三　巴赫金论拉伯雷笔下的筵席形象 / 154
选文四　克雷克论工作与娱乐的时装化 / 159
选文五　斯道雷论后现代流行音乐 / 169

第三编　休闲审美的制约 / 177

工作与休闲伦理

选文一　西蒙论奴隶制与异化 / 179
选文二　卡莱尔论劳动 / 181
选文三　杜亚泉论劳动主义 / 183
选文四　米尔斯论白领的工作与闲暇生活 / 185
选文五　亨德森等论工作与女性休闲的关系 / 188

消费与快感政治

选文一　凡勃伦论明显消费 / 197
选文二　李欧梵论上海咖啡馆 / 204
选文三　钱尼论大众娱乐 / 209
选文四　威尔逊论时尚、福柯和身体 / 213
选文五　波德里亚论休闲的悲剧或消磨时光之不可能 / 218

技术与审美生存

选文一　麦克卢汉论游戏——人的延伸 / 231
选文二　雅斯贝尔斯论体育运动 / 242
选文三　豪泽尔论广播与电视 / 244
选文四　贝尔论透明的生活 / 248
选文五　鲍尔格曼论过度活动 / 254

第四编　休闲的生活艺术 / 261

中国人的休闲生活艺术

选文一　陶渊明记酒（诗六首） / 262
选文二　白居易记闲适（诗六首） / 264
选文三　苏东坡谈养生 / 266
选文四　袁中郎记游（文三篇） / 267
选文五　袁枚记随园（文三篇） / 269
选文六　周作人谈喝茶 / 271
选文七　梁实秋谈雅舍 / 273
选文八　老舍谈避暑 / 276
选文九　张爱玲谈跳舞 / 278

西方人的休闲生活艺术

选文一　蒙田谈闲逸 / 289

选文二　卢梭谈独步旅行 / 291

选文三　欧文谈伦敦寻幽 / 292

选文四　梭罗谈湖边钓鱼 / 297

选文五　黑塞谈古老的音乐 / 300

选文六　普利斯特莱谈无所事事 / 304

选文七　爱尔斯金谈忙里偷闲 / 308

选文八　勃兰库谈冰上旅行 / 309

选文九　波伏瓦谈假期的欢乐 / 314

选文十　法迪曼谈咖啡 / 315

后　记 / 327

导论　休闲与休闲美学

"采菊东篱下，悠然见南山。"陶渊明《饮酒》诗中的这两句描写了在劳动间隙远望南山的情景。"采菊"本是一项生产性活动，需要人的体力的付出，但诗人并不因此感到疲惫，反而成为诗意性的劳作。在采菊的过程中，诗人抬起头，望见夕阳余晖笼罩下的南山，此时个体生命与天地自然完全化成一体，而劳动的意义也就在生命体验中得到了升华。在这里，诗人给了我们重要的启示：只要我们有自由、超脱的心态就可以摆脱任何羁绊；生活也并不总是需要持续地劳动，通过一些非直接生产性的活动同样可以实现生活的意义。然而，问题的关键是我们能否脱离劳动与休闲对立的常见，寻得一种统一性的生活观，达至陶渊明式的境界？对于一个处于社会中的人来说，劳动、工作自然是一件天经地义的事情，休闲又何曾不是？

一、生活、休闲之美

休闲首先是一人与人生快乐相伴随的问题。快乐是永恒的人生话题。人有生之累，也有生之乐，人生永远充满两面性，人生也永远是一个问题。快乐是人的一种本能；追逐快乐亦是每个人的需要，但对快乐的理解方式又是因人而异的。林语堂说："人生世上，他的问题不是拿什么做目的，或怎样去实现这目的，而是怎样去应付此生。"[①] 在他看来，"快

[①] 林语堂：《生活的艺术》，东北师范大学出版社1993年版，第132页。

乐"就是"应付此生"的最好办法之一。我们也发现诸多前人也无不把"快乐"视为生活哲学，他们谈"快乐"之理，行"快乐"之事，如孔子的"曾点之乐"、孟子的"三乐"、王子猷的"乘兴"、白居易的"闲适"、苏东坡的"养生"、金圣叹的"不亦快哉"、李渔的"闲情"等；如周作人的"喝茶"、梁实秋的"雅舍"、张爱玲的"跳舞"、老舍的"避暑"、汪曾祺的"品味"；如蒙田的"闲逸"、卢梭的"独步旅行"、欧文的"寻幽"、马克·吐温的"冒险"，等等。此处虽然不能一一列举，但是由此我们可以明了每个人都可以选择一种属于自己的快乐生活方式，可以在生活中感受各种快乐和在快乐中享受各种别致的生活。

休闲就是一种快乐。正是由于休闲本身所呈现出的那种从容、恬静而成为大多数人想获得、拥有的一种存在状态和孜孜以求的生活目标。公元前4世纪的亚里士多德就把休闲作为人类最理想的生存和应该享受到的最完美的幸福，他说休闲是"一切事物环绕的中心"，认为休闲提供了内心世界的平和、宁静。先哲庄子有曰："相忘于江湖。"所谓的"相忘"就是那种忘却外在的世界，摆脱人世的束缚，专注个体生命之存在的闲态适情。庄子式的"闲"在从中国古代陶渊明到现代林语堂（有人称他为"现代庄子"）等一大批士人、文人身上都有广泛的体现。他们以一种悠闲的心态去享受人生万物，在他们身上所彰显出的正是人应当具有的那种普遍而在的"乐生"情怀。"休闲是人类共同美丽的家园"，当代人如是说。

休闲的快乐是一种美的生活。古人云："人莫乐于闲，非无所事事之谓也。闲则能读书，闲则能游名胜，闲则能饮酒，休闲则能著书。天下之乐，孰大于是？"[①] 休闲的快乐并非是空洞时间的消磨，而是在生气勃勃的时间中获取最大的利益，是人在有限的生命旅程中获得的那种无限的生活满足，或是愉快的、或是有用的。有用的满足志在实用价值的最高化或物质索求的最大化，而愉快的满足作为对生理和精神状态的肯定的情感，它最大限度地发挥了人的本能和存在的需要。一个人如果同时满足了自己和他人，那也是一种快乐和满足，"产生于对他人有用的满足感，是唯一具

[①] 张潮：《幽梦影》，史念林、李竹君注，华夏出版社2006年版，第34页。

有明确无误的积极的价值内涵的日常满足"①。因此，休闲的快乐并不完全在于物质上是否满足，重要的是在于拥有一种积极的价值观和一种精神上的超越感。休闲的生活方式，特别是审美性的休闲生活方式，可以极大地提高日常生活的快乐指数，因为审美是人的专利，是人的最高需求，是人获得身心解放的最佳途径之一。如今，获得审美性的快乐已成为一种普遍的日常生活诉求。当代人与休闲的关系越来越密切，越来越离不开休闲，人们也越来越认识到健康、丰富、快乐地度过闲暇时间的合理性、重要性，因此也有越来越多的人呼吁要"聪明地休闲"、"掌握玩的艺术"。

休闲的重要性不容置疑，然而我们似乎已认同休闲是依附劳动的"他者"形象，认定劳动（或工作）是必需的，而休闲是可以选择的，实际上我们又总是偏重前者，漠视后者，甚至取消它的存在的根本意义。这些片面的理解实乃源于我们生活的某种缺陷。鉴此，对于蕴含在人类思想史中丰富的休闲思想必需给予关注，因为"休闲既是一种古老而又精英化的观念，又是一种理想"②；对于层出不穷的当代各种休闲现象我们必须给予关注，因为我们处在一个注重生活品质的"休闲导向的社会"（Leisure Oriented Society）。研究休闲，特别是从美学视角去解读、分析，不仅可以深化理解幸福生活的含义，而且可以极大地提升美学的生活品格，促进美学的当代建设。

二、美学的休闲之维

实际上，"美学"与"休闲"之间具有内在联系。1750年鲍姆嘉滕《美学》一书的出版，标志着现代意义上的美学学科的建立。他说："美学作为自由艺术的理论、低级认识论、美的思维的艺术和与理性类似的思维

---

① ［匈］阿格妮丝·赫勒：《日常生活》，衣俊卿译，重庆出版社1990年版，第275页。
② ［美］托马斯·古德尔等：《人类思想史中的休闲》，成素梅等译，云南人民出版社版，第2页。

的艺术是感性认识的科学。"① 这一界定初步规定了美学的基本性质、研究对象，并开启了美学研究的一个方向。虽然鲍氏并没有直接提到"休闲"，但是由于逻辑地建立起美学的认识论性质，特别是把它限定于"感性认识"范畴，不仅抬升了感性认识的地位，而且为后来美学功能的扩张预设了前提。鲍氏还把美学同时作为艺术和科学，用于指导实践，具有一种实用倾向。这些都为我们今天重审休闲的美学内涵提供了依据，因为"休闲"的要义之一就在于追求感性生活的满足和快乐。真正从审美学的角度考察休闲（闲暇）活动的是西方古典美学大师康德。他在谈到艺术本质问题时曾使用了"游戏"的概念。他说："艺术还有别于手工艺，艺术是自由的，手工艺也可叫做挣报酬的艺术。人们把艺术仿佛看作是一种游戏，这是本身就愉快的一种事情，达到了这一点，就算是符合目的；手工艺却是一种劳动（工作），这是本身就不愉快（痛苦）的一种事情，只有通过它的效果（例如报酬），客观存在才有些吸收力，因而它是被强迫的。"② 在今天看来，"游戏"是休闲学研究的重要对象之一，它是一种与"娱乐"、"旅游"等相提并论的重要休闲方式。康德将艺术活动与游戏活动进行类比，认为艺术具有审美性的、游戏性的特征。这一观点的重要性不仅在于使得"游戏"范畴进入了美学领域，而且启发了后世一些美学家的思考，席勒就是典型代表之一。他"依康德理论为原则"，建立起了相当深刻的审美游戏论。他说："只有游戏才使人成为完全的人，使人的双重天性一下子发挥出来"；"人同美只应是游戏，人只应同美游戏"；"说到底，只有当人是完全意义上的人，他才游戏，只有当人游戏时，他才完全是人。"③ 这位西方的"美育之父"将美学同时作为社会学，用游戏理论批判西方因技术理性而导致的人性异化现象，用游戏式的审美解放处于水深火热之中的人类。席勒的"救世主义"美学昭示了人类摆脱理性桎梏的一种方式以及运用它的前景。在西方，马尔库塞等重要的美学家也都禀承了

---

① ［德］鲍姆嘉滕：《美学》，简明、王旭晓译，文化艺术出版社1987年版，第13页。
② ［德］康德：《判断力批判》（上），宗白华译，商务印书馆2000年版，第149页。
③ ［德］席勒：《审美教育书简》，冯至、范大灿译，北京大学出版社1985年版，第78—80页。

这一"精髓",从而推动了西方美学的现代性进程。

西方审美自由(游戏)说也是建构中国现代性美学的重要理论资源之一。上世纪初,王国维译介德国美学,并用于改造中国传统美学,开辟了中国美学的新境界。他以叔本华为中介,"四读"康德,重点汲取了康德审美无功利的思想,发展了关于文学本体、审美形式和意境等理论的美学内涵。而在关于美育理论和国民性改造的启蒙话语建构中,王国维则较多地移用了席勒的观点,其中又以游戏说最为直接,这在《教育之宗旨》、《文学小言》、《人间嗜好之研究》、《孔子之美育主义》等重要篇目中都有突出的体现。可以认为,"游戏"是王国维新构中国美学的逻辑起点之一。事实上,在王国维之外我们也能较普遍地发现中国现代美学家的这种共同取向,即他们都喜爱选择游戏、娱乐、消遣等日常活动作为言说美学的参照和对象。像蔡元培、朱光潜、宗白华、周作人、林语堂、梁实秋、张竞生、杜亚泉、陈望道、丰子恺等,他们都曾以不同的方式谈及,并从美学、文学、心理学、社会学、教育学等不同角度作过相当精彩的论述。[①]这使得中国现代美学具有了一种游戏(休闲)品格。

为什么作为人类日常活动重要形式之一的"游戏"总是能成为美学家们用于阐释美学的切入口呢?这应该与游戏活动本身的特点有关。正如康德所说的,游戏本身是一件愉快的事情。作为艺术的游戏特征正基于它的一种愉悦效果,而这又与审美的自由特征具有一致之处。所以,在这一层意义上说,游戏就是审美,就是自由。尽管游戏具有生理性、动物性的一面,但它无疑能够被提升为人的一种合理活动方式。以游戏为代表的各种闲暇活动,其实贯入其中的都是人的生机和创造性活力,它们最本真地显现了自由自在的生命形式。

从康德、席勒到王国维,这一美学发展线路告诉我们:当美学挣脱传统的形而上学的樊篱而转入世俗日常生活批判之机,"游戏"应当是一种人的普遍而真实的生存感受。游戏在美学上的重要性不言而喻。可喜的是,在美学之外,"游戏"的意义也被不断发掘、重提和强化,如赫伊津

---

① 由于篇幅所限,此处不便展开讨论。(或可参考本书相关选文)

哈《游戏的人》和麦克卢汉《理解媒介》两书中都有相当独到的论述。此外,"游戏"的事实在消费社会也变得越来越显著。随着闲暇时间的增加、交通技术的发达、媒介图像的不断冲击,人们的日常生活不断被"审美化"的现实所建构,越来越多的因子披上美学的外衣。这个"审美化"的时代也正是"游戏化"、"娱乐化"的时代,即一个"休闲的时代"。在"日常生活审美化"的语境下,美学与休闲的紧密合作关系显得更加凸显。

三、休闲美学的论域

研究休闲美学必须要有一个分析的逻辑起点。在此,"日常生活"将是一个十分有用的概念,因为日常生活是每个人无时不以某种方式从事的活动,与自己息息相关。休闲活动是日常生活中的特定部分,它蕴含在日常生活之中,既超越一般的日常生活活动,又反哺于日常生活活动本身。休闲美学的旨趣在于还原日常生活世界的诗性,通过去除日常生活世界的"平庸"而体验它的"神奇"。

首先,休闲美学应着手于日常闲暇活动的审美关联。人因活动而产生了各种日常生活现象。所谓的"日常生活"应当是指"那些同时使社会再生产成为可能的个体再生产的要素的集合"①。因此,各种日常生活现象当中也都包含了个体与社会两种"再生产"要素,它们的"可能"关系生成了日常生活活动形式的多样性,闲暇活动即为其表现之一,而它的具体类型又是多种多样的。休闲美学始于对各种闲暇活动的分析,并将闲暇活动作为一种重要的人的生活活动和一种突出的社会现象来看待。总之,对闲暇活动本身以及由此产生的各种关联问题都是休闲美学首先应当去关注的。

其次,休闲美学应着眼于日常休闲体验的审美提升。对日常生活的态度是人对世界更高且更复杂的反映方式的基础,正如卢卡契所说:"如果

---

① [匈]阿格妮丝·赫勒:《日常生活》,衣俊卿译,重庆出版社1990年版,第3页。

把日常生活看作是一条河流,那么由这条长河中分流出了科学和艺术这样两种对现实更高的感受形式和再现形式。它们互相区别并相应地构成了它们特定的目标,取得了具有纯粹形式的——源于社会需要的——特性,通过它们对人们生活的作用和影响而重新注入日常生活的长河。"① "第一性"的日常生活态度正是体验特征重要性的表明。但体验又是有层次的,分一般体验和特殊体验,或审美性体验和非审美性体验。因此,以闲暇活动为基础的各种休闲体验也有一般和特殊、审美性与非审美性之别。体验的本质在于它的直接性和获得性,休闲体验亦如此。尽管我们可以从时间的、行动的、精神状态等不同维度来理解"休闲",但是休闲体验最为本质的规定仍是自由,它可以是工作的自由时间,是任由自己支配的行动自由,是无任何羁绊的自由状态。但休闲的自由又是有条件的,"是一种成为状态的自由,是在生活规范内作决定的自由空间。"② 所以,真正的休闲的自由应是情境的自由、个人选择的自由、行使的自由,是在一个相对自由的生活中体验到的"价值"感,让你暂时摆脱外在的压力,让你即使是在工作之中也会体会到的"畅"即审美自由感。因此,真正的休闲是一种被高度提升了的审美体验。休闲美学就要探讨获得这种"最佳体验"的各种美学条件,包括实现方式、途径及影响因素等。

再次,休闲美学应着力于日常休闲生活的审美建构。日常生活是"总体的人"在其中得以形成的活动,有一个对象化的过程,但并不意味着每一具体的日常活动都是对象化的,而实际上也不是所有的对象化对象都处于同样的层面。这种异质性决定了日常生活的有效范围。只有实现了对象化了的日常生活才是有意义的、美的生活。休闲的境界在于美,美也是有意义的日常生活的最高层次。休闲的美在于它作为处理日常生活的最为恰当的方式之一,是为追求心理满足的获得而开展的广泛活动,其中内隐了一种获得愉快和欢乐的日常满足感。按照倭铿(Ruddf Eucken)的说法,

---

① [匈] 乔治·卢卡契:《审美特性》,徐恒醇译,中国社会科学出版社1986年版,第1页。
② [美] 约翰·凯利:《走向自由——休闲社会学新论》,赵冉译、季斌校译,云南人民出版社2000年版,第20页。

这是人类过上有意义生活的"倒数"。因此，在审美的日常生活视野中，休闲美学获得了一种向度，即通向"还原"的方式达到创造性的诗意生活。作为生活美学的重要部分，休闲美学从审美的角度审视日常生活，它不是要取消日常生活，而是要重新定义日常生活，提升日常生活的审美品质。因此，廓清日常生活中的各种休闲现象，发现休闲的审美蕴涵，确证何为"休闲之美"和"美之休闲"就变得十分重要和迫切。而从审美的日常生活化这一合理性出发，分析休闲审美的构成及制约因素，可以使我们摆脱对日常生活和休闲的浅见；发掘休闲审美的传统，可以使我们更好地正视休闲的文化根基和当代产业化趋势。唯有如此，休闲美学才是可能的。

诚然，从休闲学视角考察各种休闲现象也可以达到上述的一般目标，但从美学这一更高的视角审视休闲，可以突出休闲的"存在"意义。一般来说，休闲学侧重于研究休闲活动的一般规律，诸如休闲行为、休闲方式、休闲需求、休闲观念、休闲心理、休闲动机等内在机制问题，也包括休闲与制度、教育、科学、宗教等社会文化问题的研究，特别是休闲与社会进步、人类文明之间的相互关系的研究。将休闲学整合到美学的框架下，既可以使休闲研究获得社会学的支援，又可以获得图描美学新前景的契机。我们谈论休闲美学，并非局限于学理上的探究，而是致力于日常休闲的美学提升，促进日常性休闲向审美性休闲的合理转化，真正使休闲成为美，使休闲成为更具积极，更有意义的生活方式，从而引导人们参与到有效的休闲活动当中，以重建美好的生活理想。

四、本书的编写思路

西方学者曾预测在本世纪不久即进入"休闲时代"，发展中国家将紧随其后。"休闲时代"的到来必将激发我们更加重视研究休闲问题。近年来，许多西方休闲思想介绍到国内来，已出版了一批较有影响的休闲学译著，而国内也有不少的专著问世。休闲研究热潮在国内悄然而起，"休闲美学"也成为其中的重要课题之一。① 如上所说,休闲美学具有特定的理论蕴涵、问题论域、现实意义和发展潜力,特别表现在它对促进形成人类健康、合理、和谐生存理念方面具有无可替代的作用,这种重要性将进一步促使当下人们对休闲问题进行美学思考。现在看来,这一视角在国内毕竟仍是一个较为新颖的领域,期待我们去开拓。国内虽然出版了一两本以"休闲美学"为名目的专著和公开发表了一些相关论文,但无论从数量还是内容来看,都是十分有限的,谈不上是对休闲美学的全面研究,更难以形成休闲美学研究的气候,而这种情况又是远远不能与目前日益高涨的"休闲热"相匹配的。正如我们需要劳动和工作一样,我们也需要休闲,需要了解有关休闲美学的一系列问题。基于这些实际情况,编写一部读本性质的"休闲美学"就显得十分必要。

　　为清晰思路,本书力求在内容与形式两方面都有兼顾,特意在结构和体例上进行了一些设计。全书围绕"什么是休闲美学"这一核心问题进行结构,共分四编,分别是"休闲的审美蕴涵"、"休闲审美的构成"、"休闲审美的制约"和"休闲的生活艺术"。其中,首编又分三章,分别侧重于休闲与审美、社会、文化的基本关系,而这三章又与其余三编构成一定的对应关系,从而形成了两个总分式的互文性结构。全书除选文外,每编、章都设导读、编后感言、思考题、阅读书目等环节,以便于读者的深入思考。本书力图通过这一思路为读者呈现休闲美学的面相。在编写过程中,坚持以下三条"现实"原则:一是以现实的社会语境为依托,突出问题意识,紧抓几个核心问题并进行适当的延伸讨论;二是以现实的精神观照历史,发现传统,融古入今,兼顾中西,努力提供多角度的理解方式;三是以现实的大众读者和一般研究者为服务对象,选文尽量做到广泛,一人一篇,作者不重复;尽量生动易懂,雅俗皆赏。本书力图通过这样的结构、体例安排和原则坚守,让读者在休闲的语境中领会生活的真谛,即谓走进休闲园地,体觉闲情适意,启悟美学人生。

---

　　① 有关休闲研究概述可参考马惠娣的著作《休闲:人类美丽的精神家园》"第四编"。(中国经济出版社2004年版)

兹引西方学者的一段话作为结尾：

世人能够进行休闲吗？依照上面我们对休闲的定义，答案自然是肯定的。但是，休闲通常被以其他方式来定义，他们不懂得休闲是什么，因此也不相信有这样一个世界。休闲不仅仅只是自由时间，尽管它是一种有用的资源。重要的是我们的选择，而它不仅仅是逃离。失去目标的自由会具有毁灭性的力量；如果它的得可以带来什么，那么，这也完全是偶然的，因为它并不体现出任何积极的人的目的。休闲如果真要成其为休闲的话，那么，它将人的目的体现于其中。所以，我们应该相信休闲，因为唯有在休闲之中，人类的目的方能得以展现。[1]

---

[1] ［美］托马斯·古德尔、杰弗瑞·戈比：《人类思想史中的休闲》，成素梅等译，云南人民出版社2000年版，第282页。

第一编 休闲的审美蕴涵

导读

休闲与审美之间存在复杂而微妙的关系。一个最基本的认识就是：休闲不等同于审美，但休闲可以成为审美。"从根本上说，所谓休闲，就是人的自在生命及自由体验状态，自在、自由、自得是其基本特征。休闲的这种基本特征也正是审美活动的最本质的规定性，可以说，审美是休闲的最高层次和最主要方式。"① 反言之，审美的生成渠道是多样的，它并非全部来自闲暇活动，但是闲暇活动中蕴含了审美生成的因子，因此，一般的休闲可以提升为相对特殊的审美。充分挖掘休闲的审美蕴涵，通过审美的视角去揭示休闲的内在，可以更好地理解休闲的内涵；从心理、社会、文化等不同关系去分析，我们可以获取事实上的支持，可以真正把握休闲的真谛。本编从对休闲的各种理解、解释出发，然后说明各种艺术形式、中西审美传统的产生与休闲之间的隐性关系，力求以此来突出休闲的审美内在及其向审美转换的可能。

理解休闲

导言

正如"什么是美"一样，"什么是休闲"也是一个人言人殊的话题。

---

① 潘立勇：《休闲与审美：自在生命的自由体验》，《浙江大学学报》（人文社会科学版）2005年第6期。

"休闲"一词虽然十分常见，但是相当耐人寻味。罗歇·苏说："是休闲还是娱乐？我们经常看到这个字用复数，这里我们已经发现，要在这个神奇的字后找到一个单一的定义是困难的。这个字常在演说中出现，像人生中享有特权的时刻在回响。"① 目前它仍然缺乏一个完整、有效的定义，尽管各方学者都基于自己的立场提出了自己的理解，形成了各种定义，但难以达到统一。大致看，理解休闲的方式有两种：一是间接性的，即在总结他人各种观点的基础上，并通过自己的理解，从而提出自己的见解；二是直接分析游戏、旅行、娱乐等各种闲暇活动，说明它们共同的心理、社会等重要功能，从而得出休闲的一般定义。这种旨在寻求"家族相似性"的办法，可以实现从定量到定性的分析目标。两种方式都为理解休闲提供了很好的路径。概而言之，"休闲"应是一个既具有开放性又有特别规定的概念。在各种理解中，审美意味应是"休闲"最为突出的内涵之一。

选文一　爱丁顿、陈彼得论休闲

……

3. 什么是休闲

想要给"休闲"下个定义，并非易事。对于休闲这一概念，我们可以从不同的文化视角来审视。在某个社会当中，休闲可能被看作是一个由人们构想而成的独特的文化概念；而在另一个社会里，人们则会把休闲这一概念同他们的工作联系在一起。进而言之，休闲是与社会文化规范、习俗价值观念紧密相关并受其影响的。举例来说，犹太基督教的伦理观念认为"懒惰是恶魔之工场"，这样的伦理准则促成了人们非常勤勉和非常敬业的工作态度，也就是所谓的清教徒或新教徒的工作伦理。尽管我们不太容易来界定休闲，但从以往几十年的相关文献材料来看，我们还是可以从三个不同的角度来定义它，即：时间、行动和精神状态。

---

① ［法］罗歇·苏：《休闲》，姜依群译，商务印书馆1996年版，第1页。

从时间的意义上来界定休闲，是把休闲看作一段不受外在约束的或说是自由支配的闲暇时间。基于这种界定，我们可以把人的生活区分为三种用途不同的时间：生存时间（existence time）、维生时间（subsistence time）和闲暇时间（freetime）。生存时间，指的是一个人维持身体机能的运转所花费的时间，即人们要花时间来吃饭、睡觉、打理或装扮自己。维生时间，是第二种用途的时间，它要被人们用在工作，或者说是要用在维持生计的奔波上，用以满足物质的和精神的需要。人们必须要通过工作来维持生计，以此来满足物质和精神方面的生活需要。最后一种就是闲暇时间了。人们通常把它看作是一种没有任何外在强制因素干扰的时间，在这些时间里，人们可以随其所愿去做自己喜欢的事。

我们似乎还在受到时间概念的困扰。正如丹尼尔·本贝克（Daniel Pinch-beck）所分析的那样：

> 我们会提及诸如时间很充裕、时间用完了、跟时间赛跑、浪费时间、花时间、度日如年、消磨时间之类的话题。我们会把时间说成是一个"量"的概念——"时间就是金钱"，这样来说，时间就有了"够"与"不够"的区别。"时间"是我们创造出来的一个工具手段，有了它，我们就可以构建三维的世界，使其成为现实存在。（2006, p. 212）

在休闲学领域，我们意指的是时间的深度开发，即要用尽可能少的时间去包容和浓缩尽可能多的东西。

将休闲理解为闲暇自由时间的概念很有可能是源于工业革命的兴起。正是在工业革命时期，时间才变得标准化、程式化和规范化起来。工业设备不但要求重量、计量和规格测量的精准化，同时也要求工作过程本身的高度组织化。通过一种系统化和程式化的方式，工作本身要由一个管理者、一份时间表或者是一台机器来调控，成为后者的"附属物"。由此，人们就有了工作时间和闲暇自由时间的区分。人们是否有机会享有闲暇时间乃至于闲暇时间滥用的问题，便都成为个人、社区和社会所广泛关注的话题。

后来，又出现了视休闲为一种行为活动的认识。也就是说，休闲是由具有某些特性的一些特定的活动构成的，其所包含的那些特性，使它们同人们生活中的其他一些活动区别开来。比如说，如果我们把休闲和工作对照一下的话，就会发现后者通常被看作是一种有报酬的活动，而休闲活动则并非如此，人们可以沉迷其间而不计任何报偿。休闲活动包括很多不同的类型：体育活动、户外游戏、业余爱好、文学活动、艺术活动、表演艺术（音乐、舞蹈和戏剧）、水上运动、社会活动、康体健身、旅游观光和志愿者活动等。上述这些活动，可以通过不同的形式，有组织地加以展开，其组织形式包括：组织比赛、自愿参加、培训班、俱乐部、重大活动、工作坊、兴趣小组以及延伸服务等。

把休闲理解为行为活动的这种定义方式自身也面临着某种困惑。那就是说，对于一项特定的行为活动而言，它在这个人看来是一种休闲活动，而在另一个人那里则可能就是一项工作。我们不妨以篮球运动为例作些分析。在许许多多的年轻人、中年人和老年人看来，打篮球无疑是他们乐于从事的一项休闲活动。可是，在另一种情形下来看，篮球运动则是一些人为了获取报酬而不得不参加的一项职业性的活动，而且，事实上，职业篮球运动员的报酬很高，每年都会获得数百万美元的薪水。再举例来说，很多人会把从事园艺当作一种休闲活动，然而，居家打理也会被看成是基本生活内容的一部分。我们要修饰整理草坪和收拾打理家庭内务是因为我们的文化当中存在着这样的规范和要求，要保持一种看上去整洁、干净和井然有序的状态。这样一来，我们就很难准确地把休闲界定为一种行为活动了，因为，我们需要注意区分一下，究竟还有哪些特定的属性，真正能使一项活动成为"休闲导向"的一种活动。

或许，将休闲理解为人的一种精神状态可谓是近来更广为人们所接受的一种定义方式。基于对休闲的这样一种理解，可以说，人们生活中的一切行为活动都有可能成为休闲活动。实际上，我们会发现这样一种有趣的现象，绝大多数休闲体验都是在非常偶然的一些社会场景下获得的。也就是说，休闲的体验常常会在你并不是那么郑重其事地同他人、同具体或抽象的事物接触时，甚至也就是在简短的自我对话当中萌生出来的。显然，这种情形可以与那种高度组织化的休闲活动形式，诸如有组织的体育活动、音乐会、社区的重大活动、艺术展或其他竞赛等形成鲜明的对照和反差。

把休闲理解为一种精神状态，其关键在于要认识和了解到体验休闲的感觉需要具备怎样的前提或条件。换言之，人们要获得休闲体验，其在精神状态上需要具备哪些条件？研究表明，如果一个人想要体验到休闲的感觉的话，那么，他就必须要具备三个重要的变量因素：能感觉到自己是自由自在的；能感觉到自己是能胜任的；自己拥有一种内在的动力。要判定一个人是否真的是自由的，也许并不那么恰当，因为自由是一个需要在文化层面上加以界定的概念；而更为妥当的做法则是，可以看他们是否能感觉到自己可以自由地去选择、去投身于以及去参与到某项活动中去。这种情况，也同样适用于人们对其能力的明确感知上面。要说一个人究竟是否有能力可以胜任某种休闲活动，并不那么确当。重要的是，他们对参与休闲活动所需的技巧、知识和技能是怎么感知和怎么认识的，这才是问题的关键。最后要讨论的是内在动力，它是指发自人们内心的想去参与某种活动的愿望。与内在动力相对应的是外在动力，在这种外力推动的情形下，一个人的行动会由酬赏奖励、认可肯定或是各类刺激等外在的因素激发起来。

4. 休闲要追求什么？

无论是对个人，还是对社区和整体社会而言，其所面对的一个最根本的问题在于：在休闲中到底要追求些什么？休闲，常常被理解为自由。从日常生活中的各种压力和束缚中摆脱出来，去追求自己所渴盼的目标，一直以来都是人类自身的一种夙愿。我们的生活图景常常被"框定"为如下的情形："要是我能有更多的时间可以寻找自己的生活乐趣、彻底摆脱工作的束缚，也不再会因为生计的需要而去做那些迫不得已的事情，那该有多好呀！"或是说："要是我能有更多的时间和金钱去做那些更合乎我兴趣爱好的事情又有多好啊！"事实上，这些富有挑战性同时也让人困惑不解的问题会决定和影响着人们怎么来看待休闲和怎么来安排自己的休闲生活。

　　回顾了关于休闲的各种哲学意义上的阐述和概念以后，我们就会非常清楚地看到，对于人们在休闲中究竟应追求些什么的问题，的确存在很多不同的看法。比如，如果我们在其最广泛的意义上将休闲理解为自由的话，那么，我们就应当支持这样的一种理解：休闲并没有什么特定的目的。也就是说，人们在休闲中是应当可以达成其任何愿望的。休闲的确可以不必具有任何功利的目的或预设的目标，而完全是一件从其所愿的事。而如果从另一种意义上来理解休闲的话，那么，休闲则常常要关乎怎样创造一些条件来帮助和推动个人、社区以及国家（社会），使其更好地去追求个人的幸福和快乐以及（或者）整体生活状况的改善或生活品质的提升。

　　那么，怎么将上述两种关于休闲的不同观点融会和协同起来加以理解呢？是否休闲仅仅是一种并没有什么特定目的的追求，还是它的的确确可以为个人、为其所在的社区乃至于为整个国家（社会），都提供某些改进和完善的条件与可能呢？这一问题的答案当中，上述两层意思或许都蕴含其中，但这需要从某个特定社会的社会文化内涵入手，来进行分析。很多人都认为，休闲可能会让人变得轻薄肤浅，导致不好的后果，尤其是那些自我陶醉和快乐至上的行为则更是如此。追求这些东西的实际结果，可能就会在个人、社区以及整体社会之生活中约束和限制休闲所蕴含的那些愉悦身心的诸多美好的东西。人们通常会认为，娱乐、消遣和玩乐之类的活动往往不会带来什么积极有益的影响。而休闲活动则能孕育出创造性的结果，会带给人们更为清醒的自我意识，展现出个人的价值，有助于人们的自我实现。

　　历史经验非常明确地昭示出，休闲是怎样为人们所意识和所觉察并且又是怎样遵循人们的主观意愿去展开的。它对于某一特定的社会文明来说，的确具有重大的、超乎寻常的影响。休闲，旨在创造各种机会和条件以期对个人、社区以及整体社会之生活水平的提高和生活品质的改善，起到一种提升、丰富、改善和支撑的作用。对于个人来说，休闲能够从社会、文化、心理、智力以及精神等诸多方面为人们的探索、反思和成长提供条件。人们正是通过休闲而去获取和关注那些新的知识、技能和生活态度，并将其运用于人生奋斗的历程。对于社区而言，休闲提供了一种聚合点或者说是一个基点，其能够反映出一个社区的集体精神以及它追求更高生活品质的热望。从国家（社会）整体的层面上来看，通过对政策的精心设计和对资源的有效配置以为民众提供更多的休闲机会从而提升他们的生活品质，自然成为广受人们欢迎的目标追求。对于那些致力于改善和提升生活品质的社区或者国家（社会）来讲，由于其广大的民众通过休闲而赢得了成长、发展和享受生活的机会，走向了生命的绚烂和辉煌，那么，这些社区或者国家（社会）自身也将会走向兴旺和发达。

……

——选自《休闲：一种转变的力量》，［美］克里斯多夫·爱丁顿、陈彼得著，李一译，浙江大学出版社2009年版，第5—8页

选文二　王国维论人间嗜好

活动之不能以须臾息者，其唯人心乎。夫人心本以活动为生活者也。心得其活动之地，则感一种之快乐，反是则感一种之苦痛。此种痛病，非积极的苦痛，而消极的苦痛也。易言以明之，即空虚的苦痛也。空虚的苦痛，比积极的苦痛尤为人所难堪。何则？积极的苦痛，犹为心之活动之一种，故亦含快乐之原质，而空虚的苦痛，则并此原质而无之故也。人与其无生，不也如恶生；与其不活动也，不如恶活动。此生理学及心理学上之二大原理，不可诬也。人欲医此苦痛，于是用种种之方法，在西人名之曰"To kill time"，而在我中国，则名之曰"消遣"。其用语之确当，均无以易，一切嗜好由此起也。

然人心之活动亦夥矣。食色之欲，所以保存个人及其种姓之生活者，实存于人心之根柢，而时时要求其满足。然满足此欲，固非易易也，于是或劳心，或劳力，戚戚眠眠，以求其生活之道如此者，吾人谓之曰"工

作"。工作之为一种积极的苦痛,吾人之所经验也。且人固不能终日从事于工作,岁有闲月,月有闲日,日有闲时,殊如生活之道。不苦者,其工作愈简,其闲暇愈多,此时虽乏积极的苦痛,然以空虚之消极的苦痛代之,故苟足以供其心之活动者,虽无益于生活之事业,亦鹜而趋之。如此者,吾人谓之曰"嗜好"。虽嗜好之高尚卑劣万有不齐,然其所以慰空虚之苦痛而与人心以活动者,其揆一也。

嗜好之为物,本所以医空虚的苦痛者,故皆与生活无直接之关系,然若谓其与生活之欲无关系,则甚不然者也。人类之于生活,既竞争而得胜矣,于是此根本之欲复变而为势力之欲,而务使其物质上与精神上之生活超于他人之生活之上。此势力之欲,即谓之生活之欲之苗裔,无不可也。人之一生,唯由此二欲以策其知力及体力,而使之活动。其直接为生活故而活动时,谓之曰"工作",或其势力有余,而唯为活动故而活动时,谓之曰"嗜好"。故嗜好之为物,虽非表直接之势力,亦必为势力之小影,或足以遂其势力之欲者,始足以动人心,而医其空虚的苦痛。不然,欲其嗜之也难矣。今吾人当进而研究种种之嗜好,且示其与生活及势力之欲之关系焉。

嗜好中之烟酒二者,其令人心休息之方面多,而活动之方面少。易言以明之,此二者之效,宁在医积极的苦痛,而不在医消极的苦痛。又此二者,于心理上之结果外,兼有生理上之结果,而吾人对此二者之经验亦甚少,故不具论。今先论博弈。夫人生者,竞争之生活也。苟吾人竞争之势力无所施于实际,或实际上既竞争而胜矣,则其剩余之势力仍不能不求发泄之地。博弈之事,正于抽象上表出竞争之世界,而使吾人于此满足其势力之欲者也。且博弈以但表普遍的抽象的竞争,而不表所竞争者之为某物。(故为金钱而赌博者不在此例)故吾人竞争之本能,遂于此以无嫌疑、无忌惮之态度发表之,于是得窥人类极端之利己主义。至实际之人生中,人类之竞争虽无异于博弈,然能如是之磊磊落落者鲜矣。且博与弈之性质,亦自有辨。此二者虽皆世界竞争之小影,而博又为运命之小影。人以执著于生活故,故其知力常明于无望之福,而暗于无望之祸。而于赌博之中,此无望之福时时有可能性,在以博之胜负,人力与运命二者决之,而弈之胜负，则全由人力决之故也。又但就人力言，则博者悟性上之竞争，而弈者理性上之竞争也。长于悟性者，其嗜博也甚于弈，长于理性者，其嗜弈也愈于博。嗜博者之性格，机警也，脆弱也，依赖也。嗜弈者之性格，谨慎也，坚忍也，独立也。譬之治生，前者如朱公居陶，居与时逐；后者如任氏之折节为俭，尽力田畜，亦制千金。人亦各随其性之所近，而欲于竞争之中，发见其势力之优胜之快乐耳。吾人对博弈之嗜好，殆非此无以解释之也。

若夫宫室、车马、衣服之嗜好，其适用之部分属于生活之欲，而其妆饰之部分则属于势力之欲。驰骋、田猎、跳舞之嗜好，亦此势力之欲之所发表也。常人之对书画、古物也亦然。彼之爱书籍，非必爱其所含之真理也；爱书画古玩，非必爱其形式之优美古雅也。以多相炫，以精相炫，以物之稀而难得也相炫。读书者亦然，以博相炫。一言以蔽之，炫其势力之胜于他人而已矣。常人对戏剧之嗜好，亦由势力之欲出。先以喜剧（即滑稽剧）言之。夫能笑人者，必其势力强于被笑者也，故笑者实吾人一种势力之发表。然人于实际之生活中，虽遇可笑之事，然非其人为我所素狎者，或其位置远在吾人之下者，则不敢笑。独于滑稽剧中，以其非事实故，不独使人能笑，而且使人敢笑，此即对喜剧之快乐之所存也。悲剧亦然。霍雷士曰："人生者，自观之者言之，则为一喜剧，自感之者言之，则又为一悲剧也。"自吾人思之，则人生之运命固无以异于悲剧，然人当演此悲剧时，亦俯首杜口，或故示整暇，汶汶而过耳。欲如悲剧中之主人公，且演且歌以诉其胸中之苦痛者，又谁听之，而谁怜之乎！夫悲剧中之人物之无势力之可言，固不待论。然敢鸣其苦痛者与不敢鸣其痛苦者之间，其势力之大小必有辨矣。夫人生中因无独语之事，而戏曲则以许独语故，故人生中久压抑之势力独于其中筐倾而簇倒之，故虽不解美术上之趣味者，亦于此中得一种势力之快乐。普通之人之对戏曲之嗜好，亦非此不足以解释之矣。

若夫最高尚之嗜好，如文学、美术，亦不外势力之欲之发表。希尔列尔既谓儿童之游戏存于用剩余之势力矣，文学美术亦不过成人之精神的游戏。故其渊源之存于剩余之势力，无可疑也。且吾人内界之思想感情，平时不能语诸人或不能以庄语表之者，于文学中以无人与我一定之关系故，故得倾倒而出之。易言以明之，吾人之势力所不能于实际表出者，得以游戏表出之是也。若夫真正之大诗人，则又以人类之感情为其一己之感情。彼其势力充实，不可以已，遂不以发表自己之感情为满足，更进而欲发表人类全体之感情。彼之著作，实为人类全体之喉舌，而读者于此得闻其悲欢啼笑之声，遂觉自己之势力亦为之发扬而不能自已。故自文学言之，创作与赏鉴之二方面亦皆以此势力之欲为之根柢也。文学既然，他美术何独不然？岂独美术而已，哲学与科学亦然。柏庚有言曰："知识即势力也。"则一切知识之欲，虽谓之即势力之欲，亦无不可。彼等以其势力卓越于常人故，故不满足于现在之势力，而欲得永远之势力。虽其所用以得势力之手段不同，然其目的固无以异。夫然，始足以活动人心而医其空虚的苦痛。以人心之根柢实为一生活之欲，若势力之欲故苟不足以遂其生活或势力者，决不能使之活动。以是观之，则一切嗜好虽有高卑优劣之差，固无非势力之欲之所为也。

然余之为此论，固非使文学美术之价值下齐于博弈也。不过自心理学言之，则此数者之根柢皆存于势力之欲，而其作用皆在使人心活动，以疗其空虚之苦病。以此所论者，乃事实之问题，而非价值之问题故也。若欲抑制卑劣之嗜好，不可不易之以高尚之嗜好；不然，则必有溃决之一日。此又从人心活动之原理出，有教育之责，及欲教育自己者，不可不知所注意焉。

——选自《王国维文集》（第三卷），姚淦铭、王燕编，中国文史出版社1997年版，第27—30页

选文三　朱光潜谈消遣

　　身和心的活动都有节奏的周期，这周期的长短随各人的体质和物质环境而有差异。在周期限度之内，工作有它的效果，也有它的快慰。过了周

期限度，工作就必产生疲劳，不但没有效果，而且成为苦痛。到了疲劳，就必定有休息，才能恢复工作的效果。这道理极浅，毋庸深谈。休息的方式甚多，最理想而亦最普遍的是睡眠。在睡眠中生理的功能可以循极自然的节奏进行，各种筋肉虽仍在活动，却不需要紧张的注意力，也没有工作情境需要所加的压迫，它的动作是自由的、自然的、不费力的、倾向弛懈的。一个人如果每天在工作疲劳之后能得到充分时间的熟睡，比任何养生家的秘诀都灵验。午睡尤其有效。午睡醒了，午后又变成了清晨，一日之中就有两度的朝气。西方有些中小学里，时间表内有午睡的规定，那是很合理的。我国的理学家和各派宗教家于睡眠之外练习静坐。静坐可以使心境空灵，生理功能得到人为的调节，功用有时比睡眠更大。但是初习静坐需要注意力的控制，有几分不自然，不易成为恒久的习惯，而且在近代生活状况之下，静坐的条件不易具备，所以它不能很普遍。

　　睡眠与静坐都不能算是完全的休息，因为许多生理的功能照旧在进行。严格地说，生物在未死以前决不能有完全的休息。有生气就必有活动，"活"与"动"是不可分的。劳而不息固然是苦，息而不劳尤其是苦。生机需要修养，也需要发泄。生机旺而不泄，像春天的草木萌芽被砖石压着，或是把压力推开，冲吐出来，或是变成拳曲黄瘦，失去自然的形态。心理学家已经很明白地指示出来：许多心理的毛病都起于生机不得正当的发泄。从一般生物的生活看，精力的发泄往往同时就是精力的蓄养。人当少壮时期，精力最弥满，需要发泄也就愈强烈，愈发泄，精力也就愈充足。一个生气蓬勃的人必定有多方的兴趣，在每方面的活动都比常人活跃，一个人到了可以索然枯坐而不感觉不安时，他必定是一个行将就木的病夫或老者。如果他们在健康状态中，需要活动而不得活动，他必定感到愁苦抑郁。人生最苦的事是疾病幽囚，因为在疾病幽囚中，他或是失去了精力，或是失去了发泄精力的自由。

　　精力的发泄有两种途径，一是正当工作，一是普通所谓消遣，包含各种游戏运动和娱乐在内。我们不能用全副精力去工作，因为同样的注意方向和同样的筋肉动作维持到相当的限度，必定产生疲劳，如上所述。人的身心构造是依据分工合作原理的。对于各种工作我们都有相当的一套机器，一种才能，和一副精力。比如说，要看有眼，要听有耳，要走有脚，要思想有头脑。我们运用眼的时候，耳可以休息，运用脑的时候，脚可以休息。所以在专用眼之后改着去用耳，或是在专用脑之后改着去用脚，我们虽然仍旧在活动，所用以活动的只是耳或脚，眼或脑就可以得到休息了。这种让一部分精力休息而另一部分精力活动的办法在西文中叫做 diversion，可惜在中文里没有恰当的译名。这也足见我们没有注意到它的重要。它的意义是"转向"，工作方面的"换口味"，精力的侧出旁击。我们已经说过，生物不能有完全的休息，普通所谓休息，除睡眠以外，大半是 diversion，这种"换口味"的办法对于停止的活动是精力的蓄养，对于正在进行的另一活动是精力的发泄。它好比打仗，一部分兵力上前线，另一部分兵力留在后面预备补充。全体的兵力都上了前线，难乎为继，全体的兵力都在后方按兵不动，过久也会疲劳无用，仗自然更打不起来。更番瓜代仍是精力的最经济最合理的支配，无论是在军事方面或是在普通生活方面。

更番瓜代有种种方式。普通读书人用脑的机会比较多，最好常在用脑之后做一番筋肉活动，如散步、打球、栽花、做手工之类，一方面可以使脑得休息而恢复疲劳，一方面也可以破除同一工作的单调，不致发生厌闷。卢梭谈教育，主张学生多习手工，这不但因为手工有它的特殊的教育功效，也因为用手对于用脑是一种调节。大哲学家斯宾诺莎于研究哲学之外，操磨镜的职业，这固然是为着生活，实在也很合理，因为两种性质相差很远的工作互相更换，互为上文所说的 diversion，对于心身都有好影响。就生活理想说，劳心与劳力应该具备于一身，劳力的人绝对不劳心固然变成机械，动心人绝对不劳力也难免文弱干枯。现在劳心与劳力成为两种相对峙的阶级，这固然是历史与社会环境所造成的事实，但是我们应该不要忘记它并不甚合理。在可能范围之内，我们应该求心与力的活动能调节适中。我个人很羡慕中世纪欧洲僧院的生活，他们一方面诵经抄书画画而且做很精深的哲学研究，一方面种地砍柴酿酒织布。我尝想到我们的学校在这个经济凋瘵之际为什么不想一个自给自足的办法，有系统有计划地采行半工半读制？这不仅是从经济着眼，就从教育着眼，这也是一种当务之急。大部分学生来自田间，将来纵不全数回到田间，也要走进工厂或公务机关；如果在学校里只养成少爷小姐的心习，全不懂民生疾苦，他们决难担负现时代的艰巨责任。当然，本文所说的劳心与劳力的调剂也是一个重要的理由。

不同性质的工作更番瓜代，固可以收到调剂和休息的效用，可是一个人不能时时刻刻都在工作，事实上没有这种需要，而且劳苦过度，工作也变成一种苦事，不能有很大的效率。我们有时必须完全放弃工作，做一点无所为而为的活动，享受一点自由人的幸福。工作都有所为而为，带有实用目的，无所为而为，不带实用目的活动，都可以算作消遣。我们说"消遣"，意谓"混去时光"，含义实在不很好，西方人说"转向"diversion，意谓"把精力朝另一方面去用"，它和工作同称为 occupation，比较可以见出消遣的用处。所谓 occupation 无恰当中文译词，似包含"占领"和"寄托"二义。在工作和消遣时，都有一件事物"占领"着我们的身心，而我们的身心也就"寄托"在那一件事物里面。身心寄托在那里，精力也就发泄在那里。拉丁文有一句成语说："自然厌恶空虚。"这句话近代科学仍奉为至理名言。在物理方面，真空固不易维持，一有空隙，就有物来占领；在心理方面，真空虽是一部分宗教家（如禅宗）的理想，在实际上也是反乎自然而为自然所厌恶。我们都不愿意生活中有空隙，都愿意常有事物"占领"着身心，没有事做时须找事做，不愿做事时也不甘心闲着，必须找一点玩意儿来消遣，否则便觉得厌闷苦恼。闲惯了，闷惯了，人就变干枯无生气。

消遣就是娱乐，无可消遣当然就是苦闷。世间欢喜消遣的人，无论他们的嗜好如何不同，都有一个共同点，就是他们必都有强旺的生活力，运动家和艺术家如此，嫖客赌徒乃至于烟鬼也是如此。他们的生活力强旺，发泄的需要也就跟着急迫。他们所不同者只在发泄的方式。这有如大水，可以灌田、发电或推动机器，也可以泛滥横流、淹毙人畜草木。同是强旺的生活力，用在运动可以健身，用在艺术可以怡情养性，用在吃喝嫖赌就可以劳民伤财，为非作歹。"浪子回头是个宝"，也就是这个道理，所以消遣看来虽是末节，却与民族性格国家风纪都有密切关系，一个民族兴盛时有一种消遣方式，颓废时又有另一种消遣方式。古希腊罗马在强盛时，人民都欢喜运动、看戏、参加集会，到颓废时才有些骄奢淫逸的玩意儿如玩娈童看人兽斗之类。近代条顿民族多欢喜户外运动，而拉丁民族则多消磨时光于咖啡馆与跳舞厅。我国古代民族娱乐花样本极多，如音乐、跳舞、驰马、试剑、打猎、钓鱼、斗鸡、走狗等等都含有艺术意味或运动意味。后来士大夫阶级偏嗜琴棋书画，虽仍高雅，已微嫌侧重艺术，带有几分"颓废"色彩。近来"民族形式"的消遣似只有打麻将、坐茶馆、吃馆子、逛窑子几种。对于这些玩意儿不感兴趣的人们除着做苦工之外，就只有索然枯坐，不能在生活中领略到一点乐趣。我经过几个大学和中学，看见大部分教员和学生终年没有一点消遣，大家都喊着苦闷，可是大家都不肯出点力把生活略加改善，提倡一些高级趣味的娱乐来排遣闲散时光。从消遣一点看，我们可以窥见民族生命力的低降。这是一个很危险的现象。它的原因在一般人不明了消遣的功用，把它太看轻了。

其实这事并不能看轻。柏拉图计划理想国的政治，主张消遣娱乐都由国法规定。儒家标六艺之教，其中礼乐射御四项都带有消遣娱乐意味，只书数两项才是工作。孔子谈修养，"居于仁"之后即继以"游于艺"，这足见中西哲人都把消遣娱乐看得很重，梁任公先生有一文讲演消遣，可惜原文不在手边，记得大意是反对消遣浪费时光。他大概有见于近来我国一般消遣方式趣味太低级。但我们不能因噎废食。精力必须发泄，不发泄于有益身心的运动和艺术，便须发泄于有害身心的打牌、抽烟、喝酒、逛窑子。我们要禁绝有害身心的消遣方式，必须先提倡有益身心的消遣方式。比如水势须决堤泛滥，你不愿它决诸东方，就必须让它决诸西方，这是有心政治与教育的人们所应趁早注意设法的。要复兴民族，固然有许多大事要做，可是改善民众消遣娱乐，也未见得就是小事。

——选自《谈修养》，载《朱光潜全集》（第四卷），安徽教育出版社1987年版，第124—129页

选文四　三木清论旅行

人们总因各式各样的理由踏上旅途。有人因为买卖、有人因为视察、有人因为疗养、有人因为探视不幸的亲人、有人因为祝贺朋友结婚……如此等等。就像人生是各式各样的一样，旅行也是各式各样的。但是，无论因哪种理由所进行的旅行，只要是旅行，就有着旅行所具有的共通的感情。在外逗留一夜的旅行也好，为期一年的旅行也好，人们在旅行中总有相似的感怀。这就像人生是各式各样的，无论是短留的人生，还是漫长的人生，只要是人生，人们就有着人生所共通的感情一样。

旅行脱离了日常生活的环境，从平时所习惯的关系中解放出来，旅行的喜悦就是这种被解放的喜悦。即使不是为了寻求解放而特意进行的旅行，在旅行中，人们也会或多或少地体味到一种解放感。的确，有人是以逃避人生为目的而进行旅行的。即使不是为了逃避而进行的旅行，在旅行中，也会有类似逃避的感觉。作为旅行的对象，人们往往喜爱并选择最多的是自然界。而且，在旅行中，人们的生活也多是原始的、自然的，这也可以认为与逃避有关吧。旅行中，这种解放乃至逃避的感觉往往伴随着其他感觉，也就是说，任何人在旅行时都或多或少地抱有一种漂泊感。解放是漂泊，逃避也是漂泊，漂泊感中有着旅行的感伤。

漂泊感就是某种运动感，这种运动感可以说产生于旅行即是移动。漂泊感固然是一种运动，但是，我们切身感受到旅行是漂泊，并非在乘车、移动之时，而恰恰是在栖身旅店之时。漂泊感不是单纯的运动感。旅行脱离了日常习惯的因而是安定的关系，从因此而产生的不安的情绪中滋生出漂泊的感觉。旅行总是不安定的，而且，如果没有遥远感我们就不可能产生漂泊感。无论哪种旅行，总给人以遥远感，这种遥远感与可以用多少公里来计算的距离没有关系。每天即使从很远的地方乘火车去事务所上班的人，也不会有这种遥远感。但是，如果他外出旅行一天，而且比上班的地方还近些，他却会体味到这种遥远感。旅行之心是遥远的，唯其遥远才使旅行之为旅行。因此，在旅行中，我们常常或多或少地变得浪漫了。这种浪漫的情绪就是遥远感。旅行的情趣有一半都是像这样由想象力创造出来的。旅行甚至可以说是人生的理想国。但是，旅行不单单是遥远的，而且还是匆忙的。即使是背一个挎包出门的简单的旅行也有着旅行的匆忙。乘火车的旅行也好，徒步的旅行也好，都有着旅行的匆忙。旅行总是遥远的，而且总是匆忙的。因此，才会在旅行中滋生漂泊的感觉。漂泊感不单单是遥远感，我们是从遥远而匆忙中产生漂泊感的。既然确定了旅行是遥远的，还有什么匆忙的必要呢？也许，这不是遥远而是很近吧？不，旅行往往在遥远的同时，又是很近的，这意味着旅行是过程。因为旅行是过程，所以是漂泊的。出发点不是旅行，目的地也不是旅行，旅行是不间断的过程。只以到达目的地为目标而不去体味旅途的人，不可能真正地懂得旅行的情趣。在日常生活中，我们往往以目的地、结果等为主要目标，这是或行动或实践的本质。然而，旅行的本质是静观。旅行时，我们是观众。从平时的实践生活中解脱出来并得以进行纯粹的静观是旅行的特点。可以由此思考旅行对于人生所具有的意义。

  为什么旅行是遥远的呢？因为旅行是面向未知的旅途。即使是日常的经验在步入未知的旅途时，也感觉比实际更为遥远。假如，旅行中的一切事情事先已一清二楚，就像平常上班一样，那么，从本质上说来，这旅行就不成其为旅行了。旅行是被引向未知的旅途，因此，旅行总伴随着漂泊感。旅行时，不可能预先知道一切事情吧，因为旅行不是单纯的目的地或结果的问题，而是以过程为主。留心旅途的人一定会在旅行中遇到某些新鲜事或某些意想不到的事。旅行是从习惯的生活方式中解放出来，所以我们能够或多或少带着新奇的目光观察事物，这样，也就能够或多或少地在各种事物中发现新颖之处。平时见惯的事物，往往在旅行时会感到耳目一新。旅行的益处不单单在于初次见到从未见过的事物——世界上难道有可称为全新的事物吗——还在于思考平时自明的、已知的事理中感到惊异，从而产生新的见解。我们的日常生活是行动性的，只关心目的地或结果，从而将目的地或结果以外在的事情、将达到目的地的途中、将产生结果的过程等看作是生活的前提，是已知的事情。习惯了每天上班的人，从家到事务所，在这区间他干了什么、遇到什么，或许想不起来吧。然而，在旅行中，我们可以纯粹地静观，旅行家不是行动、实干的人，而是观看的人。由于这种纯粹的静观，我们对于作为前提的、平生已知的、自明的事理产生了新的惊奇感或者好奇心。说旅行是经验、是教育，也是由此而来的。

常言说："人生是旅行。"这并不是引芭蕉①《奥州小道》中的名言，而是每个人切身的感受。我们对人生所抱的感情与对旅行所抱的感情有共通之处。这是为什么呢？

"从何处到何处"是人生的根本问题。我们来自何处、又向何处去——这常常是人生最本质之谜。正因为这样，人生如旅行的感觉作为我们对于人生的感情，才是不足为奇的。在人生中我们到底要向何处去呢？我们并不知道。人生是向着未知旅途的漂泊。或者，可以说我们的归宿是死亡。尽管如此，却没有人能够明确地回答死亡是什么。将向何处去的问题反过来问，就是来自何方。对于过去的忧虑产生于对将来的忧虑。漂泊的旅行常常伴随着很难捕捉的乡愁。人生遥远，然而人生匆匆，人生的道路遥遥无期而又近在咫尺，因为死亡时时刻刻都在我们的脚下。但是，只有在这样的人生中，人们才会不断地梦想。我们顺从我们的想象而度过人生，任何人都或多或少是理想主义的。旅行是人生的缩影。因我们在旅行时脱离了日常的事物而陷入纯粹的静观，对于以平生自明的、已知的事理为前提的人生，才保持了新鲜的感觉。旅行使我们体味人生。我已经阐述了旅行中的遥远感、短暂感和运动感与客观的远近、运动并无关系。我们在旅行时所碰到的常常就是自身、自己。即使在大自然中旅行，我们也总是碰到自身、自己。旅行并非不同于人生，毋宁说旅行正是人生的缩影。

正如前面所说，人们常常为了寻求解放而外出旅行。也许，旅行的确能够使人获得解放吧。但是，如果认为旅行能够使人获得真正的自由，那就错了。所谓解放，即是来自某一事物的自由，这样的自由不过是消极的

---

① 芭蕉（1644—1496）：即松尾芭蕉，日本江户前期的俳句诗人。著有《俳谐七部集》以及《奥州小道》、《嵯峨日记》等。——译者注

自由。人们外出旅行时，总是情绪波动，反复无常，容易心血来潮，一时冲动，如果谁企图利用某人的心血来潮，一时冲动，那么，和他一起出去旅行是再方便不过的办法了。旅行多少使人担些风险，但是，即使担风险，人们在旅行时仍是反复无常，易于冲动的。旅行时的漂泊感就存在于这种冲动的情绪之中。不过，反复无常并非真正的自由。在旅行中，依从冲动情绪而行事的人，不可能真正地体验旅行。旅行使我们的好奇心活跃起来，然而，好奇的心理绝不同于真正的研究欲望和求知欲望。好奇心是反复无常的，不愿停留在一个地方认真观察，而是不断地转移。不停止在任何一个地方，不深入到任何一件事物之中，又怎么可能真正地了解一件事物呢？好奇心的根子就是飘忽不定的泊漂感。此外，旅行使人伤感。但如果在旅行时只是一味地陷入伤感情绪中，就不会有任何深刻的见解和独特的感受。真正的自由是就事理来说的自由。这不单单是运动，而是既运动又静止；既静止又运动。这就是动即静，静即动的道理。"人生处处有青山"——这句话似有伤感之嫌，但是，只有真正了悟了这句话的意义的人，才可能真正体味旅行；能够真正体味旅行的人，才是真正自由的人。旅行使贤者更贤，愚者更愚。平时交际的人是什么样的人，只要在一起旅行一次就一清二楚了。人们进行着各自不同的、形形色色的旅行，在旅行中真正自由的人，就是在人生中真正自由的人，人生实际上就是旅行。

——选自《人生论笔记》，［日］三木清著，宋云云译，四川人民出版社 1988 年版，第 128—132 页

选文五　罗素论休闲的娱乐

在这里，我不准备考察那些生活赖以建立的巨大兴趣，而想探讨那些充实闲暇时间，并给予人在严肃的事务之后以娱乐的兴趣。

在一般人的生活中，妻儿、工作和经济状况是他殚精竭虑的主要内容。即便他有种种婚外恋，这些桃色事件本身大概也不会使他牵肠挂肚，

而它们对他家庭生活的影响则会让他焦虑不安。此处，我不认为与工作紧密相关的兴趣是闲情逸致。

以科学家为例，他必须紧随自己的研究领域的发展。对这类研究，若遇到与其职业密切相关的东西，他的感情便是热烈和鲜明的，不过，要是他浏览本行以外的另一门科学研究，其心情就大不相同了：不用专家的眼光，也不那么挑剔了，而且更无偏见了。即使他得用心追随作者的思想，他的阅读依然是一种放松，因为这与他的职责毫不相干。如果这本书使他感兴趣，那么这样的兴趣也属于闲情逸致，因为这一兴趣是不能移至与他自己题目相关的书本上去的。我在这里想要探讨的，便是这类处于人们生活主要活动之外的兴趣。

忧伤、疲劳、神经紧张的原因之一，在于对和自己生活没有利害关系的东西不能产生兴趣。结果便是清醒的头脑总是在思考某些问题，它们或许都包含了焦虑和担忧的成分。除了在睡眠中，清醒的头脑永远不能歇下来，而让下意识中的思想慢慢地孕育其智慧，结果是容易兴奋，缺乏洞察力，烦躁易怒，以及丧失平衡感。所有这些既是疲劳的原因，而且是疲劳的结果。

当一个人感到越来越疲乏，他对外界的兴趣便渐渐丧失，而当它们渐渐消失时，他便失去了它们原先给予的宽慰，结果他变得愈加疲乏。这一恶性的循环十分容易造成人的精神崩溃。对外界的兴趣令人有逸悦感，是因为它们不需要任何行动。决断事情和实践意愿，都是十分令人疲倦的，特别是在仓促而又无下意识帮助的时候。凡是那些在作出重大的决定之前得先"睡一觉"的人真是对极了。不过，下意识的精神活动不仅仅发生在睡眠之中，而且也发生在清醒的头脑用在别处的时候。凡在工作之后便能将其忘却，并在第二天来到之前不再想起它的人，比那种在工作前后老是为它操心的人，能更出色地做好工作。

而且如果一个人除了工作之外尚有多种兴趣，那么在应该忘记工作的时候就会忘记它，这并不是一件难事，但没有其他兴趣爱好的人，做起来就不那么容易了。然而重要的是，这些兴趣决不可以再度用那些已让整天的工作弄得精疲力竭的官能。

　　它们不该包含意志和当机立断的本领，它们也不该像赌博那样涉及任何经济因素，而且它们一般也不可使人过度兴奋，造成感情疲倦，使意识和下意识都不得安宁，许许多多的娱乐都具备这些条件。看比赛、上戏院、打高尔夫球，如此看来都是无可非议的。对于一个嗜书如命的人来说，读些与其职业活动无关的书籍也是一件好事。不管有多大的烦恼事，它不该使你在醒着的全部时间内绞尽脑汁。

　　在这方面，男子和女子间存在着一大差异。总的来说，男子比女子更容易忘记他们的工作。对于操持家务的女子，这当然是很自然的，因为她们不能变动工作地点，而男子离开工作场所后便可以获得一种新的情绪。不过在家庭以外工作的女子，在这方面和男子的差别，几乎同在家工作的女子一样。她们感到很难对没有实用意义的事情发生兴趣，她们的目标控制着她们的思想和活动，她们难得迷恋完全不费心神的闲情逸致。

　　我并不否认有例外，但此处我说的却是一般的情况。例如，在一所女子学校里，若无男子在场，那些女教员们的晚间话题总离不开本行，而在男子学校里，男教员们就两样了。对女子来说，这一特点表明女子比男子更真心诚意，然而我不认为这种真诚在日后的漫长岁月中会提高其工作的质量。相反，它会造成视野狭窄，往往导致狂热和盲信。

　　一切闲情逸致，除了具有松弛意义外，尚有多种功效。
　　首先，它有助于人们保持均衡协调的意识。我们十分容易沉溺于自己的事业，自己的小圈子，自己的一种工作，以至于我们忘记了在全部人类活动中这仅仅是沧海一粟，世界上有多少事情并不因我们的所作所为受到丝毫的影响。应有一幅与必要的活动相一致的真实宇宙图。人生在世，俯仰之间，而在这生命的瞬间，一个人需要对这个奇特的星球及其在宇宙中的地位，了解一切他应该知道的事情。忽略求知的机会，就好比是上戏院而不听戏。世界之大，无所不容，悲哀与欢乐交集，英雄和小人同台，千姿百态，令人诧为奇事。那些对这等景象不能产生兴趣的人，也就放弃了人生所给予的一种特权。

　　再则，这种均衡协调的意识是极有价值的，而且有时也能予人某种安慰。对于我们所生活的世界的一隅，对于我们生死之间的一刹那，我们都容易变得过分激动、过分紧张、过分重视。这种对我们自身重要性的激动和过高的评价，毫无可取之处。那的确能使我们工作更勤奋，但却不能使我们工作更出色。以善为结果的少量工作，远胜于以恶为终局的大量工作，虽然主张狂热生活的信徒有着截然不同的看法。

　　凡是异常关切自己工作的人，始终具有堕入狂热和盲信的危险，这一危险主要存在于下述情形中：人们为了一两件要事而忘了其余的一切，并且以为在追求这一两件事情的时候，对于其他事情的附带性损害是无关紧要的。对于这种狂热盲信的脾气，最好的预防莫如对人的生命及其在宇宙中的地位具有宽广的概念。在上述情形中，这似乎是个很大的概念，但除此特殊作用以外，它本身就具有重大的价值。

　　现代高等教育的缺陷之一，是变得太偏重于某些技能的训练，而没有教会人们用客观的眼光去了解世界，以便极大地扩展人类的思维和灵魂。假如你迷上了政治斗争，你就会为了自己党派的胜利而拼命卖力。这当然也不坏。然而在斗争的途中可能会出现某种机会，它使你觉得运用了某些在世界上增加仇恨、暴力和猜疑的方法，就能取得胜利。例如，你会发现取得胜利的最佳途径是去凌辱别的国家。

　　如果你的灵魂视野局限于现在，或者你已接受效率至上的学说，你就会采用这些令人怀疑的手段。依靠这些手段，在目前的计划中，你将获得胜利，而未来的后果可能是惨败。反之，你头脑里总陈列着人类以往的历史，人类对野蛮缓慢而又不完全的摆脱，以及人类的全部生命和星球年龄相比之下的短促，等等。

　　如果这些想法成了你的习惯意识，那么你将会认识到，你所从事的暂时的斗争，其重要性决不至于值得我们去冒这样的危险：重新返回到黑暗中去。不仅如此，而且如果你在眼前的目标上失败，你便能承受得了，因为你感到失败只不过是暂时的，这样你就不愿搬用那些可耻的武器。

在你目前的活动之上，你应当具有某些遥远的、慢慢会变得清晰的目标，在这些目标中，你不是孤单的个人，而是引导人类走向文明生活的大队人马中的一员。倘若你具备了这一观点，那么某种远大的幸福便永远伴随着你，不管你个人的命运如何。生命将变成与各时代人共享的圣餐，而个人的死亡仅是件不足挂齿的小插曲。

倘若我有权按照我的意愿去制定高等教育的话，我将试图废除陈旧的正统宗教，建立一种难以称作是宗教的东西，因为它仅仅注重已知的事实。我将试图让青年人清楚地了解过去，清楚地认识到人类的未来极可能比其过去远为长久，深深地意识到我们所居住的星球之渺小，意识到这星球上的生活实在不过是一桩短暂的小事。

在陈述这些强调个人之渺小的事实的同时，我将提出另一组事实，使青年人从内心感到个人能够达到的那种伟大，认识到在这深邃广袤的星空中，我们尚不知道还有什么同等价值的东西。荷兰唯物主义哲学家斯宾诺莎在很久前就已论述了人类的束缚和人类的自由，然而他的形式和语言使其思想难以为一般人所领悟，但我想转述的要旨和他所说的并无不同之处。

一个人一旦领悟了造成灵魂伟大的东西之后，如果依旧猥琐悭吝，依旧追求私利，依旧为渺小的不幸所烦恼，依旧惧怕命运的安排，那他决不会是幸福的。凡能具备伟大灵魂的人，会敞开其心胸，让宇宙间每一处的风自由吹入。

在人类的局限之内，他将尽可能真切地认识自己、生命和世界。在意识到人类生命的短暂急促和微不足道的同时，他意识到已知的宇宙所具有的一切价值都凝聚在个人心中。而且他将看到，凡是心灵反映着世界的人就和世界一样伟大。在摆脱了任由命运左右着的恐惧之后，他将体验到一种深沉的快乐，而且在经历了外部生活的一切变化和盛衰之后，他在心灵深处依然是个幸福的人。

不谈这些范围广大的思考，让我们回到更切近的题目上来，即闲情逸致的价值，那么还有一种观点使它们对幸福极有益处。即使在最幸福的生活中，有时也会节外生枝。

类似的观点可用于某些无可救药的悲伤，如至爱者的死亡，等等。在这种情况下，沉溺于极度悲哀中对任何人都没有好处。悲痛是免不了的，当在意料之中，但我们应尽可能地加以限制。有些人好从厄运中榨取最后一滴不幸以满足其感伤情绪。

当然我并不否认一个人可能让悲伤压垮，痛不欲生，每个人都应不遗余力地逃避这种命运，应寻求任何消遣，不管如何琐碎，只要它本身没有害处或使人堕落。那些我所认为是有害或使人堕落的消遣，包括酗酒和服用毒品，它们以毁灭思想为目的。适当的方法不是去毁灭思想，而是将它引入新的渠道，或至少是一条远离眼下不幸的渠道。然而，如果一个人的生活向来关注于极少数的兴趣，那么他就很难转移其思想。

厄运降临而能承受，明智的方法莫过于在快乐的时候便培养了相当广泛的兴趣，使心灵能找到一处宁静的地方，这地方将唤起别的联想和情绪，而不是那些使现在难以忍受的痛苦的联想和情绪。

一个具有充分活力和热情的人，在每次打击之后仍能对人生和世界再度发生兴趣，因此他战胜了一切不幸，对于他，人生与世界决不会变得如此狭小，以至于一次打击就是一场毁灭。让一次或数次的失败就击倒，这不是感觉敏锐，而应被视作活力的缺乏。我们一切的情爱都听凭死神的主宰，它可以随时夺走我们所爱的人的生命。所以我们的生活决不可以具有狭隘的强烈情感和兴趣，因为它使我们全部的人生意义和目的完全听凭意外事故的支配。

基于上述种种理由，一个明智地追求幸福的人，除了其生活赖以建立的主要兴趣之外，会尽力培养一些闲趣。

——选自《什么是快乐人生》，[英]罗素著，张晶选编，长江文艺出版社2009年版，第175—180页

结语

美国当代学者克里斯多夫·爱丁顿和台湾学者陈彼得认为定义"休闲"并非易事,因为它可以从不同的文化视角来审视。他们总结了定义休闲的三个不同的角度,即时间、行动和精神状态,并指出了产生的原因,理解上的不足或关键之处。他们认为休闲的确在追求某种东西,或为创造各种机会和条件提高社会生活水平和改善生活品质,或为个体提供探讨、反思和成长的条件,因而必须把休闲与"转变"联系起来。王国维(1877—1927)分析了各种人间嗜好,并指出正是"势力之欲"的总根柢形成了有高卑优劣之差的一切嗜好,而要治疗人生空虚的苦痛,就必须抑制卑劣的嗜好而不得不易之以文学、美术等高尚之嗜好。同样,朱光潜(1897—1986)也主张通过一些高级趣味的消遣娱乐方式来排遣闲散时光,以解除人生的苦闷和改善现代中国人的人生状况。日本作家三木清(1897—1945)不仅谈了旅行的功能、方式,而且思考了何谓真正的旅行——一种积极的、自由的活动方式。他在文末所说的"人生就是旅行"的观点尤为发人深省。英国哲学家罗素(1872—1970)认为一切闲情逸致具有松弛意义,还有有助于保持均衡协调的意识、安慰人生的价值;而一个追求幸福的人也就必须要建立兴趣,特别是要培养一些闲趣。上述所提及的"人间嗜好"(王国维)、"消遣"(朱光潜)、"旅行"(三木清)、"休闲的娱乐"(罗素)等都属于爱丁顿、陈彼得所理解的休闲性活动范围。可以说,休闲不仅涉及的范围广泛,而且具有重要的心理功能和社会意义。"休闲"蕴含一种似为自由、无功利而实又产生价值,这种独特性使之与具有想象力和无功利特征的审美之间形成了密切关联。从日常性休闲向审美性休闲的"转变"不仅是可能的,而且是必要的。

进一步思考的问题:

1. 哪些日常生活活动属于闲暇活动?
2. 闲暇活动的主要心理机制是什么?
3. 日常休闲性活动何以能转化(或提升)为审美性活动?

4. 定义休闲存在哪些困难？我们如何更好地理解休闲？

关联性思考的问题：

1. 如何评价审美发生的游戏说？
2. 如何理解审美与自由的关系？
3. 如何理解审美的时间性？
4. 为什么人们越来越重视休闲？

进一步阅读的书目：

1. 王一川：《审美体验论》，百花文艺出版社1999年版。
2. 马惠娣：《休闲：人类美丽的精神家园》，中国经济出版社2004年版。
3. 叶智魁：《休闲研究：休闲观与休闲专论》，台北品度股份有限公司2006年版。
4. ［匈］阿格妮丝·赫勒：《日常生活》，衣俊卿译，重庆出版社1990年版。
5. ［法］罗歇·苏：《休闲》，姜依群译，商务印书馆1996年版。
6. ［美］杰弗瑞·戈比：《你生命中的休闲》，康筝、田松译，云南人民出版社2000年版。
7. ［美］埃伦·迪萨纳亚克：《审美的人：艺术来自何处及原因何在》，户晓辉译，商务印书馆2004年版。
8. ［美］杜威：《艺术即经验》，高建平译，商务印书馆2005年版。
9. ［美］理查德·舒斯特曼：《生活即审美：审美经验和生活艺术》，彭锋等译，北京大学出版社2007年版。

关联性阅读的书目：

1. 朱狄：《艺术的起源》，中国青年出版社1999年版。
2. 傅松雪：《时间美学导论》，山东人民出版社2009年版。
3. ［美］乔治·桑塔耶纳：《美感——美学大纲》，缪灵珠等译，中国社会科学出版社1982年版。
4. ［德］鲍姆嘉滕：《美学》，简明、王旭晓译，文化艺术出版社1987年版。
5. ［奥］马赫：《感觉的分析》，洪谦、唐钺、梁志学译，商务印书馆1997

年版。

6. ［德］康德：《判断力批判》（上卷），宗白华译，商务印书馆2000年版。

7. ［德］H. A. 梅内尔：《审美价值的本性》，刘敏译，商务印书馆2001年版。

8. ［德］海德格尔：《艺术作品的本源》，见《林中路》（修订版），孙周兴译，上海译文出版社2004年版。

9. ［英］柏格森：《时间与自由意志》，吴士栋译，商务印书馆2005年版。

10. ［日］厨川白村：《苦闷的象征》，鲁迅译，江苏文艺出版社2008年版。

11. ［波］瓦迪斯瓦夫·塔塔尔凯维奇：《西方六大美学观念史》，刘文潭译，上海译文出版社2006年版。

艺术形式与休闲

导言

审美发展状况的突出表现之一就是各种艺术形式的兴起。这里所谓的"形式"包含有两层意识：一是作为与内容相对的作品形式，二是作为类型的形式。无论何种形式，它们都内蕴了一定的社会、历史、文化内容和人类的审美情感，它们都是"有意味"的形式。但相比于作品形式，类型形式更能体现人类审美发展状况。如早期不发达的审美心理结构使得人类创造出来的艺术风格比较粗糙，并且具有比较明显的实用倾向；而随着人类活动范围的扩大和对世界感知能力的增强，艺术风格就变得精致些，类型也更丰富。艺术形式的生成又特别与人类的生活状况相关。如物质的盈余节省了更多的生产劳动和工作的时间，人们便有了大量可支配的闲暇时间。为了充实闲暇时间，人们必须去参与各种闲暇活动，甚至创造出各种艺术形式来实现这样的要求。因此，社会的不断发展也必将催生更多的、新颖的艺术形式，以满足日益增加的闲暇时间和不断高涨的精神需求。

选文一　胡适论故事诗的起来

故事诗（Epic）在中国起来的很迟，这是世界文学史上一个很少见的现象。要解释这个现象，却也不容易。我想，也许是中国古代民族的文学确是仅有风谣与祀神歌，而没有长篇的故事诗，也许是古代本有故事诗，而因为文字的困难，不曾有记录，故不得流传于后代；所流传的仅有短篇的抒情诗。这二说之中，我却倾向于前一说。《三百篇》中如《大雅》之《生民》，如《商颂》之《玄鸟》，都是很可以作故事诗的题目，然而终于没有故事诗出来。可见古代的中国民族是一种朴实而不富于想象力的民族。他们生在温带与寒带之间，天然的供给远没有南方民族的丰厚，他们须要时时对天然奋斗，不能像热带民族那样懒洋洋地睡在棕榈树下白日见鬼，白昼做梦。所以《三百篇》里竟没有神话的遗迹。所有的一点点神话如《生民》、《玄鸟》的"感生"故事，其中的人物不过是祖宗与上帝而已。（《商颂》作于周时，《玄鸟》的神话似是受了姜嫄故事的影响以后仿作的。）所以我们很可以说中国古代民族没有故事诗，仅有简单的祀神歌与风谣而已。

后来中国文化的疆域渐渐扩大了，南方民族的文学渐渐变成了中国文学的一部分。试把《周南》、《召南》的诗和《楚辞》比较，我们便可以看出汝汉之间的文学和湘沅之间的文学大不相同，便可以看出疆域越往南，文学越带有神话的分子与想象的能力。我们看《离骚》里的许多神的名字——羲和、望舒等——便可以知道南方民族曾有不少的神话。至于这些神话是否取故事诗的形式，这一层我们却无从考证了。

中国统一之后，南方的文学——赋体——成了中国贵族文学的正统的体裁。赋体本可以用作铺叙故事的长诗，但赋体北迁之后，免不了北方民族的朴实风气的制裁，终究"庙堂化"了。起初还有南方文人的《子虚赋》、《大人赋》，表示一点想象的意境，然而终不免要"曲终奏雅"，归到讽谏的路上去。后来的《两京》、《三都》，简直是杂货店的有韵仿单，不成文学了。至于大多数的小赋，自《鵩鸟赋》以至于《别赋》、《恨赋》，竟都走了抒情诗与讽谕诗的路子，离故事诗更远了。

但小百姓是爱听故事又爱说故事的。他们不赋两京，不赋三都，他们有时歌唱恋情，有时发泄苦痛，但平时最爱说故事。《孤儿行》写一个孤儿的故事，《上山采蘼芜》写一家夫妇的故事，也许还算不得纯粹的故事诗，也许只算是叙事的（Narrative）讽谕诗。但《日出东南隅》一类的诗，从头到尾只描写一个美貌的女子的故事，全力贯注在说故事，纯然是一篇故事诗了。

绅士阶级的文人受了长久的抒情诗的训练，终于跳不出传统的势力，故只能做有断制、有剪裁的叙事诗：虽然也叙述故事，而主旨在于议论或抒情，并不在于敷说故事本身。注意之点不在于说故事，故终不能产生故事诗。

故事诗的精神全在于说故事：只要怎样把故事说得津津有味，娓娓动听，不管故事的内容与教训。这种条件是当日的文人阶级所不能承认的。所以纯粹故事诗的产生不在于文人阶级而在于爱听故事又爱说故事的民间。"田家作苦，岁时伏腊，烹羊炰羔，斗酒自劳，……酒后耳热，仰天拊缶而歌乌乌"，这才是说故事的环境，这才是弹唱故事诗的环境，这才是产生故事诗的环境。

……

——选自《白话文学史》，载《胡适文集》（第四卷），人民文学出版社1998年版，第69—71页

选文二　鲁迅论宋人之"说话"

上次讲过：传奇小说，到唐亡时就绝了。至宋朝，虽然也有作传奇的，但就大不相同。因为唐人大抵描写时事；而宋人则极多讲古事。唐人小说少教训；而宋则多教训。大概唐时讲话自由些，虽写时事，不至于得祸；而宋时则讳忌渐多，所以文人便设法回避，去讲古事。加以宋

时理学极盛一时，因之把小说也多理学化了，以为小说非含有教训，便不足道。但文艺之所以为文艺，并不贵在教训，若把小说变成修身教科书，还说什么文艺。宋人虽然还作传奇，而我说传奇是绝了，也就是这意思。然宋之士大夫，对于小说之功劳，乃在编《太平广记》一书。此书是搜集自汉至宋初的琐语小说，共五百卷，亦可谓集小说之大成。不过这也并非他们自动的，乃是政府召集他们做的。因为在宋初，天下统一，国内太平，因招海内名士，厚其廪饩，使他们修书，当时成就了《文苑英华》、《太平御览》和《太平广记》。此在政府的目的，不过利用这事业，收养名人，以图减其对于政治上之反动而已，固未尝有意于文艺；但在无意中，却替我们留下了古小说的林薮来。至于创作一方面，则宋之士大夫实在并没有什么贡献。但其时社会上却另有一种平民底小说，代之而兴了。这类作品，不但体裁不同，文章上也起了改革，用的是白话，所以实在是小说史上的一大变迁。因为当时一般士大夫，虽然都讲理学，鄙视小说，而一般人民，是仍要娱乐的；平民的小说之起来，正是无足怪讶的事。

宋建都于汴，民物康阜，游乐之事，因之很多，市井间有种杂剧，这种杂剧中包有所谓"说话"。"说话"分四科：一、讲史；二、说经诨经；三、小说；四、合生。"讲史"是讲历史上底事情，及名人传记等；就是后来历史小说之起源。"说经诨经"，是以俗话演说佛经的。"小说"是简短的说话。"合生"，是先念含混的两句诗，随后再念几句，才能懂得意思，大概是讽刺时人的。这四科后来于小说有关系的，只是"讲史"和"小说"。那时操这种职业的人，叫做"说话人"；而且他们也有组织的团体，叫做"雄辩社"。他们也编有一种书，以作说话时之凭依，发挥，这书名叫"话本"。南宋初年，这种话本还流行，到宋亡，而元人入中国时，则杂剧消歇，话本也不通行了。至明朝，虽也还有说话人，——如柳敬亭就是当时很有名的说话人——但已不是宋人底面目；而且他们已不属于杂剧，也没有什么组织了。到现在，我们几乎已经不能知道宋时的话本究竟怎样。——幸而现在翻刻了几种书，可以当作标本看。

一种是《五代史平话》，是可以作讲史看的。讲史的体例，大概是从开天辟地讲起,一直到了要讲的朝代。《五代史平话》也是如此;它的文章,是各以诗起,次入正文,又以诗结,总是一段一段的有诗为证。但其病在于虚事铺排多,而于史事发挥少。至于诗,我以为大约是受了唐人底影响:因为唐时很重诗,能诗者就是清品;而说话人想仰攀他们,所以话本中每多诗词,而且一直到现在许多人所做的小说中也还没有改。再若后来历史小说中每回的结尾上,总有"不知后事如何?且听下回分解"的话,我以为大概也起于说话人,因为说话必希望人们下次再来听,所以必得用一个惊心动魄的未了事拉住他们。至于现在的章回小说还来模仿它,那可只是一个遗迹罢了,正如我们腹中的盲肠一样,毫无用处。一种是《京本通俗小说》,已经不全了,还存十多篇。在"说话"中之所谓小说,并不像现在所谓的广义的小说,乃是讲的很短,而且多用时事的。起首先说一个冒头,或用诗词,或仍用故事,名叫"得胜头回"——"头回"是前回之意;"得胜"是吉利语。——以后才入本文,但也并不冗长,长短和冒头差不多,在短时间内就完结。可见宋代说话中的所谓小说,即是"短篇小说"的意思,《京本通俗小说》虽不全,却足够可以看见那类小说底大概了。

除上述两种之外,还有一种《大宋宣和遗事》,首尾皆有诗,中间杂些俚句,近于"讲史"而非口谈;好似"小说"而不简洁;惟其中已叙及梁山泊的事情,就是《水浒》之先声,是大可注意的事。还有现在新发现的一部书,叫《大唐三藏法师取经诗话》,——此书中国早没有了,是从日本拿回来的——这所谓"诗话",又不是现在人所说的诗话,乃是有诗,有话;换句话说:也是注重"有诗为证"的一类小说的别名。这《大唐三藏法师取经诗话》,虽然是《西游记》的先声,但又颇不同:例如"盗人参果"一事,在《西游记》上是孙悟空要盗,而唐僧不许;在《取经诗话》里是仙桃,孙悟空不盗,而唐僧使命去盗。——这与其说时代,倒不如说是作者思想之不同处。因为《西游记》之作者是士大夫,而《取经诗话》之作者是市人。士大夫论人极严,以为唐僧岂应盗人参果,所以必须将这事推到猴子身上去;而市人评论人则较为宽恕,以为唐僧盗几个区区仙桃有何要紧,便不再经心作意地替他隐瞒,竟放笔写上去了。

……

——选自《中国小说的历史的变迁》,《中国小说史略·附录》,载《鲁迅全集》(第九卷),人民文学出版社 2005 年版,第 329—332 页

选文三　丹纳论法国文化和古典悲剧

社会制度的成立与瓦解,像血肉之体一样是由于自身的力量,衰弱或康复完全取决于社会的本质与遭遇。中世纪的统治者和剥削者是一些封建主,而每个地方必有一个更强大,更精明,地位更优越的领袖,维持公众的安宁。在大家一致拥戴之下,他逐步把其余的封建主削弱,团结,组成一个正规而能发号施令的政府,自立为王,成为一国之主。从前和他并肩的一般诸侯,15 世纪时已经变成他的将领,17 世纪时又降为他的侍臣。

这个名词的意义应当好好体会一下。所谓侍臣是一个供奉内廷的人,在王宫中有一个职位或差事,例如洗马、尚寝、大司马等等;他凭着这一类的职衔领薪俸,对主子低声下气地说话,按着级位毕恭毕敬地行礼。但他不是普通的仆役,像在东方国家那样。他的高祖的高祖和国王是同辈,是伴侣,不分尊卑的;由于这个身份,他本身也属于特权阶级,就是贵族阶级;他不仅为了利益而侍候君主,还认为效忠君主是自己的荣誉。而君主也从来不忘记对他另眼相看。洛尚①失约迟到,路易十四怕自己动火,先把手杖掷出窗外。所以侍臣得到主子尊重,被他们当作自己人看待;他和主子很亲密,在主子的舞会中跳舞,跟主子同桌吃饭,同车出门,坐他们的椅子,做他们的宾客。——这样就产生宫廷生活,先是在意大利和西班牙,继而在法国,后来在英国、德国以及北欧各国。但中心是在法国,

---

① 洛尚是路易十四时代的元帅,以聪明奸诈、弄权窃柄有名于史。

而把这种生活的光彩全部发挥出来的便是路易十四。

现在来考察一下新形势对人的性格与精神产生什么后果。国王的客厅既是全国第一，为社会的精华所在，那末最受钦佩，最有教养，大众作为模范的人，当然是接近君主的大贵族了。他们生性豪侠，自以为出身高人一等，所以行为也非高尚不可。对荣誉攸关的事，他们比谁都敏感，伤了一点面子就不惜性命相搏；路易十三一朝，死于决斗的贵族有四千之多。在他们眼中，出身高贵的人第一要不怕危险。那般漂亮人物，浮华公子，平日多么讲究缎带和假头发的人，会自告奋勇，跑到法兰德斯的泥淖里作战，在内尔文顿①的枪林弹雨之下一动不动地站上十来小时；卢森堡元帅说一声要开仗，凡尔赛宫立刻为之一空，所有香喷喷的风流人物投军入伍像赴舞会一样踊跃。过去的封建思想还没完全消灭，勋贵大族认为国王是天然而合法的首领，应当为他出力，像以前藩属之于诸侯；必要的话，他会贡献出财产，鲜血，生命。在路易十六统治下，贵族还挺身而出，保护国王，不少人在八月十日②为他战死。

但另一方面，他们也是宫廷中的侍臣，所以是礼貌周到的上流人士。国王亲自给他们立下榜样。路易十四对女仆也脱帽为礼，圣·西门的《回忆录》提到某公爵因为连续不断的行礼，走过凡尔赛的庭院只能把帽子拿在手中。因此侍臣是礼节体统方面的专家，在难于应付的场合说话说得很好，手段灵活，镇静沉着，能把事实改头换面，冲淡真相，逢迎笼络，永远不得罪人而常常讨人喜欢。——这些才能和这些意识，都是贵族精神经过上流社会的风气琢磨以后的出品，在那个宫廷那个时代达到完美的境界。现在倘想见识一下香气如此幽雅，形状早被遗忘的植物，先得离开我们这个平等，粗鲁，混杂的社会，到植物的发祥地，整齐宏伟的园林中去欣赏。

不难想象，在这种环境中成长的人一定会挑选合乎他们性格的娱乐。他们的趣味也的确像他们的人品：第一爱高尚，因为他们不但出身高尚，

---

① 路易十四曾三次侵略法兰德斯：1693 年卢森堡元帅在内尔文顿地方打败荷兰的威廉·奥朗治。

② 大革命后，1792 年 8 月 10 日，巴黎群众起义，建立公社，逮捕路易十六。

感情也高尚；第二爱端整，因为他们是在重礼节的社会中教养出来的。17世纪所有的艺术品都受着这种趣味的熏陶：波桑和勒舒欧的绘画讲究中和、高雅、严肃；芒沙和贝罗的建筑以庄重、华丽、雕琢为主；勒诺德尔的园林以气概雄壮，四平八稳为美。从贝兰尔、勒格兰、里谷、南端伊和许多别的作家的版画中，可以看出当时的服装、家具、室内装饰、车辆，无不留着那种趣味的痕迹。只要看那一组组端庄的神像，对称的角树，表现神话题材的喷泉，人工开凿的水池，修剪得整整齐齐，专为衬托建筑而布置的树木，就可以说凡尔赛园林是这一类艺术的杰作：它的宫殿与花坛，样样都是为重身份，讲究体统的人建造的。但文学受的影响更显明：不论在法国，在欧洲，琢磨文字的艺术从来没有讲究到这个地步。你们知道，法国最大的作家都出在那个时代：鲍舒哀、巴斯格、拉封丹、莫里哀、高乃依、拉辛、拉洛希夫谷、特·赛维尼夫人、鲍阿罗、拉勃吕依埃、蒲尔达罗。不仅名流，所有的人都文笔优美。戈里埃说，当时一个贴身女仆在这方面的知识比近代的学士院还丰富。的确，优美的文体成为普遍的风气，一个人不知不觉就感染了；日常的谈话与书信所传布的，宫廷生活所教导的，无一而非优美的文体；那已经变作上流人士的习惯。大家对一切外表都要求高尚端整，结果在语言文字方面做到了。在许多文学品种内，有一种发展特别完美，就是悲剧。在这个最卓越的品种之间，我们看到人与作品，风俗与艺术结合为一的最辉煌的例子。

我们先考察法国悲剧的总的面目。这些面目都以讨好贵族侍臣为目的。诗人从来不忘记冲淡事实，因为事实的本质往往不雅；凶杀的事决不搬上舞台，凡是兽性都加以掩饰；强暴、打架、杀戮、号叫、痰厥，一切使耳目难堪的景象一律回避，因为观众过惯温文尔雅的客厅生活。由于同样的理由，作者避免狂乱的表现，不像莎士比亚听凭荒诞的幻想支配，作品结构匀称，绝对没有突如其来的事故，想入非非的诗意。前后的场景都经过安排，人物登场都有说明，高潮是循序渐进的，情节的变化是有伏笔的，结局是早就布置好的。对白全用工整的诗句，像涂着一层光亮而一色的油漆，用字精练，音韵铿锵。如果在版画中翻翻当时的戏装，可以发现英雄与公主们身上的飘带、刺绣、弓鞋、羽毛、佩剑，名为希腊式而其实是法国口味与法国款式的全部服装，就是17世纪的国王、太子、后妃，在宫中按着小提琴声跳舞的时候所穿戴的。

其次，所有的剧中人物都是宫廷中人物：国王、王后、亲王、妃子、大使、大臣、御林军的将校、太子的僚属、男女亲信等等。法国悲剧中的君王所接近的人，不像古希腊悲剧中是乳母和在主人家里出生的奴隶，而是一般女官、大司马、供奉内廷的贵族；这可以从他们的口才，奉承的本领，完美的教育，优雅的姿态，做臣子与藩属的心理上看出来。他们的主子也和他们同样是十七世纪的法国贵族，极高傲又极有礼貌，在高乃依笔下是慷慨激昂的人物，在拉辛笔下是庄严高尚的人物，他们对妇女都会殷勤献媚，重视自己的姓氏与种族，能把一切重大的利益，一切亲密的感情，为尊严牺牲；言语举动决不违反最严格的规矩。拉辛悲剧中的依斐日尼，在祭坛前面并不为了爱惜性命而效小儿女的悲啼，像欧里庇得斯写的那样；她认为自己既是公主，就应当毫无怨言地服从父王，从容就死。荷马诗歌中的阿喀琉斯，踏在垂死的赫克托身上还仇恨未消，像狮子豺狼一般恨不得把打败的赫克托"活生生地吞下肚去"①；在拉辛笔下，阿喀琉斯却变作公台亲王一流的人，风流倜傥，热爱荣誉，对妇女殷勤体贴，性子固然暴躁猛烈，但好比一个深自克制的青年军官，便在愤激的关头也守着上流社会的规矩，从来不发野性。所有这些人物说话都彬彬有礼，顾着上流社会的体统，无懈可击。在拉辛的作品中，你们不妨把奥兰斯德与比吕斯第一次的会谈，阿高玛和于里斯②所扮的角色研究一下：那种伶俐的口齿，别出心裁的客套与奉承，妙不可言的开场白，迅速的对答，随机应变的本领，有力的论点说得那么婉转动听，都是别的地方找不到的。最热烈最狂妄的情人如希卜利德、勃利塔尼古斯、比吕斯、奥兰斯德、瑟法兰

---

① 据荷马史诗，《伊利亚特》所述，特洛伊守将赫克托勇不可挡，卒为希腊英雄阿喀琉斯所杀。——在此以前，出征特洛亚的希腊舰队在奥利斯港以不得风助，不得出发：神示须将一个名的叫依斐日尼的女子祭献方得解救。希腊统帅迈锡尼王阿伽门农之女即名依斐日尼，王召女至，女之未婚夫阿喀琉斯闻之大怒，坚欲反抗，与女偕逃。以上传说曾被希腊诗人欧里庇得斯写成悲剧，十七世纪法国诗人拉辛取为蓝本，将情节略加改动。上文提到歌德所写的《依斐日记》也是同一题材。

② 希腊神话中这个英雄，英文作于里修斯或俄底修斯（Odysseus）。

堑,也都是有教养的骑士,会作情诗,会行礼。埃尔米奥纳、安德洛玛克、洛克萨纳、贝雷尼斯,不管她们的情欲多么猛烈,仍旧保持文雅的口吻。米德里大德,番特尔,阿塔丽,临死的说话还是句读分明。因为贵人从头至尾要有气派,死也要死得合乎礼法。这种戏剧可说是贵族社会极妙的写照,像哥德式建筑一样代表人类精神的一个鲜明而完全的面貌,所以也像哥德式建筑一样到处风行。这种艺术以及与之有关的文学、趣味、风俗,欧洲所有的宫廷都加以模仿,或是全部移植,例如斯图阿特王室复辟以后的英国,波旁王室登基以后的西班牙,十八世纪的意大利、德国和俄罗斯。那时法国仿佛当着欧洲的教师。生活方面的风雅,娱乐,优美的文体,细腻的思想,上流社会的规矩,都是从法国传播出去的。一个野蛮的莫斯科人,一个蠢笨的德国人,一个拘谨的英国人,一个北方的蛮子或半蛮子,等到放下酒杯,烟斗,脱下皮袄,离开他只会打猎和鄙陋的封建生活的时候,就是到我们的客厅和书本中来学一套行礼、微笑、说话的艺术。

——选自《艺术哲学》,[法]丹纳著,傅雷译,安徽文艺出版社1998年版,第91—96页

选文四 瓦特论小说的兴起

……

  经济因素究竟在多大程度上阻碍了读者大众,尤其是小说的读者大众的扩展,公用图书馆或流通图书馆的迅速成功说明了这一点。1742年,小说这一术语被发明之后,那些图书馆随即得名。这类的图书馆以前就有过一些记录,尤其是1725年以后;但是这一形式的迅速普及是在1740年之后。当时,第一个流通图书馆在伦敦建成,随后每十年出现七个这样的图书馆。订阅费是公道的:一般收费标准在每年半畿尼到一畿尼之间,在那里通常可以很方便地花一便士借一册图书,或者花三便士借一般是三册的

小说。

绝大多数流通图书馆都收藏有各种类型的文学作品，但小说却被广泛地认为是它们的主要吸引力。几乎无可怀疑，正是这些图书馆导致了那个世纪出现的虚构故事读者大众最显著的增多。无疑，它们引起了对阅读普及到下层社会的现象最大数量的当代评论。这些"文学上的廉价商店"据说腐蚀了"遍及三个王国"的学童、农家子弟、"出色的女佣"，甚至"所有的屠户、面包师、补鞋匠和补锅匠"的心灵。因此，很有可能，直到1740年，读者大众的一个实际的边缘部分由于高价书款还未纳入文学的全景图中去，这个边缘部分在很大程度上是由潜在的小说读者构成的，其中许多是女人。

当时，闲暇证实和强化了我们已经看到的读者大众构成的图画；它也为说明其中女读者扮演的角色日益增多提供了最充分的适用的证明。因为，在许多贵族和绅士的文化水准不断地由伊丽莎白时代的廷臣退回到阿诺德所谓的"野蛮人"的同时，与之并行的另一种趋势是文学正变成一种主要的女性消遣物。

一般说来，阿迪森是这种新趋势的较早的代言人。他曾在《卫报》（1713）上写道："与男性世界相比，学习更适合女性世界的首要原因，是她们手里有着更充裕的时间，她们过着一种更需要久坐的生活……另一个原因是，那些有社会地位的女人，尤其热衷于写信，因为她们的丈夫对她们来说，常常形同路人。"这些丈夫在很大程度上说是相当不知羞耻的陌生人，我们通过哥尔斯密的《好脾气的人》（1768）中的多事者洛夫蒂先生可以作出这种判断，他宣称："对我们的妻子和女儿来说，诗是一件相当优美的东西，对我们可不是。"

下等和中等阶级的妇女几乎没有可能参加她们的男人的活动，无论是商业方面的，还是娱乐方面的。对她们来说，参与政治、商业活动或她们的财产管理都是偶尔为之，主要的男性业余活动，诸如狩猎、宴饮等，也都把她们排斥在外。因此，女人就有了充分的闲暇时间，这些闲暇通常都被博览群书占用了。

例如，玛丽·沃特利·蒙塔古夫人①就是一个读起书来废寝忘食的人，她写信让她的女儿寄来一份从报纸广告上抄来的小说书目，而且还补充说："我不怀疑其中有很多是破烂、杂烩。但是，它们却可以帮助我消磨掉空闲时间……"另一位社会地位明显偏低的思罗尔夫人后来也曾描述道，由于她丈夫的社会地位所致，她"不用考虑厨房问题"，结果，这种被强加的闲暇，使她长久地"盘桓于……作为［她的］唯一消遣的文学天地之中"。

许多不很富有的妇女也得到了比先前更多的闲暇。B. L. 德·穆拉尔特1694年就已发现，"即使在许多普通人中，丈夫也已很少让他们的妻子工作了"；另一位来英国参观的外国人，赛扎·德·索热尔1727年已注意到，商人的妻子们"相当懒散，很少有做针线活计的"。这些报告反映出，由于重大的经济变化，女性的闲暇时间大量增加已成为可能。旧日的家务，如纺纱织布、制作面包、啤酒、蜡烛、肥皂，以及其它许多职责，已不再是必需了，因为绝大多数生活必需品都已由机器制造，可以在商店和市场中买到。日益增多的女性闲暇与经济专业化的发展之间的联系，1748年被瑞典旅行家皮尔·卡尔姆注意到了，他惊奇地发现，在英国，"几乎看不到一个妇女忙于最低限度的户外工作"；甚至室内工作，他发现，"纺纱织布在绝大多数家庭中已属罕见，因为大量的机器制造品使她们摆脱了做这些工作的必要"。

卡尔姆表达的对这种变化的印象也许稍有夸张，无论如何，他说到的只是伦敦附近地区。在那些远离伦敦的农村地区，经济变化要更为缓慢，绝大多数妇女确实还几乎全身心地致力于各种各样的家务，她们的家庭大体上还是自给自足式的。然而，十八世纪初期妇女的闲暇时间无疑是有了很大的增加，尽管它可能仅限于伦敦、它的周围地区以及较大的省城。

这种正在增多的闲暇时间，有多少用于阅读是很难确定的。在城市里，尤其是在伦敦，为他们提供了无数相互竞争的娱乐活动：社交季节里，有戏剧、歌剧、化装舞会、歌舞会、聚餐会、午后茶会；同时，为无

---

① 玛丽·沃特利·蒙塔古夫人（1689—1762）：英国诗人和书信体作家。

所事事的夏季又准备了新的海滨浴场和避暑胜地。但是，即使是最热心城市娱乐的人，也一定是有些可用于阅读的剩余时间；而那些不想参与他们活动，或无力负担费用的女人，一定会有更多的时间用于阅读了。尤其是对那些有着清教背景的人来说，阅读是一项更加无可非议的消遣。十八世纪初期非常有影响的非国教者伊萨卡·瓦兹，大肆渲染了"虚度和浪费时间的所有痛苦的、沉闷无聊的后果"，而且他还鼓励他保护的人，主要是女性，用阅读和讨论文学度过闲暇时间。

18世纪初期，关于劳动阶级如何因追求比他们高贵的人的业余消遣而把毁灭带给了他们自己和农村，曾有过大量的义愤填膺的评论。但是，这些哀叹的含义肯定是大可怀疑的。这不仅因为上流社会的服饰和时髦的娱乐活动，就其水准而言要远比今天需要更多的花费，而且因为在当时只要有那么几个幸运的、或不顾将来的平民大众的闲暇时间稍有增加，就会引起今天我们很难理解的惊恐和敌意。传统观点认为，阶级差别是社会秩序的基础，因而业余消遣只适合于有闲阶级；这种看法得到了当时的经济理论的有力论证，该经济理论反对一切把劳动人民从他们的繁重工作中解脱出来的努力。因此，在重商主义、传统宗教和社会思潮的代言人中间有着非常统一的意见，他们认为，阅读会对那些手工劳动的人造成正常工作中危险的精神涣散。卡利斯尔教长罗伯特·波尔顿在他的《论时间的利用》一书中谈到，对农民和技工的消遣——阅读——的可能性，只需以此简括地加以抵制："不，对他的忠告是，注意什么正在流逝。"

在这种情况下，穷人获得任何广泛的不合体的行为的机会无论如何是很少的。对农村的劳动者来说，劳动时间包括整个白天时间。即使伦敦的劳动者，也要从上午六时工作到晚八九点钟。例行假日只有四次——圣诞节、复活节、降显节和未迦勒节，在伦敦可以加上在绞刑场悬挂的八天。沉浸在喜爱的消遣中的劳动者，尤其是伦敦的劳动者，确实可以使自己从工作的疲惫中相当自由地摆脱出来，但在以工作为主的条件下，除星期天外，他们不可能有多得足以让人看得出来的闲暇；于是，以劳动本身为乐的六天，通常导致第七天被奉献给比阅读更具外向性的活动。弗朗西斯·普莱斯认为，饮酒几乎是18世纪工人阶级的唯一消遣；不能忘记的是，使酒鬼们满足的廉价杜松子酒的价钱，买一张报纸还有富余。

对绝无仅有的那几个可能喜欢阅读的人来说，除却缺乏闲暇时间和购书款项之外，还有其他一些困难。几乎没有独处的机会即其一项，在伦敦尤其如此，住房拥挤情况简直骇人听闻；通常没有阅读所需的足够光线是其二，甚至白天也是如此。17世纪末还在征收的窗户税，把窗户减少到了最低限度，剩下的那些窗户通常也是深陷墙内，还覆盖着兽角、纸和绿色玻璃。入夜，照明更是严重问题，因为蜡烛，即使小蜡烛，也被认为是一种奢侈。理查逊因作为一个学徒而替自己买过蜡烛而大为自豪，其他的人没有可能如此，或不被允许如此。例如，詹姆斯·雷金顿被他的老板，一个面包师，禁止在他的房间里照明，他需要借月光阅读。

但是，有两种为数众多、举足轻重的比较贫困的人，很可能享有阅读的时间和机会——他们是学徒和家庭佣人，尤其是后者。正常情况下，他们是有闲暇和阅读所需的光线的；他们所在的房子里也常常会有书，如果没有的话，因为他们不必付膳宿费，他们的工资和赏钱也可以用来买书，如果他们愿意的话；他们一直特别易于受到比他们高贵的人所做的榜样的"毒害"。

对下层社会，尤其是学徒和家庭佣人，特别是其中的男仆和女仆的日渐增多的闲暇、奢华和文学要求，在当时得到了如此之多的慷慨激昂的评论，确是令人瞩目。在估计家庭佣人这个社会集团在文学上的重要性时，切不可忘记的是，他们构成了一个相当之大而且非常引人注目的阶级，在十八世纪，或许他们构成了国民中一种最大的职业集团。确实，这种情形延续至今，依然使人记忆犹新。帕美拉就应该被视为一个坚强有力的、有文化又有闲暇的、女仆团体中有教养的女主人公形象。我们注意到，在她离开B先生后，又谋求到一份新工作，而在新职位上她主要应遵守的规定却允许她有"一点读书的时间"。这种强调预示了她的胜利。她所走的道路，在穷人阶级中一般是很罕见的，在她的特定职业中更是稀少。她猛攻社会的和文学的双重障碍，凭借的武器是她的可谓突出的读写能力的熟练运用，这种读写能力本身就是对她的闲暇程度的一种有说服力的颂辞。

因此，闲暇时间的可用性和具体使用的证据，进一步证实了先前我们描述过的18世纪初期读者大众的构成情况。尽管读者大众的队伍有了相当大的扩展，但一般说来它还未扩大到商人和店主的范围之外去，比较幸运的学徒和家庭佣人是很重要的例外。虽然它的人数有了增加，但它主要还是由日益增多的富裕的人数众多的与商业和制造业有关的社会集团中得到人员补充。这是很重要的，因为很有可能，即使这种独特的变化在人数上占较小的比例，但它本身仍可以改变读者大众的重心，而且足以使整个中产阶级第一次占据优势地位。

在展望这种变化带给文学的影响时，不能期望中产阶级的趣味和能力会有很直接的或戏剧性的体现，因为，读者大众中中产阶级的优势无论如何还是需要长期准备的。但是，一个有利于小说兴起的普遍效果，似乎是由读者大众的重心变化引起的。18世纪的文学面对着的是一个不断扩大的读者队伍，它必定削弱那些饱读诗书、时间充裕、可以对古典的和现代的文学保持一种职业性或半职业性兴趣的读者的相对重要性；反之，它必定增强那些渴求一种更易读懂的文学消遣形式的读者的相对重要性，即使那种形式在文人学士中间几乎没有什么声望。

推断起来，在诸种因素中，人们总是为了获得愉悦和轻松而阅读；但在18世纪却似乎兴起了一种对这些目标的追求比以往更专一的新趋向。至少斯蒂尔在《卫报》（1713）上提到了这种观点；他抨击了普遍流行的"倏忽之间得到的满足"：

> ……这种不踏实的阅读方式……它很自然地诱使我们堕落成为思维方式缺乏判断力的人……被称作文体的词语的集合艺术品被完全消灭了……这些人常用的辩护词是，他们没有阅读计划，只是为了愉悦。我认为这种愉悦应该得自于对所读书的反省和在心中留下的记忆，而非得自于倏忽之间得到的满足，我们的欣喜应该与我们得到的实利相称。

似乎是对这种阅读方式的性质的一种独特而又适当的描述，这种阅读方式是为那两种十八世纪新文学形式——报纸和小说——的绝大多数例证所需要的。两种新形式显然促进了一种快速的、漫不经心的、几乎是无意识的阅读习惯的养成。这种由虚构故事提供的唾手可得的满足，在休特为塞缪尔·克罗克索尔的《小说和历史选集》（1720）所作的序言《传奇文学起源》的一段话中确曾被极力主张过：

> ……占据了［头脑］的那些发现，只需最少的劳动便可基本上有效地得到，在那方面，想象占了很大的比重，而主题对我们的感觉来说则是显而易见的……这正是那种传奇文学；它不需要大量的思想劳动，也不需要运用理性才能便可以被领会，只需活跃的想象力便可奏效，几乎不必或完全不必增添记忆的负担。

新的文学上的力量均衡，也许正是以屈从传统批评标准为代价，才呈现出有利消遣简便化的趋势。可以肯定的是，这种重点的变化是笛福和理查逊获得成功的一个基本的保证因素。似乎也有可能，这些成功与当时读者大众新增加的主要成员的情趣和态度的其他方面的更明确特征也有联系。例如，商人阶级的观点，就受到了在笛福的小说中找到了表现形式的经济自由放任主义和有点世俗化的清教主义的很大影响；日益增多的读者大众中的重要的女性成员也发现，她们的许多兴趣被理查逊表现了出来。但是，对这些关系的思考，必须推迟到我们结束了目前对读者大众以及它的趣味和组织的其他某些变化所作的调查之后。

——选自《小说的兴起：笛福、理查逊、菲尔丁研究》，［美］伊恩·P. 瓦特著，高原、董红钧译，北京三联书店1992年版，第41—48页

选文五　本雅明论趣味、灵晕和电影

论趣味

在趣味的形成过程中，商品生产相对于任何其他生产都具有确切的优势。把产品作为供市场出售的商品生产出来的后果是，人们越来越意识不到生产的社会条件（比如剥削）和技术条件。消费者在跟手艺人订货的时

候多多少少是个专家,因为手艺人总是个别地向他提供建议,但当他作为一个买主出现的时候,一般是不具备有关商品的知识的。更何况,以提供廉价商品为目的的大生产一定具有掩盖低劣质量的倾向。在大多数情况下,它情愿买主对产品一无所知,因为这样更有利可图。工业越发达,它就越能够向市场投放仿制品。商品总是沐浴在一种亵渎神圣的光芒中,这种光芒和制造出它的"神学的欢呼雀跃"的光芒毫无共同之处,但对社会却有一定的重要性。查普塔尔(Chaptal)在1834年7月17日有关商标的一次演说中说道:"顾客无论如何也搞不清楚不同质料之间的差别。先生们,不会的。消费者并不是质量的裁判;他只认商品的外表。可只是看看摸摸,怎么能确定颜色是否耐久、质地是否精良、做工是否地道呢?"随着顾客专门知识的衰退,趣味的重要性就增加了,对消费者和厂家来说都是如此。对于顾客来说,趣味给消费以一种繁复的方式掩盖了他自己缺乏行家眼光的事实,而对厂家来说,趣味带来新鲜的刺激,给消费者带来满足感,从而消除了他的其他要求,而那些要求的满足对于厂家来说就会昂贵得多了。

文学通过"为艺术而艺术"反映出来的正是这种变化。这个教条和与它相应的文学实践第一次在诗的领域里赋予趣味以决定性的地位。当然,趣味并不是[19世纪后期]诗歌的对象;它没有在哪一首诗里被提起。但这并不说明问题。正如18世纪有关审美的讨论常常提到趣味,但事实上,那些争论的中心却是内容。在"为艺术而艺术"的旗号下,诗人第一次像一个买主在露天市场里面对商品一样面对语言。他已经在一个特别高的程度上失去了对语言生产过程的熟悉和精通。"为艺术而艺术"的诗人最不能担当的称呼就是"来自人民"。他们没有任何急切的东西要表述,从而能让内容决定词语的创制。所以他们只能在他们的词语中挑挑拣拣。"被挑中的词"立刻变成德国青年文学运动(Jugendstil)的座右铭。① "为艺术而艺术"的诗人最想要带入语言的是他自己,包括他自己的小怪癖、

---

① "Pierre Louys ecrit: le throne: on trouve partout des abymes, des ymages, ennuy des fluers, etc…Triomphe de l'y."

小精妙，和他天性上那些根本称不出分量的东西。所有这些因素都在趣味上反映出来。诗人的趣味指引着他对词语的选择。然而，他能在其中做取舍的词语却不是已经由对象本身创制出来的，所以，它们根本就没有被包括进生产过程之中。

就事论事地讲，"为艺术而艺术"理论在1852年左右获得了决定性的重要性，这正是资产阶级寻求从作家和诗人手中接过自己的"奋斗目标"的时候。在《路易·波拿巴的雾月十八日》里，马克思这样回忆这个历史瞬间："议会外面的资产阶级大众通过对自己新闻界的粗暴滥用"向拿破仑施压，要求他"消灭他们的言论和写作分子，消灭政治活动家和文人，以便他们能在强大、不受制约的政府的保护下信心百倍地埋头打理私人事务"。我们可以在这个社会变化的终点找到马拉美和"纯诗"（poesie pure）理论。在马拉美这里，他的阶级的奋斗目标已经变得和诗人毫不相干，所以一种没有对象的诗歌就成为讨论的中心话题。在马拉美本人的诗里常常可以看到这样的讨论，他的诗总是围着"苍白"（blanc）、"缺席"（absence）、"沉默"（silence）和"空洞"（vide）这些词语。这就像是一个硬币的表面，而它的另一面也同样重要，在马拉美尤其如此。它们提供了证据，表明马拉美已经不再为他自己所属的阶级效力了。这是从这个阶级一切明明白白的经验里面抽身而去。要把生产活动建立在这种退场的基础上，就会遇到具体的、难以逾越的困难。正是这些困难将马拉美的诗变成了神秘晦涩的诗。波德莱尔的诗并不神秘。然而，他作品里反映出来的种种社会经验绝不是来自生产过程，至少不是来自最发达的生产过程，即工业生产过程。尽管如此，波德莱尔的诗仍以曲折的、拐弯抹角的方式从这一过程中生发出来，这在他的作品里可以看得清清楚楚。这里面最重要的就是神经衰弱的经验、大城市居民的经验、消费者的经验。

——选自《发达资本主义时代的抒情诗人》（修订译本），［德］本雅明著，张旭东、魏文生译，北京三联书店2007年版，第124—126页

关于灵晕

……

在漫长的历中阶段中,人类感知方式随整个人类生存方式的变化而变化。人类感知的组织形态,它赖以完成的手段不仅由自然来决定,而且也由历史环境来决定。在公元五世纪,随着人口大迁移,我们看到了晚期罗马艺术工业和维也纳风格;在此不仅一种与古代艺术不同的艺术得到了发展,还有一种新的感知也被培养出来。维也纳学派里格尔①和维克霍夫②顶住古典传统的压力,率先从埋没在它下面的较晚近的艺术形式中得出了关系到那个时代的感知结构的结论。然而尽管这些学者目光深远,他们却仍局限于表明构成后期罗马时代感知特征的重要的、形式方面的特点。当前的条件对于有类似洞见的人类来说是更为有利了。而如果能从灵晕的凋萎这方面来理解当代感知手段的变化,我们就有可能表明这种变化的社会原因。

在说到历史对象时提出的灵晕概念不妨由自然对象的灵晕加以有益的说明。我们把后者的灵晕定义为一种距离的独特现象,不管这距离是多么近。如果当一个夏日的午后,你歇息时眺望地平线上的山脉或注视那在你身上投下阴影的树枝,你便能体会到那山脉或树枝的灵晕。这个意象让人能够很容易地理解灵晕在当前衰败下去的社会根基。这建立在两种情形之中,它们都与当代生活中日益增长的大众影响有关。这种影响指的是,当代大众有一种欲望,想使事物在空间上和人情味儿上同自己更"近";这种欲望简直就和那种用接受复制品来克服任何真实的独一无二性的欲望一样强烈。③ 这种通过持有它的逼肖物、它的复制品而得以在极为贴近的范围里占有对象的渴望正在与日俱增。无疑,由画报和新闻短片提供的复制品与由未加武装的眼睛看到的形象是不同的。后者与独一无二性和永恒性

---

① 里格尔(Alois Riegl,1858—1905):奥地利艺术史家。——中译注
② 维克霍夫(Franz Wickhoff,1890—1945):奥地利艺术史家。——中译注
③ 满足大众的人性旨趣或许意味着把人的社会功能排除出视觉领域。如果当今哪位肖像画家描绘一位同家人一起坐在桌边进早餐的名医,那么什么东西也不能保证他能把这位医生的社会功能表现得像17世纪画家表现这一职业时描绘得那样确切。比如像伦勃朗的《解剖课》。

紧密相连，而前者则与暂时性和可复制性密切相关，把一样物体从它的外壳中剥离出来。毁灭掉它的灵晕是这样一种知觉的标记，它的"事情的普遍平等感"增强到如此地步，以致它甚至通过复制来从一个独一无二的对象中榨取这种感觉。这样，在理论领域中颇值得注意的统计学的日益增长的重要性，也在知觉领域中表现出来。现实与大众以及大众与现实之间的相互适应对于思想和知觉来说，同样都是一个无穷无尽的过程。

……

关于电影

……

大众是一个发源地，所有指向当今以新形式出现的艺术作品的传统行为莫不由此孕育出来。量变成了质。大众参与的巨大增长导致了参与方式的变化。新的参与方式首先以一种声名狼藉的形式出现。这是事实；但观察者务必不能被这个事实迷惑住。可还是有人恰恰对这个无关紧要的方面大肆讨伐。在这些人里，杜亚美的姿态最为激烈。他否定得最厉害的是电影导致的大众参与。杜亚美把电影称为"农奴的消遣，被烦恼折磨着的白丁、倒霉蛋、筋疲力竭者的娱乐，一种不需要集中精力、不需要任何才智的景观，它不能在人心中投下任何光芒，不能唤起任何希望，唯能挑起一个荒唐可笑的念头：有朝一日在洛杉矶成为一个'明星'"。显然，这说到底是一首挽歌：艺术要求欣赏者专心致志而大众却追求消遣。这里有一个共同之处。问题在于，它是否提供了一个分析电影的平台。这些需要仔细地观察。消遣与专心构成一个两极化的对立，对此我们可以作如下论断：一个面对艺术作品全神贯注的人是被它吸引进去了。他进入这件作品中去的方式宛若传说中的中国画家凝视他刚刚完成的作品。相反，娱乐消遣的大众却把艺术作品吸收进来。就建筑物说，这再明显不过。建筑永远为艺术作品提供原型，它的接受是由处于散乱状态的集体完成的。它的接受法则最富教导性。

自从原始时代建筑物就是人类的伙伴。自那时起有许多艺术形式发展又灭亡。悲剧始于希腊人，也毁于希腊人，数世纪之后复活的仅仅是它的"法则"。史诗源于一个民族的青年时代，在文艺复兴末期寿终正寝。镶嵌画是中世纪的一个发明创造，然而没有任何东西能够保证它不被打断地存在下去。但人类的遮蔽需要却持续到如今。建筑从未被闲置一旁。它的历史比任何其他艺术都古老，而它要做一种生机勃勃的力量的宣言，对于我们任何企图把握大众与艺术的关系的尝试都具有深义。我们可通过两种方式把建筑据为己有：通过使用或通过感知——或不如说，通过触觉和视觉。这种占有不能按照一个旅行者驻足一座著名建筑前的专注凝神的方式来理解。就可触摸这一面来讲，它在视觉观赏方面找不出任何对等物。触觉的占有与其说是由注意力完成的，不如说是由习惯完成的。关系到建筑，习惯在很大程度上起支配作用，甚至支配了视觉接受。后者同样更多地发生于偶然注意到对象的方式之中，而不是发生在全神贯注的注目之中。这种随建筑培养起来的占有方式在集体情况下获得了规范的价值。因而在历史转折点，正视人类感知器官的任务并不能通过视觉方式加以解决，这就是说，不能仅仅通过凝神注视来解决。它们由习惯掌握，被置于触觉占有的指导之下。

消遣娱乐的人同样可以形成习惯。不止于此，在消遣状态中把握某项任务的能力还证明他们的解决是一种习惯的东西。艺术提供的消遣表明一种暗地里的控制，即对新任务在多大程度上能由统觉解决的程度的控制，更进一步说，鉴于个人总是企图回避这些任务，艺术就要对付这些最困难而又最重要的任务，在此它能够把大众动员起来。如今，电影就是这样做的。消遣正在艺术的所有领域里变得日益引人注意，并在统觉中变成了一场深刻变化的征候，这种状态下的接受在电影里找到了它真正的活动方式。而电影也带着它的震惊效果在半途中迎接这种感知模式。电影把公众摆到批评家的位置上，而同时，在电影里这一位置又全然不需要注意力，通过这两种手段，电影把崇拜价值斥入后场。

……

——选自《机械复制时代的艺术作品》，载《启迪：本雅明文选》，［德］汉娜·阿伦特编，张旭东、王斑译，北京三联书店2008年版，第237—238、260—262页

结语

胡适（1891—1962）认为故事诗在中国兴起得很迟的原因不是中国古代缺少这方面的记录，而是与传统的文学观念有关。古代文人的政治功利性决定了他们重议论与说理的文学写作，而对于故事诗这种重在"说故事"的平民文学是没有更多的发展余地的。真正的故事诗是起于劳动人民在生产之外的自娱自乐。鲁迅（1881—1936）所说的"宋建都于汴，民物康阜，游乐之事，因之很多"，虽寥寥几句，却道出了宋代白话小说之所以繁荣的一个重要原因。法国史学家兼文学评论家丹纳（1828—1893）以实证主义的观点说明社会文化条件直接决定文学形式的事实。他认为，17世纪法国的新形势对人的性格与精神发生了重要影响。当时人们的娱乐、趣味如他们的人品"爱高尚"、"爱端庄"；而在文学上的影响更加明显，其突出表现就是悲剧成为"发展特别完美"的文学品种。当代美国文学家瓦特认为小说之所以能在18世纪的英国兴盛起来，与当时占优势地位的中产阶级的读者大众的欣赏趣味、文化程度、经济能力有直接的关系。他特别以有比较充分闲暇时间的女性读者为例来说明了这一问题。德国美学家、文艺批评家和哲学家本雅明（1892—1940）借助"趣味"概念指出了"为艺术而艺术"的理论在根本上是商品生产的反映；借助"灵晕"概念来说明当代人类感知手段的变化。他指出，电影是现代艺术的演变的产物，它由创造技巧的革命所引起。20世纪人类艺术活动发生了一系列变更，作品价值由膜拜转为展示，由有灵晕转为机械复制，由美转为后审美，等等。机械复制艺术虽然消失了"灵晕"，但是能贴近与占有某物的愿意，通过占有它能克服传统艺术的"独一无二性"。作为机械复制艺术的电影之所以能够成为大众消遣娱乐的对象，原因也在于此。上述已涉及到中国古代的故事诗、"说话"、西方古典悲剧、近代小说、现代电影等五种艺术形式。它们的兴起都具有相应的文化背景和社会条件，其中又特别与人们的日常闲暇活动有直接的关系。艺术也是人们用于休闲娱乐的重要对象。

进一步思考的问题:

1. 明清时期小品、小说盛行的原因是什么?
2. 游记和传记在历史上是如何产生的?它们在当今的发展情况如何?
3. 电视是如何改变当代人的日常生活的?
4. 如何界定"闲暇时间"?它对个人和社会分别有什么意义?

关联性思考的问题:

1. 如何理解艺术与社会的关系?
2. 比较中、西小说兴起的不同条件。
3. 分析大众文化在中国兴起的社会语境。
4. 王国维说:"凡一代有一代之文学,楚之骚,汉之赋,六代之骈语,唐之诗,宋之词,元之曲,皆所谓'一代之文学',而后世莫能继焉者也。"如何理解?

进一步阅读的书目:

1. 王雅林、董鸿扬:《闲暇社会学》,黑龙江人民出版社1992年版。
2. 蔡宏进:《休闲社会学》,台北三民书局股份有限公司2004年版。
3. 沈勇:《休闲主义》,甘肃文化出版社2005年版。
4. 尹恭弘:《小品高潮与晚明文化:晚明小品七十三家评述》,华文出版社2001年版。
5. 冯乃康编著:《旅游文学概论》,山西教育出版社2003年版。
6. 赵白生:《传记文学理论》,北京大学出版社2003年版。
7. [法]罗贝尔·埃斯卡尔卡:《文学社会学》,符锦勇译,上海译文出版社1988年版。
8. [美]韩南:《中国近代中国小说的兴起》,徐侠译,上海教育出版社2004年。
9. [英]罗杰·西尔弗斯通:《电视与日常生活》,陶庆梅译,江苏人民出版社2004年版。

关联性阅读的书目:

1. 陆梅林、李心峰主编:《艺术类型学资料选编》,华中师范大学出版社1997

年版。

2. 黄会林主编:《当代中国大众文化研究》,北京师范大学出版社1998年版。

3. 戴燕:《文学史的权力》,北京大学出版社2002年版。

4. [美]吉列斯比:《欧洲小说的演化》,胡家峦、冯国忠译,北京三联书店1987年版。

5. [英]克莱夫·贝尔:《艺术》,薛华译,江苏教育出版社2004年版。

6. [英]戴维·钱尼:《文化转向:当代文化史概览》,戴从容译,江苏人民出版社2004年版。

7. [英]尼古拉斯·阿伯克龙比:《电视与社会》,张永喜等译,南京大学出版社2007年版。

8. [法]马克·费罗:《电影和历史》,彭姝祎译,北京大学出版社2008年版。

休闲与审美传统

导言

"闲暇是文化的基础"(约瑟夫·皮珀),"文明是在游戏中并作为游戏兴起而开展的"(赫伊津哈),这两个观点早已为人所知。文化与休闲的密切关系重要表现之一就是有关审美传统的问题。一般地说,传统是指以前时代留下的文化。作为历史的产物,传统的特殊性在于一个时代确凿无疑的观念有时候是下一个时代的难题,因此这就面临重建的问题。特别是在文化与社会转型条件下,由于旧传统不适应时代需要,往往被摧毁,此即意味着需要"发明"新传统。新、旧传统的中间断裂之处正是人文知识分子参与活动的重要地带,而审美(艺术)化人生也成为他们共同的生存策略之一。所以,审美传统是人类审美意识、生存意识不断发生、发展和强化所形成的文化产物。休闲的境界是审美,休闲传统也是文化传统的重要部分。可以说,人类发展史就是一部文化史、休闲史、审美史,休闲、审美与文化之间具有共生的关系。

选文一 庄子论"逍遥游"

北冥有鱼，其名为鲲。鲲之大，不知其几千里也；化而为鸟，其名为鹏。鹏之背，不知其几千里也；怒而飞，其翼若垂天之云。是鸟也，海运则将徙于南冥。南冥者，天池也。

《齐谐》者，志怪者也。《谐》之言曰："鹏之徙于南冥也，水击三千里，抟扶摇而上者九万里，去以六月息者也。"野马也，尘埃也，生物之以息相吹也。天之苍苍，其正色邪？其远而无所至极邪？其视下也，亦若是则已矣。且夫水之积也不厚，则其负大舟也无力。覆杯水于坳堂之上，则芥为之舟。置杯焉则胶，水浅而舟大也。风之积也不厚，则其负大翼也无力。故九万里则风斯在下矣，而后乃今培风；背负青天而莫之夭阏者，而后乃今将图南。

蜩与学鸠笑之曰："我决起而飞，抢榆枋而止，时则不至而控于地而已矣，奚以之九万里而南为？"适莽苍者，三飡而反，腹犹果然；适百里者，宿舂粮；适千里者，三月聚粮。之二虫又何知！小知不及大知，小年不及大年。奚以知其然也？朝菌不知晦朔，蟪蛄不知春秋，此小年也。楚之南有冥灵者，以五百岁为春，五百岁为秋；上古有大椿者，以八千岁为春，八千岁为秋。而彭祖乃今以久特闻，众人匹之，不亦悲乎！

汤之问棘也是已！汤问棘曰："上下四方有极乎？"棘曰："无极之外，复无极也。"穷发之北，有冥海者，天池也。有鱼焉，其广数千里，未有知其修者，其名为鲲。有鸟焉，其名为鹏，背若泰山，翼若垂天之云，抟扶摇羊角而上者九万里，绝云气，负青天，然后图南，且适南冥也。斥鴳笑之曰："彼且奚适也？我腾跃而上，不过数仞而下，翱翔蓬蒿之间，此亦飞之至也，而彼且奚适也？"此小大之辩也。

故夫知效一官，行比一乡，德合一君而征一国者，其自视也，亦若此矣。而宋荣子犹然笑之。且举世而誉之而不加劝，举世而非之而不加沮，定乎内外之分，辩乎荣辱之境，斯已矣。彼其于世，未数数然也。虽然，犹有未树也。夫列子御风而行，泠然善也，旬有五日而后反。彼于致福者，未数数然也。此虽免乎行，犹有所待者也。若夫乘天地之正，而御六气之辩，以游无穷者，彼且恶乎待哉！故曰：至人无己，神人无功，圣人无名。

尧让天下于许由，曰："日月出矣，而爝火不息，其于光也，不亦难乎？时雨降矣，而犹浸灌，其于泽也，不亦劳乎？夫子立而天下治，而我犹尸之，吾自视缺然。请致天下！"许由曰："子治天下，天下既已治也，而我犹代子，吾将为名乎？名者，实之宾也，吾将为宾乎？鹪鹩巢于深林，不过一枝；偃鼠饮河，不过满腹。归休乎君，予无所用天下为！庖人虽不治庖，尸祝不越樽俎而代之矣。"

肩吾问于连叔曰："吾闻言于接舆，大而无当，往而不返。吾惊怖其言，犹河汉而无极也，大有径庭，不近人情焉。"连叔曰："其言谓何哉？""曰藐姑射之山，有神人居焉。肌肤若冰雪，淖约若处子；不食五谷，吸风饮露；乘云气，御飞龙，而游乎四海之外；其神凝，使物不疵疠而年谷熟。吾以是狂而不信也。"连叔曰："然。瞽者无以与乎文章之观，聋者无以与乎钟鼓之声。岂唯形骸有聋盲哉？夫知亦有之。是其言也，犹时女也。之人也，之德也，将磅礴万物以为一，世蕲乎乱，孰弊弊焉以天下为事？之人也，物莫之伤，大浸稽天而不溺，大旱金石流、土山焦而不热。是其尘垢粃糠，将犹陶铸尧、舜者也，孰肯以物为事？"宋人资章甫而适诸越，越人断发文身，无所用之。尧治天下之民，平海内之政。往见四子藐姑射之山，汾水之阳，窅然丧其天下焉。

惠子谓庄子曰："魏王贻我大瓠之种，我树之成而实五石。以盛水浆，其坚不能自举也。剖之以为瓢，则瓠落无所容。非不呺然大也，吾为其无用而掊之。"庄子曰："夫子固拙于用大矣。宋人有善为不龟手之药者，世世以洴澼絖为事。客闻之，请买其方百金。聚族而谋之曰：'我世世为洴澼絖，不过数金。今一朝而鬻技百金，请与之。'客得之，以说吴王。越有难，吴王使之将。冬，与越人水战，大败越人，裂地而封之。能不龟手一也，或以封，或不免于洴澼絖，则所用之异也。今子有五石之瓠，何不虑以为大樽而浮乎江湖，而忧其瓠落无所容？则夫子犹有蓬之心也夫！"

惠子谓庄子曰:"吾有大树,人谓之樗。其大本臃肿而不中绳墨,其小枝卷曲而不中规矩。立之途,匠者不顾。今子之言,大而无用,众所同去也。"庄子曰:"子独不见狸狌乎?卑身而伏,以候敖者;东西跳梁,不避高下;中于机辟,死于罔罟。今夫斄牛,其大若垂天之云。此能为大矣,而不能执鼠。今子有大树,患其无用,何不树之于无何有之乡、广莫之野,彷徨乎无为其侧,逍遥乎寝卧其下?不夭斤斧,物无害者,无所可用,安所困苦哉!"

——选自《庄子·内篇·逍遥游第一》,载《老子·庄子·列子》,张震点校,岳麓书社 1994 年版,第 1—4 页

选文二　林语堂论孔子的幽默

孔子自然是幽默的。《论语》一书,很多他的幽默语,因为他脚踏实地,说很多入情入理的话。只惜前人理学气太厚,不曾懂得。他十四年间,游于宋、卫、陈、蔡之间,不如意事,十居八九,总是泰然处之。他有伤世感时的话,在鲁国碰了季桓子、阳货这些人,想到晋国去,又去不成;到了黄河岸上,而有水哉水哉之叹。桓魋一类人,想要害他,孔子"桓魋其如予何"的话,虽然表示自信力甚强,总也是自得自适君子不忧不惧一种气派。为什么他在陈、蔡、汝、颍之间,住得特别久?我就不得而知了。他那安详自适的态度,最明显的例,是在陈绝粮一段。门人都已出怨言了,孔子独弦歌不衰,不改那种安详幽默的态度。他三次问门人:"我们一班人,不三不四,非牛非虎,流落到这田地,为什么呢?"这是我所最爱的一段,也是使我们最佩服孔子的一段。有一次,孔子与门人相失于路上。后来有人在东门找到孔子,说他的相貌,并说他像一条"丧家犬"。孔子听了说:"别的我不知道。至于像一条丧家狗,倒有点像。"

须知孔子是最近人情的。他是恭而安,威而不猛,并不是道貌岸然,冷酷拒人于千里之外。但是到了程、朱诸宋儒的手中,孔子的面目就改

了。以道学面孔论孔子，必失了孔子原来的面目。仿佛说，常人所为，圣人必不敢为。殊不知道学宋儒所不敢为，孔子偏偏敢为。如孺悲欲见孔子，孔子假托病不见，或使门房告诉来客说不在家。这也就够了。何以在孺悲犹在门口之时，故意"取瑟而歌，使之闻之"，这不是太恶作剧吗？这就是活泼泼的孔子。但这一节，道学家难以解释。朱熹犹能了解，这是孔子深恶而痛绝乡愿的表示。到了崔东壁（述）便不行了。有人盛赞崔东壁的《洙泗考信录》。我读起来，就觉得赞道之心有余，而考证的标准太差。他以为这段必是后人所附会，圣人必不出此。这种看法，离了现代人传记文学的功夫（若 Lytton Strachey 之《维多利亚女王传》那种体会人情的看法）离得太远了。凡遇到孔子活泼泼所为未能完全与道学理想符合，或言宋儒之所不敢言（"老而不死是为贼"），或为宋儒之所不敢为（"举杖叩其胫"，"取瑟而歌，使之闻之"），崔东壁就断定是"圣人必不如此"，而斥为伪作，或后人附会。顾颉刚也曾表示对崔东壁不满处。"他信仰经书和孔孟的气味都嫌太重，糅杂了许多先入为主的成见。"（《古史史辨》第一册的长序）

读《论语》，不应该这样读法。《论语》是一本好书，虽然编得太坏，或可说，根本没人敢编过。《论语》一书，有很多孔子的人情味。要明白《论语》的意味，须先明白孔子对门人说的话，很多是燕居闲适的话，老实话，率真话，不打算对外人说的话，脱口而出的话，幽默自得的话，甚至开玩笑的话，及破口骂人的话。

总而言之，《论语》是孔子与门人私下对谈的实录。最可宝贵，使我们复见孔子的真面目，就是这些半真半假，雍容自得的实录。由这些闲谈实录，可以想见孔子的真性格。

孔子对他门人，全无架子。不像程颐对哲宗讲学，还要执师生之礼那种臭架子，他一定要坐着讲。孔子说：你们两三位，以为我对你们有什么不好说的吗？我对你们老实没有。我没有一件事不让你们两三位知道。那就是我。"这亲密的情形，就可想见。所以有一次他承认是说笑话而已。孔子到武城，是他的门人子游当城宰。听见家家有念书弦诵的声音，夫子莞尔而笑说："割鸡焉用牛刀。"子游驳他说，夫子所教是如此。"君子学道则爱人，小人学道则易使也。"孔子说："你们两三位听，阿偃是对的。我刚才说的，是和他开玩笑而已。"（"前言戏之耳。"）

这是孔子燕居与门人对谈的腔调。若做岸然道貌的考证文章，便可说"岂有圣人而戏言乎……不信也……不义也……圣人必不如此，可知其伪也。"你看见过哪一位道学老师，肯对学生说笑话没有？

《论语》通盘这类的口调居多。要这样看法才行。随举几个例：言志之篇，"吾与点也"，大家很喜欢，就是因为孔子作近情语，不作门面语。曾晳以为他的"志愿"不在做官，危立于朝廷宗庙之间，他先不好意思说。夫子说："没有关系，我要听听各人言其志愿而已。"于是曾晳铿尔一声，把瑟放下，立起来说他的志愿。大约以今人的话说来，他说："三四月间，穿了新衣服到阳明山中正公园。五六个大人，带了六七个小孩子，在公共游泳池游一下，再到附近林下乘凉，一路唱歌回来。"孔子吐一口气说："阿点，我就要陪你去！"或作"我最同意你的话"。在冉有、公西华说正经话之后，曾晳这么一来放松，就得幽默作用。孔子居然很赏识。

有许多《论语》读者，未能体会这种语调。必须先明白他们师生闲谈的语调，读去才有意思。

"御乎射乎？"章——有人批孔子说："孔子真伟大，博学而无所专长。"孔子听见这话说："教我专长什么？专骑马呢？或专射箭呢？还是专骑马好。"这话真是幽默的口气。我们也只好用幽默假痴呆的口气读他。这哪里是正经话？或以为圣人这话未免煞风景。但是孔子幽默口气，你当真，煞风景的是你，不是孔夫子。

"其然，岂其然乎？"章——孔子问公明贾关于公叔文子这个人怎样，听见说这位先生不言、不笑、不贪。公明贾说："这是说的人张大其辞。他也有说有笑，只是说笑的正中肯合时，人家不讨厌。"孔子说："这样？真真这样吗？"这种重叠，是《论语》写会话的笔法。

"赐也，非尔所及也"章——子贡很会说话。他说："我不要人家怎样待我，我就不这样待人。"孔子说："阿赐，你说得好容易。我看你做不到。"这又是何等熟人口中的语气。

"空空如也"章——孔子说："你们以为我什么都懂了。我哪里懂什么！有乡下人问我一句话，我就空空洞洞，了无一句话作回答。这边说说，那边说说，再说说不下去了。"

"三嗅而作"章——这章最费解，崔东壁以为伪。其实没有什么。只是孔子嗅到雉鸡作呕不肯吃。这篇见"乡党"，专讲孔子讲究食。有飞鸟在天空翱翔，飞来飞去，又停下来。子路见机说："这只母野鸡，来得正巧。"打下来供献给孔夫子，孔夫子嗅了三嗅，嫌野鸡的气味太腥，就站起来，不吃也罢。原来野鸡要挂起来两三天，才好吃。我们不必在这里寻出什么大道理。

"群居终日"章——孔子说："有些人一天聚在一起，不说一句正经话，又好行小恩惠——真难为他们。""难矣哉"是说亏得他们做得出来。朱熹误解为"将有患难"，就是不懂这"亏得他们"的闲谈语调。因为还有一条，也是一样语调，也是用"难矣哉"更清楚。"一天吃饱饭，什么也不用心。真亏得他们。不是还可以下棋吗？下棋用心思，总比那样无所用心好。"

幽默是这样的，自自然然，在静室对挚友闲谈，一点不肯装腔作势。这是孔子的《论语》。有一次，他说："我总应该找个差事做。吾岂能像一个墙上葫芦，挂着不吃饭？"有一次他说："出卖啊！出卖啊！我等着有人买我。""沽之哉，沽哉，我待贾者也。"意思在求贤君能用他，话却不择言而出，不是预备给人听的。但在熟友闲谈中，不至于误会。若认真读它，便失了气味。

孔子骂人也真不少。今之从政者何如，孔子说："噫，斗筲之人，何足算也。""斗筲"是盛米器，就是说"那些饭桶，算什么！"骂原壤"老而不死是为贼"，骂了不足，还举起棍子，打那蹲在地上的原壤的腿。骂冉求"非吾徒也。小子鸣鼓而攻之。可也"。真真不客气，对门人表示他非常生气，不赞成冉求替季氏聚敛。"由也不得其死然。"骂子路不得好死。这些都是例。

孔子真正属于机警（wit）的话，平常读者不注意。最好的，我想是见于《孔子家语》一段。子贡问死者有知乎。孔子说："等你死了，就知道。"这句话，比答子路"未知生，焉知死"更属于机警一类。"一个人不对自己说，怎么办？怎么办？我对这种人，真不知道怎么办！（"不曰如之何，如之何者，吾未如之何也已矣。"）"知之为知之，不知为不知，是知也。"也是这一类。"过而不改，是谓过矣。"相同。"不患人之不己知，求为可知也。"——这句话非常好。就在"知"字上做文章，所以为机警动人的句子。

总而言之，孔子是个通人，随口应对，都有道理。他脚踏实地，而又出以平淡浅近之语。教人事父母，不但养，还要敬，却说"至于犬马，皆能有养"，这不是很唐突吗？"富而可求也，虽执鞭之士，吾亦为之。"就是说"如果成富是求得来的，叫我做马夫赶马车，我也愿意"。都是这派不加修饰的言辞。好在他脚踏实地，所以常有幽默的成分，在其口语中。美国大文豪 Carl Van Doren 对我说，他最欣赏孔子一句话，就是季文子三思而后行。孔子说："再，斯可矣。"这真正是自然流露的幽默。有点煞风景，想来却是实话。下回我想讲"孔子的笑和乐"。

——选自《无所不谈合集》，载《林语堂名著全集》（第十六卷），东北师范大学出版社1994年版，第22—27页

选文三　宗白华论艺术生活、美学的散步

艺术生活——艺术生活与同情

你想要了解"光"么？

你可曾同那疏林透射的斜阳共舞？

你可曾同那黄昏初现的冷月齐颤？

你可曾同那蓝天闪闪的星光合奏？

你想了解"春"么？

你的心琴可有那蝴蝶翅的翩翩情致？

你的歌曲可有那黄莺儿的千啭不穷？

你的呼吸可有那玫瑰粉的一缕温馨？

诸君！艺术的生活就是同情的生活呀！无限的同情对于自然，无限的同情对于人生，无限的同情对于星天云月，鸟语泉鸣，无限的同情对于死生离合，喜笑悲啼。这就是艺术感觉的发生，这也是艺术创造的目的！

诸君！我们这个世界，本是一个物质的世界，本是一个冷酷的世界。你看，大宇长宙的中间何等黑暗呀！何等森寒呀！但是，它能进化、能活动、能创造，这是什么缘故呢？因为它有"光"，因为它有"热"！

诸君！我们这个人生，本是一个机械的人生，本是一个自利的人生。你看，社会民族中间何等黑暗呀！何等森寒呀！但是，它也能进化、能活动、能创造，这是什么缘故呢？因为它有"情"，因为它有"同情"！

同情是社会结合的原始，同情是社会进化的轨道，同情是小己解放的第一步，同情是社会协作的原动力。我们为人生向上发展计，为社会幸福进化计，不可不谋人类"同情心"的涵养与发展。哲学家和科学家，兢兢然求人类思想见解的一致，宗教家与伦理学家，兢兢然求人类意志行为的一致，而真能结合人类情绪感觉的一致者，厥唯艺术而已。一曲悲歌，千人泣下；一幅画境，行者驻足，世界上能熔人感觉情绪于一炉者，能有过于美术的么？美感的动机，起于同感。我们读一首诗，如不能设身处地，直感那诗中的境界，则不能了解那首诗的美。我们看一幅画，如不能神游其中，如历其境，则不能了解这幅画的美。我们在朝阳中看见了一枝带露的花，感觉着它生命的新鲜，生意的无尽，自由发展，无所挂碍，便觉得有无穷的不可言说的美。

譬如两张琴，弹了一琴的一弦，别张琴上，同音的弦，方能共鸣。自然中间美的谐和，艺术中间美的音乐，也唯有同此弦音，方能合奏。所以，有无穷的美，深藏若虚，唯有心人，乃能得之。

但是，我们心琴上的弦音，本来色彩无穷，一个艺术家果能深透心理，扣着心弦，聊歌一曲，即得共鸣。所以，艺术的作用，即是能使社会上大多数的心琴，同入于一曲音乐而已。

这话怎讲？我们知道，一个学术思想，还很不难得全社会的赞同。因为思想，可以根据事实，解决是非。我们又知道，一件事业举动，也还不难得全社会的同情。因为事业，可以根据利害，决定从违。这两种都有客观的标准，不难强令社会于一致。但是，说到情绪感觉上的事，却是极为主观，很难一致的了。我以为美的，你或者以为丑。你以为甘的，我或者以为苦。并且，各有其实际，决不能强以为同。所以，情绪感觉，不是争辩的问题，乃是直觉自决的问题。但是，一个社会中感情完全不一致，却又是社会的缺憾与危机。因为"同情"本是维系社会最重要的工具。同情消灭，则社会解体。

艺术的目的是融社会的感觉情绪于一致，譬如一段人生，一幅自然，各人遇之，因地位关系之差别，感觉情绪，毫不相同。但是，这一段人生，若是描写于小说之中，弹奏于音乐之里，这一幅自然，若是绘画于图册之上，歌咏于情词之中，则必引起全社会注意与同感，而最能使全社会情感荡漾于一波之上者，尤莫如音乐。所以，中国古代圣哲极注重"乐教"。他们知道，唯有音乐，能调和社会的情感，坚固社会的组织。

不单是艺术的目的，是谋社会同情心的发展与巩固。本来，艺术的起源，就是由人类社会"同情心"的向外扩张到大宇宙自然里去。法国哲学家居友（Guyan）[①] 在他的名著《艺术为社会现象》中，论之甚详。我们人群社会中，所以能结合与维持者，是因为有一种社会的同情。我们根据这种同情，觉着全社会人类都是同等，都是一样的情感嗜好，爱恶悲乐。同我之所以为"我"，没有什么大分别。于是，人我之界不严，有时以他人之喜为喜，以他人之悲为悲。看见他人的痛苦，如同身受。这时候，小我的范围解放，人于社会大我之圈，和全人类的情绪感觉一致颤动，古来的宗教家如释迦、耶稣，一生都在这个境界中。

但是，我们这种对于人类社会的同情，还可以扩充张大到普遍的自然中去。因为自然中也有生命，有精神，有情绪感觉意志，和我们的心理一

[①] 居友（Marie Jean Guyau，1854—1888）：法国哲学家、诗人。快乐论美学的主要代表。主要著作有《一个哲学家的诗》《当代美学问题》《艺术为社会现象》等。——编者注

样。你看一个歌咏自然的诗人,走到自然中间,看见了一枝花,觉得花能解语,遇着了一只鸟,觉得鸟亦知情,听见了泉声,以为是情调,会着了一丛小草,一片蝴蝶,觉得也能互相了解,悄悄地诉说它们的情,它们的梦,它们的想望。无论山水云树,月色星光,都是我们有知觉、有感情的姊妹同胞。这时候,我们拿社会同情的眼光,运用到全宇宙里,觉得全宇宙就是一个大同情的社会组织,什么星呀,月呀,云呀,水呀,禽兽呀,草木呀,都是一个同情社会中间的眷属。这时候,不发生极高的美感么?这个大同情的自然,不就是一个纯洁的高尚的美术世界么?诗人、艺术家,在这个境界中,无有不发生艺术的冲动,或舞歌或绘画,或雕刻创造,皆由于对于自然,对于人生,起了极深厚的同情,深心中的冲动,想将这个宝爱的自然,宝爱的人生,由自己的能力再实现一遍。

艺术世界的中心是同情,同情的发生由于空想,同情的结局入于创造。于是,所谓艺术生活者,就是现实生活以外一个空想的同情的创造的生活而已。

——选自《宗白华全集》(第一卷),
安徽教育出版社1994年版,第316—319页

美学的散步
小言

散步是自由自在、无拘无束的行动,它的弱点是没有计划,没有系统。看重逻辑统一性的人会轻视它,讨厌它,但是西方建立逻辑学的大师亚里士多德的学派却唤作"散步学派",可见散步和逻辑并不是绝对不相容的。中国古代一位影响不小的哲学家——庄子,他好像整天是在山野里散步,观看着鹏鸟、小虫、蝴蝶、游鱼,又在人间世里凝视一些奇形怪状的人:驼背、跛脚、四肢不全、心灵不正常的人,很像意大利文艺复兴时大天才达·芬奇在米兰街头散步时速写下来的一些"戏画",现在竟成为"画院的奇葩"。庄子文章里所写的那些奇特人物大概就是后来唐、宋画家画罗汉时心目中的范本。

散步的时候可以偶尔在路旁折到一枝鲜花,也可以在路上拾起别人弃之不顾而自己感到兴趣的燕石。

无论鲜花或燕石,不必珍视,也不必丢掉,放在桌上可以作散步后的回念。

……

——选自《美学的散步(一)》,载《宗白华全集》(第三卷),安徽教育出版社1994年版,284—285页

选文四　赫尔德论希腊艺术

希腊艺术就是人道的学校;谁要是把希腊艺术看成别的东西,那就不幸了。

大自然在它的一切杰出的作品之中,表现得栩栩如生。当大自然在我们世界上升到它的活动的最高峰时,它就创造出一个生物,名叫人,它把一切趋向尽善尽美的法则全都压缩到空间最小、生机却最为活跃的人体之中;至于大自然按照这些法则在它的其他作品中发生作用时,只是部分地零乱地使用它的惊人的力量和无穷的财富。大自然在其他元素里,在水里,空气里乃至地球上一些巨大的有机体里灌注生命力量的时候,需要时间和空间,可是在人身上,它往往只是暗示一下这些力量,并且把千百万种力量和感情在人身上都安排得巧妙、协调。因此人不仅作为一切感觉的总体,还作为一个神圣的东西,而在我们这个世界上屹立着,他身上的神性把压缩到人的身体里的,寓于他的天性中的各种感觉加以安排、估价和调整。整个大自然从人身上认出它自己的面貌,犹如面对一面活的镜子;它通过人的眼睛去观看,借助人的头脑去思维,凭借人的心胸去感受,使用人的双手去活动、创造。所以世界上的这个最富美感的创造物,也必须善于模仿、调整、表现,必须是一个具有诗意,拥有政治头脑的创造物。因为人的天性既然仿佛就是大自然的最高艺术,大自然在他身上追求着最

高效果，大自然也就必须在人类身上把自己显示出来。我们的思想，我们的道德和我们的制度的塑造者是一位艺术家；既然艺术是我们天性的总体和目的，那么和人的形象打交道、表现人身上一切力量的艺术对于人类来说能够毫无价值吗？

应该说很有价值！艺术不仅使思想，还使思想形式和永恒的性格变成可以看见的东西，无论语言音乐或是人在任何其他方面的努力，都不能如此有力地表现思想和性格。艺术调整并且净化这些形式，亲自用清晰的、永恒的概念把这些形式表现在世世代代的每一个观赏者的眼前；人类世世代代都在这些形式里欣赏他们自己，感觉他们自己，并且按照这些形式去发生作用。所以说，艺术不仅按照我们人类的年龄，感觉、爱好和冲动以最高贵的形象（提供给我们）去表现出一种清楚可见的……人类的形而上学，而且，在它满腔感情、精心细致地表现这些现象的时候，它作为第二个造物主，默默地向我们叫道："人呵，瞧瞧这面镜子吧！你这一族类应该是、而且能够是这个样子。"自然就是在这面镜子里显示自己的尊严和单纯，充满了感情和爱。所以说，神性就显现在你的形象内，它不可能显现出别的样子。

希腊人走的便是这条路，他们以这种思想为努力的目标。倘若没有希腊人的艺术，我们便不可能理解他们的诗人和哲人的某些思想；这些思想便会像枯燥无味的语句从我们面前掠过。如今艺术使这些思想成为可以看见的东西了……简单地说吧，艺术奠定了人类的形象化的范畴。后来的野蛮人当然不懂这个道理，他们把玄武岩雕成的天神的头像只看成一个魔鬼的黑头，把美丽的阿波罗看成一个预言凶吉的恶鬼，把天仙一样的女爱神看成一个淫荡的妓女，因此把他们全都毁掉了。他们认为，所有这些艺术品都是偶像崇拜的对象，里面藏着一些把人引入荒淫的迷途的邪恶的精灵，这样一种概念，像一层黑雾似的遮上他们的眼睛，使他们根本看不见那真正的精灵，那以最纯净的形式表现出来的人类教养的理想。至于那些在雕像里只是寻找雕像，在宝石里只是寻找宝石，在一切雕塑中只是寻找富丽、修饰、传统的趣味，寻找关于古代艺术的知识和机械的艺术知识的人，同样也看不见那真正的精灵。最不能理解这种精灵的是一些虚假、褊狭的理论家,他们为词句所蒙蔽,看到艺术把神表现为对人类是亲切的,并且用神去体现真理,便用冷峻傲慢的神气加以反对。从希腊人的作品里,人类天性的精灵可以清楚明白地向我们说话;因为我们会抱着同情同感去倾听它的话。幻想和激情在这里对我们不能有所裨益,因为这里需要以清明的概念来回答下列问题:"人类的精神是怎么表现的,其主要方式如何不同,其中哪些方式是顶点,就像在绷紧的弦上发出和声一样?"您有兴致和我一起走到这群星闪烁的天宇底下去吗?我只能从这深谷里远远地指出它们;可是您的精神会插上翅膀,您会高呼:"瞧啊,那举足轻重的人类现在看得见了,那就是人类的明亮的星宫!"……

　　希腊艺术对人类的认识、尊敬和热爱,都体现在具体的人身上。希腊艺术经历了多方面的、艰难的路程,爬过峻峭的山岩,穿过深渊,付出超人的精力,历尽无数的艰险,坚韧不拔地追求着人类的纯粹的概念,这种高尚的努力因而更加顽强追随着真理,最后终于达到了艺术的顶峰。希腊艺术从不同年龄、不同性别的人们之中每一个人最值得注意的地方都摘取了生命树干上盛开的生命之花;因为希腊人的精神还是很单纯,眼光还是很纯净,还有足够的勇气和力量,去把这生命之花当作一个完整的、凭自身而存在的东西这个看法,在他们的作品里表现出来,并使它达到完美。他们在孩子身上构思并塑造童年,在少年身上构思并塑造生命的春天;在成年男子身上塑造一个享受自身的力量和尊严的天神之子;女人对这种英雄思想也照样有分,就像那些描绘亚玛孙女子①的美丽画幅所显示的那样,这些亚玛孙女子当中有些人,完全可以在思想上充当卡斯托尔和波洛克斯②的姐妹而无愧。艺术在所有这些形式里面,赋予这种纯净的思想以独立、尊严和一种在一切方面都变得栩栩如生的意义,并且把这种思想的每一种不确定的、模棱两可的,或者不相干的修饰全都去掉,像用火把它净化了之后,充斥于这种形象之中,以极度纯朴的方式,诉诸人们的理智和心灵的那种力量也就必然不可能和这种形象分离。物质的约束被克服了,

---

① 亚玛孙(Amazonen):希腊传说中的一个民族,全由骁勇善战的妇女组成。——译者注
② 卡斯托尔和波洛克斯(Castor and Pollux):斯巴达传说中的孪生兄弟。——译者注

性别、年龄、性格之间的种种差别和细微界限全都极其准确地表现出来，按照各种类型已有的伟大范例，安排出最高尚美好的人类生存状况的一些经久不变的典型。倘若我们以希腊人睿智冷静的目光来观看人类天性，这在思想、激情和状况上多种多样的人类天性会缩成多么稀少的主要形式啊！只要灵魂一旦有力量在各个部分各个位置上充分保持它的作用，那么，人类的柔顺坚韧，充满力量和美的体格构造便没有多少意义！我站在古代大师的艺术造像之前，安安静静地观察和衡量寓于人体构造之中的人的灵魂力量的力学和静力学，这些时刻在我是难以忘怀，永远富有教益的。当我细细揣摩这些艺术品的对称和协调的时候，尤其当我细细揣摩这些天神般的躯体按照性格的不同，在静和动的状态中形成的优美的对照的时候，我享受到多少乐趣呀！灵魂是可爱而又严肃地显现在衣纹和皱褶里，宛如一个飘忽的精灵。你们这些希腊人可真是认识了我们的天性并把它高贵化了；你们知道，一幕幕转眼即逝的人的生活究竟是什么，你们把人的生活镂刻在一些石棺上，刻得既正确真实，又纯朴动人。你们抓住了人的生活每一个转瞬即逝的场面上的花朵，把它放在人类之母的永不凋残的花环里，使之神圣化。倘使我们人类有一天竟堕落到连人类的这种内在的力量和优美，连我们的存在的崇高的标志都认不出的时候，啊，自然，那你就把你那已经堕落的、最高贵的、创造物的形象粉碎了吧，或者让它自己破裂粉碎吧！

  希腊人到底是通过什么来达到这一切的呢？只不过是通过一种手段，即通过人的感情，通过单纯的思想，通过对于最真实最完全的欣赏的热烈研究，一言以蔽之，通过培养人性。在这点上，我们大家都必须变成希腊人，要不然我们就永远是野蛮人……

  您会问："在我们的气候条件下，处于我们的地位，希腊艺术对我们有什么用处呢？"我简短地答道："我们不想占有它，它却应该占有我们。"

  我说，我们并不要占有希腊艺术，因为我们北方的人们还很少能对它有所感受。希腊艺术品本身对我们这冷峻的气候来说是陌生的，每次当我看到这类的宝藏被人用船运到英国去的时候，我总感到可惜……你们这些世界霸王，把你们从希腊、埃及掠夺来的宝物还给它们原来的主人，那永恒的罗马吧。只要命运不阻住人们走向罗马的路途，每个人在罗马都能不花分文地接近这些宝物。把你们的艺术品送到那里去吧，或者把它们留下来，看着它们消消你们的野性；千万不要把它们变成各民族之间的仆役！

我说，希腊艺术应该占有我们，应该占有我们的灵魂和肉体。

譬如说到处都有各个民族的人穿着衣服走来走去，对他们遮蔽起来的神一般的形象感到羞耻，希腊人就敢把人按照上帝把他创造成的那种光辉形象表现出来。哪一个父亲，哪一个母亲不希望要身体健康、相貌端正的孩子？谁看到一个纯洁的少年，一个贞静的少女不感到高兴，不感到心胸开朗？青春的力量证明快活的天性，它只有通过节制和锻炼才能繁荣滋长，每一个人感觉这种青春的力量是活跃、欢乐生活的基础，他要是没有得到养成这种形象和力量的机会，就会非常惋惜。如果现在有一个冷酷的精灵压抑了我们的心胸，难道我们就不应该给后代的人们创造一个比较快活的精灵么？既然人类的命运很大部分是掌握在人的手里，取决于人的意志、人的制度和设置，那么，与其说是一个从洞穴里爬出来的格陵兰人，倒不如说是一个和我们一样都是人，并且站在那里像神的形象一样的希腊人，能够唤醒并且鼓励我们去促进这些制度呢？……

让人看看一个缪斯，一个朱诺①，或者只看看任何一个身披衣衫的山林女神，然后脸红吧！让人看看一个身穿希腊长袍的希腊男子，无论是一个少年，一个英雄，或者一个智者，然后让他满面羞惭地看看自己！倘若男女两性都感觉到自己身体的尊严，把身体的目的当作本分，他们不早就把这些野蛮的穷乏的桎梏摆脱掉吗？

毫无疑问，您想必在雕刻和所有的希腊文物上早已看到过男女两性人物（战斗者和森林神除外）的端庄坚定的神态，和安详宁静的姿势。温克尔曼②的心灵对于美是非常敏感的，对于上述这点他曾说过很多，并且曾

---

① 缪斯（Muse）：文艺女神。朱诺（Junon）：天神之妻。——译者注
② 温克尔曼（Johann Joachim Winckelmann，1717—1768）：德国著名的艺术史家。——译者注

以不可超越的笔触描述过这种安详恬静所表露出来的温柔的精神面貌。男女两性到了今天，在服装上几乎失去了自然的姿态；手脚已经成了我们的累赘，那种安详宁静的内心感情根本不知道如何表现自己，即使在动作之中也完全是只为自己，这种内心感情我们现在只在少数幸运的例外情况下还看得到，在这些情况下，我们总把这种安详宁静的内心感情称作没有教养或者天真无知，可是这种冷静的内心感情正是人身上一切真实宁静的思想的基础，同时它也正是纯洁的坦率态度、正当的感情，更深厚的同情的标志，一言以蔽之，它是独一无二的，真正的人道的标志。谁要是在他的行动中表现出：他甚至抽不出两秒钟的时间，不顾周围的事物而来思考自己的行动，这人便是人类当中一个不成熟的分子。只有外来的动力，风暴和高压可以对他发号施令；这人丝毫感觉不到那种心灵的宁静，这种宁静，由于肉体和慢慢地灌注于肉体之中的灵魂之间的对称协调，即使在各种活生生的力量互相抗衡和斗争的时候，也保持得住。

可是叫我怎么描述希腊人的肉体和灵魂之间的友好共处的状态呢？叫我怎么描述他们互相观看、互相倾听时的那种宁静呢？诱导的话语就挂在他们唇上，虽然一个字也听不见；有一种灵性在那里把听话的人和说话的人连结起来的。倘若他们的手彼此接触，这个人的柔和的手臂放在那个人的肩上，或者仅仅是这个人的眼睛凝视着那个人的脸，在这两人之间显示出何等甜美的和谐，何等亲密的依恋啊！我没有一次观看希腊雕塑的组像不感到这种使两人合而为一的可爱的协调的，无论这是奥莱斯特和彼拉德斯，或是奥莱斯特和艾莱克特拉……阿莫尔和彼斯旭①，或是任便什么。我在希腊人数目繁多的浮雕里，从来没有看见过一幅描绘家庭生活的图画不灌注着安详宁静的精神，这种精神在我们骚乱的构图里往往是看不到的。……在安吉利卡②所有的构图里，她的这种天生的道德的娴雅是她的

---

① 奥莱斯特（Orest）：希腊统帅阿加米农之子，阿加米农被妻子杀死后，奥莱斯特弑母为父报仇，后为复仇女神追逐，与好友彼德拉斯（Pylades）一同前往陶里斯岛。艾莱克特拉（Elektra）是奥莱斯特的二姐，她把父死的情形告诉弟弟，命弟弟为父报仇。阿莫尔（Amor）和彼斯旭（Psyche）是阿普莱尤斯（Appuleius，纪元 125 年生）所写的童话中的一对恋人。——译者注

② 安吉利卡·考夫曼（Angelika Kauffmann，1741—1807）：瑞士女画家。——译者注

人物的性格。甚至于野人到了她的笔下也温和了，她画的少年像精灵似的在世上飘浮，她的画笔从来不会描绘一个放肆的动作。就像是一个纯洁无邪的人所设想的人的性格一样，她把这些性格从他们的躯壳里抽出来，以一种优美的理智把它们和谐而温柔地安顿好，这种理智极其轻柔地笼罩整体，让每一部分都像花朵似的萌发开放。一个天使把名字给了她①，人道的缪斯变成她的姐妹。

您还认为，希腊人的艺术按照它的精神是不属于我们的吗？单凭这句话您就使我们注定了要永远处于野蛮状态了……

——选自《人类困境中的审美精神——哲人、诗人论美文选》，刘小枫主编，东方出版中心1996年版，第7—14页

选文五　海德格尔论荷尔德林的诗

……人诗意地栖居……

诗人如是说。如果我们把荷尔德林的这个诗句置回到它所属的那首诗中，我们便可更清晰地倾听此诗句。首先，我们来倾听两行诗；我们已经把上面这个诗句从这两行诗中分离开来。这两行如下：

充满劳绩，但人诗意地，
栖居在这片大地上。

诗行的基调回响于"诗意的"一词上。此词在两个方面得到了强调，即：它前面的词句和它后面的词句。

它前面的词句是："充满劳绩，但……"听来就仿佛是，接着的"诗意的"一词给人的充满劳绩的栖居带来了一种限制。但事情恰好相反。限制是由"充满劳绩"这个短语道出的；对此，我们必须加上一个"虽然"

---

① Angelika 一字由 Engel 一字演化而来，故说一个天使把名字给了她。——译者注

来加以思考。虽然人在其栖居时做出多样劳绩。因为人培育大地上的生长物，保护在他周围成长的东西。培育和保护（colere, cultura）乃是一种筑造。但是，人不仅培养自发地展开和生长的事物，而且也在建造（aedificare）意义上进行筑造，因为他建立那种不能通过生长而形成和持存的东西。这种意义上的筑造之物不仅是建筑物，而且也包括手工的和由人的劳作而得的一切作品。然而，这种多样筑造的劳绩决没有充满栖居之本质。相反地，一旦种种劳绩仅只为自身之故而被追逐和赢获，它们甚至就禁阻着栖居的本质。这也就是说，劳绩正是由其丰富性而处处把栖居逼入所谓的筑造的限制中。筑造遵循着栖居需要的实现。农民对生长物的培育，建筑物和作品的建造，以及工具的制造——这种意义上的筑造，已经是栖居的一个本质结果，但不是栖居的原因甚或基础。栖居之基础必定出现在另一种筑造中。虽然人们通常而且往往唯一地从事的、因而只是熟悉的筑造，把丰富的劳绩带入栖居之中。但是，只有当人已经以另一种方式进行筑造了，并且正在筑造和有意去筑造时，人才能够栖居。

"（虽然）充满劳绩，但人诗意地栖居……"下文接着是"在这片大地上"。人们会认为这个补充是多余的；因为栖居说到底就是：人在大地上逗留，在"这片大地上"逗留，而每个终有一死的人都知道自己是委身于大地的。

但当荷尔德林自己胆敢说终有一死的人的栖居是诗意的栖居时，立即就唤起一种假象，仿佛"诗意的"栖居把人从大地那里拉了出来。因为"诗意"如果被看作诗歌方面的东西，其实是属于幻想领域的。诗意的栖居幻想般地飞翔于现实上空。诗人特地说，诗意的栖居乃是栖居"在这片大地上"，以此来对付上面这种担忧。于是，荷尔德林不仅使"诗意"免受一种浅显的误解，而且，通过加上"在这片大地上"，他特地指示出做诗的本质。做诗并不飞越和超出大地，以便离弃大地、悬浮于大地之上。毋宁说，做诗首先把人带向大地，使人归属于大地，从而使人进入栖居之中。

充满劳绩，但人诗意地，
栖居在这片大地上。

现在我们知道人如何诗意地栖居了吗？我们还不知道。我们甚至落入一种危险中了，大有可能从我们出发，把某种外来的东西强加给荷尔德林的诗意词语。因为，荷尔德林虽然道出了人的栖居和人的劳绩，但他并没有像我们前面所做的那样，把栖居与筑造联系起来。他并没有说筑造，既没有在保护、培育和建造意义上说到筑造，也没有完全把做诗看作一种特有的筑造方式。因此，荷尔德林并没有像我们的思想那样来道说诗意的栖居。但尽管如此，我们是在思荷尔德林所诗的那同一个东西。①

无疑，这里要紧的是关注本质性的东西。这就需要作一个简短的插话。只有当诗与思明确地保持在它们的本质的区分之中，诗与思才相遇而同一。同一（das selbe）决不等于相同（das gleiche），也不等于纯粹同一性的空洞一体。相同总是转向无区别，致使一切都在其中达到一致。相反地，同一则是从区分的聚集而来，是有区别的东西的共属一体。唯当我们思考区分之际，我们才能说同一。在区分之分解中，② 同一的聚集着的本质才得以显露出来。同一驱除每一种始终仅仅想把有区别的东西调和为相同的热情。同一把区分聚集为一种原始统一性。相反，相同则使之消散于千篇一律的单调统一体中。在一首题为《万恶之源》的箴言诗中，荷尔德林诗云：

一体地存在乃是神性和善良；在人中间
究竟何来这种渴望：但求唯一存在。

（斯图加特第一版，第一卷，第305页）

当我们沉思荷尔德林关于人的诗意栖居所作的诗意创作之际，我们就能猜度到一条道路；在此道路上，我们通过不同的思想成果而得以接近诗人所诗的同一者（das Selbe）。

---

① 此句中的"思"与"诗"都是动词。中文的"诗"一般不作动词用，在此我们也无妨尝试一个语文改造。——译者注

② 此处"分解"原文为 Austrag，在日常德语中有"解决、裁决、调解"等义；其动词形式 austragen 有"解决、澄清、使……有结果、分送"等义。海德格尔以 Austrag 一词来思存在与存在者之"差异"的区分化动作。我们译之为"分解"，勉强取"区分"和"解决"之意。——译者注

但荷尔德林就人的诗意栖居道说了什么呢？对此问题，我们可通过倾听上述那首诗的第 24～38 行来寻求答案。因为，我们开始时解说过的那两行诗就是从中引来的。荷尔德林诗云：

> 如果生活纯属劳累，
> 人还能举目仰望说：
> 我也甘于存在吗？是的！
> 只要善良，这种纯真，尚与人心同在，
> 人就不无欣喜
> 以神性来度量自身。
> 神莫测而不可知吗？
> 神如苍天昭然显明吗？
> 我宁愿信奉后者。
> 神本是人的尺度。
> 充满劳绩，但人诗意地，
> 栖居在这片大地上。我要说
> 星光璀璨的夜之阴影
> 也难与人的纯洁相匹敌。
> 人是神性的形象。
> 大地上①有没有尺度？
> 绝对没有。

对于这些诗句，我们仅作几点思考，而且，我们的唯一目的是要更清晰地倾听荷尔德林在把人之栖居称为"诗意的"栖居时所表达出来的意思。上面朗读过的开头几行诗（第 24—26 行）即给我们一个暗示。它们采用了完全确信地予以肯定回答的提问形式。这一提问婉转表达出我们已经解说过的诗句的直接意蕴："充满劳绩，但人诗意地，栖居在这片大地上。"荷尔德林问道：

---

① 单纯要从大地那里解脱（enthörendes）的东西。——作者边注

> 如果生活纯属劳累，
>
> 人还能举目仰望说：
>
> 我也甘于存在吗？是的！

唯在一味劳累的区域内，人才力求"劳绩"。人在那里为自己争取到丰富的"劳绩"。但同时，人也得以①在此区域内，从此区域而来，通过此区域，去仰望天空。这种仰望向上直抵天空，而根基还留在大地上。这种仰望贯通天空与大地之间。② 这一"之间"（das Zwischen）被分配给人，构成人的栖居之所。我们现在把这种被分配的、也即被端呈的贯通——天空与大地的"之间"由此贯通而敞开——称为维度（die Dimension）。此维度的出现并非由于天空与大地的相互转向。而毋宁说，转向本身居于维度之中。维度亦非通常所见的空间的延展；因为一切空间因素作为被设置了空间的东西，本身就需要维度，也即需要它得以进入（eingelassen）③ 其中的那个东西。

维度之本质乃是那个"之间"——即直抵天空的向上与归于大地的向下——的被照亮的、从而可贯通的分配。我们且任维度之本质保持无名。根据荷尔德林的诗句，人以天空度量自身而得以贯通此尺度。人并非偶尔进行这种贯通，而是在这样一种贯通中人才根本上成为人。因此之故，人虽然能够④阻碍、缩短和歪曲⑤这种贯通，但他不可能逃避这种贯通。人之为人，总是已经以某种天空之物来度量自身。就连魔鬼也来自天空。所以，接着的诗行（第28—29行）说："人……以神性来度量自身。"神性乃是人借以度量他在大地之上、天空之下的栖居的"尺度"。唯当人以此方式测度他的栖居，他才能够安其本质而存在（sein）⑥。人之栖居基于对天空与大地所共属的那个维度的仰望着的测度。

---

① 仅仅？不如说：人被指引、被召唤、被使用。——作者边注
② 不可通达性。——作者边注
③ 把往来的场所聚集进来。——作者边注
④ "危险"，参看上文"技术"以及"技术与转向"。——作者边注
⑤ "非诗意的"。——作者边注
⑥ 亦即被使用和需要（Brauch）。——作者边注

这种测度（Vermessung）不只测度大地（γῆ），因而决不是简单的几何学。这种测度同样也并非测度自为的天空，即οὐρανός。测度并非科学。测度测定那个"之间"，也就是使天空与大地两者相互带来的那个"之间"。这种测度有其自身的μέτρον〔尺度〕，因此有其自身的格律。

人就他所归属的那个维度来测度他的本质。这种测度把栖居带入其轮廓中。对维度的测度是人的栖居赖以持续的保证要素。测度是栖居之诗意因素。做诗即是度量（Messen）。但何谓度量呢？如果我们把做诗思为测度，我们显然就不可把这种做诗安置于一个关于度量和尺度的任意观念中。

也许做诗是一种别具一格的度量。更有甚者，也许我们必须以另一种声调把"做诗是度量"这句话说成"做诗是度量"。在其本质之基础中的一切度量皆在作诗中发生。因此之故，我们要注意度量的基本行为。度量的基本行为就在于：人一般地首先采取他当下借以进行度量活动的尺度。在做诗中发生着尺度之采取（Nehmen）①。做诗乃是"采取尺度"（Maβ-Nahme）——从这个词的严格意义上来加以理解；通过"采取尺度"，人才为他的本质之幅度接受尺度。人作为终有一死者成其本质。人之所以被称为终有一死者，是因为人能够赴死。能够赴死意味着：能够承担作为死亡的死亡。唯有人赴死——而且只要人在这片土地上逗留，只要人栖居，他就不断地赴死。但人之栖居基于诗意。荷尔德林在人之本质的测度借以实现的"采取尺度"中看到了"诗意"的本质。

……

做诗建造着栖居之本质。做诗与栖居非但并不相互排斥。而毋宁说，做诗与栖居相互要求，共属一体。"人诗意地栖居"。是我们诗意地栖居吗？也许我们完全非诗意地栖居着。如果是这样，岂不是表明诗人的这个诗句是一个谎言，是不真实的吗？非也。诗人这个诗句的真理性以极为不可名状的方式得到了证明。因为，一种栖居之所以能够是非诗意的，只是

---

① 在作为弃言（Ent-sagen）的道说中注意、采纳、接受。——作者边注

由于栖居本质上是诗意的。人必须本质上是一个明眼人，他才可能是盲者。一块木头是决不会失明的。而如果人成了盲者，那就总还有这样一个问题：他的失明是否起于某种缺陷和损失，或者是由于某种富余和过度。在沉思一切度量的尺度的那首诗中，荷尔德林说（第75—76行）："俄狄浦斯王有一目或已太多。"所以，情形或许是，我们的非诗意栖居，我们的栖居无能于采取尺度，乃起于狂热度量和计算的一种奇怪过度。

无论在何种情形下，只有当我们知道了诗意，我们才能经验到我们的非诗意栖居，以及我们何以非诗意地栖居。只有当我们保持着对诗意的关注，我们方可期待，非诗意栖居的一个转折是否以及何时在我们这里出现。只有当我们严肃对待诗意时，我们才能向自己证明，我们的所作所为如何以及在何种程度上能够对这一转折作出贡献。

做诗乃是人之栖居的基本能力。但人之能够做诗，始终只是按照这样一个尺度，即，人的本质如何归本于那种本身喜好人、因而需要人之本质的东西。依照这种归本（Vereignung）的尺度，做诗或是本真的或是非本真的。

因此之故，本真的做诗也并不是随时都能发生的。本真的做诗何时存在，能存在多久呢？在上面所引的诗行（第26—29行）中，荷尔德林对此有所道说。我们蓄意地一直对这几行诗未作解说。这几行诗是：

　　……只要善良，这种纯真，尚与人心同在，
　　人就不无欣喜
　　以神性来度量自身……

"善良"——什么是"善良"呢？一个无关紧要的词语，而荷尔德林却以大写的形容词"纯真"来加以命名。"善良"——如果我们取其字面含义，这个词就是荷尔德林对希腊文 χάρις 一词的精彩翻译。索福克勒斯在《爱亚斯》（第522行）中说到这个 χάρις：

　　χάρις χάριν γάρ ἐστιν ἡ τίκτουσ' ἀεί
　　此乃善良，总是唤起善良。

"只要善良，这种纯真，尚与人心同在……"荷尔德林在此用他喜欢用的说法"与人心同在"(am Herzen),而不说"在心灵中"(im Herzen)。"与人心同在",这就是说:达到人之栖居本质那里,作为尺度之要求达到心灵那里,从而使得心灵转向尺度。

只要这种善良之到达持续着,人就不无欣喜,以神性来度量自身。这种度量一旦发生,人就能根据诗意之本质来做诗。而这种诗意一旦发生,人就能人性地栖居在大地上,"人的生活"——恰如荷尔德林在其最后一首诗歌中所讲的那样——就是一种"栖居生活"。(斯图加特第二版,第一卷,第312页)

远　景

当人的栖居生活通向远方,
在那里,在那遥远的地方,葡萄季节闪闪发光,
那也是夏日空旷的田野,
森林显现,带着幽深的形象。

自然充满着时光的形象,
自然栖留,而时光飞速滑行,
这一切都来自完美;于是,高空的光芒
照耀人类,如同树旁花朵锦绣。

——选自《……诗意地栖居……》,载《演讲与论文集》,[德]马丁·海德格尔著,孙周兴译,上海三联书店2007年版,第199—215页

结语

庄子(约前369—前295)想象自由、浪漫和奇特,具有顺其自然无所依,求其无穷之自在的"逍遥游"精神,这也是道家思想的精髓所在。以提倡闲适小品散文而著称的林语堂(1895—1976)塑造了一个幽默的、活泼泼的孔子形象,一改过去那种严肃的面孔,将他从"圣人"还原为"常人"。他对儒家的道家气质之发掘体现了他对以儒、道为主的中国文化

传统的一种新理解。现代美学家宗白华（1897—1986）致力探寻"使人生的生活成为艺术品似的创造"。他认为，艺术的本质是同情，是无限的同情对于自然和人生。他并以诗化的语言和散步式的自由自在向时代传递他作为现代人的美的人生观。宗白华是中国现代人生艺术化思想序列中的一个重要代表，我们在他身上可以体味到中国传统美学那种特有的优雅品格。德国美学家赫尔德（1744—1803）继承了席勒等德国古典美学注重文化经典的优秀传统，重扬了古希腊的艺术精神。在他眼里，古希腊人具有完美、和谐的人性，他们的艺术与生活完美地融合在一起。海德格尔（1917— ）提出的著名的"栖居"观实际来自德国古典浪漫派诗歌的先驱荷尔德林（1770—1843）。他之所以选择荷尔德林是认识到他的诗蕴含了诗的规定性而特地诗化了诗的本质。他阐释荷尔德林诗的根本目的是要进行一场诗与思的对话，是要从哲学上显现存在的意义。庄子、海德格尔的原创性美学分别是中、西美学的重要传统。林语堂、宗白华、赫尔德也都重视本国文化传统，他们以各自的文学或美学成就张扬了本国文化传统的深刻内涵，体现出一种人文主义精神的实质。以上所及的"逍遥游"、"幽默"、"散步"、"栖居"等相关概念意味深长，不只具有"休闲"之真味，而且蕴含了人类的生存智慧。在审美传统中发掘"休闲"，可以更加深刻地把握休闲的审美内在。

进一步思考的问题：

1. 什么是"魏晋风度"，它的主题是什么？
2. 如何理解中国现代人生艺术化思想？
3. 如何评价海德格尔存在主义在西方文化中的地位？
4. 我们应当如何理解"休闲"的深义？

关联性思考的问题：

1. 比较道家与儒家的生存智慧。
2. 西方享乐主义思想是怎样形成的？
3. 中西审美传统的差异及其文化原因是什么？

4. 约翰·皮珀说:"闲暇是文化的基础。"如何理解?

进一步阅读的书目:

1. 鲁迅:《魏晋风度及文章与药及酒之关系》,《而已集》,《鲁迅全集》第三卷,人民文学出版社 2005 年版。

2. 杜卫:《中国现代人生艺术化思想研究》,上海三联书店 2007 年版。

3. 王鲁湘等编译:《西方学者眼中的西方现代美学》,北京大学出版社 1987 年版。

4. [日]今道友信:《存在主义美学》,崔相录、王生平译,辽宁人民出版社 1987 年版。

5. [德]海德格尔:《荷尔德林诗的阐释》,孙周兴译,商务印书馆 2000 年版。

6. [德]海德格尔:《存在与时间》(修订译本),陈嘉映、王庆节合译,北京三联书店 2006 年版。

7. [法]吉尔·利波维茨基、[加]塞巴斯蒂安·夏尔:《超级现代时间》,中国人民大学出版社 2005 年版。

关联性阅读的书目:

1. 张法:《中西美学与文化精神》,北京大学出版社 1994 年版。

2. 金耀基:《从传统到现代》,中国人民大学出版社 1999 年版。

3. 聂振斌、滕守尧、章建刚:《艺术化生存——中西审美文化比较》,四川人民出版社 1997 年版。

4. 李泽厚:《中国思想史论》(上中下),安徽文艺出版社 1999 年版。

5. 李天道:《中国美学的雅俗精神》,中华书局 2002 年版。

6. 梁漱溟:《东西文化及其哲学》,商务印书馆 2005 年版。

7. [英]李斯托威尔:《近代美学史评述》,蒋孔阳译,上海译文出版社 1980 年版。

8. [荷]约翰·赫伊津哈:《游戏的人:人类文明中的游戏成分》,多人译,中国美术学院出版社 1998 年版。

9. [德]温克尔曼:《希腊人的艺术》,邵大箴译,广西师范大学出版社 2001 年版。

10. [法]米歇尔·昂弗莱:《享乐的艺术:论享乐唯物主义》,刘汉全译,北京三联书店 2003 年版。

11. ［英］霍布斯鲍姆、T. 兰格:《传统的发明》,顾杭、庞冠群译,译林出版社 2004 年版。

12. ［德］约瑟夫·皮珀:《闲暇:文化的基础》,刘森尧译,新星出版社 2005 年版。

13. ［法］狄德罗主编:《狄德罗的〈百科全书〉》,［美］坚吉尔英译,梁从诫汉译,花城出版社 2007 年版。(重点阅读"享乐主义"词条)

第二编 休闲审美的构成

导读

　　休闲美学研究的重要课题之一是有关休闲实践问题。要实践休闲就必须首先了解休闲活动的一般实现过程。如前面所提，休闲在本质上是"对象化"，是人为获得一定目的而进行的对象化活动之一。休闲活动既非一般的日常活动，又非始终是审美活动，而是在由日常性向审美性的转化中不断生成价值的。休闲的展开需要主体借助特定的方式进行的；要真正达到休闲的目的，就必须依附于特定的标准、原则。审美性休闲就是要求休闲者在活动时持一种审美的眼光，在审美性对象的参映下和各种有意义的依据的规制下，获得杰弗瑞·戈比所说的"畅"。主体、对象、依据、方式等是休闲活动的基本构成条件。在一般理解中，主体总是预定的、自明的，而对象（客体）总是客观、绝对的，主体与客体之间具有清晰的关系。但在实际运作过程中，作为活动要素的主体与客体均不再是处于同一平面之上。这样，主、客体之间就不再是一个简单的同质化过程，在不同的依据条件下也就必然产生不同的活动方式。因此，要保持休闲的质量、水平和效果，我们就必须审理各种活动条件和因素。本编从主体、对象、方式和依据四个方面进行归纳说明。这里必须强调说明的是，这四个方面又是有机联系的，它们的合理关系支配了审美性休闲活动的展开。

休闲的主体

导言

　　这里所说的"主体"是指能够获得审美情趣的任何休闲需求者。"需求"是一个被广泛用于解释休闲产生的词汇。英国学者克里斯·布尔等人认为,休闲需求既可以用于描述参与休闲活动的人数,还反映有些人参与的欲望未被实现。休闲需求包含了明确的需求、潜在需求、延期需求等许多异质的要素或成分。影响休闲需求的因素包括经济的、社会的和心理的,一般认为前两者是限制性的,而后者是基础的。这样,休闲主体也就可以从限制性或基础性的各种不同的影响因素来界定,如心理需求、收入水平、教育水平、身份、年龄、职业、性别、阅历,等等。不同的休闲主体也基于这些因素而表现出不同的休闲行为和习惯。

选文一　金圣叹论善游人

　　吾读世间游记,而知世真无善游人也。夫善游之人也者,其于天下之一切海山、方岳、洞天、福地,固不辞千里万里而必一至以尽探其奇也。然而其胸中之一副别才,眉下之一双别眼,则方且不必直至于海山、方岳、洞天、福地,而后乃今始曰:我且探其奇也。夫昨之日而至一洞天,凡罄若干日之足力、目力、心力,而既毕其事矣,明之日而又将至一福地,又将罄若干日之足力、目力、心力而以从事。彼从旁之人,不能心知其故,则不免曰:连日之游快哉!始毕一洞天,乃又造一福地。殊不知先生且正不然,其离前之洞天,而未到后之福地,中间不多,虽所隔止于三二十里,又少而或止于八、七、六、五、四、三、二里,又少而或止于一里、半里。此先生则千是一里、半里之中间,其胸中之所谓一副别才,眉下之一双别眼，即何尝不以待洞天福地之法而待之哉？今夫以造化之大本领，大聪明，大气力，而忽然结撰而成一洞天，一福地，是真骇目惊心之事，不必又道也。然吾每每谛视天地之间之随分一鸟一鱼，一花一草，乃至鸟之一毛，鱼之一鳞，花之一瓣，草之一叶，则初未有不费彼造化者之大本领，大聪明，大气力而后结撰而得成者也。谚言："狮子搏象用全力，搏兔亦用全力。"彼造化者，则真然矣，生洞天福地用全力，生随分之一鸟一鱼，一花一草以至一毛一鳞，一瓣一叶，殆无不用尽全力。由是言之，然则世间之所谓骇目惊心之事，固不必定至于洞天福地而后有此，亦为信然也。抑即所谓洞天福地也者，亦尝计其云如之何撰结也哉？庄生有言："指马之百体非马，而马系于前者，立其百体而谓之马也。"比于大泽，百材皆度，观乎大山，水石同坛；夫人诚知百材万木杂然同坛之为大泽大山，而其于游也，斯庶几矣。其层峦绝巘，则积石而成是穹窿也，其飞流悬瀑，则积泉而成是灌输也。果石石而察之，殆初无异于一拳者也；试泉泉而寻之，殆初无异于细流者也，且不直此也。老氏之言曰："三十辐共一毂，当其无，有车之用。埏埴以为器，当其无，有器之用。凿户牖以为室，当其无，有室之用。"然则一一洞天福地中间，所有之回看为峰，延看为岭，仰看为壁，俯看为溪，以至正者坪，侧者坡，跨者梁，夹者碉，虽其奇奇妙妙，至子不可方物，而吾有以知其奇之所以奇，妙之所以妙，则固必在于所谓"当其无"之处也矣。盖当其无，则是无峰无岭，无壁无溪，无坪坡梁碉之地也。然而当其无，斯则真吾胸中一副别才之所翱翔，眉下一双别眼之所排荡也。夫吾胸中有其别才，眉下有其别眼，而皆必于当其无处而后翱翔，而后排荡，然则我真胡为必至于洞天福地，正如顷所云，离于前未到于后之中间三二十里，即少止于一里半里，此亦何地不有所谓"当其无"之处耶。一略彴小桥，一槎枒独树，一水一村，一篱一犬，吾翱翔焉，吾排荡焉，此其于洞天福地之奇奇妙妙，诚未能知为在彼而为在此也。且人亦都不必胸中之真有别才，眉下之真有别眼也。必曰先有别才而后翱翔，先有别眼而后排荡，则是善游之人必至旷世而不得一遇也！如圣叹意者，天下亦何才、别眼之与有，但肯翱翔焉，斯即别才矣；果能排荡焉，斯即别眼矣。米老之相石也，曰要秀，要皱，要透，要瘦。今此一里半里之一水一村，一桥一树，一篱一犬，则皆极秀、极皱、极透、极瘦者也；我亦定不能如米老之相石故耳，诚亲见其秀处、皱处、透处、瘦处乃在于此，斯虽欲不于是焉翱翔，不于是焉排荡，亦岂可得哉？且彼洞天福地之为峰为岭，为壁为溪，为坪坡梁碉，是亦岂能多有其奇奇妙妙者乎？亦都不过能秀、能皱、能透、能瘦焉耳。由斯以言，然则必至于洞天福地而后游，此其不游之处盖已多多也；且必至于洞天福地而后游，此其于洞天福地亦终于不游已也。何也？彼不能知一篱一犬之奇妙者，必彼所见之洞天福地皆适得其不奇不妙者也。盖圣叹平日与其友斲山论游之法如此，今于读《西厢》红娘请宴之一篇而不觉发之也。斲山曰："千载以来，独有宣圣是第一善游人，其次则数王羲之。"或有征其说者，斲山云："宣圣，吾深感其'食不厌精，脍不厌细'二言；王羲之，吾见其若干帖所有字画，皆非献之所能窥也。"圣叹曰："先生此言，疑杀天下人去也。"又斲山每语圣叹云："王羲之若闲居家中，必就庭花逐枝逐朵细数其须，门生执巾侍立其侧，常至终日都无一语。"圣叹问此故事出于何书。斲山云："吾知之。"盖斲山之奇特如此，惜乎天下之人不遇斲山，一倾倒其风流也！

……

——选自《金圣叹评点〈西厢记〉》，（元）王实甫著，金圣叹评点，上海古籍出版社2008年版，第120—122页

选文二　丰子恺论画家之生命

……

绘事非寻常学问可拟也。研究之法，因之与他事不同。凡寻常学问，若能聪明加以勤勉，未有不济者。独于学画则不可概论。天资、学力二者固不可缺，然重于此者尚多。盖一画之成，非仅模仿自然，必加以画家之感兴，而后能遗貌取神。故画者以自然物之状态，由画家之头脑画化之，

即为所成之艺术品也。是以同一自然物也，各人所画趣味悬殊。因各人之头脑不同，即各人之感兴不同，故其结果亦遂不同也。

由是言之，无画家之感兴，不可云画。感兴者何？盖别有修养之方在也，可名之曰画家之生命。

画家之感兴为画家最宝贵之物。修养之法，最宜注意。西人尝有言之者矣。爰本前人之旨而加以愚见，述之如下，未必当也。

（一）意志之自由：意志自由，则心所欲为，无不如愿。故其心境常宽，神情常逸，因而美术思想无束缚之虞矣。虽古代大家有赤贫而衣食不给者，其意志未得自由，而杰作则流传甚众，此天才也，古今一二人而已，不可援为通例。巴黎美术学校无校规，无监学，一任学生放纵，怪状百出，不少加禁，亦此故也。虽然，此不免太甚。世之意志完全自由者有几人欤？不过意志之不自由，皆自作之。画者当自慎其行，使意志不趋于不自由之地步可耳。

（二）身体之自由：身体自由，精神乃可快活。故美术家不拘严肃之礼仪，行止自由，饮食自由，都不肯注意于经济便宜礼貌等事，亦都不肯事生产作业之事。缘此皆妨其身体之自由也。故美术家宜为游荡之生活，无时间之拘束乃可。巴黎美术学校学生，每日下午自由行动。关心游骋，争逐饮食者有之，亦不之戒。即基本练习时间，亦无察察之监督者。学生之不到者听之，辍课业而事游邀者亦听之云。

（三）嗜好之不可遏：美术家有怪癖之嗜好，必须培之，不可力遏之。力遏之即妨其意志之自由、身体之自由矣。画家之癖甚多。昔日本洋画家大野隆德来杭州时，吾师已为僧，因余略解日语，命引导之，因得聆其言论。忆一夕在西湖旅馆，谈及画家怪癖之嗜好，据云近今日本洋画家巨擘黑田清辉（即吾师之师）喜猿，即泥塑木刻之假猿亦宝之。人赠以物，上绘一猿，则欣然受之。又严谷小波（即洋画家严谷一六之子）喜马，杉浦非水喜虎，皆怪癖之嗜好也。究其故，嗜好亦习惯也。其初必有不知何来之原因使其喜猿喜马，于是非猿非马不能博其大快，习久成嗜好矣。尝闻西洋文豪某，必置烂苹果于案，文始若流，否则不能下笔。亦有必置泥菩萨于案而作文者。中国昔时诗人亦有怪癖，有必卧床而成诗者，有必蹲坑而成诗者。诗文与美术类，皆必培其嗜好，乃可促进其思潮也。

此种嗜好，犹其无累者也。即饮酒、吸烟等嗜好亦不可强行禁绝。非画家必饮酒、吸烟，不饮不吸尤佳。唯既成习惯者，易则戒之，难则宁不戒也。二者虽曰有毒，妨害脑筋，然其已成癖者，苟力遏之，则精神必受不快之感，竟有不能做事者，不若顺之可也。故烟酒虽曰害，或曰能助思想，不无原因。中国古称烟曰钓诗钩，亦以此也。闻巴黎美术学校学生，几无人不吸烟者。基本练习教室中，雪茄烟管三四十支，同时燃吸，烟气为之弥漫云。又其学生常出痛饮，座前后酒瓶如林，爱食之物必大嚼之，尽量而止云。

（四）时间之无束缚：习画不似习他科，不可规定其执业之时间。故时间不可有束缚。巴黎美术学校虽有规定毕业年限，而留级者甚多，甚至数十年犹未毕业者。学习之中，尤不可规定时间，须听其自由。一画不限其作成之时间，学画者不可有他事，如家务应酬等项，以掣制其时间。学画者须以一生付之，作一画须以完全时间予之，例如画一风景，须同一季候、同一时间、同一天气、同一地位，方可恣意研究，以得美满之结果。故一画费数月者甚多，甚至有费数年（古人十年作赋，与此同意）。若束缚其时间，则局促而不能肆其技巧矣。

（五）趣味之独立：意志、身体、时间既能自由矣，若无独立之趣味，则或流于卑下。趣味即画家之感兴也。一画家之感兴，不当与凡众相同。此虽属抽象之语，实系最紧要之事，关于技术上之影响甚巨。学画而无独立趣味，虽研究数十年，一老匠耳。己未〔1919〕年底，《时事新报》记载关于美术文数篇，有署名竹子者，其论中国洋画家之歧途，语极痛快。余深引为同调。所谓中国之洋画家者，皆逞其模仿之本领，负依赖之性质，不识独立之趣味为何物，直一照相器耳（有远近法、位置法等都不顾到者，则反不如照相器），岂可谓之画家哉！予不敢自命画家，但自信未入歧途。久怀疑于所谓中国洋画家者，用敢直陈之。

画家之修养当注意上之数端。[①] 故谓之画家之生命。然予尚有欲言者：

[①] 作者初发表此文时版式为直版，故称"右之数端"。现作横版，则指"上之数端"。——编者注

画家之生活即如是，就表形而观，恐有指为放荡游惰者焉。其实非也。画家修养既富，则制作日趋高雅，而导其心性于高尚之位置。故虽不以道德为目的，而其终点仍归于道德也。敢质之大雅。

——选自《丰子恺文集》（艺术卷一），丰陈宝、丰一吟、丰元草编，浙江文艺出版社、浙江教育出版社1990年版，第1—4页

选文三　福塞尔论中上层阶级

一个有钱、有趣味、喜欢游戏人生的阶级。所有比这个阶级低的阶级，都渴望成为中上层阶级。

这个阶级的家财与前两个阶级（指"看不见的上层"和"上层"——编者注）不相上下。区别在于，其中的大部分财富，是通过诸如法律、医药、石油、航运、房产乃至更令人起敬的艺术品买卖等行业赚来的。中上层有时也会享有一些继承的财产，或者说明白了，家里用着一些"继承物"（如银器和东方地毯），但他们总是被一种布尔乔亚式的感觉——比如羞耻感——困扰，因为这些人有一个信念，依赖别人的钱，哪怕是祖宗赚来的钱生活，总归不是太好。

中上层阶级的等级标志包括在住宅里留有不少空房间，以备大批"夜客"涌入时，能模仿上层阶级好客的派头。另一个标志则是这个阶级性生活的纯洁，能打动这一阶层女士的浴袍一定是世界上最不性感的东西（这里的世界包括英国和加拿大），男式内裤则是中上层男士们爱穿的拳击短裤。中上层男女的服装设计是为了遮遮掩掩，而决非为了强调两性在解剖学上的差异。因此，由于肩膀是男人第二性特征，他们穿溜肩的短外套。因为肩章强调肩膀，因此容易使自己与下层阶级混淆（贫民阶级的双肩是为体力劳动准备的）。军队制造了大量肩章，立刻暴露了与贫民阶层的内在关联。如果有人在最近的总统竞选中投了约翰·安德森的票，十有八九她（或他）是中上层阶级。这个阶级也是"角色保守"的一群人：男人

决不考虑烹饪或家务，而女人的就业范围则不外乎新闻、戏剧或房地产（当然了，只有中产阶级的主妇才老是足不出户）。中上层阶级喜欢通过给自己的宠猫起名为斯宾诺莎、克吕泰墨斯特拉（古希腊神话人物。——译者注）或者坎代德，以此显示自己昂贵的教育水准。正如你已经领悟到的，这种做法同时意味着，他们几乎完全吻合1980年那本无人不知的《权威预科生手册》（莉莎·伯恩巴赫与他人合著）中所描绘的阶级特征。

1970年红遍全球的电影《爱情故事》，还有一首常青藤名校歌曲，也曾讴歌过这个阶级。这两样东西惊人的知名度表明，中上层阶级的生活风格对所有该阶层以下的美国人具有相当的吸引力。事实也是如此，绝大部分中产阶级或以下的美国人宁愿成为中上层阶级，也不愿成为上层阶级或"看不见的顶层"。一次最近的路易斯·哈里斯民意测验显示，当要求回答"你愿意成为哪一阶层的成员"时，大部分人选择中层。当问题是"你愿意属于中层的哪一部分"时，大部分人的回答是"中上层"。成为中上层阶级是人们谙熟而可靠的梦想：这个阶级的习俗较之中产阶级稍显尊贵，易于辨别，便于习得。而如果做一名上层阶级成员，你可能会因不知如何食用鱼子酱和某道法国菜，或如何使用一只洗手指的碗而脸红心跳。很少有美国人私下里不愿意成为中上层阶级的。

对于中上层阶级，我们如果用一种较为粗略的方式，只需稍稍浏览一下两本书：约翰·莫罗依所著的《为成功着装》（1975）和《为成功而生活》（1981），就可以收集到更多这一阶级的等级标志。将自己称作"美国第一位衣橱工程师"的莫罗依，凭着令人不敢小视的天才受雇于一些工商企业，是一位提供公司着装原理的顾问。他的理想是要使每一位企业雇员都看上去像中上层阶级，因为中上层阶级就意味着成功。他意味深长地解释说："成功的着装无非就是达到中上层阶级的良好趣味和外观。"甚至行政人员办公室也要经历一番不甚内行的整修，直到它们开始洋溢着成功的气息。正如莫罗依所说："成功的办公室也会流露中上层阶级的素质。"也就是说，"办公室要（或显得）宽敞疏空。要豪华、整洁、醒目、舒适、并且私人化。"来宾等候区域也要与您的其他办公室一样，能够让每一位来宾在第一眼就能读出"中上层阶级"几个字。莫罗伊认为，除了衣着、办公室、接待室以外，人们的面部表情、身体、手势和姿态，也能被改造得具有中上层阶级的外观特征。在《为成功而生活》中，他用曲线图展示了贫民阶层和中上层阶级男性侧面形象的差异。贫民阶层男性要么是下巴痛苦地充满挑衅地紧缩着，要么是嘴张着，一脸愚蠢的好奇。相反，中上层阶级男性双唇微闭，双臂舒展，绝无诸如狡狯、畏缩和"老爷，再打我一鞭子"式的颓靡不振等失意的下层人专有的特征。莫罗伊还发现，"中上层阶级和中下阶层的人们不光站姿不同，他们的举动也有差别。中上层阶级的举止由于自控而显得精确无误。他们摆动手臂和选择落脚点的方式，与中下阶层的人们有非常明显的不同，后者的两只胳膊总是向外摆，而不是紧贴着身体。"

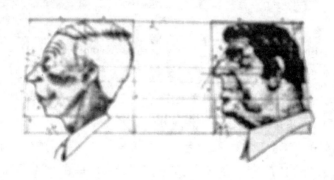

根据莫洛依的标准绘制的中上层人士和贫民人士的侧面图

毫无疑问，像莫罗伊和麦克尔·科尔达（《成功！男人和女人如何获得》一书的作者）这样的指导者，完全能够教会那些胸怀抱负的人们如何模仿中上层阶级的外表。但是，至于他们能不能真正培养出真正的中上层阶级，能不能培养出那种与这一阶层协调的（或者亦可理解为这种风格的原因）放松、游戏感以及适度的嘲弄，则让人心存疑惑。我们可以想象，任何其他阶层的人都有委婉的说法来表示"我们干吧"（指性活动。——译者注）。比如，我们的确知道其他阶层的人可能发出饶有趣味地邀请："让我们藏腊肠吧。"但是，就像《权威预科生手册》中记载的，除了中上层阶级，我们不敢想象还有其他阶层的人们会说："让我们来玩藏腊肠游戏吧。"并且随即充满柔情地将"腊肠"简称为"肠"，就像他们将

"血玛丽"（一种用特加酒和番茄汁调成的鸡尾酒。——译者注）简称为"血"，或者将"金汤力"（一种用杜松子酒和汤力水调成的鸡尾酒。——译者注）简称为"G 和 T"一样。对于中上层阶级而言，一切都是游戏（实为"生活的游戏"），难怪他们天生就对高尔夫球、网球和游艇等无聊的活动兴致勃勃。

——选自《格调：社会等级与生活品味》，[美]保罗·福塞尔著，梁丽真、乐涛、石涛译，广西人民出版社2002年版，第51—56页

选文四 费斯克论消费的妇女

鲍比（Bowlby）（1987）用"妇女商店"（Women shop）作了一种假设。在这个简短明了的常见词中，她发现了很多与妇女和购物的社会定义及二者的联系有关的问题。在思考其中的一些问题时，我漫步浏览了一家出售卡片和礼物的商店（还有什么地方可看呢？）。其中有三款吸引了我，一款是粘贴在汽车保险杠上的小标语，上面写道："当行驶变得艰难时，好车被用来购物去了"；第二款是一张生日卡，上面写着："生日快乐，给一个敏感、聪明、令人愉快的家伙——如果你喜欢购物，你将很完美。"第三款是一张并非专为哪种场合设计的卡片，正面是一个时髦的现代女郎，上面写着："为生而工作，为爱而生，为购物而爱，那么你看……"有符号指向里面，写着"如果我能购买足够的东西，我将永不再涉足爱河"。

这些口号都是待售的商品，从某个视角来看，它们甚至是消费主义的权力侵入并取代我们大部分个人生活的额外证据，因为它们在诱使我们放弃对一个出于商业动机的生产商（终极产品公司）发表自己言论的能力，我们必须承认，这不仅指金融经济中的产品，也指文化经济中的文本。被用来交换的意义决非由收银处的现金交换所决定。从文化上说，这三者在两种语义领域——性别差异领域、工作与休闲领域——都是可操作的，只不过有着不同

的侧重。这三者也都对权力的分配及其中的价值取向提出了质疑。

每句口号都是一种女性的表达，每种表达都依赖于其被强调的与父权制规范的不同。这条汽车保险杠上的小标语使得它的使用者显得与这条俗语的一般形式——"当行驶变得艰难时，好车可以行驶"——的"普通"使用者（也就是说男性）颇有不同，以致使得她与其竞争对手男性气质拉开了距离（它特别是被用来激励运动员、士兵，推而广之，也有商人）。这样一来，它同时也设法去嘲弄这种男性权力并将其转化为一种女性实践，从而购物的成功就像运动、战争或商业上的成功一样变成了一种权力的来源。购物的成果必须对抗一种强大的敌对力量（资本的力量），成功的顾客是非常固执的，这种口号的使用者说"妇女商店"这个词的腔调与一个不屑一顾的男权主义者的腔调会有很大的不同。购物被看作是一种对立的、竞争性的行为，并且就其自身而论，也被看作是成就、自尊及权力的源泉。

对这种广告词的男性本原的利用否认了工作与休闲之间的差别：在运动、战争及工作中可适当地、均等地获得男性气质，它将这些活动归入了公共领域的一个单独的范畴中，这个公共领域是专为男性征服来的，这就暗含着把家庭的和私人的活动留给了女性。女性对公共领域的利用则反对把妇女限制在不工作、非公开的境地，反对仅仅把她们局限在家务和家庭的意义上，就像休闲、娱乐及私人场所——所有这些都是父权制的意义，因为它们否认家庭妇女这些无偿劳动的社会的、经济的和政治的意义。

这家卡片店的对面是一家厨具店，橱窗里很显眼地挂了一条围裙（妇女家庭奴役的标志），上面写着"妇女的地盘在购物广场"。当然，对此口号的一种解读把妇女定位为父权制资本主义社会中单纯的消费者，但这句口号又把"购物广场"与"家"对立了起来，并提供了对立的意义——假如"家"对妇女来说意味着家庭奴役，意味着她们对父权制资本主义通过基本家庭结构施加给她们的要求俯首听命，那么，购物广场就成了所有对立的、解放性意义的集结场所。购物广场是这样一种地方，即妇女在那儿可以进入公开场合、被授予了权力并是自由的，并且可以担当不同于基本家庭所要求的角色。在这篇文章的后面我会概述一下鲍比关于百货商店是第一种公共空间的讨论，以及威廉姆森（Williamson）关于购买行为可以承载授权意义的论点。这两种观点很明显与理解这条围裙及其口号的对立意义相关。

但我的注意力已经偏离了这些贺卡。上面描述的这两种卡片将购物与浪漫之爱作为一种实际行动联系起来,在这些行动中,妇女更为胜出而男人则显得不足。甚至这种生日卡的"敏感、聪明"(即非乡巴佬)的接受者也难以理解购物行为。对于另一张卡片来说,在一种始终试图为了男人的利益而将工作与爱情结合起来的文化中,购物已经对抗性地变成了解决妇女在工作与爱情中所遇问题的方法。"如果我能购买足够的物品,我将再不会涉足爱河"的结论是很荒谬的。它故意用父权制资本主义的逻辑来获得这种荒谬的结论,其间的乐趣在于它暴露了对妇女关于商品、工作和爱情的主要观念(即父权制资本主义观念)所发的胡言乱语。

乍一看,由这两张卡片所建立的购物和浪漫之爱间的联系似乎有点奇怪。但是资本主义在整个 19 世纪的发展过程中产生了首先是作为基本社会单位的核心家庭,并且这成了家庭的自然形式,其次产生了妇女在这种基本单位中因而也是在整个社会结构中的新的特殊角色。妇女成了家庭经济及情感来源的管理者。这种浪漫风格作为妇女为了其在资本主义核心家庭中扮演妻子这一角色而进行的情感训练形式发展了起来(见第五章 B)。女性作为一个敏感的、情绪化的、浪漫的性别的发展是资本主义经济的直接产物,所以女性定义中的浪漫因素与经济因素的联结有着清晰的历史因由,这种定义我们是从 19 世纪继承过来的。

大众电视游戏节目《新价格是对的》与这些卡片上的口号及汽车保险杠上的标语有许多共同特征。最明显的是它把妇女的技能看作是家务管理者的技能(她们关于商品价格的知识,估定相关价格的能力),并给了她们父权制更通常地为男性所保留的权力和公众知名度。这些技能和知识从被贬低的女性的家庭领域中获得,并像男性技能一样,被公开展示于设置在一群热情的现场观众及数百万电视观众面前的演播室里。在"正常"的生活中,施展这些技能得不到什么赞许,也无自尊可言——因为人们希望妇女是优秀的家务料理者,而最经常的是其角色只有在她们被认为处理家务失败了时才会被注意到。然而,在节目《新价格是对的》中,她的技能和成功却没有得到正确的褒奖，兴奋的演播室观众给了她过分的喝彩与称赞。这种过分的喝彩对这种技能在日常生活中更常被待之以沉默来说是一种狂欢式的颠覆。当然，这种沉默是一种压制的方式，一种男性统治施加给女性的规范；这样，他们这种过分渲染的认可就成了允许她们从通常的压力中获得解放的机遇，妇女在其中获得的快乐就产生于一种认可，即这样的技能和知识可以产生实在的价值，尽管在平日的父权统治中它们被贬低了。《新价格是对的》和"当行驶变得艰难时，好车被用来购物去了"都是可用以表明和断言女性处在一种父权制的"正常状态"中并与之对抗的文化资源。类似地，这个敏感、聪明的过生日的男孩在购物方面的不足将会阻碍他在《新价格是对的》节目中的成功。

这个节目中成功的参赛者获得了昂贵的商品或现金作为奖赏。在另一个狂欢式的因而也是政治性的颠覆中，妇女的技能不是因其花费更少的家庭资金（也就是男人所挣的）而受到奖励，而是因为用了专为她准备的资金或物品。妇女的技能并不就是节约（husband——原文如此）利用男性的收入因而使整个家庭受益，而是因为她们确实创造了效益。类似地，在这个节目的现场版中和有时在购物广场上演的其他游戏中，这种入场"券"只是来自购物广场中某家商店的一般收据。已经消费过的证据提供了赢得奖项的机会。像金钱这样的收获是对经济束缚的一种狂欢式的颠覆。

现在，构成父权制资本主义基础的深层价值结构需要加以拓展，以便可以涵括作为典型男性特征的挣得，因而也是典型女性特征的花费。因此，这样一个社会称呼女人为消费者，称呼男人为生产者，并不奇怪。我们可以将这种价值结构概述如下：

男性	女性
公共的	私人的（家庭的、主观的）
工作	休闲
挣的	花费
生产	消费
授予权力	剥夺权力
自由	奴役

关于购物如何使妇女跨越公共和私人之间的疆界，鲍比（1987）提出了一些有趣的想法。在她对巴黎的邦马尔什（Bon Marché）商场的历史及其在上世纪末开创之初的描述中，鲍比写道，在这家商店作为一种促销方式给予其消费者的"台历"中包含了如何通过公共交通到达这家商店的详细内容：

> 对于中产阶级妇女来说这在实践上已经是可能的，表明了与过去的重大断裂：百货商店实际上成了除教堂外的第一种公共场所，无需男伴到这儿一逛，对她来说是体面的事。但在另一层面上，这也表征了从家庭界限内向外部世界的跨越。(p.189)

对于妇女来说，她们可以合法、安全地进入的公共空间的价值并不仅仅体现于19世纪晚期。费雷耶（Ferrier 1987）对当代的购物广场也得出了类似的观点：

> 对妇女来说，从她们的购物实践能力中，从她们对这一区域的熟悉以及对可从中获得什么的熟悉中，她们也许有一种成就感。这个空间就是为了方便她们的购物实践而设计的，在我们已塑造的环境中还没有什么地方是专为妇女设计的。购物商城为公众提供了便利、免费公共汽车、停车场、厕所、娱乐、免费样品、竞赛等。在购物城，妇女可以进入公共空间而没有街上的诋毁或威胁。(p.1)

她接着又把购物广场提供给妇女以抵制公共的与家庭的性别对立的自由与抵制工作和休闲的性别对立的同等机会，以及为了销售（公众）和购买（私人）的经济对立联系了起来。

> 带有狂欢气氛的购物商城似乎开始消解了工作与休闲之间的差别……消费者可以逛进逛出私人空间，去看、去摆弄、试用她不拥有的产品，在百货商店里，人们可以穿过私人空间，拿着或穿着别人的物事，就像它是你自己的，不需要征求谁的意见，甚至经常是不需要通过通常在某人的地方做客所需的适当的社交。公共和私人的界限变得模糊了。(p.2)

妇女在父权统治所规定的她们在价值结构中的地位及她们对这种结构本身的逃避中都可以找到授权的来源。类似地，鲍比（1985）找到了花男人的钱在婚姻政治中是一种抵制行为的证据。她引用了伊丽莎白·凯迪·斯坦顿（Elizabeth Cady Stanton）在19世纪50年代的一篇演说中给一位国会议员夫人的颇具代表性的建议：

> 出去，买个新炉子！买你所需要的！去买，当他在华盛顿时！当他回来，勃然大怒，你坐在一个角落里，啜泣。这将会软化他，当他品尝了新炉子做出来的饭时，他就会知道你做了一件明智之举。当他看见你在新厨房里更加精神饱满、更加幸福时，他会很开心，账单也因此会被付掉。我再重复一遍——走出去，去买！

鲍比这样评论道：

> 有意味的是，购物的诱导是从女人到女人，而不是来自于男人，并且首先是忽略然后是缓解了一种男性权威。"走出去"并购买在妇女作为消费者的活跃的角色中引发了一种相应的解放。(p. 22)

这是德塞图（1984）的一段名言，处在从属地位的人"将就着使用他们所有的"，假如给予女人的唯一的经济权力是花费，那么在父权统治下作为一名妇女必须具有女性的"手腕"以使这一体系否定其自身，使弱者为了自身的利益能利用强者所提供的资源，并且使它们能首先对抗资源提供者的利益。

同理，语言无须被用来维持创造它的社会关系，因此商品也无须仅被用来支撑资本主义的价值体系，父权统治所提供的资源无须仅仅依赖于这个体系的支持。任何文化体系的生产状况都不同于、也不能预先确定其使用或消费的状况。

上面说到的性别化的价值结构不仅构成了一种确立性别的社会意义，并将这些意义纳入社会领域中去的方式，而且形成了一种通过知识进行约束的手段。这种"知识"——例如，妇女在家庭中，在消费时，在休闲时，在被剥夺了权力时，发现了其意义——是一种将妇女规约在父权制为她们"注册"的角色和价值中的手段。当我们显然在明确地称呼妇女为被剥夺了权力的家庭消费者时，购物也许还确实提供了不仅仅是挣脱出这些意义范畴，也是挣脱出产生它们的二元对立结构的众多机会，所以费雷耶（1987）可以这么说：

> 看起来成功的消费体系必定有很模糊的界限——在休闲与工作之间，公共的和私人的空间之间，内在与外在之间，欲望与满足之间——这是为了吸引消费者并使购物变得愉快。购物从某些方面来说是消费者家庭空间的延展，同时也是一个完全独立的"新世界"。像哈特莱（Hartley 1983）指出的，权力存在于两个有着模糊界限的个体之间的交接处。在购物城的模糊界限内，有着用来幻想、用来颠覆、用来寻求快乐的场所，这种快乐和权力与一种被认可的僭越行为连结在了一起。（p.4）

——选自《解读大众文化》，[美]约翰·菲斯克著，杨全强译，南京大学出版社2001年版，第19—27页

选文五　鲍曼论在消费者社会中做一名消费者

我们的社会是一个消费者社会。

当我们论及消费者社会时，我们脑海中的消费者社会并不仅仅指该社会的所有成员都在消费。实际上，自远古以来，全人类和其他所有的生物就一直在"消费"着了。在我们的心目中，它是指我们的社会在根本上是一个"消费者社会"，就像我们先辈们的社会，即为现代社会奠基的工业阶段，从深远的意义上来说，曾经是一个"生产者社会"。在那个老式的现代社会里，它的成员主要是生产者和士兵；它塑造成员的方法和它所提出的并让成员们去遵守的"标准"都是由这两种角色的义务所决定的。那个社会向其成员提出的标准就是要有能力并且自愿地去扮演这两种角色。但是在当今的晚现代（吉登斯）、第二现代（贝克）、超现代（巴朗迪尔）或后现代阶段，现代社会几乎不再需要大批的工业劳动力和应征军队，而

需要它的成员有能力去做消费者。今日社会塑造其成员的方法是首先并主要由消费者角色的义务所决定的。我们的社会向其成员提出的标准是有能力并愿意去扮演消费者的角色。

当然，生活在我们的社会和生活在其前一阶段的社会中的差异并不是舍弃一种角色和选择另一种角色。在现代社会的这两个阶段中，如果没有其成员制造产品用来消费，那是万万不行的——两个社会的成员理所当然也都在消费着。两个现代阶段之间的差异仅仅在于其侧重点的不同——然而侧重点的改变却对社会、文化和个人生活的方方面面几乎都带来了巨大的差异。

差异是如此的深刻和多样，我们完全有理由将我们的社会视为一个独特的社会——消费者的社会。消费者社会的消费者是与迄今为止的任何其他社会的消费者大不相同的一类人。假如我们先辈中的哲学家、诗人和传道牧师们曾经思索过人是为了生存而工作还是为了工作而生存这一问题的话，那么今天我们最常听到的、令人困惑的话题就是人是为了生存而消费还是为了消费而生存，亦即，我们是否仍能够并觉得有必要将生存和消费区别开来。

从理想的角度来说，所有后天养成的习惯应该位于那种新型的消费者的肩膀之上，就像那些道德上受神灵感召的神圣而迫切的情感应该位于——诚如马克斯·韦伯所复述的巴克斯特的话——位于新教徒圣人的肩膀之上，"就像一件轻薄的披风，随时都可能被扔到一边。"实际上，习惯每天每日、持续不断、一有机会就被弃之一边，绝不可能再凝结成牢笼的铁栅（除非那是一种转变习惯，即"改变习惯的习惯"）。理想地说，任何东西都不值得消费者长期固守，任何承诺都不值得我们死抱一生，任何需要都不应被视为得到完全满足，任何欲望都不应被看作是最终的欲望。任何效忠和许诺的誓言在实现之前都应该附加一则限制性条文——"直到另有声明时为止"。只有非确定性，即一切诺言的内在短暂性才真正具有意义；它的意义超出了承诺本身，而承诺本身无论如何也无法超过消费欲望之对象所需的时间（或者不如说是对物欲减弱所需的足够时间）。

事实上，一切消费都要消耗时间，这一点正是消费者社会的灾祸——

这也是商人们的一大烦恼。由时间压缩技术而带来的"当今"的蔚为大观的进程与消费者为中心的经济的逻辑之间有着天然的共振点。对后者而言，消费者的满足应该是即时的：这是双重意义上的。显而易见，被消费的商品应该能立即使人满足，而且无须要求任何技巧和繁琐的准备工作；但是满足也应该在完成消费所需要的时间之后"立即"结束。而且这一时间应该减低到最小值。

假如消费者无法长时间地将其注意力或欲求集中在任一目标上，假如他们焦躁不安无耐性，尤其是动不动就激动或丧失兴趣，那么，要缩减时间就最能办到。大体而言，消费者社会要培育的是遗忘，而不是记取。其实，当等待从欲望中除去和欲望从等待中除去时，消费者的消费能力就可冲破任何天生或后天习得的需要的界限而得到大大延展。需要与其满足间的传统关系已被颠倒了过来：满足的前景和希望先于被满足的需要，而且将永远比现有的需要更加热切诱人。

实际上，相关的需要越不熟悉，其前景就越吸引人。体验先前人所未知却又客观存在的生活有无穷的乐趣，而一个好的消费者是一个爱好享乐的冒险家。对好的消费者而言，并不是备受其折磨的需要得到了满足，而恰恰是人们为还从来没意识或猜想到的欲求而备受折磨才使前景充满了诱惑力。

约翰·卡罗尔以尼采对"最后一人"所作的刻薄而又预言性的讽刺为榜样，对这种消费者社会内孕育孵化的消费者作了极其辛辣的描述（见卡罗尔即将出版之作《自我和心灵：寻找意义中的现代西方社会学》）：

> 这一社会的精神特质宣告：假如你心情低落，那就吃！……消费主义的本能反应是忧郁的。它认为发病前身体不适的表现形式是感到空虚、冰冷、没精打采，这时就需要加补一些暖热浓烈的营养品。当然并不一定是食物，如甲壳虫乐队就"内心感到无比喜悦"。饱吃一顿是拯救之路——消费吧，你就会感到美妙无比！……
>
> 同样地，还有那不安于现状，渴望不断变化、移动、出现差异——坐着不动等于死亡……因此消费主义犹如忧郁精神病理学的社会对应物，它有两大不相称的症状：倦怠和失眠。

对消费者社会的消费者而言，到处奔波——搜索、探寻，找不到或更确切地说还未找到——并不是一种病症，而是天赐之福的预示。也许它本身就是天赐之福。他们是满怀着希冀闯南走北的，因而抵达不啻祸害。（莫里斯·布朗绍称答案是问题的背运；我们不如说满足是欲望的背运。）这一消费者游戏的旨义不在于贪婪地攫取和占有，也不在于物质有形意义上的积聚财富，而是一种前所未有的新感觉所带来的激动。消费者首先是各种感觉的采集者。他们只有在次要、派生的意义上才是物质收集者。

马克·C.泰勒和埃萨·萨里宁对此作了概括："欲望并不欲满足。恰恰相反，欲望欲求欲望。"理想消费者是欲望至上。看到欲望渐渐消失，看到眼前再也没有可唤起欲望之物，或看到世界再也没有什么可欲求了，这必定是理想消费者最为恐惧的了（当然，也是消费品商人最恐怖的噩梦）。

为了增强消费者的消费能力，就决不能让他们休养赋闲，得时时刻刻让他们保持清醒和警觉，不断地让他们接触新的诱惑，因让他们永远处于一种亢奋状态，而且，其实也是一种永远猜疑和不满足的状态。促使他们转移注意力的诱饵应当验证猜疑，而同时又有希望走出不满足之路："你以为你全看到了？你还什么都没有见识过呢！"

人们常说消费市场引诱消费者。而要这样做，就需要有愿意被引诱的消费者（正如为了使唤劳工，工厂老板就需要有一个遵守纪律、服从命令的班子）。在一个运转正常的消费社会中，消费者千方百计、争先恐后地被诱惑。作为生产者的他们的祖辈们生活在传送带的转动中，一圈圈的转动相差无几，而他们自己为了变变花样，生活在从一种吸引到另一种吸引，从一种诱惑到另一种诱惑，从嗅出一种珍馐到另一种珍馐，从吞下一种诱饵到四处寻觅另一种诱饵之中——每一次的吸引、诱惑、珍馐和诱饵都是新的，不同的，而且比上一次更加夺人心魂。

对羽毛丰满的成熟消费者来说，这样做是一种难以抗拒的冲动，是一先决条件。然而，这一"先决条件"，这一内在压力，这一唯一的活法，却是披着自由行使意志的伪装显示于他们的。也许市场已经把他们选为消费者，因而已剥夺了他们对它的诱惑熟视无睹的自由。可是，每去一次市场，消费者都理直气壮地觉得是他们——也许甚至只是他们自己——在做主。他们才是判官、批评家和挑选者。毕竟他们可以不选琳琅满目的货架上的任何一件商品，也就是说，除了在货物中不选择之外其他都可选择——然而，那一选择看来并不是一个选择。

一方面，消费者不断贪求新诱惑，而又很快腻烦已有诱惑；另一方面，世界按照消费市场模式，而且，像市场一样，准备加速成全和改变其诱惑——在经济、政治或个人等各方面都发生了变化。正是这些消费者与这个改变了的世界的结合才从个人的世界地图和人生旅程的安排中抹除了一切固定的路标——钢的、混凝土的或只是由当权者所标画的。实际上，在消费者的人生中，充满希冀地游历比到达目的地更令人心旷神怡。到达目的地散发着那么一股末路的霉气，有那么一种沉闷单调、死气沉沉的苦味，足以将消费者——理想消费者——为之生活并视为人生真谛的一切化为乌有。为了享受这世界最美好的事物，你什么都可以做，但千万不能学歌德的浮士德而高呼："啊，瞬间，你多美呀，永远延续吧！"

消费者是一个奔波不息的人，而且注定依然如此。

——选自《全球化——人类的后果》，[英]齐格蒙特·鲍曼著，郭国良、徐建华译，商务印书馆2001年版，第76—82页

结语

金圣叹（1608—1661）是明清之际的文学批评家，以读书著述为乐事。他在著名剧曲《西厢记》的评语中提出了所谓的"善游之人"应具有"胸中之一副别才，眉下之一副别眼"，认为有此两种能力乃可洞观天下奇景，亦可居家远望、行走田间而享受同样在外旅行的快乐。画家丰子恺（1898—1975）通过自己的创作经验指出，"画家之感兴为画家最宝贵之物"，"画家之生命"在于"意志之自由"、"身体之自由"、"嗜好之不可遏"、"时间之无束缚"和"趣味之独立"。在某种意义上说，这些修养方法也就是作为休闲审美者应当具备的素养，画家其实就是真正追求休闲生活的艺术家。美国当代学者福塞尔（1924—　）把美国社会中的社会等

级现象和各等人的生活品位作了细致入微的对比。他所说的中上等阶级是"一个有钱、有趣味、喜欢游戏人生的阶级",是一个令中层和下层都渴望的阶层。这个阶层无论在消费、休闲和摆设,还是精神生活方面都具有代表性。保罗·福塞尔为我们绘制了一幅等级地图,有助于我们了解当代西方社会的阶层构成状况。美国当代传播学家费斯克(1939—)描绘了消费的妇女形象,说明了女性的消费(休闲)行为是女性在社会体系中权力与地位状况的显现,因为女性正是通过这种行为方式来达到自我认同的目的。这体现了费斯克对大众文化的一贯立场:文化生产总是与日常生活具有相关的意义("相关性"),"文化是生产关于和来自我们的社会经验的意义的持续过程,并且这些意义需要为涉及到的人创造一种社会认同"。英国当代社会学家齐格蒙特·鲍曼(1925—)揭示了消费社会的消费本质。他认为,当代社会是一个消费者社会,消费者具有"欲望至上"的心理特征和追求欲望的理想。以上述及"善游人"(旅游者)、"画家"(艺术家)、"中上层阶级"(有闲阶级)、"消费的妇女"(女性)、"消费者社会中的消费者"(消费者)等五类人,说明了能够获得情趣的休闲主体具有多样性、层次性的特点。

进一步思考的问题:

1. 都市人与乡村人在休闲方式上会有哪些不同?
2. 男性和女性参与休闲活动有什么明显区别?
3. 文人的休闲方式有何特点?
4. 个人参与休闲活动在不同社会发展阶段会发生何种变化?

关联性思考的问题:

1. 是否所有的人都会主动选择去休闲?
2. 当代旅游阶层发生了哪些变化?主要原因是什么?
3. 当代出现了哪些与休闲相关的新兴职业?
4. 如何提高休闲者的审美素养?

进一步阅读的书目：

1. 王雅林主编：《城市休闲》，社会科学文献出版社 2003 年版。

2. 田翠琴、齐心：《农民闲暇》，社会科学文献出版社 2005 年版。

3. 许立昌、许涤心：《文人雅趣》，团结出版社 2005 年版。

4. 张孝铭：《休闲消费者行为》，台北华都文化事业有限公司 2008 年版。

5. 伏六明：《女性休闲行为研究》，湖南大学出版社 2009 年版。

6. ［法］亨利·缪尔热：《波希米亚人：巴黎拉丁区文人生活场景》，孙书姿译，华夏出版社 2003 年版。

7. ［美］凡勃伦：《有闲阶级论——关于制度的经济研究》，蔡受百译，商务印书馆 2004 年版。

8. ［美］C. 莱特·米尔斯：《白领——美国中产阶级》，周晓虹译，南京大学出版社 2006 年版。

关联性阅读的书目：

1. 赵铮邷：《主体美学》，浙江大学出版社 2004 年版。

2. （南朝）刘勰：《文心雕龙》，孔祥丽、李金秋、何颖注译，中国社会科学出版社 2005 年版。（重点阅读"物色"篇）

3. 王柯平等：《美育的游戏》，南京出版社 2007 年版。

4. ［美］卡拉·亨德拉等：《女性休闲：女性主义的视角》，刘耳、季斌、马岚译，云南人民出版社 2000 年版。

5. ［英］克里斯·布尔等：《休闲研究引论》，田里、董建新等译，云南大学出版社 2006 年版。（重点阅读"第一部分"）

6. ［美］约翰·斯梅尔：《中产阶级文化的起源》，陈勇译，上海人民出版社 2006 年版。

7. ［美］Dean MacCanell：《旅游者：休闲阶层新论》，张晓萍译，广西师范大学出版社 2008 年版。

8. ［美］刘易斯·拉普曼：《名流：上流社会交际圈潜规则》，尹鸿雁译，重庆出版社 2008 年版。

9. ［美］艾丽西亚·T. 德万迪尔等：《新兴职业·休闲》，元旭津译，上海科学技术文献出版社 2008 年版。

10. ［美］艾丽西亚·T.德万迪尔等：《新兴职业·娱乐》，孟胜译，上海科学技术文献出版社2008年版。

休闲的对象

导言

这里所说的"对象"主要是指能够引发休闲情趣的各种事物及现象。一般来说，自然、社会、艺术是美存在的三大领域（资源），休闲审美对象也基本指此。自然资源即直接存在于自然界并用于生产和生活的物质和环境；社会资源即在社会生活中客观存在的各种社会事物、社会现象；艺术资源主要包括戏剧、诗歌、小说、音乐、绘画、舞蹈、雕塑、电影等各种艺术类型。此外，休闲审美资源还包括各种基础设施、文化资源，前者是为满足城乡居民生活和休闲需要而建立的各种基本设施，后者包括作为人类活动历史产物的各种人文资源和当下流行的各种娱乐性的大众文化。可以说，任何资源都有可能成为引发休闲情趣的对象。我们应在各种对象中去发现、感受，甚至创造"休闲之美"。

选文一　古尔蒙论海之美

若问十九世纪最独特的创造是什么，也许该回答说：是大海。

这绿和蓝的水，其波浪是微笑或愤怒，这金黄的沙的平原，这灰或黄的峭壁，这一切百年之前就存在，然而没有人看一眼。在一片令今日的感觉欣喜直至陶醉的景象面前，昨日的感觉是冰冷的，是厌烦的，甚至是恐惧的。人们远非追寻海景，而是当作一种危险或丑陋避之唯恐不及。在法国的海岸上，所有旧日的村庄都距海甚远；在滨海城市里，所有旧日的房屋都背朝大海。甚至水手们和渔夫们，一旦不需要大海，也远远地离开它。至于陆地上的人,他们是怀着恐惧接近大海的。直到一八五〇年,圣米谢尔山还被认为差不多只能用于关押囚犯:人们只把恐其逃逸的人送去。

从什么时候开始,海景被人当作一种动人的、美丽的东西而喜爱、感觉?这很难说得准确。对大海的兴趣高涨于第二帝国治下,因为有了铁路。不过,诗人们远在这个时期之前就已咏唱大海了。总之,是拜伦和夏多布里昂创造了欧洲的海滩并把人送去。在圣马洛①,格朗贝岛的绝壁上有夏多布里昂的坟墓,确是象征着我们的感觉的这种演变,他理应长眠于此,没有他,法兰西的海岸也许至今还只有渔夫和鸟雀光顾。

十八世纪,大海还绝对地无人知其为愉悦的源泉,不过,人们已到处旅行了。人们从巴黎出发所进行的旅行已远远超出了到迪埃普或勒哈佛尔②的路程,在路易十六治下,人们甚至开始品味乡间和高山了,然而,人们还不知道大海。我不知道是这个时期的哪位作家迁怒于大海的起伏,他说,荒谬绝伦的海潮使船舶不能随意停靠,还给沿海岸造成了大片不出产的土地。人们至多容得地中海,因为它虽说是个海,更多的是个湖。人们喜欢它的平静,它呈现给无所担心的目光的那种始终千篇一律的景象。

路易十五时代的巴黎人是这样使用大海的:他们把被疯狗咬伤的人送到勒哈佛尔,从一座悬崖上投进大海。这是医治狂犬病的良方。德·塞维尼夫人说过,她的一位女友就这样被推入大海。无疑,一个健康的人若想自己进入这可怕的水中,洗一个澡,就会被当作疯子,至少也是近乎傻。这个时期,人只有疯了,才会到海里去。在德·塞维尼夫人的思想里,海的概念是和一种最可怕的疾病联系在一起的。

谁是第一个敢于在海滨度夏、在靠近海浪的地方修建别墅的英国人或法国人?因为一切时髦的事情总有个开始,此种时髦亦然。是一位诗人还是一位学者,一位大贵人还是一位普通的食利者?他如果还够不上立像的话,至少也够得上在路角挂一块牌子。不管他操何种职业,他肯定有一颗

---

① 法国西北部滨海城市。
② 均为法国北部滨海城市。

独特的灵魂，一种大胆的精神。也许有一天，有人会写他的历史，也许诗人还会吟唱他，就像贺拉斯咏唱第一位航海者一样。

人们的确很难理解海之何以如此长久地不为人知。然而反过来说，也许更难理解的是我们的感觉何以变得如此之快，今日之人何以在往日他们觉得荒诞或讨厌的景物中发现了这样多的快乐。真得承认，人类的感觉是听命于时髦的，它是按照人给它的曲调颤动的。不过，一种曲调如果老了的话，官代并不完全地长眠不醒。感觉实现了一种不可能完全过时的征服，它并吞了一个新的省份，并将永远地占有其大部领土。对海景的兴趣有可能不再大增，甚至还有可能略微下降，但绝不会消失。它已进入我们的血肉，像音乐或文学一样，成为我们美感需求的一部分。无疑，它并非放之四海而皆准。许多人可以不去看海，然而一旦爱上它，将会终生不渝。它是一个永不让人生厌的情妇，一旦听见了她的声音，人们就身不由己地服从。

也许，尽管大海对过去世世代代的人是冷漠的或者敌对的，在某些人今日对它的喜悦之情中仍有一些朦胧的遗传影响。一个失了根的人，或者一个移植人，①其家庭一直生活在海边，他也许会比别的人更感到海滩和波浪的吸引。也许，他如果不曾失了根，他会无动于衷地看那一片他虔诚静观的风景的。有些美的景色，当人是其创造者的时候，是不能很好地品味的；必须走出来，站得远一些，才能真正地体会其魅力。

故大海使我们愉悦的原因不出下面两端：或者因为这在我们的感觉中是全新的、从未见过的；或者因为这是一种远古的东西，一种在我们内心深处重新发现的返祖性的古老回忆。

然而，当大海是不为人知的时候，当大海是孤独寂寞的时候，它仍然应该是美的！现在，它有太多的情人；它是个过于受崇拜的公主，宫里献媚的人太多了。只是很少几个男人，不多几个女人，才使风景生色。大自然跟一群群发呆的人合不来，他们到海边去就像到市场去一样。人是可以沉思

---

① 法国作家巴莱斯（1862—1923）：鼓吹民族主义，指出有一种"失了根的人"，古尔德认为此种人不妨叫做"移植的人"，其实有利于人的成长。

默想的，应该沉思默想，就像一个信徒在教堂里，忘了左右而跟天主说话。

天主不是什么人都回答的，大海也是。

——选自《海之美：法国作家随笔集》，[法]古尔蒙等著，郭宏安译，华夏出版社2008年版，第94—96页

选文二　陈从周论园曰涉以成趣

中国园林如画如诗，是集建筑、书画、文学、园艺等艺术的精华，在世界造园艺术中独树一帜。

每一个园都有自己的风格，游颐和园，印象最深的应是昆明湖与万寿山；游北海，则是湖面与琼华岛；苏州拙政园曲折弥漫的水面、扬州个园峻拔的黄石大假山等，也都令人印象深刻。

在造园时，如能利用天然的地形再加人工的设计配合，这样不但节约了人工物力，并且利于景物的安排，造园学上称为"因地制宜"。

中国园林有以山为主体的，有以水为主体的，也有以山为主水为辅，或以水为主山为辅的，而水亦有散聚之分，山有平冈峻岭之别。园以景胜，景因园异，各具风格。在观赏时，又有动观与静观之趣。因此，评价某一园林艺术时，要看它是否发挥了这一园景的特色，不落常套。

中国古典园林绝大部分四周皆有墙垣，景物藏之于内。可是园外有些景物还要组合到园内来，使空间推展极远，予人以不尽之意，此即所谓"借景"。颐和园借近处的玉泉山和较远的西山景，每当夕阳西下时，在湖山真意亭处凭栏，二山仿佛移置园中，确是妙法。

中国园林，往往在大园中包小园，如颐和园的谐趣园、北海的静心斋、苏州拙政园的枇杷园、留园的揖峰轩等，它们不但给园林以开朗与收敛的不同境界，同时又巧妙地把大小不同、结构各异的建筑物与山石树木安排得十分恰当。至于大湖中包小湖的办法，要推西湖的三潭映月最妙了。这些小园、小湖多数是园中精华所在，无论在建筑处理、山石堆叠、

盆景配置等，都是工笔细描，耐人寻味。游园的时候，对于这些小境界，宜静观盘桓。它与廊引人随的动观看景，适成相反。

中国园林的景物主要摹仿自然，用人工的力量来建造天然的景色，即所谓"虽由人作，宛自天开"。这些景物虽不一定强调仿自某山某水，但多少有些根据，用精练概括的手法重现。颐和园的仿西湖便是一例，可是它又不尽同于西湖。亦有利用山水画的画稿，掺以诗词的情调，构成许多诗情画意的景色。在曲折多变的景物中，还运用了对比和衬托等手法。颐和园前山为华丽的建筑群，后山却是苍翠的自然景物，两者予人不同的感觉，却相得益彰。在中国园林中，往往以建筑物与山石作对比，大与小作对比，高与低作对比，疏与密作对比等等。而一园的主要景物又由若干次要的景物衬托而出，使宾主分明，像北京北海的白塔、景山的五亭、颐和园的佛香阁便是。

中国园林，除山石树木外，建筑物的巧妙安排，十分重要，如花间隐榭、水边安亭。还可利用长廊云墙、曲桥漏窗等，构成各种画面，使空间更加扩大，层次分明。因此，游过中国园林的人会感到庭园虽小，却曲折有致。这就是景物组合成不同的空间感觉，有开朗、有收敛、有幽深、有明畅。游园观景，如看中国画的长卷一样，次第接于眼帘，观之不尽。

"好花须映好楼台"，到过北海团城的人，没有一个不说团城承光殿前的松柏，布置得妥帖宜人。这是什么道理？其实是松柏的姿态与附近的建筑物高低相称，又利用了"树池"将它参差散植，加以适当的组合，使疏密有致，掩映成趣。苍翠虬枝与红墙碧瓦构成一幅极好的画面。这怎不令人流连忘返呢？颐和园乐寿堂前的海棠，同样与四周的廊屋形成了玲珑绚烂的构图，这些都是绿化中的佳作。江南的园林利用白墙作背景，配以华滋的花木、清拔的竹石，明洁悦目，又别具一格。园林中的花木，大都是经过长期的修整，使姿态曲尽画意。

园林中除假山外，尚有立峰，这些单独欣赏的佳石，如抽象的雕刻品，欣赏时往往以情悟物，进而将它人格化，称其人峰、圭峰之类。它必具有"瘦、皱、透、漏"的特点，方称佳品，即要玲珑剔透。中国古代园林中，要有佳峰珍石，方称得名园。上海豫园的玉玲珑、苏州留园的冠云峰，在太湖石①中都是上选，使园林生色不少。

若干园林亭阁，不但有很好的命名，有时还加上很好的对联，读过刘鹗的《老残游记》，总还记得老残在济南游大明湖，看了"四面荷花三面柳，一城山色半城湖"的对联后，暗暗称道："真个不错。"可见文学在园林中所起的作用。

不同的季节，园林呈现不同的风光。北宋名山水画家郭熙在其画论《林泉高致》中说过，"春山淡冶而如笑，夏山苍翠而如滴，秋山明净而如妆，冬山惨淡而如睡。"造园者多少参用了这些画理，扬州的个园便是用了春夏秋冬不同的假山。在色泽上，春山用略带青绿的石笋，夏山用灰色的湖石，秋山用褐色的黄石，冬山用白色的雪石。黄石山奇峭凌云，俾便秋日登高。雪石罗堆厅前，冬日可作居观，便是体现这个道理。

晓色春开，春随人意，游园当及时。

——选自《陈从周散文》，陈从周著，黄昌勇、许锦文编，同济大学出版社1999年版，第136—138页

选文三 卢伯克论家的快乐

哪儿也不如家

——一首古老的英文歌曲

有时真的说不清哪一个更快乐？背上满满的行囊动身去旅行？还是怀里满载着喜悦，身上唤发着活力，心中装着美妙的记忆，踏上归家的路，坐在火炉旁，和家人、朋友畅谈，读书？

L. 亨特说："坐在家里，手捧一本浪漫而真实的游记悠闲地品读。书中那长着胡须的老者，古朴乡间别墅里的壁炉，低垂的窗帘，微风从门窗

---

① 太湖石产于中国江苏省太湖区域，是一种多孔而玲珑剔透的石头，多用以点缀庭院之用，是建造中国园林不可少的材料。

吹进来和着书中那摇曳着的杨柳,这无疑是人生最完美的一个瞬间。"

能够到国外旅行当然是件幸事,比如墨西哥、秘鲁或者太平洋岛国。但是,在很多方面,早期旅行家们的讲述更有趣,比如普莱斯考特(Prescott)的历史和库克船长的旅行志。他们所描述的社会与我们的大不相同,可现在已经发生了很大变化,甚至被欧化了。

因此,我们完全可以使我们的日常起居充满乐趣。像韦克菲尔德牧师那样,在火炉边体会探险的刺激,从一个房间到另个房间感受旅行的乐趣。

尽管家的美平实、朴素,但也充满了无限的乐趣。"像庞培和他的儿子那样,躺在床上,却仿佛身处世界各地。"(T. 勃朗爵士)

是的,"对于那些跟我一样性情的人来说,人生的一大乐趣就是躺在摇椅上旅行,无需舟车劳顿,跋山涉水,远离亲朋。我们可以在脑海中描绘美丽的风景,用想象和记忆中的自己或朋友去填补画面的人气。"(麦肯兹《漫步者》①)

事实上,我们确实可以无需远离亲朋就感受到世界的丰富多彩。

一年四季如约光临每家每户。窗外的风景也随着季节的变化而着上不同的色彩,春天淡雅、夏天繁茂、秋天艳丽、冬天清新。

我们的气候清爽宜人,即使在最糟糕的季节,"清晨也经常洒落着温暖的阳光,在清风冷雨的晚秋,犹如恋恋不舍的夏日频频回眸。在这样的时候,骑马来到树林,黄叶满地,感受秋的凄美。头顶,榆树和栗树的枝头炫耀着金色的富有,山毛榉显露出褐色的殷实,而樱桃树上则一片酒红。绯红的山楂和猩红的蔷薇果树,枝头缠绕着白色铁线莲花冠,颈下低垂着粉红色的藤蔓草莓项链。黑莓树像燃烧着的斑驳的火焰。狗木呈现出青紫。遍地的卫矛乔木硕果累累,在柔弱的枝头像是一簇簇玫瑰色的花蕾。在林间寻觅,脚下落叶铺底,灌木丛掩没膝盖。"(J. A. 希蒙兹)

每天,大自然展现在我们眼前都是一幅绚丽多彩的画卷。然而,值得一提的是,很少有人赞美过天空,从天空之美获得快乐。葛雷曾经这样描

---

① 麦肯兹(Henry Mackenzie, 1745—1831):英国作家。

述过日出：开始时东方的天际泛出一道浅白，稍后着上金黄和蔚蓝，突然一道耀眼的霞光喷薄而出，并很快现出半个金灿灿的火球。很快，整个球体完全显露，发出炫目的光芒。接着他又补充道："我怀疑以前是否有人曾经亲历这一幕。"（葛雷的《书信》）

毫无疑问，人类自从有了诗歌，看到日出、日落时天空的绚烂，人们无不诗兴大发。这其中尤以罗斯金为甚，他使我们更真切地意识到天空之炫美。他以一种恰似天空之美的语言写道："整个天空，从苍穹到天际，重彩浓墨，如海洋，似火焰，金黄、酒红、玫瑰紫、绯红、猩红。此时，语言和思维显得苍白无力，而那壮美确实存在，可感知，能看得见。"

有时，"很难说那是色彩，那简直就是火焰"。只是在日出、日落时分这色彩更浓烈、更绚烂，终日里整个天空就像一个巨大的万花筒，变幻莫测、流光溢彩。"大自然所创造的这一杰作就是为了取悦人、教导人、启发人。而这一切，人们往往最容易忽略。大自然其他的杰作就不仅仅是取悦于人，更有其现实的、基本的目的，而且容易被感知。但是，据我所知，天空的每一次变化都是为了满足大地上万事万物的需要，三天阴雨过后，所有的生灵都得到了足够的滋润，之后湛蓝的天空又会重现，只在早晨和晚间留下一层薄雾湿润着空气。除此之外，大自然每一天都会创造一幅幅风景。这是大自然一成不变的、完美的法则。而所有这一切都是为了人，为了人永久的快乐。"（罗斯金）

自然之美不会因白天过去而随之消退。"苍穹的华盖之下，没有谁睡去，我们头枕大地休息，璀璨的天空是我们夜的剧场。"（《塞涅卡》）对于人们夜间关门的习惯，我总是感到遗憾，似乎外面再没有什么可欣赏的了。然而，"天幕之上却镶嵌着闪闪发光的金饰"，散发着银色光芒的月亮静静地滑过夜空，还有什么比这更美的景色呢！即使我们感受不到"目睹出生的月亮突破层层乌云爬上夜空的人就像大天使一样亲历阳光和世界的创造过程"（爱默生），那么我们也会觉得"星星在对人说着什么重要的事情：只要你抬头仰视，去垂询，去亲近它们，它们对每个人都是一个完整的世界"（海尔普斯）。海尔普斯又说道："它并不仅仅是指引我们在这个小小的星球上劈风斩浪，它更是引领我们淌过我们混乱的大脑中的浑水，去领悟它的真意。"

> 美丽的夜啊！
> 清新的雨露弥漫在纯净的空气中，
> 没有阴霾、尘埃，
> 划过天幕，
> 那圣洁的圆圆的月亮，
> 在深蓝色的夜空滚过，
> 似一片圆圆的大海。
>
> ——骚塞①

对于那些崇拜太阳和月亮的人，我从来没有觉得他们有什么奇怪。不过，当外面的世界一片黑暗；

> 窗外雨雪交加，
> 狂风整夜嚎叫，
> 室内炉火熊熊燃烧，
> 温暖、舒适又心安。
> 坐在长凳上思考，
> 火光在闪耀，
> 静听壶水喧嚣，
> 哼唱久已忘记的民谣。
>
> ——海涅

当家的快乐只有自己才能够真切地体会。"任何音乐都没有自己厨房里的钟声悦耳，壁炉里木头熊熊燃烧时所唱响的欢快的歌声慰藉着你的心灵，别人无法体会。"（爱默生）

我们喜欢听嘀嗒嘀嗒的钟声，喜欢看闪耀跳动着的火焰，就如同我们也喜欢乌鸦呱呱的叫声，它们的美并不在于它们自身，而在于它们所赋予的联想。

---

① 骚塞（Robert Southey，1774—1843）："湖畔派"（Lake Poets）诗人。

当一个人可以引退于自己的内心，那么所有美好的记忆又都重现于眼前。

> 童年的景象深藏于心，
> 美好的回忆历历在目。
> 果园飘香，青草茵茵。
> 孩提时迷恋的一切依然如故。
>
> ——华兹华斯
>
> 真正的快乐并不是，
> 火炉边的安逸，
> 屋檐下的清闲。
>
> ——库柏①

而是基布尔所描绘的那种更高、更美的境界，

> 家人相视，脸上露出甜美的微笑，
> 彼此心心相印，息息相通。
> 家中每一个角落都洒满了欢乐，
> 这里有至真至纯的爱。

古代，不仅仅是那些尚未开化的民族，甚至那些希腊人也没有太多的家庭生活。即使有，与考利所描述的那种"看书、赏花"，自得其乐的生活方式也是天壤之别。而且，他又感悟到：

> 最高尚的生活，
> 有着最纯最美的快乐，
> 最美的风景在眼里，
> 最好的书在心中。

任何一个曾爱过自己的母亲、妻子、姐妹的人读了圣·克里索斯托②关于女性的描述都会感到惊愕、遗憾。他说，女人是"必要的邪恶、自然

---

① 库柏（William Cowper，1731—1800）：英国诗人。
② 圣·克里索斯托（St. Chrysostom，约347—407）：古代基督教希腊神父。

的诱惑、盼望的灾难、家中的危险、致命的幻想、潜藏的噩运。"

人类在男女关系上所取得的进步是文明社会最重要的标志之一。我们不敢想象蒙昧社会的女性遭受了怎样的苦难，即使在文明的希腊，女性也似乎多半被当成管家或玩偶，而不是创造了家这个天堂的天使。

有一句印度谚语："绝不要打你的妻子，哪怕是用鲜花。"尽管这听上去已是相当进步，但我们还是能够读出其中所讲述的过去的忧伤故事。

在《文明的起源》一书中，关于家庭之爱在蒙昧社会中所扮演的卑微角色，我列举了很多实例。在这里，我仅举一例，以说明问题。在北美原住民亚岗昆（Algonquin）人的语言中，没有"爱"一词，所以当初传教士把《圣经》翻译成这种语言的时候，不得不发明一个与之相对应的词。没有爱的生活，没有"爱"的语言，我们能想象到吗？

与冷冰冰的金钱相比，即使是原始人婚姻中那种原生态情感，也充满了温情。在《尼贝龙根之歌》中，那被施了魔法的财富注定带来灾难。在芬兰史诗《卡勒瓦拉》（*Kalevala*）中，铁匠依尔玛里农（Ilmarinnen）用金银为维纳莫伊农（Wainamoinen）打造了一个新娘。起初，他非常高兴拥有一位富有的妻子。但是，他很快发现她身上冷得令他难以忍受。尽管炉火熊熊，皮袄加身，可是每当他摸她一下的时候，他就浑身僵冷。

除了冷漠之外，我们有时也由于一些小事而愚蠢地争吵，由于缺少沟通而彼此误解，由于口无遮拦而出口伤人。只要怀着"忍受一切、相信一切、希望一切、承担一切"的宽仁之心，生活中的烦恼就会烟消云散，家庭就会和睦美满。家是躲避风浪的港湾，艰辛旅程上的驿站。但是，建立一个温馨、幸福的家仅凭美好的愿望是远远不够的，它需要你给它创造阳光和欢笑。

如果生活之路布满荆棘和坎坷，如果外面的世界冰冷而无奈，那么回到家中，面对着家人灿烂的微笑，感受着亲情的温暖，那是何等的幸福啊！

——选自《人生的乐趣》，［英］约翰·卢伯克著，薄景山译，刘荣跃审译，上海人民出版社 2008 年版，第 64—69 页

选文四　莫特论伦敦大都市及苏和区

1. 伦敦大都市：消费空间

20世纪80年代，伦敦被公认为新自由资本主义及其附属体系的豪华消费中心地。伴随着1986年解禁的一声"巨响"而来的加速增长的金融市场、房地产价值和租金的上涨，伦敦市和港区的城市机构变成象征企业权利的丰碑——所有这些因素结合起来就重新确立了首都在国家和世界的中心位置。这些发展既是物质上的，也是象征性的，它们体现在制定政策和采取的具体措施之中，并且是通过表征系统来实现的，结果是大都市的风景线由许多鲜明的特征来表示。从金融资本和商业贸易的大幅流动到华丽壮观的皇家婚礼和电视肥皂剧，伦敦被重新确立为实现"全民日常生活理想"的首选地。1989年环境部发表了"伦敦战略指引"，在官方的水准上，确立了该城作为当代生活乌托邦的形象：

> 20世纪90年代的伦敦……是企业和当代社区生活可以兴旺发达的地方，是地产和投资都将继续增加的地方，是不景气的地区将重新找到新角色的地方，是移动更便利的地方，是环境受到保护，质量提高的地方。

这些乐观的宣传的背面——即与之相连接的镜中倒影——是伦敦作为一个危机城市的形象。因为如果说首都在聚集财富上在全国带了头，那么它也在社会没落中占了首席。这个大都市是暴乱和无家可归者流落街头的地方，是制造破产、贫穷、不安全、停滞和丑闻的地方。

这些相互矛盾的对都市生活的诠释，是许多参与促成20世纪80年代青年男性消费者市场变化的专业人士的生活经历的一部分。我们已经见到这些专家们是怎样在他们宣传商品社会时推出一个普遍的中心的感觉——一种认为他们在地理位置和社会上都处于事物的中心的信念。但是，作为当代消费的老资格城市，伦敦在一些具体的方面是很重要的。对时尚领袖们来说，首都有两个十分重要的意义。第一，城市是他们就业的希望所在。伦敦的历史地位，作为精品市场的集中点和文化集散地，为这些人提供了在首都生活和工作的经济理由。但是对新闻记者、设计师和其他一些不太密切的盟友来说，大都市又是创作灵感的集结地。城市景观提供了一系列的形象和象征，让他们在进行专业工作时选用。布罗迪、帕奇尔和埃尔姆斯的事业发展证明了城市里这些无形的但却十分重要的、隐含的意义对他们生活的影响。在他们自己过分夸张的鼓舞下，时尚领袖对首都的夸口常常沦为大国沙文主义的表现。他们宣布，伦敦现在已经取代了巴黎或纽约，成为时尚和流行的中心。

一个更为实用的大都市主题出现在另一组商业集团的语言中——这就是广告行业。历史上，广告业自从两次世界大战之间的那个阶段开始就大量地集中于伦敦。与出版业和媒体相邻之便，以及靠近金融资本中心的有利条件，使得大部分广告公司在西部选址。我们已经见到，许多英国大广告公司在20世纪80年代享有日渐增长的国际声誉，这就更强化了他们的大都市隶属感。那种认为设在伦敦的广告公司不再是纽约的一个穷亲戚，有属于自己的重大作用的想法又更加强了首都的地理重要性。

位于我们故事中心的知识人士提出一种有特征可辨认的大都市主义话语。一方面他们利用城市的普通形象，模仿老的和新的城市男性闲散游民的情感；但在另一方面，他们又是一种特殊的空间轴，牢牢地立足于工作地点的实际需要之中。这种对社会地理学和象征性的解释——又为有关这一时期因性别而异的消费的论述引进了一种新的思维。我们所强调的追踪具体市场的活力因素而不是一般意义上的消费，又有了更深一层的新意。地点、背景和来龙去脉都在男性气质商业形式中扮演着重要角色。一个空间的基地——属于专业和经营网络的、知识的和表现手法的基地——标明了一套男性性格人物，都与伦敦这个消费城市有关联。然而正是在这方面，我们需要更精确地描绘出这幅消费图。被卷入空间变化的不是伦敦整个城市，城市的地理要具体得多。和性别商业的外形有着千丝万缕的联系的是城里具体的地区，特定的板块，它们中突出的一个代表就是伦敦西区的苏和区。

2. 苏和区：波希米亚寻源

"再发展"是用来形容欧洲和北美20世纪70年代和80年代发生在城市的广泛变化的一个止痛名词。从巴黎的大棚市场和伦敦的码头，到巴尔蒂摩的港口地方和旧金山的渔人码头，这些改革的细节都是由公共的和私有的投资项目联手策划的，目标是重新振作和规划没落的城市空间。这些计划的中心步骤通常是一束集结的服务行业：著名商店和办公室，酒店和休闲设施。20世纪80年代苏和区发生的变化同这些变革的步骤有一些共同之处，但是苏和区的复兴更为具体。该区的改造规模较小而且是由不同的势力影响的。它显示出很少的国家计划的影响，而主要重点是当地商业的发展。苏和区这一时期的变化代表了城市规划中各种力量之间的新的平衡，其主要特征就是戴维·哈维称为大公司管理经营主义被企业家主义替代。在苏和区，中央的甚至当地政府只是充当了一些不重要的商业项目中的小伙伴。与码头区和许多美国蓝图项目不同的是，苏和区不是完全的再发展。它的基础结构并没有被清除，它的变化也不是为了抹去现有的地形图。整个过程是零星的、个别对待的。新的城市意义被嫁接到已有的地貌上。苏和区的改造和其他的局部或零碎的城市规划，如巴黎的马莱或巴士底区，或马德里的出尔卡地区更相似，而和其他大规模的工程不一样。最重要的是，苏和区有着和很多欧洲城市内地区一样的名声，是先锋派文化和艺术生活的中心。这是伦敦自己的波希米亚或拉丁区，这个地区在80年代的复兴的意义在于一个历史沉淀留下来的社会模式构筑了它自己当代的发展，这一过程确定了一种具体的男性消费话语，剖析空间文化的层层内容就是追踪一种特别的波希米亚考古学。

……

——选自《消费文化：20世纪后期英国男性气质和社会空间》，［英］弗兰克·莫特著，余宁平译，南京大学出版社2001年版，第182—185页

选文五　费瑟斯通论身体的形象

我们的时代是一个痴迷于青春、健康和肉体之美的时代。电视、电影、占主导地位的可视媒体制造出大量坚持不懈地昭告人们要铭记在心，优雅自然的身体和美丽四射的面庞上露出的带酒窝的微笑是开启幸福，甚至是开启幸福实质的钥匙。（Kern 1975，p. ix）

在消费文化中，人们宣称身体是快乐的载体：它悦人心意而又充满欲望，真真切切的身体越是接近年轻、健康、美丽、结实的理想化形象，它就越具有交换价值。消费文化容许毫无羞耻感地表现身体。人们设计服装是为了凸现身体的"自然"形态，这与19世纪的服装形成鲜明对比，因为那时候的服装是要能够遮盖身体的。维多利亚时代的男性服装反映出对尊重男性身体的关注，男性的身体被当作晾衣架，上面挂着宽松保守、色彩黯淡的衣物。为了束成沙漏般的形态，女性的身体不得不被塞进紧身衣内，尽管人们在大力反对束缚身体，并向人们宣传束缚身体会引起的内部器官受损（Colmer 1979）这样的后果。在卧室里，赤裸的身体不被当作是美丽而愉快的，而且性生活只能在黑暗中进行。甚至一八九几年被人形容为"放荡"、"下流"的性爱手册，如S. 斯塔尔所著的青年男子必读手册（1987）都告诫人们一个礼拜之内只能有一次性生活，而且伴侣无论何时都不应当着彼此的面脱衣（Kern 1975，p. 111）。而在消费文化中身体不再是盛满罪恶的容器，而且，世俗化的身体在卧室内外都可以拥有越来越多的展示机会。加利福尼亚极负盛名的户外生活方式以及有集中供暖条件的生活区已使得能依稀透出人体形态的休闲服装变得更能让人接受。

一方面，身体体现着诸如身高、体型等既定的品质特征，而另一方面，消费文化中的潮流却是身体不如意的部位是可以塑造的——付出努力，做做"身体整形"就可拥有个体自身所期望的某种效果。杂志、报纸上的广告、专题文章和建议专栏号召个体都能对自己的形象负责。这不光对活力四射的青少年时期以及早期成年时期至关重要，因为身体的"自然"衰老与伴随衰老的种种征兆被人们理解为道德涣散的明证（Hepworth and Featherstone 1982）。皱纹、松垮的肉体、中年发福的迹象、秃顶等随衰老而出现的问题理应得到遏制——个体自身要进行积极的身体维护与保养，可借助化妆品、美容、健身和各种消闲方式收到成效。

大量存在的视觉形象主宰了消费文化中人们对身体的理解。千真万确，消费文化的内在逻辑取决于培养永不满足的对消费的需求。为了刺激社会层面的销售业绩，众多的形象被生产出来，与此相应和，摄影艺术提供了大量形象的独立生产（Sontag 1978）。克里斯托夫·拉什（1979a., p.47）指出了摄影艺术在人们对社会生活的观照中所产生的深刻影响，他认为：

> 照相机和录音设备不仅复制或转录经验，而且还改变其特质，给大部分现代生活带来夸张的成分，就像巨大的回响室或镜厅在城的效果。生活将自身表现为一系列形象、电子信号、和经摄影、电影、电视以及其他复杂的录制设备所记录、再生产出的形象。电子形象如此彻底的介入了现代生活以至于我们经常会有意识地注意自己对别人作出的反应，就好像他们的动作行为——当然还有我们自己的一举一动——都正在被摄录下来并同时被传输到看不见的观众群中或是正被录制下来并可被保存下来供我们以后什么时候仔细审视。

日复一日对自己外貌现状的认识在参照了自己过去的照片以及广告和视觉媒体中随处可见的理想化的人体形象之后就更为清晰。形象需要比较：它们时刻提醒我们今天如何，而明天我们通过努力又将如何。新型的摄像技术（快照、录像）的作用之一就是方便人们孤芳自赏，以满足人们对自己身体的欲望。① 显而易见，女人就常常陷入自恋般的实行自我管制的形象世界而无法自拔，因为除了肩负组织购买和消费商品的活动之外她们的身体还被象征性地用在广告中（Winship 1980; Pollock 1977）。化妆

---

① 1981年一家英国的日报报道了一家专门为夫妻提供家庭录像带服务的公司。他们可以设计情节并拍摄夫妻间性爱的过程。在夫妻们清闲时可以重新观看这些录像，而且在他们年老之后他们可通过观看他们曾经的样子来回忆过去。

品、时装行业正急于矫正这种不均衡的状态，男人形象将被推至女人形象的一旁以达到一种平衡，或许这将有益于消费者市场上的性别平等（Winter and Robert, 1980）。

形象使得个体对外表、身体展示和"样子"更加敏感。电影业自消费文化诞生之时就已是形象的制造者和承办者。在此，看一看贝拉·巴拉兹的观点将是十分有趣的。贝拉·巴拉兹20世纪20年代早期曾推测并认为电影当时是在通过让人们远离文字而走向动作和手势从而改变20世纪人们的情感生活。一个由文字主宰的文化一般说来是隐讳而抽象的，而且把人的身体降低为一个基本的生物有机体，而对视觉形象的倚赖将焦点集中到了身体、服装举止和手势上来（Kern 1975）。

好莱坞电影院曾有助于创造外表和身体展示的新标准，将"看起来漂亮"的重要性传递给大量观众并使它在人群中生根发芽。好莱坞宣扬新的消费文化，并使得名人们光芒夺目的生活方式凸显在观众眼前。重要的电影制作室为了满足观众们的消费需求而煞费苦心地约束、包装电影明星。① 为了确保明星们能作为完美身体的理想形象出现，各种新的化妆品、头发护理液以及电蚀美容术、美容整形手术、假发等都是用来消除缺陷的手段。玛丽·皮科福特20世纪20年代曾一度醉心于每天使用化妆品、做运动和进行饮食控制，她后来转入了美容行业。

曾积累了五亿美元巨额资产的海伦·鲁宾斯坦就是通过热情宣传大众美容观念而得以抓住大好时机并走向成功。她帮助女性意识到爱美并没什么不妥，并阐述了消费文化的方程式：青春＝美貌＝健康。"葆有美貌就是要保有健康和延长生命"（Rubinstein 1930）。女性心中的理想（由不受传统约束的青年女子来体现）并不是每个人都认同的；辛西亚·怀特（1970）作出评论，认为英国20世纪20年代末的法律杂志上登载的社论都坚定地反对使用化妆品和唇膏，但到20年代末为止它们就已经让步并

---

① 明星体制并不是好莱坞的发明。Hess 和 Nochlin（1973）认为早在它起源于19世纪90年代的剧院宣传剧照（如，Toulouse-Lautrec）。明星形象渐渐缩减成体现个性的一个突出的特征（如 Sarah Berhardt 的一绺绺头发）。这些特性在公众心中越是牢固，明星们的真实外表就越趋向于风格化和一成不变。

运用化妆品了——这与杂志刊出的越来越多的化妆品广告是不无关系的。19世纪20年代是新的身体理想广泛传播的关键的十年。到这十年终了的时候，由于化妆品、时装、广告业以及好莱坞的电影业的共同影响，有史以来第一次涌现出大批使用胭脂口红、喜爱短裙、长筒丝袜、并放下从前的紧身胸衣穿上轻便的橡胶塑身内衣的妇女（Allen 1931）。新的好莱坞风格恨不得将所有时髦风尚带到他们面前，并将一切地区差别和本体特征消灭殆尽。J. B. 普里斯利（1977）1933年写《英国之行》时在林肯郡一个农家咖啡馆喝茶时，注意到邻座上的女孩子们打扮得非常入时，都是照着她们喜爱的电影明星精心修饰的，他写道：

> 甚至二十年前这样的女孩儿看上去都会与附近大一点镇子里的姑娘不一样；看上去免不了会有些土气的乡村味儿，可现在她们与别处许多大都会的姑娘们相比也不会有什么区别，因为她们拥有共同的榜样——自然是来自好莱坞的榜样。

化妆品、时装和广告业在两次世界大战期间的影响仅仅局限于女性，甚至到20世纪六七十年代为止在男性时装和化妆品行业的进军也仍是举步维艰。好莱坞确实早在20年代就为男性理想的形象带来了巨大变革：道格拉斯·费厄班克斯是有史以来第一位国际超级电影明星，他因在场面壮观的古装影片中扮演体态健康、身手矫健的形象而走红影坛。他被认为是男子气概的象征，是崇尚健身运动的典范。就像他的妻子玛丽·皮克福特一样，严格的身体维护和作息时间在他的私人生活中是极其重要的一部分；正如他的银幕生涯中所表现的一样，他每天都要进行同样强度的摔跤、拳击、奔跑和游泳训练（Walker 1970）。

费厄班克斯不仅在影片中扮演热爱体现冒险精神和运动活力的户外运动，同时他还使因日晒而健康黝黑的肤色成为时尚。人们通常认为时髦的身体要尽量避免日晒，否则就会显得像劳动者们因风吹日晒而变黑的身体，可费厄班克斯却自行其是。他很乐意看到自己深色的面庞出现在众多的影片和大众刊物上。于是，名人们纷纷效仿；日光浴原本是19世纪90年代出现在德国的一种针对肺结核的治疗手段，如今除了有帮助人体恢复健康的作用之外还有美容的效应。美国一篇发表于1929年的文章声称"衣服穿得过多的人皮肤苍白、有斑点而且缺乏弹性，而健康人拥有光洁平滑的棕色皮肤"。两次世界大战期间，沙滩变成了一个人们接受日晒的地方——这可是度假是否成功的标志！有史以来，沙滩日光浴吸引了大批裸露程度不尽相同的人们，同时也使得公众场合的身体展示合法化。

好莱坞起初就已经迎合了并表现出对"后台"领域的浓厚兴趣，关注影星们的私人生活、美容秘诀、锻炼情况以及饮食控制等等。① 好莱坞二三十年代的影迷杂志"向他们真诚的跟随者灌输的思想是女人漂亮，男人强悍，犯罪不必付出代价，恋人们永远永远永远幸福，而拉娜·特纳被人发现正在施瓦布杂货店吃圣代"（Levin 1976, p.7）。像电影杂志、银幕、电影剧本、现代银幕、电影这样的一些期刊杂志以及对"影星们的隐私"的宣传让读者有机会改善自己的形象，而另一方面，各式广告也在宣称自己有治疗青春痘、胸部过大或过于平坦、肥胖等症的良药良方。明星们早先的宣传照是经过润饰的，演员们容貌的瑕疵被去除。而现在这项工作已变得越来越不必要，因为演员们都付出努力进行身体维护并改善自己的外貌状况——他们可以跟银幕上的形象看上去一样漂亮英俊。好莱坞明星们已开始不那么依赖其他辅助性的道具来达到角色扮相的要求了；相反，他们尽量达到角色要求的"自然"的外貌要求。在人们可以裸露着身体在沙滩享受阳光、可随意着装的文化中，提倡使用像紧身胸衣（后来演变为俏皮的巴斯克衫——妇女穿的紧身胸衣，一种性爱游戏中使用的激发情欲的小巧衣物）这样的舞台辅助手段的人几乎不再有了。运动迅速被电影界看作是强化身体自然支持系统的一种健康手段（Hornibrok 1924），一条使身体在照相机的密切凝视下轻松地过关的捷径。

（龙冰 译）

---

① 如今，不仅明星们的秘密，还有政治家们的秘密，它们都激发人们无比的兴趣。公共关系专家们追踪报道政治家的行程以及演员们的后台生活，从而为公众揭开许多关于身体保养的秘密——这就是使得政治名人如福特、卡特、里根和撒切尔精力充沛、健康活力而饱含生活热情的原因。

——选自《消费文化中的身体》，载《后身体：文化、权力和生命政治学》，汪民安、陈永国编，吉林人民出版社2003年版，第331—337页

结语

法国作家古尔蒙（1858—1915）认为大海是19世纪"最独特的独创"，因它给人"全新的、从未见过的"感觉，并能唤发"古老记忆"而成为"愉悦的源泉"。当代建筑学家陈从周（1918—2000）为我们概括地介绍了中国园林艺术的特点，涉及中国园林借景、邻虚、屏障、对景等构造原则以及我们如何欣赏园林的方法，如文中所说："中国园林如诗如画，是集建筑、书画、文学、园艺等各种艺术的精华"，"游园"应当是真正的充满悠情闲趣的"艺术"之旅。在英国享有盛誉的科学家卢伯克（1834—1913）的《人生的乐趣》被称为一部"休闲之作"，其中谈到了充满着"无限的乐趣"的"家"：在家能感受到世界的丰富多彩，如自然之美、内心的平和，而更高、更美的境界是家人温暖的微笑、亲情的温暖。因此，"家"是一种美，"在家"更是一种幸福。英国当代社会学家莫特为剖析地方、空间和身份特征而绘制了20世纪后期伦敦这个消费社会及其特定版块，即作为欧洲先锋派和艺术生活中心之一苏和区的新图景。英国当代社会学和传播学家者费瑟斯通以身体为例说明了当代消费文化追求形象消费的本质。他指出，身体是快乐和表现自我的载体，体态美好、性感逼人是被认为与享乐、悠闲、表现紧紧相连的，而且后者所涉的种种形象所强调的也正是外表和"样子"。以上所述及的"大海"（自然）、"园林"（建筑）、"家"、"伦敦"（都市）、"身体"（消费文化）等皆是人类生活之空间（或对象），它们都是快乐之源泉。应该说，人们在各种资源、对象中都能够获得情趣休闲的机会。

进一步思考的问题：

1. 城市与乡村、自然山水与人工建筑在审美模式上分别有何差异？

2. 茶楼、酒吧在中国人的日常生活中有何特殊意义？

3. 消费文化是如何影响当代人的休闲习惯的？

4. 地理空间因素对于当代人休闲活动的展开有多大影响？

关联性思考的问题：

1. "自然"、"环境"、"景观"等概念有何区别？

2. 中、西园林建筑在文化内涵上的差异？

3. 家庭与休闲的结合有何重要的社会意义？

4. 如何提高利用休闲资源的机会？

进一步阅读的书目：

1. 彭锋：《完美的自然》，北京大学出版社2005年版。

2. 江乐兴主编：《风情酒吧（激情版）——人文旅游的休闲读本》，陕西旅游出版社2005年版。

3. 孙明泉：《乡村体验与环都市乡村休闲》，经济科学出版社2008年版。

4. 鲁开宏：《休闲城市研究》，中国林业出版社2008年版。

5. 深圳市创扬文化传播有限公司编：《茶楼：中国式休闲》，华中科技大学出版社2010年版。

6. ［美］马丁·M. 派格勒：《休闲娱乐空间》，关忠慧等译，大连理工大学出版社2002年版。

7. ［英］西莉亚·卢瑞：《消费文化》，张萍译，南京大学出版社2003年版。

8. ［美］阿诺德·伯林特：《生活在景观中——走向一种环境美学》，陈盼译，湖南科技大学出版社2006年版。

9. ［日］芦原义信：《街道的美学》，尹培桐译，百花文艺出版社2006年版。

关联性阅读的书目：

1. 李仲广、卢昌崇：《基础休闲学》，社会科学文献出版社2009年版。（重点阅读第十四章"休闲资源与休闲管理"）

2. （宋）郭熙：《山水训》，《林泉高致集》，载《中国历代美学文库·宋辽金卷（上）》，叶朗总主编，高等教育出版社2003年版。

3. 张建:《休闲都市论》,东方出版中心2009年版。

4. (明)文震亨:《长物志》,汪有源、胡天寿注译,重庆出版社2008年版。

5. (明)计成:《园冶》,胡天寿译注,重庆出版社2009年版。

6. [英]约翰·汤姆林森:《全球化与文化》,郭英剑译,南京大学出版社2002年版。

7. [加]大卫·切尔:《家庭生活的社会学》,彭钢旎译,中华书局2005年版。

8. [加]艾伦·卡尔松:《自然与景观》,陈李波译,湖南科技大学出版社2006年版。

9. [法]居伊·德波:《景观社会》,王昭凤译,南京大学出版社2007年版。

10. [法]米歇尔·柯南:《城市与园林:园林对城市生活和文化的贡献》,武汉大学出版社2006年版。

11. [美]史蒂文·布拉萨:《景观美学》,彭锋译,北京大学出版社2008年版。

12. 大卫·哈维:《后现代的状况:对文化变迁之缘起的探究》,商务印书馆2003年版。

休闲的依据

导言

这里所说的"依据"是指休闲主体为获得休闲情趣而需要遵循的各种原则。这是保证获得休闲情趣的重要条件之一。如果没有一定依据,那么任何休闲活动则可能成为毫无生活目的和意义的"无所事事",更何况是审美性休闲。对于审美性休闲的依据,我们可以从几方面进行理解:首先,主体对自身的需要是可以分不同层次的;其次,主体是具备一定社会的或文化的身份的,因此它需要符合所属的利益群。可以说,审美性休闲的依据既是休闲的,又是审美的;既是个体的,又是社会的;既是人生的,又是文化的。提高休闲的质量也必须从这些原则出发。

选文一 亚里士多德论快乐与幸福

……

【4】如果我们从头开始,那么快乐是什么,它的性质是什么,就要更加清楚些。观看在任何时候都是完美的、无缺欠的,它不需要任何东西后来生成从而使形式完美。快乐似乎也是这样,在任何时候人们都不会感到某种需要延长时间,然后才能使自己得到的形式完美的快乐。

从而快乐不是运动,一切运动都在时间之中,并且要达到一定的目的,例如建造房屋,只有目的达到时运动才算完成。所以,运动或者在全部时间中完成,或者在目的中完成,在时间的各个部分中是没有任何完成的。它们在属上与整体不同,而各个部分也互相区别。砌石块和雕廊柱是不同的,这两者又与建庙宇各异。庙宇的兴建是完满的(它必须按照设计的最后要求,缺一不可)。打地基、拢屋顶的运动都是不完满的(每一种都是部分),在类别上也不相同。就类别而言,在任何时间里都不能把握一个完满的运动,如若可能只有在全体时间中。

在行走以及其他方面也是这样。如若位置移动就是从一个点到另一个点,但这种移动在类别上也是各不相同,行走、飞翔、跳跃以及诸如此类。不仅如此,就在行走本身之中也是各不相同的。(因为从竞技场上的某一点到另一点的名称各不相同,因为这一部分不同于那一部分。同样,在这条跑道上跑和在那条跑道上跑也不一样,因为赛跑所经过的不仅只是一条线,而且是不同地点的线。)在其他作品里更详尽地谈了运动问题。运动似乎在所有时间里都不完满,而是只众多的不完满,在类上互不相同,因为它的类就是由此点到彼点构成。快乐与运动显然互不相同,它是一个整体,并且显然是完满的。这种意见由以下事实也可得出,即不在时间里就不能运动,但快乐却可以,因为它是在现在里的整体。

从这里就可明白,说快乐是运动,说快乐是生成并不妥当。这种说法不能用于一切对象,只适于那些部分而非整体的东西。观看并不是生成,点和单位也不是生成,也不是运动。所以,快乐不是运动,它是个整体的东西。

一切感觉的现实活动都要指向一个被感觉的东西,处于良好状况的感觉是完满的,指向最美好的对象(像这样才是完美的现实活动,不论就活动本身而言,还是就它的容受者而言,都没有区别)。处于最佳状况下的感觉,每一项活动都是最完美地指向它的最佳对象。这样的现实活动是最完美的,也是最快乐的。正如理智和思辨一样,最完美的感觉也最快乐。而最完美的感觉就是那种处于良好状况的,对自身最好对象的感觉。快乐使现实活动变得完美。然而,快乐使活动的完美方式与被感觉的东西和感觉并不相同,虽然它们都是良好的,正如作为恢复健康的原因,健康和医生的作用并不一样。

(显然,每种感觉都有自己的快乐,我们称使人爱看的东西,令人爱听的东西为使人快乐的东西。显而易见,处在最佳状况的感觉,并有与之相应的活动对象便是最快乐的。在这里有两个方面,一个是被感觉的东西,一个是能感觉的东西,只要具备了这两者,即动作者和承受者,快乐也就出现了。)快乐可使现实活动成为完美的,它不是作为一种寓于其中的品质,而像是一种天生的伴随物,它使活动完美正如才华之于青春。只要是一方面有被思想的东西、被感觉的东西,另一方面有判别力和思辨力,那么在活动中就将有快乐存在。因为它们都以同一方式而互相关联,一个作为动作者,一个作为承受者,所以要发生同样的事情。

为什么没有人能持续不断地快乐呢?也许是疲倦?人的现实活动不可能是持续不断的,快乐也不能连绵不已,因为它伴随着活动。有些东西在新的时候使人喜欢,后来就不这样了。这是因为,在开始时理智受到刺激,对这新事物进行紧张的活动,像那些集中注意力在观看的人一样,而后来就松弛了,活动就不那么紧张了,快乐也就休止了。

有的人认为,一切人都追求快乐,因为所有的人都渴望生活。生命是某种现实活动,每一个人都要用他所最喜爱的功能对同类对象做活动,例如音乐家用听觉对旋律做活动,学者用理智对思辨问题做活动,其他活动也是这样。快乐使活动变得完美，所以，它通过使生活变得完美而使人们去追求它。人们有充分理由去追求快乐，因为它把生活变得完美，使它成为对每个人都乐于选择的事情。至于我们到底是由于快乐而选择生活，还是为了生活去选择快乐，目前且不去管它。两者是紧密相联的，看来谁也不能把它们分开。没有现实活动，快乐就不得以生成，唯有快乐才能使一切现实活动变得完美。

【5】由此可以认为，快乐在属上是有区别的。我们认为快乐在属上各异，是由于它们完成的形式不同。不论在自然物品上和人工产品上都会见到这种情况。例如，动物、树木、图画、雕塑、房屋、家具。在属上不同的现实活动，也同样由属上各异的快乐来完成。理智活动和感觉活动自身在属上是各不相同的，使它们成为完美的快乐也是这样。

这一点可由每种快乐都与使其完美的活动相类似来证明。本己的快乐加强了活动，那些愉快的活动者对每件事就更能慎思，更能明辨。例如，那些喜欢做几何习题的人，会成为一个几何学家，对每个问题也有更深的把握。同样，对那些爱音乐、爱建筑的以及诸如此类人等，如若他们真是乐此不疲，那就会在自己的领域里做出成绩来。快乐加强了活动，但那些起加强作用的因素是它自身所固有的。对于那些在属上有别的东西，它所固有的特性，当然也是属上有别的。

这一点，由另外的快乐可以妨碍活动的事实看得更加明白。例如，一个爱长笛的人，在谛听长笛演奏时，就听不进去谈话，因为与当前所从事的活动相比，他更喜欢长笛。听长笛的快乐消灭了谈话的快乐。如若两种活动同时进行，这样的情况也会发生，快乐中更大的一方抵消了另一方。快乐的差距越大妨碍作用就越是明显，以致使另一种活动完全停止。所以，当一个人过于高兴的时候，他什么也做不下去。例如，人们在剧场上吃甜食，表演得越坏，他们吃得越起劲。既然人们的活动为本己的快乐所加强、延长和改善，又为异己的快乐所妨害，显然快乐之间的差距是很大的。甚至可以说，异己快乐的结果会变成本己的痛苦，本己的痛苦可以消灭活动。如果一个人感到写和算对他是痛苦的，他就不肯再写，也不肯再算了。因为这些活动是种痛苦。有时候活动从相反方向受到本己快乐和痛苦的作用，说是本己的，因为它们就其自身生成于活动。以上说过异己的快乐往往造成痛苦，消灭活动，不过在程度上有所不同罢了。

既然现实活动有的善良高尚，有的邪恶下流，那么，有的就受到选择，有的就遭到避免，有的则不相干，无所谓。它们的快乐也是如此，每一种活动都有自己所固有的快乐。属于善良活动的快乐是高尚的，属于邪恶活动的快乐是鄙下的，而欲望也是这样。高尚的受到赞扬，卑下的受到斥责。和欲望相比，在现实活动中的快乐则更为本己些。因为欲望不论在时间上，还是在本性上总是分散的。活动则紧密相联不相分离。所以，这里就引起了争论，现实活动和快乐到底是否一回事情。无论如何也不能把快乐当作思维和感觉（因为这是荒唐的），虽然由于不可分离，在某些人看来，它们是一回事。

现在既然现实活动是各不相同，快乐当然也就不同。视觉以其纯净而有别于触觉，听觉与嗅觉优于味觉。各种快乐同样以其纯净性相区别。思维的快乐就比一切更为纯洁，而其他各种快乐也不相同。人们认为，每种动物都有自身所固有的快乐，正如自己的功能一样，这就是现实活动上的快乐。如若我们逐个地来考察，这一点就更明白了。马的快乐不同于狗和人的快乐。赫拉克利特说，驴子宁选草料而不取金银，因为对驴子来说，草料比金银更使它快乐。动物的类属不同，它们快乐的类属也不相同。在另一方面也很有理由相信，在同一类属中则快乐不会有什么不同。不过，在人类之中其差别却绝非微小，同一样东西对于一些人是可爱的，对于另一些人则是可憎的，使一些人痛苦，使另一些人喜悦。在味觉方面也有同样的情况，同一样东西健康的人尝来是甜的，发烧的人则尝不出。一个健壮的人和一个虚弱的人对温度的感觉也不一样。其他的事物也是这样。有的人认为，如若这个观点像看起来那样恰当的话，这就是说，德性和善是一切事物的尺度（善当然是作为善的善），那么快乐就是对他显现的快乐，他所喜欢的东西也就是使人喜欢的东西。因此毫不奇怪，有的东西这个人看来可憎，另一个人则看来可爱。人往往要受到多种损毁和伤害，事物本身并不快乐，只是使这样一些人,在这样处境下快乐。

很显然,那些公认的可鄙快乐应该说并不是快乐,或者只对那些受了损害的人来说是快乐。那么,在可敬的各种快乐中,到底什么性质的,哪种快乐才能说是人的呢?或者从现实活动就看得清楚吗?快乐是伴随着现实活动而来的。完美和幸福之人有一种,或是多种活动,使这些活动成为完美的那些快乐,就可以说是人的主要快乐,其他都是次要的,个别的,正如活动一样。

【6】在谈过了各种德性以及友谊和快乐之后,现在轮到谈幸福了,我们认为只有它才是人的目的。再重复一下以前所说过的话,那么这个道理也许更明确些。我们说幸福不是品质,如若是,那么一个终生都在睡着的人,过着植物般生活的人,陷入极大不幸的人都要幸福了。如若这种说法不能令人满意,那么,最好还是把它归于现实活动。如以前所说,在活动中有一类是为着必需的,为着他物而被选择的,另一类则是以其自身而被选择。幸福显然应该算做以其自身而被选择的东西,而不是为了他物而被选择。因为幸福就是自足,无所短缺。这样的活动是以其自身而被选择的,除了活动之外,对其他别无所求。这样的活动就是合于德性的行为。它们是美好的行为,高尚的行为,由自身而被选择的行为。

由游戏而来的快乐,也不是为他物而被选择的,那些事情却是弊大于利。它们使人不注意身体并忽视财产。然而有许多人却把它们看作是幸福,在游乐中过生活。这就是为什么精于此道的人受到暴君的宠爱,他们投其所好,也正是所需要的人。由于有权势的人在这里消磨时间,所以游戏也就被当作一件幸福的事情。

这些人也许不能成为佐证,因为作为高尚活动之源泉的德性和理智不在权势之中,如若他们不去寻求纯净和自由的快乐而沉溺于肉体之中,那么也不能说肉体快乐是更可贵的。小孩子总是认为他们自己所宠爱的东西就是最好的东西,对于成人来说则是另外的东西更光荣。可恶和可贵也是这样。正如多次所说过的那样,可敬的和令人快乐的只是对高尚的人而存在的东西。对每一个人来说,符合他固有品质的活动是最可选择的,而对高尚的人来说，符合德性的行为是最可选择的。所以，幸福决不在游戏中。一生勤勤恳恳，含辛茹苦，说什么是为了游戏，岂不荒唐。正如所说，我们为了他物而选择一切，只有幸福却不是，它本身就是目的。把严肃的工作说成是为了游戏是愚蠢的，未免太幼稚了。阿那哈尔西（Anakharsis）说得好，游戏是为了严肃地工作。游戏似乎是种休息，由于人们不能持续不断地工作，所以休息。休息并不是目的，它为了现实活动而出现。从而，幸福生活可以说就是合乎德性的生活。幸福生活离不开勤劳，但却不在游戏之中。

我们说，勤劳胜于娱乐以及和游戏有关的事情。我们认为一个人越是高尚，他的活动也就越是严肃，所以一个高尚人的活动，其本身就是优越的，从而是幸福的。随便什么人都能享受肉体快乐，奴隶也不比出身高贵者差。但没有人去给奴隶以幸福，除非是属于生命的。所以，幸福决不在这些消遣之中，正如以上所说，它在合乎德性的现实活动之中。

……

——选自《尼各马科伦理学》，［古希腊］亚里士多德著，苗力田译，中国人民大学出版社1999年版，第218—226页

选文二　康德论艺术一般与美的艺术

……

第43节　关于艺术一般

（1）艺术被区别于自然，像动作（facere）被区别于行为或作用一般（agere）一样，而成品，或前者（艺术）所产生的结果，作为作品被区别于后者的结果，即效果（effectus）。

正当地说来，人们只能把通过自由而产生的成品，这就是通过一意图，把他的诸行为筑基于理性之上，唤作艺术。因为，虽然人们爱把蜜蜂

的成品（合规则地造成的蜂窝）称作一艺术作品，这只是由于后者对前者的类似；只要人一思考，蜜蜂的劳动不是筑基于真正的理性的思虑，人们就会说，那是她的（本能的）天性的成品，作为艺术只能意味着是一创造者的作品。

当人们探查一沼泽时见到一块被削过的木头，像通常会有的情形，这时人们不会说它是自然的成品，而是一艺术的。产生这一物的原因是自己设想过一个目的，这物的形式当归原于这一目的。固然人们也在一切事物上见到艺术，只要这事物的构造是这样的：即在它的实现之前必须先在它的因里面先行着一个对于它的表象（甚至于在蜜蜂那里），而正无须真正预想过它的结果；但人们根本上所称为艺术作品的，总是理解为人的一个创造物，以便把它和自然作用的结果区别开来。

（2）艺术作为人们的技巧也和科学区分着（技能区别于知识），作为实践的和理论的机能，作为技术和理论（像几何学中的测量术一样）区别开来。因此在下列的场合不叫做艺术，即：人能够做，只要人知晓什么是应该做的，因此只充分地知晓这欲求的结果。只是那人们尽管是已经全部地知晓了，却还未具备技巧立刻来从事，在这范围内才隶属于艺术。坎伯尔（Camper）曾描写得很仔细，最好的鞋子应该是怎样做的，但他却肯定做不出一只来。①

（3）艺术也和手工艺区别着。前者唤做自由的，后者也能唤做雇佣的艺术。前者人看做好像只是游戏，这就是一种工作，它是对自身愉快的，能够合目的地成功。后者作为劳动，即作为对于自己是困苦而不愉快的，只是由于它的结果（例如工资）吸引着，因而能够是被逼迫负担的。至于在行会的级表上是否钟表匠被认为是艺术家，而与此相反，铁匠作为手工艺匠工，这需要和我们现在所探取的观点不同的另一评判观点，即是作为这一事业或那一事业基础的才能的比例。在所谓七种自由艺术里是否有几种可以列入学术，有几种可以和手工艺相比拟，关于这一点我现在不愿谈

---

① 在我住的地方普遍人说道，如果人给予他一个这样的任务，像哥伦布和他的蛋那样，这就不是艺术，这仅是一科学；这就是说，人如果知晓了，他就能做。对于变戏法的人的一切所谓艺术，他认为也是这样。但走绳索的艺术他却不能否认是一种艺术。——原注

论。至于在一切自由艺术里仍然需要着某些强制性的东西，如人们所说的机械性东西，若没有这个那在艺术里必须自由的，唯一使作品有生气的精神就会完全没躯体而全部化为虚空，这是应该提醒人们的（例如在诗艺里语法的正确和词汇的丰富，以及诗学的形式韵律），现在有一些教育家认为促进自由艺术最好的途径就是把它从一切的强制解放出来，并且把它从劳动转化为单纯的游戏。

第44节 关于美的艺术

没有关于美的科学，只有关于美的评判；也没有美的科学，只有美的艺术。因为关于美的科学，在它里面就须科学地，这就是通过证明来指出，某一物是否可以被认为美。那么，对于美的判断将不是鉴赏判断，如果它隶属于科学的话。至于一个科学，若作为科学而被认为是美的话，它将是一怪物。因为，如果人们在它里面把它作为科学来询及理由和证据，人们会拿美丽的词句来打发我们。至于什么根由产生了通常所称谓的美的科学，无疑不是别的，正是人们完全正确地指示出来的：美的艺术在它的全部的完满性里包含着不少科学，例如对古代文字的知识，熟读古典作家、历史学、古代遗产的熟悉等等，因这些学识构成了美的艺术的必要的准备和根基。另一部分根由也因为对美术的作品的知识（演说学与诗艺）也包含在这里面，由于名词的误用，自己也就称作美的科学了。

假使艺术，适合着一可能对象的认识，单纯为了把它来实现，进行着为这目的所必要的动作，那它就是机械的艺术。假使它拿快感做作的直接的企图，它就唤作审美的艺术。这审美的艺术又可以是快适的艺术，或是美的艺术。它是前者，假使它的目的是快乐，伴随着诸表象作为单纯的感觉。它是后者，假使这快乐伴随着诸表象作为认识的样式。

快适的诸艺术是单纯以享乐为它的目的。例如人们在筵席间享受到的一切刺激，有趣地说着故事；诱使坐客们活泼自由地高谈阔论，用谐谑和欢笑造成快乐气氛。在这场合，正如人们所说的，随便说些醉话，不负任何责任，不停留在一固定题目的思考和唱和里，只为了当前的欢娱消遣。

（隶属于这场合的也有筵席的美味陈设或在大宴会里甚至于还有着音乐的演奏：这是一奇怪的东西，它只是作为一种舒适的声响支持着大众愉快的情调，协助他们和邻坐自由地交谈，没有人会丝毫注意到这音乐曲调的结构）。此外属于这场合的还有一切游戏，这些游戏没有别的企图，只是叫人忘怀于时间的流逝。

与此相反，美的艺术是一种意境，它只对自身具有合目的性，并且，虽然没有目的，仍然促进着心灵诸力的陶冶，以达到社会性的传达作用。

一般愉快的普遍传达性是在它的概念里已经包含着这事实：即它不是单纯的官能感觉的快乐，而必须是反省里的；所以审美的艺术是这样一种艺术，它是拿反思着的判断力而不是拿官能感觉作为准则的。

——选自《判断力批判》（上卷），[德]康德著，宗白华译，商务印务馆2000年版，第148—151页

选文三　蔡元培论美育与人生

人的一生，不外乎意志的活动，而意志是盲目的，其所恃以为较近之观照者，是知识；而以供远照、旁照之用者，是感情。

意志之表现为行为。行为之中，以一己之卫生而免死、趋利而避害者为最普通；此种行为，仅仅普通的知识，就可以指导了。进一次的，以众人的生及众人的利为目的，而一己的生与利即托于其中。此种行为，一方面由于知识上的计较，知道众人皆死而一己不能独生，众人皆害而一己不能独利；又一方面，则亦受感情的推动，不忍独生以坐视众人的死，不忍专利以坐视众人的害。更进一步，于必要时，愿舍一己的生以致众人的死，愿舍一己的利以去众人的害，把人我的分别，一己生死利害的关系，统统忘掉了。这种伟大而高尚的行为，是完全发动于感情的。

人人都有感情，而并非都有伟大而高尚的行为，这由于感情推动力的薄弱。要转弱而为强，转薄而为厚，有待于陶养。陶养的工具，为美的对

象，陶养的作用，叫做美育。

美的对象，何以能陶养感情？因为他有两种特性：一是普遍，二是超脱。

一瓢之水，一人饮了，他人就没得分润；容足之地，一人占了，他人就没得并立。这种物质上不相入的成例，是助长人我的区别、自私自利的计较的。转而观美的对象，就大不相同。凡味觉、嗅觉、肤觉之含有质的关系者，均不以美论；而美感的发动，乃以摄影及音波辗转传达之视觉与听觉为限。所以纯然有"天下为公"之概；名山大川，人人得而游览；夕阳明月，人人得而赏玩；公园的造象，美术馆的图画，人人得而畅观。齐宣王称"独乐乐不若与人乐乐"，"与少乐乐不若与众乐乐"，陶渊明称"奇文共欣赏"，这都是美的普遍性的证明。

植物的花，不过为果实的准备；而梅、杏、桃、李之属，诗人所咏叹的，以花为多。专供玩赏之花，且有因人择的作用，而不能结果的。动物的毛羽，所以御寒。人因有制裘、织呢的习惯；然白鹭之羽，孔雀之尾，乃专以供装饰。宫室可以避风雨就好了，何以要雕刻与彩画？器具可以应用就好了，何以要图案？语言可以达意就好了，何以要特制音调的诗歌？可以证明美的作用，是超越乎利用的范围的。

既有普遍性以打破人我的成见，又有超脱性以透出利害的关系；所以当着重要关头，有"富贵不能淫，贫贱不能移，威武不能屈"的气概，甚且有"杀身以成仁"而不"求生以害仁"的勇敢。这种是完全不由于知识的计较，而由于感情的陶养，就是不源于智育，而源于美育。

所以吾人固不可不有一种普通职业，以应利用厚生之需要；而于工作的余暇，又不可不读文学，听音乐，参观美术馆，以谋知识与感情的调和，这样，才算是认识人生的价值了。

——选自《蔡元培美育论集》，高平叔编，
湖南教育出版社 1987 年版，第 266—267 页

选文四　里斯曼等论自主性、娱乐的地位

关于自主性

……

高度的自我意识是他人导向时期自主者最显著的标志。正因为内在导向者比他们的前辈传统导向者更具自我意识，而他人导向者又比内在导向者更具自我意识，所以，在鼓励自我意识的环境中成长的自主者能顺利摆脱其他顺承模式，获得更多的自我意识。他的自主性不在于掩饰和否定情感的能力，而是在于认识并尊重自己的感情，了解自己的潜力及局限。这不是量的问题，而是能否意识到自我意识，能否获得高度抽象水平的问题。

我们都很了解，要获得高度的自我意识水平是件不容易的事，许多人即使已获得自我意识但不能将自我意识融入自主性的生活结构，反而沦为离异分子。然而，这种过程产生的离异分子比起顺承者那种不具自我意识的焦虑更可取，尽管社会赞同这种焦虑。那些顺承者不愿意重新解释自己所处的文化，最终曲解了他们本身。

传统导向型已逐渐成为过去，今天，主要性格类型的冲突表现为他人导向和内在导向的斗争。现在我们又发现了新的极端类型：一种是通过他人导向而强制顺承的人，另一种是以自主性克服环境局限的人。在我看来，追求自主性的人和无法获得自主性的人，或者不让他人成为自主者的他人导向者之间的冲突并不严重，因为他人导向赋予人们一种敏感性和果断行动的能力。在美国的社会组织中，能够提供许多机会让人们去探索性格的潜力。我认为自主性必然可以从他人导向型中有系统地发展出来。

……

娱乐的地位

"剥夺"之所以成为娱乐的障碍，主要是由于在过去的时代中，身份地位制约着人们的闲暇生活方式。妇女、儿童和中下阶层封闭单调的生活是工业革命早期司空见惯的现象。娱乐体现着社会等级的观念影响至今。财富、交通及教育的发展虽然能为闲暇生活开辟更开放、更广泛的前景，但内在导向时期清教徒式的禁欲主义继续成为娱乐的障碍，清教思想有损于整个娱乐领域，如体育、戏剧、庆典及其他纪念日。无论是富有传统意义的万圣节还是美国国庆这样新设立的纪念日，均会受到禁欲主义者的谴责。只有孩子们才免遭此难，能够开开心心地过节。对于绝大多数成年人来讲，节日不过是请客送礼、应酬客人的麻烦事。我们的确不愿这样过节，但无可奈何只得如此。我们知道，"节日"是经济分配过程中精心设计的一个步骤。一些诸如母亲节这样的新节日被悄悄地添加进来，这样一年之中需要增加消费的日子又多了。这些新增加的节日其实成了人们忙碌的工作日。清教禁欲思想就像一个印地安的施恩者，不仅把工作与分配视为至关重要，而且吝啬得把原本少的可怜的节日也收了回去。清教主义烙在美国人心灵上的创伤众所周知，就像大家都知道星期天的存在。

要想完全弥补娱乐在内在导向时期所受到的创伤，需要经过相当长的时间。与此同时，他人导向又为娱乐增添了新的不幸。他人导向者在追求娱乐方面与追求其他领域一样也无所顾忌，但是缺少内在导向者那样的保护措施。由于他厌恶必须为娱乐群体的情绪负责，他宁愿参加固定而客观的纪念日和游戏仪式。一般人错误地认为美国市民没有或者不关心节日庆典。事实上各种各样的饮料，形式各一的纸牌，室内游戏，公共娱乐随处可见。有的传统、有的新潮、有的方便简单、有的豪华复杂。即便是这样，要想使每个参加玩乐的人都很开心尽兴，则是勉为其难。同时要求每个参加娱乐的人相同程度地投入情绪，也妨碍了娱乐中的自然社交。更重要的是，这种娱乐群体使他人导向者缺少个性，工作已束缚了他的人格化。而人们常常没有意识到，人格化是娱乐所不可缺少的。正是因为他觉得不为群体娱乐有所贡献就会产生内疚，所以他需要学会区分什么是令人恐惧的孤独，什么是偶尔可以选择的个人空间。

我们看到孩子们从小就被教导对人要以诚相待，对同伴与大人不得有所隐瞒，即使在做游戏时也该如此。这正是他人导向者的风格。他人导向者重视做事的感觉和方法而不重视事情的结果。看重他人对自己的印象，而不在乎财产和地位的丧失。只要让他知道一切，他就可以姑息任何恶行。做父母的如果希望孩子获得自主性，就要鼓励孩子们学会自己选择，包括必要的撒谎。让孩子可以选择有利于保持同他人亲密交往的环境，也可以选择顺承父母及群体等权威的要求来保持交往的环境。显然，一个人想要自主地娱乐休闲，既需要个人充满幻想的娱乐，又需要仪式性的社交娱乐。这类人将面对艰难的格斗，一方面要战胜传统遗留下来的娱乐剥夺，另一方面又要战胜新出现的人格化。

这些只是普通意义上的思考，我们还需补充说明经济大萧条给工作和娱乐带来的影响。经济萧条并没有导致对工作界定的改变，相反使工作变得珍贵而困难。确切地说正是因为找一份工作很困难而使工作显得十分珍贵。因此，在经济萧条时期，我们应把促进充分就业而不是高失业率或者闲暇作为经济目标。当我们了解到，在经济萧条时失业人员几乎没有什么娱乐机会时，我们就不会为努力追求就业率感到奇怪。然后，我们可以清楚地看到，娱乐常被文化界定为工作的剩余。即使有足够的金钱供消遣，也无法解除文化对娱乐在道德上设置的障碍。正如再多的退休金也难以解除被迫退休老人的心理障碍。因为只有拥有工作资格的人，才有权享受社会资源。如果一个人无法证明自己正在为今后的工作努力地塑造自我，他在情绪上必然会遭到打击。总之，无论是年轻人、失业者，抑或退休后的老人、家庭主妇，还是内疚的多余受害者，或者游手好闲的富人，在娱乐的时候多少都会感觉不自在。因为根据文化的界定，只有工作的人才有权娱乐。

工业的发展为我们提供了较多的闲暇时间，有时人们不知道该如何打发这些闲暇时光。工业的发展，同时也代表了娱乐业开始了史无前例的专业化过程，出现了许多娱乐专家。这给那些非专职的娱乐者也造成一定影响。本章开头引用了中世纪杂耍者的一段自夸之辞。尽管他们可能确实多才多艺，但他们在今天的马戏团或电视节目中几乎赚不到一分钱。今天，业余的娱乐者怎敢向比过去任何时候更专业化的专业娱乐者竞争？也许连哈姆雷特本人都不敢向自己的扮演者著名电影明星劳伦斯·奥立弗指手画脚，难道业余娱乐者还能在专业娱乐者面前卖弄自己的娱乐技巧吗？正如我们在本书第一编中指出的，内在导向者还可以借助"向下逃避"来发挥自己的娱乐能力，而他人导向者在无所不在的大众传媒所传播的娱乐技巧的压力下无处可逃。

因此，恢复娱乐能力与恢复工作能力一样困难。收入与工业组织的变化，或许使闲暇时间的分配日趋公平，人们娱乐的罪恶感也随之减少，但这种变化并没有教会人们如何去娱乐，甚至反而使娱乐专业化了。与此同时，人们早已忘记了该如何去从事真正的娱乐活动。我们不得不问，假设娱乐比工作更容易激发人的自主性，这两者难道不都是同样使我们与社会疏远吗？

尽管存在上述的种种障碍，我认为他人导向者在娱乐方面具有各种潜力，只是不易为人所察觉。一些他人导向者的娱乐技艺就像工匠的技艺一样有着古老的基础，其他诸如消费的技艺则具有新的特点。

他人导向的同侪群体在工作和娱乐中产生的无形产品——交换嗜好，可以看作是一种娱乐训练。或许人们在娱乐方面的潜力比我们耳闻目睹的还要多，这种潜力不像人们时常指责的那样被动、虚假和易受操纵。

——选自《孤独的人群》，[美] 大卫·理斯曼等著，王崑、朱虹译，南京大学出版社 2002 年版，第 262—263、289—292 页

选文五　戈比论"畅"

在我们提到过的种种概念中，必须加上"畅"（flow）。正如心理学家奇克森特米哈伊（Mihalyi Csikszentmihalyi, 1990）所定义的那样，畅是一

种可以在"工作"或者"休闲"时产生的一种最佳体验。与"休闲"或"游戏"的某些概念一样,畅也是一种以自身为目的的活动。它是自足的(由自身定义的)。奇克森特米哈伊对畅体验有如下描述:它是

> ……一种感觉,当一个人的技能能够在一个有预定目标、有规则约束并且能够让行为者清楚地知道自己做得如何之好的行为系统(action system)中充分地应付随时到来的挑战时,就会产生这种感觉。这时,注意力高度集中,没有心思注意与此无关的事,也不考虑别的问题。自我意识消失,甚至意识不到时间的存在。能让人获得这种体验的活动实在是让人陶醉,人们总想做这件事,不需要别的原因,也根本不考虑这件事会产生什么后果,即使有困难、有危险,人们也不在乎。

在获得畅的体验时,挑战的难度与个体自身的技能水平是一致的。如果难度远远超出了个体的能力范围,个体就会产生焦虑。而当难度远远低于个体的技能水平时,个体又会产生厌倦。这就好比说,芝加哥公牛队要同你们的班队打一场比赛,当你们班上的同学感到焦虑的时候,公牛队队员则觉得很无聊。在这种情况下,孩子们会交换队员,组成一支新的队,以平衡能力同挑战之间的巨大差异——"哈利和约翰给你们,我们要迈克尔·乔丹。"——或者给一个队制定刁难的规则(比如让他们都穿上厚重的衣服)。

畅的体验能够借助某些条件产生,它们通常是被构造出来的。奇克森特米哈伊及其他心理学家认为,人的心智(mind)一般状态是熵(entropy)①——某种心理混沌(mental chaos)。这种状态既无趣,也无用。人的心智有一种追求复杂的本能,为了进行有意义的活动,它要求人具有一种将意识重建、对自我意识进行约束并运用技能的能力。换句话说,心智的一般状态是一种没有焦点的混沌,必须控制。可能这是古雅典人认为休闲的生活需要高度训练的部分原因。

在工作或休闲时,一个人只有全神贯注、游刃有余才能获得畅的体

---

① 作者 Csikszentmihalyi 似乎并没有把这个概念用对。——校者注

验。如果专注的可能性被破坏,那么无论是由于规则的缺乏(社会的反常),还是由于社会体制阻碍了人的向前发展(异化),畅的体验都很难出现。

在家庭环境中,如果家长们对孩子的预期目标明确,能对孩子的行为有所反馈;如果家长们把孩子们做的事情放在核心位置上;如果孩子们有选择的机会;如果孩子们能够不断地做出承诺,使自己有足够的信心越过他们的心理防御,不知不觉地投入到他们喜欢的事情;最后的挑战是,如果家长们能不断地让他们的孩子得到进行更复杂的活动的机会。那么,或许是孩子们更容易获得畅的体验,(Csikszentmihalyi, 1990)要做好这些事情,家长们不仅要付出时间和精力,还要把对孩子们的信任与培养他们的愿望结合起来。

许多休闲(和工作)体验并不具备畅的潜力。那些不需要什么技能的事情,比如看电视或其他找乐的活动,既不对人提出挑战,也不给人提供运用技能的机会。我们下面会看到,这种活动显然是不能让人满意的。由此,我们可以从畅的角度来评价,什么是好的休闲,什么是不好的休闲。畅从根本上说是意义的创造,要做到这一点,需要完全地投入,不论是爬山,做外科手术,还是吹喇叭,都是如此。

——选自《你生命中的休闲》,[美]杰弗瑞·戈比著,康铮译,田松校译,云南人民出版社2000年版,第21—23页

结语

被公认为是西方第一位对休闲问题进行系统研究的亚里士多德(前384—前322)着重阐述了什么是快乐、幸福、休闲、美德和安宁的生活的问题。他认为,美德是愉快的源泉,行善者是奉献美德并享受持续幸福的人;休闲不是远离工作或利用时间间隔进行休养和娱乐,而是用于恢复体力以重新投入工作。因此,真正愉快、幸福的源泉也离不开休闲,休闲是达到幸福的间接条件之一。德国美学家康德(1724—1804)认为艺术被区

别于自然、科学和手工艺,"美的艺术"是一种意境,它是虽无目的性但对自身有合目的性。艺术的精髓在于自由,在实质上是一种"审美游戏"。近代教育家、美学家蔡元培(1868—1940)认为美的对象具有普遍和超脱的性质,所以人在闲暇的时候应当利用音乐、美术来陶冶生活,这样美育也就成为改造生活和实现人生价值的重要途径。美国当代社会学家大卫·里斯曼等主要论证了自主性社会性格形成的途径。他们利用"内在导向"和"他人导向"两个概念来表示美国社会状况、社会性格及其相关历史发展因素的分析,认为自主性必然可以从他人导向型中有系统地发展出来。同时他们又考察了娱乐地位的变化情况并用以说明自主性障碍中的能力问题。美国当代休闲学家杰弗瑞·戈比引用了心理学家奇克森特米哈伊"畅"(flow)的概念,认为这是一种可以在"工作"或者"休闲"时产生的一种最佳体验,它与"休闲"或"游戏"的某些概念一样,也是一种以自身为目的的活动。因此,我们可以从畅的角度来评价什么是好的休闲,什么是不好的休闲。以上所说的"幸福"(善)、"自由"(审美)、"美的人生"、"自主性"、"畅"等观点代表了不同时代、不同文化背景下人们对休闲的理解以及重要性的认识,这对我们解读各种休闲思想以及如何去获得休闲情趣提供了依据。

进一步思考的问题:

1. 《论语·先进》包含了古代人的何种理想?
2. 柏拉图"正义"论的主要内容是什么?
3. 现代社会中自我认同机制是如何形成的?
4. 休闲行为何以体现出休闲者的审美趣味?

关联性思考的问题:

1. 审美趣味在中、西方的变迁情况有何不同?
2. 美学在现代生活中具有什么样的意义?
3. 评价亚里士多德、罗素等西方人的幸福观。
4. 你认为什么样的人生才是快乐的人生?

进一步阅读的书目:

1. 杨伯峻:《论语译注》,中华书局 2006 年版。(重点阅读"先进"篇)

2.《荀子》,安继民注译,中州古籍出版社 2006 年版。(重点阅读"礼论"、"乐论"篇)

3. 柏拉图:《国家篇》,《柏拉图全集》(第二卷),王晓朝译,人民出版社 2003 年版。(重点阅读关于"正义"的相关论述)

4. [美] 马斯洛:《人性所能达到的境界》,云南人民出版社 1987 年版。

5. [英] 安东尼·吉登斯:《现代性与自我认同》,赵旭东、方文译,王铭铭校,北京生活·读书·新知三联书店 1998 年版。

6. [法] 布尔迪厄:《〈区隔:趣味判断的社会批判〉引言》,朱国华译,《文化研究.第4辑》,陶东风、金元浦、高丙中主编,中央编译出版社 2003 年版。

关联性阅读的书目:

1. 朱光潜:《乐的精神与礼的精神》,《朱光潜全集》第九卷,安徽教育出版社 1993 年版。

2. 范玉吉:《审美趣味的变迁》,北京大学出版社 2006 年版。

3. [俄] 车尔尼雪夫斯基:《生活与美学》,周扬译,人民文学出版社 1958 年版。

4. [美] 乔治·H.米德:《心灵、自我与社会》,赵月瑟译,上海译文出版社 1992 年版。

5. [德] 鲁道夫·奥伊肯:《生活的意义与价值》,万以译,上海译文出版社 1997 年版。

6. [法] 阿兰:《幸福散论》,施康强译,中央编译出版社 1997 年版。

7. [俄] 康定斯基:《艺术中的精神》,李政文编译,云南人民出版社 1999 年版。

8. [德] 恩斯特·卡西尔:《人论》,上海译文出版社 2003 年版。

9. [英] 罗素:《罗素论幸福人生》,桑国宽、欧阳梦云、倪莎译,世界知识出版社 2007 年版。

10. [美] 马斯洛:《动机与人格》(第三版),许金声译,中国人民大学出版社 2009 年版。

休闲的方式

导言

　　这里所说的"方式"是指能够获得休闲情趣的各种活动形式。由于主体、对象、依据每个方面都有变动性、时代性等各种差异,这样使得休闲方式呈现出多样化的特点。一方面,随着现代文明的发展和工作观念的转变,个体在追求休闲的方式上将趋于丰富和个性化,像旅游观光、健身运动、品玩藏物、游戏娱乐、雅俗艺术欣赏、时尚消费等都是十分流行的方式。另一方面,在个人休闲与群体休闲之间也具有密切关系,如个人时尚能带动社会流行趋势,反之亦然;而一些民间性、法定性的节庆活动则能为普通民众提供更多参与休闲的机会。无论何种休闲方式,都必须以有利于身心健康和提高生活品质为前提。基于职业选择、工作观念、个人兴趣、社会条件等方面的考虑,人们也都会选择属于自己的最佳休闲生活方式。

选文一　李渔论随时即景就事行乐之法

　　行乐之事多端,未可执一而论。如睡有睡之乐,坐有坐之乐,行有行之乐,立有立之乐,饮食有饮食之乐,盥栉有盥栉之乐,即袒裼裸裎如厕便溺种种秽亵之事,处之得宜,亦各有其乐。苟能见景生情,逢场作戏,即可悲可涕之事,亦变欢娱。如其应事寡才,养生无术,即征歌选舞之场,亦生悲戚。兹以家常受用,起居安乐之事,因便制宜,各存其说于左。

　　……

听琴观棋

弈棋尽可消闲,似难藉以行乐;弹琴实堪养性,未易执此求欢。以琴必正襟危坐而弹,棋必整槊横戈以待,百骸尽放之时,何必再期整肃;万念俱忘之际,岂宜复计输赢?常有贵禄荣名,付之一掷,而与人围棋赌胜,不肯以一着相饶者,是与让千乘之国,而争箪食豆羹者何异哉?故喜弹不若喜听,善弈不如善观。人胜而我为之喜,人败而我不必为之忧,则是常居胜地也;人弹和谐之音而我为之吉,人弹噍杀之音而我不必为之凶,则是长为吉人也。或观听之余,不无技痒,何妨偶一为之;但不寝食其中而莫之或出,则为善弹善弈者耳。

看花听鸟

花鸟二物,造物生之以媚人者也。既产娇花嫩蕊以代美人,又病其不能解语,复生群鸟以佐之。此段心机,竟与购觅红妆,习成歌舞,饮之食之,教之诲之以事人者,同一周旋之至也。而世人不知,目为蠢然一物,常有奇花过目而莫之睹,鸣禽悦耳而莫之闻者。至其捐资所购之姬妾,色不及花之万一,声仅窃鸟之绪余,然而睹貌即惊,闻歌辄喜,为其貌似花而声似鸟也。噫!贵似贱真,与叶公之好龙何异?予则不然。每值花柳争妍之日,飞鸣斗巧之时,必致谢洪钧,归功造物,无饮不奠,有食必陈,若善士信妪之佞佛者。夜则后花而眠,朝则先鸟而起,惟恐一声一色之偶遗也。及至莺老花残,辄怏怏有所失。是我之一生,可谓不负花鸟;而花鸟得予,亦所称一人知己,死可无恨者乎?

蓄养禽鱼

鸟之悦人以声者,画眉、鹦鹉二种。而鹦鹉之声价,高出画眉上,人多癖之,以其能作人言耳。予则大违是论,谓鹦鹉所长,止在羽毛,其声则一无可取。鸟声之可听者,以其异于人声也。鸟声异于人声之可听者,以出于人者为人籁,出于鸟者为天籁也。使我欲听人言,则盈耳皆是,何必假口笼中?况最善说话之鹦鹉,其舌本之强,犹甚于不善说话之人;而所言者，又不过口头数语。是鹦鹉之见重于人，与人之所以重鹦鹉者，皆不可诠解之事。至于画眉之巧，以一口而代众舌，每效一种，无不酷似，而复纤婉过之，诚鸟中慧物也。予好与此物作缘，而独怪其易死，既善病而复招尤，非殁于已，即伤于物。总无三年不壤者，殆亦多技多能所致欤？

鹤、鹿二种之当蓄，以其有仙风道骨也。然所耗不赀，而所居必广，无其资与地者，皆不能蓄。且种鱼养鹤，二事不可兼行，利此则害彼也。然鹤之善唳善舞，与鹿之难扰易驯，皆品之极高贵者；麟凤龟龙而外，不得不推二物居先矣。乃世人好此二物，又以分轻重于其间，二者不可得兼，必将舍鹿而求鹤矣。显贵之家，匪特深藏苑囿，近置衡斋，即倩人写真绘像，必以此物相随。予尝推原其故，皆自一人始之，赵清献公是也[①]。琴之与鹤，声价倍增，讵非贤相提携之力欤？

家常所蓄之物，鸡犬而外，又复有猫。鸡司晨，犬守夜，猫捕鼠，皆有功于人而自食其力者也。乃猫为主人所亲昵，每食与俱，尚有听其搴帷入室，伴寝随眠者。鸡栖于埘，犬宿于外，居处饮食皆不及焉。而从来叙禽兽之功，谈治平之象者，则止言鸡犬，而并不及猫。亲之者是，则略之者非；亲之者非，则略之者是，不能不惑于二者之间矣。曰：有说焉昵猫而贱鸡犬者，犹癖谐臣媚子[②]，以其不呼能来，闻叱不去，因其亲而亲之，非有可亲之道也。鸡犬二物，则以职业为心，一到司晨守夜之时，则各司其事，虽豢以美食，处以曲房，使不即彼而就此，二物亦守死弗至。人之处此，亦因其远而远之，非有可远之道也。即其司晨守夜之功，与捕鼠之功，亦有间焉。鸡之司晨，犬之守夜，忍饥寒而尽瘁，无所利而为之，纯公无私者也。猫之捕鼠，因去害而得食，有所利而为之，公私相半者也。清勤自处，不屑媚人者，远身之道，假公自为，密迩其君者，固宠之方，是三物之亲疏，皆自取之也。然以我司职业于人间，亦必效鸡犬之行，而以猫之举动为戒。噫！亲疏可言也，祸福不可言也。猫得自终其天年，而

[①] 赵清献：北宋大臣赵抃，谥清献。他匹马入蜀，以一琴一鹤自随，为政简易。
[②] 谐臣：俳优，宫廷中以舞蹈作谐戏的艺人。此处有所指。

鸡犬之死，皆不免于刀锯鼎镬之罚。观于三者之得失，而悟居官守职之难，其不冠进贤①，而脱然于宦海浮沉之累者，幸也。

浇灌竹木

"筑成小圃近方塘，果易生成菜易长。抱瓮太痴机太巧，从中酌取灌园方。"此予山居行乐之诗也。能以草木之生死为生死，始可与言灌园之乐，不则一灌再灌之后，无不畏途视之矣。殊不知草木欣欣向荣，非止耳目堪娱，亦可为艺草植木之家，助祥光而生瑞气。不见生财之地，万物皆荣；退运之家，群生不遂。气之旺与不旺，皆于动植验之。若是则汲水浇花，与听信堪舆，修门改向者无异也。不视为苦，则乐在其中。督率家人灌溉，而以身任微勤，节其劳逸，亦颐养性情之一助也。

——选自《闲情偶寄》，（清）李渔原著，李忠实译注，天津古籍出版社 2000 年版，第 553—571 页

选文二　莫洛亚论休息的艺术

休息的艺术属于工作的艺术的一部分。因为，一个过度疲劳、急需休息的人不会做出任何富有实效的工作。众所周知，一个人彻夜未眠，翌日清晨大脑会拒绝工作。此时实施工作的艺术中各项准则也是徒劳无益的。实施这些准则的前提，是我们能够控制自己的身体和大脑。没有劳逸的交替，人体器官便无法生存。"周末"休息的规定是一项明智的社会保健。我曾见过一些法国部长，尽管精疲力竭，眼睛也睁不开，却还在强撑着作事关欧洲和平的重大决定。在这种情况下，休息已成一项责任。

当疲劳是出于体力不支时，休息还算不上一门艰难的艺术。人会跟动物一样倒床便睡。但是，当大脑疲劳时，往往急需睡觉的人却难以入眠。

---

① 进贤冠：古代文儒戴的黑布帽子，从公侯到博士、小吏、学生，以梁数多少区别贵贱。

这种时候，睡觉便需要艺术。这里有几条秘诀：一、自信能够入睡。微量安眠药的作用主要是创造有利的自我提示。二、置身于适当位置，使身体触觉降低到最小限度。就是说，身体平稳，温度适当，无光亮。三、驱除失眠带来的意念。因此，控制思维是有好处的。如有可能，去回到不存在我们今天的烦恼和忧愁的遥远的过去；想一想你童年、青年的时候；回顾一番十分久远的影像；闭上眼睛，试一试让这些影像在眼前点点串串地闪烁，渐渐地，你到了一个异样的、恬静的世界；你睡着了。

另一种截然不同、却是常常有效的方法是不看重失眠，甚至视其为一次幸遇。看看书或杂志，不限定时间，安详地等待生理疲倦，睡意来临。

一个健康的活跃分子常常很难安排时间消遣。离开工作，他会烦闷不堪；关在房里，犹如兽困笼中，辗转不定。虽是一味地集中精力，填补时间空隙，原来的爱好，却变成了一种恶习。由于各项发明创造和各种机器的涌现，现代文明提供了更多的消遣时间，我们应该学会利用这些时间，并可用以下方法：

一、以逸代劳。某些事情对别人来说是工作，对我们来说却是休息。演戏、种花、打鱼、狩猎、做家具，这些事对演员、花匠、渔夫、猎手和木工来说是工作，而对于业余爱好者却是消遣，尽管他们付注了最大的劳动。首先，由于工作的改变，使人体不同的肌肉和神经得到运动，成为一种自身的休息。再则，业余爱好者在与外部世界的斗争中感受到了成功的喜悦。他们做这些事，完全自由自在，想停便停，没有任何束缚。

二、游戏。游戏是一项更不存有利害关系的活动。因为其目的不是解决实际问题，而是遵守一些随意制定的规则，接受与否悉听尊便。棋手也好，牌手也好，都不是在与物质世界抗争，而是向纯智力领域挑战。其中存在着两种休息的因素：他知道损失的那一部分无关紧要，也知道偶然的介入是有限的，应当注重良好的体育道德。参加运动的人自己要遵守规则。因为如果没有这些规则，游戏便不复存在。当某些游戏规则经过长期使用，已被全体民众，乃至多少代人所接受的时候，这种约定俗成的规则便可培养造就遵纪守法的公民。英国人说有人在爱情、事业或政治上弄虚作假是因为"他不玩游戏"。文化就是人类继承下来的公共协定。许多协定都同网球和高尔夫球的规则一样专横。但是正因为我们制定这些协定与规则的时候,已经预见到它所能产生的效果,所以我们便看到:礼仪取代了威吓,游戏代替了战争。

三、戏剧。这类活动我们只能间接地参加,静静地观赏。我们对此感兴趣是因为"人类的一切对我们都不是陌生的"。悲、喜剧中渲染的都是我们的情感。我们在生活中同作者一样感受到它们。为什么说这是一种休息呢?因为在艺术的世界中,我们不要求作出任何决定。这出戏虽是能够打动我们,反映我们的生活,但它是在一种臆造的环境中进行的,这一点我们十分清楚。美学与伦理学相差甚远,而戏剧可以感动生活中的小人物,给他们注入伟大而崇高的情感,深深地教育他们,升华他们。只是当戏剧在我们的现实生活中占据了一席位置时,这种类似斗争间隙的很好的休息形式才变得令人厌烦。电影和广播很少作为一种消遣对新工作有所启迪,而多数使人头脑迟钝。比起读书,这更是一种"不受惩罚的罪恶"。

四、旅游。出外旅游本身就是一种休息。这并非因为天天有不同的艰难活动,而是由于我们摆脱了责任。除了一些官员,旅游者所做的一切只是为了自己,不是为了某一阶层,某一家族。外国只是一处风景,我们在那里再也不会感到永远推卸不掉的责任。我们大家时常需要沐浴在清新自由的环境下。即使在紧张中,常规和纪律也使我们觉得快活。再者,休息时间并不长。外出几日,心旷神怡,这再好不过了。

——选自《生活的艺术》,[法]安德烈·莫洛亚著,王辉等译,北京三联书店1986年版,第98—102页

选文三 巴赫金论拉伯雷笔下的筵席形象

> 这里呈现在我们面前的是极为崇高的东西:在这优美的形象里体现的是饮食原则,整个世界正是依靠它才生存的,它贯穿着整个自然界。
>
> ——歌德关于米隆《母牛》的谈话

拉伯雷长篇小说中的筵席形象，即吃、喝、吸纳形象，与民间节庆仪式紧密相连，这些节庆仪式我们在上一章里已经作了分析。因为这决不是一些个别人日常的、局部生活的吃和喝。这是民间节庆仪典上的饮食，是普天同庆。拉伯雷饮食的每一个形象都体现了丰富性和全民性的强烈倾向，它决定着这些形象的外形、它们的正面夸张、隆重而快乐的基调。这种追求丰富性和全民性的倾向就像搅拌在所有饮食形象中的酵母似的。在这些酵母的作用下，它们开始发酵、生长、膨胀开来，达到极其丰富和极其庞大的程度。拉伯雷所有饮食形象就像人们常常在狂欢游行队列中激动地传来传去的巨型香肠和面包。

筵席形象是同所有其他民间节庆形式有机地结合在一起的。筵席是一切民间节庆欢乐不可或缺的部分。没有筵席就连现有的任何一种令人发笑的戏剧演出都是行不通的。我们看到，在塔波古的房子里人们正是在婚庆筵席进行的时候痛打那些爱搬弄是非的人的。肢解塔波古同样是发生在魔鬼剧的参加者聚集在小酒馆里举行筵席的时候。所有这一切，当然都不是偶然的。

拉伯雷长篇小说中筵席形象的作用是很大的。几乎没有一页，这些形象不出场的，尽管它们是以从饮食范畴里借用来的比喻和修饰语的形式出现的。

筵席形象是同离奇古怪的肉体紧密相连的。有时很难在它们之间划一道明显的界限，因为它们之间具有一种有机的本质联系，比如我们所分析的牲口屠宰节的情节中，就出现过"吞食者和被吞食者的肉体混合体"。如果我们阅读长篇小说第1部（按年代顺序）《庞大固埃》，马上就会发现，这些形象都是密不可分地联结在一起的。作者讲，阿韦利被杀死之后，大地就吮吸他的血，所以大地就变得非常肥沃。后来，人们吞吃山茱萸的果实，于是，他们的肉体就长得特别大。张开大嘴的主题是《庞大固埃》中占主导位置的主题。与之相联的吞食的主题是建立在肉体形象与吃喝形象紧密的结合点之上的。再往后，从庞大固埃生身的母亲敞开的胸怀里驶出一辆满载腌渍好的下酒菜的大车。这样，我们就清楚地看到吃食形象同肉体形象、生产力形象（肥沃的土地、生长、生育）有着多么密不可分的联系。

我们不妨探讨一下整部小说中筵席形象的作用。

庞大固埃最初的功绩还是他在摇篮里完成的,这就是吃食的功绩。铁钎上烤肉的形象是巴奴日在土耳其的故事情节中的主要形象。拜兹居尔和于莫外纳以及拜兹居尔和图马斯特之间争吵的情节,都是以筵席而告终的。我们看到延席在表现勇士们强烈情感中起着多么巨大的作用。同国王安那其打仗的全部故事情节都贯穿着筵席形象,主要是一些纵情狂的形象。这些纵情狂几乎成为战争的主要工具。甚至连爱比斯德蒙造访阴间王国的情节也渗透着筵席形象。同安那其打仗的情节就是以阿莫罗人在首都举行民间神农节宴会而结束的。

即使在长篇小说第 2 部(按年代顺序)里,筵席形象的作用也是很大的。情节是从牲畜屠宰节上的筵席开始的。在教育高康大的情节中食物形象起着最主要的作用。毕可罗寿大战刚开始的时候,高康大回到家里。高朗古杰正在举办筵席,而且详尽地列数了菜肴和野味。我们从中清楚地看到,在毕可罗寿战争初期和在修道院葡萄园鏖战的故事情节中面包和葡萄酒起着怎样的作用。这部书中的隐喻、比喻特别丰富,都是从饮食范畴中借用来的。这部书以"Et grad chere"①② 结了尾。

长篇小说第 3 部里筵席形象虽然比较少,但是,即使在这里也还有,它们散落在各种故事情节中。我们要特别强调的是,巴奴日召开的神学家、医生和哲学家的咨询会议正是在吃午饭的时候。这个情节的主要内容是对妇女的禀性和婚姻问题的自由讨论,这是"午宴"上最典型的话题。

在第 4 部里筵席形象的作用又明显地强化了。这些形象在香肠大战的狂欢化的情节中占据主导的地位。在这同一部书的反映巡回演出员生活的故事情节中出现了长长的历数菜肴和饮料的场景,这种场景只有世界文学名著中才会有。这里还大大颂扬了卡斯台尔及其发明创造。吞咽食物在有

---

① 在同德廉美修道院有关的故事情节中几乎完全没有筵席形象,这引起人们的注意。这里详细地标明了,并且描绘了修道院所有的房屋。但是,奇怪的是却把厨房忘了,好像德廉美修道院里就没有给厨房留个地方。——作者注

② 佳肴、盛宴。——译者注

关巨人布兰格纳里伊和"风岛"的情节中起着极其重要的作用,人们在这里以风力生。这部书里还有一章,是专门写"厨房修士"的。最后,这部书以轮船上的会餐而结束。庞大固埃和他的旅伴借助于这次会餐"使天气变好"。这部书的最后一句话:"让我们干杯!"结束了巴奴日冗长的演讲。这也是拉伯雷写的长篇小说中的最后一句话。

所有这些筵席形象在长篇小说中究竟具有什么意义呢?

我们曾经说过,它们同各种节日、诙谐的演出、离奇怪诞的肉体形象密不可分。此外,它们还以其最主要的方式同语言,同富有智慧性的谈话,同令人发笑的至理名言密不可分。最后,我们还指出了它们所具有的那种追求丰富性和全民性的倾向。究竟应该怎样说明筵席形象这种独特的和包罗万象的作用呢?

饮食是离奇怪诞肉体生命的重要表现形式之一。这个肉体的特征,是指它的裸露性、未完成性以及它与客观世界的相互关系。这些特征在与食物的关系中十分明显地和十分具体地表现了出来:这个肉体来到世界上,它吞咽、吮吸、折磨着世界,把世界上的东西吸纳到自己身上,并且依靠它使自己充实起来,长大成人。人与客观世界的接触最早是发生在能啃吃、磨碎、咀嚼的嘴上。人在这里体验世界、品尝世界的滋味,并把它吸收到自己的身体内,使它变成自己身体的一部分。人这种觉醒了的意识,不可能不集中在这一点上,不可能不从中吸取一系列最重要的,决定着人与世界相互关系的形象上。这种人与世界在食物中的相逢,是令人高兴和欢愉的。在这里是人战胜了世界,吞食着世界,而不是被世界所吞食。人与自然界界限的消除对人来说具有非常积极的意义。

在远古的一系列形象中食物是同劳动密不可分的。它是实现劳动和斗争不可或缺的,它是它们圆满的结果和胜利。劳动的胜利是通过食物来体现的。人与自然界在劳动中的相逢,人与自然界在劳动中的斗争都是通过食物来完成的,即吞食从自然界争夺来的一部分食物。作为劳动最后的胜利阶段,食物往往通过一系列形象,代替整个劳动过程。在较为古老的形象系列中,食物和劳动,一般不可能有明显的界限:这就是同一种现象的两个方面——人与自然界的斗争,以人的胜利而告终。不过,这里需要强调的是，无论是劳动，还是食物，都是集体性的，全社会都参加的。这种集体性的会餐，作为集体劳动过程结束，不是动物生物性的活动，而是社会性的活动。假如我们把作为劳动过程的结束的会餐同劳动分离开来，把饮食理解成个别的家庭生活现象，那么从人与世界相遇的形象中，从体验世界的形象中，从张开大嘴的形象中，从食物同语言和欢愉的真理的联系中，就什么也不会存留下来，除了一些冗长的、毫无意义的隐喻。但是，劳动人民通过劳动斗争获得了生存和食物，他们吞食的只是所争取到的自然界的一部分。在劳动人民这一系列的形象中，筵席形象含有重要意义，具有多方面性以及它与生、死、斗争、胜利、喜庆、更新的本质相联系。因此这些形象以其多层含义继续活跃在民间创作的一切领域。它们在这些领域里继续发展、更新，并以新的细微的内涵丰富起来。它们继续与新出现的现象建立新的联系。它们与创造它们的人民一道成长起来，并得到更新。

　　然而，筵席形象并非是过去时代残留下来的僵化现象，比如不是狩猎时代初期残留下来的现象。那时人们集体去打猎，共同撕碎和吞食被打死和捕获的野兽，正像一些民族学家、民俗学家所确认的那样。这些有关原始狩猎的粗浅的看法，对解释与撕碎、吞食相连的一系列筵席形象的起源，提供了很大的鲜明性和明确性。但是，留传至今的那些最古老的筵席形象（包括怪诞离奇的肉体形象）比这些关于原始现象最简单的看法要复杂得多：寓意深刻、意向明确、富于哲理、含义细微，以及与所有相近文本的联系极其丰富多样。它们决不像那些被人们遗忘了的僵化世界观的残余。这些生动的形象在官方宗教系列的祭祀和礼仪中具有完全不同的性质。这里真正以升华了的形式记录了这些形象最古老的发展阶段。不过，到了拉伯雷时代，这些民间节庆形象系列已经走过了一千年的发展和更新的历程，而且会在以后的世纪里继续合理地、有成效地、艺术地生存下去。

　　……

——选自《拉伯雷研究》，［俄］巴赫金著，李兆林、夏忠宪等译，河北教育出版社 1998 年版，第 321—326 页

选文四 克雷克论工作与娱乐的时装化

战后时装系统中最大的变化之一是日常服装的多样化。时装已不限于以显示为目的的正式服装,而在休闲服装和工作服装的领域中有所发展。工作服装强调的是实用性、严格性和职业适应性,而休闲服装却带有放松、娱乐和"闲适"的特点。随着工作与休闲成为服装规则和时装习性的两大组织原则,西方时装中充满了这两种主题。

牛仔裤代表了休闲服装的发展。正如我们在第8章中描绘的那样,牛仔裤为了适应新的市场和场合而经历了一系列变化——这些变化包括耐用的工作服、男性青年的反潮流服装、男女两性青年的高档牛仔裤以及时装设计师设计的牛仔裤。列维·斯特劳斯牛仔裤公司甚至为那些腰围变宽的上了年岁的人推出了"码头工"系列牛仔裤(The Economist,1991年6月22日:67)。因为普通西方人每人拥有三到六条牛仔裤,制作牛仔裤成了成交额高达10亿美元的工业(Filmer 1992:43)。尽管牛仔裤经历了时装化的过程,老式牛仔裤仍然占有很高的地位。例如那种带有纽扣的列维501型牛仔裤的经久不衰的吸引力,就证明时装永远追求新异的看法是错误的。社会的需求迫使牛仔裤公司不断生产老式牛仔裤(Leopold 1992:115),而这些老式牛仔裤则成了地位的象征。举例来说,那种在有名的红色垂带上带有大写的"LEVI"字样的牛仔裤(这种字样中的大写的"E"于1971年被改成小写的"e")变成了吸引收藏家的热门货,一条这样的牛仔裤售价可达1万美元(Hamilton 1992:12;Filmer 1992:45)。

作为时装体系的一个组成部分,各种经过改造的牛仔裤可以适应不同的场合、社会地位和习性。牛仔裤的卑微出身再次证明时装并非自然而然地起源于精英集团。相反,它可能反映了一般人或亚文化集团的特性和生活方式。就牛仔裤而言,最后模仿这种时装的是精英集团,而且这是一种掺杂着抵抗的模仿过程。

无限制的闲暇和娱乐：高档时装移入普通市场

牛仔裤通常的配套品——T恤衫、便装外衣和球鞋——出身也非常卑微。然而它们也同样变成了巨大的产业。T恤衫起源于人们穿在衬衫下面的白色汗衫，到了1950年代，人们开始只穿这种白色汗衫，并将其命名为T恤衫。貌不惊人的棉布T恤衫获得了令人吃惊的成功。各种具有不同裁剪方式和色彩的变化无穷的时装，一种能迅速反映时尚变化的廉价而大众化的服装。

便装外衣的基础是套装外衣，但它不像后者那样井井有条，其风格也更柔和一些。作为便装外衣代替品的皮夹克在空军飞行员、好莱坞电影和飞车徒的推动之下也成了经久的流行服装。

球鞋也从那种专为跑步或体育运动设计的廉价帆布鞋或皮鞋，发展成时装用品。球鞋的时装化发生于体操及健美运动的流行过程中，这些运动使体育的健康效应与时装相结合，并促进了高档的紧身衣、紧身裤、下体护身和运动鞋的生产。另外一种影响来自美国黑人的街头文化和音乐。这些文化活动承认了球鞋的实用性和舒适性,并因此宣扬它的特性。

"斯特拉·玛丽斯旅馆":假日中的日常时装

(1954年逗留于库兰卡塔的斯特拉·玛丽斯旅馆的旅客)

球鞋的生产现在涉及到许多国家,仅在美国,其年成交额就高达60亿美元以上。目前的球鞋已远远不仅具有实用性。为了促使消费者更新他们的鞋子,目前的球鞋具有一系列风格和特点(如鞋垫、气垫和超长鞋舌)。不同颜色的球鞋使人能够用它们来与不同颜色的服装配套。结果80%的利波克牌球鞋被人买去作为装饰鞋而不是作为运动鞋穿(Anon 1992:71)。

上述每一事例都表明,这些休闲服装用品的转化过程都是一种自下而上的过程。人们模仿的是某些具体的、非精英的生活方式和行为方式。这些事例表明,时装化的过程,不仅是一种动态过程,而且总是面临着来自那些揭示了西方主流文化不稳定性的非精英集团和势力的挑战。

其他休闲服装也伴随着各种款式的牛仔裤的发展而发展。目前商店里销售的主要是适用于非正规场合和与工作无关的时装。休闲服装通过对自身形象的不断改造和翻新而完全适应了时装业赖以生存的更新需要。像盖博、本内顿和埃斯伯利这样的连锁店，专门为比较高档的顾客提供时髦的休闲服装。对连锁服装店和百货公司来说，休闲服装是它们主要的服装商品。

加尔文·克莱因、凯瑟琳·哈姆内特、诺尔玛·卡迈利和拉尔·劳伦等时装设计师也专门设计了休闲服装。休闲服装成了一桩大生意。从消费者的角度来说，休闲是一种必须加以调节和管理的生活方式。休闲服装表现了各种场合和休闲行为的具体特点。休闲服装的发展反映了消费社会结构的变化和非工作性的生活方式的流行。

对大多数人来说，他们穿戴休闲服装的历史并不很长，但他们穿戴特定工作服的历史却比较长。有些职业形成了特殊的职业服装（例如厨师、面包师、管家、女佣、花匠、清洁工和保姆、教士和军官），而工作和家庭生活的隔离则进一步促进了工作服装和制服的发展。

有些工作服装被设计成防护服装，而大多数工作服装的作用则是"职业地位的标志或某种服务的标志"（Steele 1989c：67）。除了表现职业能力、地位和工作特性之外，工作服装还表现了性别特点。男人的工作服装一直没有像女人的工作服装那么极端并引起争议。

正如第8章所示，套装一直是男性工作服装的基础。这一现象统一了男性工作服装的风格变化，并限制了其极端变化的能性。套装也是男孩校服的基础，人们往往用衬衫和长裤与领带和外衣（变相的套装）配套。

相比之下，女孩和妇女的制服一直避免了"女性"服装的特点，这些制服保留了裙子作为其主要成分。虽然这些制服一直在（现在还仍然在）抵制长裤，但它们却吸收了男性服装及军服的某些特点——如肩章、领带、运动夹克和"男性"衬衫（Craik 1989：18—19；Garber 1992：21—25）。它们一方面削弱了自身的女性特点和对女性身体形状的表现，而另一方面又通过拒绝使自己等同于男性制服而对性别观念提出了疑问。加伯（1992：24—25）举例说明了美国军队在企图为军校女生设计既不过分"男性化"（其标志为长裤和短发）也不过分"女性化"（其标志为对女性体型的显示）的制服时面临的困难。（在美国和其他地方的）制服革新采取了一条中间道路，其手段包括将制服中的男性服装成分"女性化"，引进"女性化"的服装成分（如用定制的便裤或裙子与色彩单纯的衬衫配

非男非女：到处可见的有三重褶皱的女生校服
(1951年悉尼圣阿洛瑟斯女校的一班学生)

套），以及鼓励妇女使用化妆。

大多数制服的形状具有军服的痕迹。例如警察的制服就明显地以军服为楷模，其目的是造成一种权威的形象，并使警察有别于平民。纽约市的早期警察服装就以大衣、长裤、成排的纽扣、徽章和制服帽为特点。而这些特点现在仍然存在。

相比之下，女警官却穿着裙子、带钮扣的紧身上衣，衣服上带着徽章并在手提包中带着枪（Steele 1989c：67—71）。男警察制服的设计特点是实用性（也就是说这种制服配合了警察的工作），而女警察制服的特点则完全是"女性"特点，并限制了女警察所能进行的工作。用更确切的话来说，这种制服决定了女警察只能从事那些不需要剧烈身体运动的工作。因此女警察一直以处理社会福利、家庭纠纷、公共关系和文书性质的工作为其中心任务。只是到了1980年代，长裤才成为女警服的一部分。当代的制服制造商提供了两种款式，即"准警察制服……和由运动夹克和便裤组成的'色调柔和'的制服，以图满足越来越多的人希望保安人员不那么扎眼的愿望"（同上：72）。

那些保护性的制服也考虑到了性别的差别。首先考虑这种因素的是那些套装不能适应的蓝领工作。起初人们穿牛仔裤、粗布工作服和连衫裤工作服从事这些工作。然而这些服装是男子服装；从事蓝领工作的妇女穿的是裙子、围裙和衣裤相连的工作服。只是到了第二次世界大战时，大量从事机械工作和体力工作的妇女才开始穿长裤和连衫裤工作服。

海军的影响：基于水手服并配有印花裙子和丝袜的衣服

（1920年左右的上海女生）

另一种防护性服装起源于实验室服装。这种服装于1890年代为医生们（尤其是外科医生们）所采用，其目的显然是强调医学的科学性（而不是像人们所认为的那样出于卫生原因）。相比之下，作为医生助手的护士们采用了另一种不同的制服。这种制服（带有条纹或方格图案并配有围裙、帽子、袖口和领口的服装）看上去很像女佣穿的服装（Steele 1989c：76），表示护士的作用是一种提供服务和护理的次要作用。换句话说，这些医务制服反映了人们赋予每种职业的性别特点。因此，只是在越来越多的妇女成为医生和越来越多的男子成为护士后，医务制服，开始发生变化。

上述例子表明，制服是一种突出地强调了地位差别、能力差和性别差别的服装。有关工作服装的观念涉及到权威、体力劳动和科学的一些特点。由于这些特点同时也反映了男性观念的一些特性，制服给妇女带来了一种模糊的形象。在那些要求某些技能的职业中——如办公室的工作（具体来说就是打字、文秘工作和人事管理）——妇女们可以对工作服装有较大的选择，但即使在这种情况下，人们也要求她们的工作服装具有实用性和职业性而不过于女性化或男性化（Steele 1989c：84）。定制的套服、办公服装、衬衫和裙子外加高跟鞋成为白领妇女的基本服装，而长裤仍然是一种边缘性的服装：

> 配着裙子的定制套服产生了一种既有男性套装的那种实用的统一性，而又温和地表现了女性特点的形象。这种服装实际上在说：我是一个职业妇女，不是一个假男人；在工作时请把我看成一个同事。（Steele 1989c：87）

秘书、服务人员和办事员的办公服装不同于职业妇女的办公服装，但所有妇女都受到告诫，不应显示过分女性化或过分男性化的形象，尽管社会一再强调男女机会平等并一再反对性骚扰。一份对陪审员作出的调查表明，女律师穿戴的颈部服饰对她们的可信性和权威有很大影响。那些佩戴男子领带、领结或阔领带的女律师被人认为不如那些佩戴柔和领饰的女律师：

> 最受好评的领饰是打着平结并被披进上衣的长而窄的领巾——这种领饰"看上去类似于男人的领带，但又带有一种强调领巾为女性饰物的柔和性……"其次是那种传统的女性领结——松软的领结。（Steele 1989c：90）

随着制服和工作服装的性别特点的逐步削弱，各种工作服装形成了自己的特色并发展成独特的时装体系。随着妇女进入企业界和各种职业而产生的"为了事业成功而打扮"的现象就是一例。工作的需要使得妇女们采用了一种立足于——同时也有别于——男子套装的正规并带有权威形象的服装（Horin 1983；Norwood 1987）：

> 职业妇女的办公服装既不掩饰也不夸张女性特征。相反，它力求……给职业妇女带来"一种权威的形象"。这种权威形象企图分离男子办公服装的某些特点并将它们吸收妇女服装。这种做法的目的在于为职业妇女在企业界造新的可信性、形象和权威。（McCracken 1985：44）

人们认为成功服装的秘诀表现在"剪裁方式、风格、质量和可靠性的细节方面"，而这些细节象征着"职业精神和可信性"（Norwood 1987：36）。这种服装避免了高档时装的形象而倾向于传统形象，其饰物则带有某种生气："珠宝是妇女的标记，因此一定要有品位而不能是廉价品。"（同上：38）这种服装的整体形象反映了从事某种职业的能力和某种工作环境的特点。尽管许多妇女喜欢穿长裤，但职业妇女的服装仍然选择了裙子而不是长裤来反映性别特点。就连那些能够通过穿长裤来给人造成严肃及有能力的印象的女政客，在一般情况下也穿裙子。正如徐在其研究韩国女政客的文章中所指出：

> 在某些职业中，裙子对妇女来说是唯一合适的服装。无论是英国女王还是作为首相的撒切尔夫人在官方场合都从未穿过长裤。（Soh 1992：382）

随着就业妇女人数的增加，越来越多的公司和企业为了塑造集体形象并给员工提供价格合理的高质量时髦服装而作出了这方面的规定（Lees 1988；Cosic 1992）。服装设计师设计了员工们可以零星购买并可以混穿的服装。为了避免给人一种落伍的感觉和适应不同的体型，这种服装不得不采取传统的款式。定期的改进使得这些企业服装成了反映时装新潮流及新的服装用料、线条、尺寸和形状的准绳。

工作服装和企业服装的出现——及其时装化——可以用工作在自我表现过程中的中心作用加以解释，而服装在这一过程中则表现了地位、能力和性别特性。工作服装是工作场所的一个组成部分，因而与非工作环境有所区别。

工作服装和休闲服装通过为男人和女人建构不同的服装规则；体现了性别观念在西方时装体系中的重要地位。这两种服装规则的出发点是积极性（实用性）和消极性（非实用性和显示性）之间的冲突。尽管这种区别经历了一些改变，性别特征在时装设计和穿戴中仍然占主导地位，甚至那些两性通用的时装和穿戴异性服装的行为也不例外（Garber 1992）。西方的性别表现技术在消费者的社会性身体的实现过程中决定了地位及能力表现方法。

"值得分享的东西"：两性通用的服装和闲暇的生活方式

西方时装体系的另一立足点在于将时装强调为西方文化特有的文明表现。始终贯穿于西方时装中的对身体既暴露又掩饰的矛盾做法就反映了对文明性的坚持。异国因素不断突出了西方服装和其他服装的区别。本书认为这种区别受到了无益的过分强调，而持这种观点的人忽视了时装作为有目的的身体技术的特点。

近年来西方时装的潮流表明，时装是日常生活中的普遍现象，其范围自然不限于高档时装或上流社交界，其性质也不为后者所左右。衣着是一种社会性身体借以表现其习性的手段。身体的各个部位通过一些决定或限制行动范围的服装得到突出、掩盖和组装。衣着反映了个人特点。在这种意义上，服装构成了生活环境中的参数。西方的精英时装只是时装作为身体装饰技术的一种形式。

"真正的蓝色革命"：通过戏仿而使牛仔裤时装化

本书始终强调存在着许多相互竞争的时装体系。就西方消费时装而言，我们认为由名家设计的高档时装并不是唯一的时装，也并不单独左右所有的其他时装。事实上我们可以在高档时装和日常时装内部发现种种有特色的时装体系。日常生活的环境常常带来了服装方面的限制，或者引起了某些最后波及到高档时装的变化。然而从总体上来说，时装借助于有关服装、装饰和身姿的规则来体现社会性身体的特点。时装从集体的角度反映了社会行为，同时也受其制约。时装似乎反映了时代特点，但受时装装饰的身体从不处于固定的状况。相反,它不断根据自我的种种变化而在服装和时装方面得到重新造就。

——选自《时装的面貌:时装的文化研究》,[美]珍妮弗·克雷克著,舒允中译,中央编译出版社2004年版,第294—307页

选文五 斯道雷论后现代流行音乐

……

正如菲里斯和霍恩所指出的那样,"流行歌曲是后现代每日生活的声道,在电梯和机场、酒吧和饭店、街道、购物中心以及运动场中想躲也躲不掉"。科诺尔认为流行音乐也许是"后现代文化形式中最杰出的代表"。流行音乐连续不断地依照它自己的历史轨迹循环往复地发展:重新制作,再度流行,包装翻新,卷土重来。技术的快速发展(例如,"取样程序")已经使这个过程大众化。如果就其全球市场和它给处于文化边缘者以及其他形式的音乐和文化的欢迎态度,流行音乐是扩张性的。

詹姆逊将现代主义和后现代主义流行音乐区别开来,他得出了这样的结论:甲壳虫和滚石乐队代表着现代主义时期,相反,朋克摇滚可以视为后现代主义音乐。安德鲁·顾德文的观点比较客观公正,他认为由于种种原因,这种差别根本毫无意义。顾德文自己的立场是,后现代主义与流行音乐之间根本没有真正明确解释的关系。我自己的观点是,尽管詹姆逊可能是错的,但这并不表明顾德文的立场是对的。实际上不管怎样,后现代主义时期开始于50年代后期——与流行音乐出现的时期正好相同。就历史阶段划分而言,流行音乐与后现代主义之间的联系十分紧密。当然,这并非就必然意味着所有的流行音乐都是后现代派的。正如顾德文已经显示的那样,这是一个非常难以自圆其说的论点。詹姆逊压缩时间段的解决方案(流行音乐文化经过现实主义、现代主义、后现代主义快速发展),使他能够建立一个现代主义时期,从而把后现代主义的反应区别开来,但这

个解决方案并不能真正令人满意。顾德文曾令人信服地指出，甲壳虫与滚石彼此各不相同，正如它们一者与 Clash 和 Talking Heads 乐队各不相同一样。实际上，会更容易作出这样的结论，即甲壳虫和 Talking Heads 的"技巧"与滚石和 Clash 的"真实性"之间存在着明显的区别。

也许研究流行音乐和后现代主义关系的最好方法是使用威廉斯关于文化的"主流"、"突现"和"残留"三个阶段的模式从历史的角度进行分析。后现代流行音乐在 60 和 70 年代可以视为"突现期"，在 60 年代，其主要代表是晚期的甲壳虫和西岸摇滚，在 70 年代，其主要代表是"艺术学校"的朋克。在 80 年代后期，后现代流行音乐成为流行音乐的"主流文化"。以这种方法来看待流行音乐与后现代主义的关系，既可以避免认为"流行音乐都是现代派的"，也可以避免认为"没有一首流行音乐是后现代派的"非此即彼的论断。这把这种关系（也许从非后现代主义或后现代主义之前的角度来说）想象为展示突现形式和主流形式之间的一种葛兰西式的"转换平衡"。这就默认了这样一种观点，即所有的流行音乐从某种意义上来说都是后现代派的（潜在如此），但并非所有音乐都必然是后现代派的（借用詹姆逊的方案，它可以是"现实主义的"或"现代主义的"）。顾德文关于流行音乐和后现代主义关系的详尽细致和旁征博引的讨论完全有可能把他引向这个结论，但他对后现代主义所抱有的敌意与成见又成为遮目的障碍使他无法接受自己论点的逻辑结论。

他研究过几种将流行音乐和流行音乐文化视为后现代主义的方法。也许引用最多的方面是技术的发展。技术的发展加速了"样品"的出现。他承认与某些后现代主义平行的理论推理是有趣的和耐人寻味的，但仅此而已——有趣而又耐人寻味。这样的观点中经常遗漏的是样品的使用方式：

> 一些批评战略不仅遗漏了当代流行艺术中样品技术所具有的历史性意义的功能，还遗漏了不能完全将作品融合理解为"空白的滑稽模仿作品"的原因。在滑稽模仿作品之外我们还需要更多的范畴。这些范畴表明了当代流行艺术是如何反对、赞美和促销它所窃取的作品的。

他还指出样品常常"被用于唤醒历史和真实",而且"声音和风格的'引用'所起到的赋予当代文化历史意义的作用经常被忽视了"。

在以这种方式使用的样品中,说唱音乐也许是最好的例子。当有人要求美国非洲裔文化理论家考纳尔·威斯特说出黑人文化表达的方法时,他的回答是"音乐和布道"。他继续说道:

说唱音乐是独特的,因为它把黑人布道士和黑人音乐传统结合起来,用多节奏的非洲街头音乐代替了礼拜仪式的教会背景。绝妙精伦的传经布道被非洲的鼓音、非洲的爵士乐所切分,成为一种美国后现代主义的产品:没有一个表达最初的苦恼与痛苦的主题,这里只有一个支离破碎的主题,从过去和现在强拉硬扯过来,别出心裁地制造出一种异类的产品。口头、文字和音乐风格的结合是值得仿效的……它是黑人下层青年的颠覆性力量的重要组成部分。由于美国社会的政治上的死气沉沉,这些颠覆性力量被迫采取文化的表达方式。

同样,人们可以认为英国的说唱音乐是后现代派的。如我们前面所提到过的,麦克罗比认为后现代主义迎合了"可以称为知识分子新生代(经常是黑人、女性或工人阶级)"的口味。无情说唱刺客(The Ruthless Rap Assassins)(现在这个乐队已经被解散)的成员是黑人和工人:三位有组织的知识分子把他们的政治观点与"一种具有早期美国黑人民歌风格的 North Hulme 节拍"结合起来。他们参与了后现代主义的抄袭剽窃,但他们的目的并非仅此而已,而是要建立对英国社会日常生活中的种族主义的有力的批判。他们当然要反对詹姆逊关于他们的作品是后现代主义模仿作品的一个例子的观点(在这一点上,顾德文当然是正确的)。他们那纵横交织的引用表演不是艺术上山穷水尽的结果,而是文化保留节目重新发现的片断的生动有效的组合,但文化保留节目总的来说否认他们的存在。这些不是用来支撑艺术、防止艺术倒塌的现代主义片断,而是联合起来诅咒谴责那些力图剥夺他们在英国文化圈内的发言权的保守势力的片断。

流行音乐及其周围的流行音乐文化的消费实质上也可以被看作是后现代主义。这是麦克罗比得出的观点。弗雷德·浦弗沃认为至少在美国,后现代主义是一种特殊的消费类型；一个特定的社会阶层即专业管理阶层的"感情结构"。他没有向我们建议确定和分析后现代作品或实践的方法，相反，他建议我们在"赞赏模仿作品和非历史的消费形式的阅读群体的形成"中寻找后现代主义。那些把"讽刺性的享乐主义"与"对怪诞的执著"结合起来的人形成了一种特定的阅读群体。这种特定的阅读群体的观点非常富有启发性。昂伯托·艾柯使用查尔斯·金克斯的"双重编码"（double coding）观点，发现了一种后现代情感，这种情感体现在对他所谓的"借别人之口"的领悟之中。他列举了一对恋人的例子：女方由于害羞而不敢直接对她的男友说出"我疯狂地爱着你"这句话，相反她说："像芭芭拉·卡特兰会说的那样，我疯狂地爱着你。"以这样的方式来看待引号中的世界可能是攻击资产阶级品味的一种手段，但这也可能是庇护那些或许没有品味的人（那些说话时不借用别人言辞的人）的一种手段。此外，还存在着后现代主义的反抗和后现代主义反应。

把后现代主义理解为作品与实践，还是把它理解为阅读群体呢？当学术界对此问题进行争论时，音乐工业丝毫没有放慢把作品与消费结合起来的步伐。现在有一种被称为后现代的新兴的/销售型的流行音乐：这种音乐最著名的例子也许是MTV节目《后现代MTV》（1988—1993）。主办者将该节目中播放的音乐描绘为"一个略有不同的混合体"。这样的描述和该节目的总体内容表明，后现代主义不过是被用来向市场推销所谓的"独立制作的流行音乐唱片（Indie Pop）"，或学生及其他人所称的"学生音乐"的另一种方式。这种用法也被唱片公司所采用。它们把某些歌手作为后现代派的代表向市场推销。顾德文通过自己与学生们的谈话得出了有关后现代主义的三种可能的用法："首先，'艺术摇滚乐'、'独立制作的流行音乐唱片'和'大学广播'音乐……他们标榜自己独立于畅销金曲排行榜的主流之外，而且与那些或许听完便扔在一边的流行歌曲相比，人们对他们的音乐会更为重视一些"；其次，那种按年代的顺序紧跟认为占主导地位的所谓80年代"现代摇滚乐"的流行音乐；第三，继朋克的政治主义失败之后的音乐——这意味着后朋克流行音乐是非政治性的。

顾德文对"我们现在生活在一个艺术与大众文化之间的差别已经荡然

无存的时代里"的观点尤其感到不满,因为,正如他所指出的那样,大多数流行音乐的消费者坚持认为"正经严肃"的流行音乐和"无足轻重"的流行音乐之间的差别以及"艺术"和"毫无希望的商业"之间的差别依然存在。我至今还记得在学校时,我们是如何争论滚石的封面版有关黑人音乐节奏和布鲁士曲子真实的,而且以某种模糊不清的方式反对商业性的音乐,与此同时,《赫尔曼的隐居者》的封面版中的英国流行歌曲很明显带有不真实和商业性的痕迹。这样的差别显而易见是意识形态的和虚构的。但更为重要的是,通俗文化内部的差别与通俗文化和高雅文化之间的差别是不一样的。前者存在的事实并不意味着后者也必须存在。当然,以完全不同的方式来看待这个问题是有可能的。我们真正所目击的一切不只是高雅文化与通俗文化之间差别的崩溃,而是一种全新的亚文化或激进品味的文化的发展。在表明其品味和消费的真实性时,它做了两件事:首先,它标榜自己与其他形式的流行品味是不同的;其次,在做第一件事的同时,它似乎又表明自己是传统文化话语的一个同盟者——于是出现了我们正在目睹高雅文化和通俗文化之间的差别崩溃的观点,与之对立的观点认为两者之间的差别仍然存在。

——选自《文化理论与通俗文化导论》(第二版),〔英〕约翰·斯道雷著,杨竹山、郭发勇、周辉译,南京大学出版社 2001 年版,第 270—276 页

结语

明末清初李渔(1610—1680)介绍了听琴观棋、看花听鸟、蓄养禽鱼和浇灌竹木等各种随时即景就事行乐之法。这既有他个人生活经验的总结,又具有生活艺术的指导性质,他的《闲情偶寄》就是一部"切于男女饮食日用平常"而"天下雅人韵士家弦户诵之书"(余怀语)。法国作家莫洛亚(1885—1967)认为,休息是一个过度疲劳、急需休息而不会做出任何富有实效工作的人的"责任";而一个健康的活跃分子不应该因离开

工作而烦闷不堪,也不应该关在房里犹如困兽而辗转不定,而应该学会利用闲暇的时间,在演戏、种花、狩猎等"以逸代劳"方式中使肌肉和神经获得运动,在各种业余爱好中获得成功的喜悦,还可以借助游戏、戏剧、旅游等方式获得更好的休息。虽然他将休息视作是属于工作的一部分,但对我们仍有参考意义。俄国文艺学家巴赫金(1895—1975)重新评价了在俄国"最不著名,最缺少研究"的一位"伟大作家"——拉伯雷。为了说明中世纪人生活的民主特点和中世纪文化"统一而完整"的民间诙谐文化本质,他详细分析了拉伯雷小说中吃、喝、吸纳和节庆的"筵席形象"。当代美国学者珍克雷克评述了"二战"后时装化的工作和娱乐(休闲)两种主题。他将服装作为理解现代消费者自我感觉的关键,突出了时装系统的多样化变化和时装作为社会情境中身体实践的特点。英国当代文化理论家约翰·斯道雷以流行音乐这一种文化形式和文化实践为分析案例,说明了后现代主义文化是一种不再区分高雅文化与通俗文化差异的实质。以上所述已涉及乐、食、衣等几个日常生活主题。可以说,休闲方式可以是随意的、简单的、庆典性的、时尚化的,也可以是艺术性的,在各种方式中都能获得休闲的情趣。

进一步思考的问题:

1. 如何在居住、旅行等生活方式中发现并享受休闲的情趣?
2. 为什么现在越来越多的人喜欢艺术品收藏、体育健身和时尚美容?
3. 中国古代有哪些高雅的休闲娱乐活动?
4. 当下有哪些西方的时尚休闲娱乐活动在中国流行?

关联性思考的问题:

1. 如何定义休闲的"生活方式"?
2. 什么是雅俗共赏?它能成为衡量艺术价值的标准吗?
3. 比较日本与西方各个国家的现代大众文化发展状况。
4. 如何利用休闲提高生活质量?

进一步阅读的书目：

1. 黄德兴等：《现代生活方式面面观》，上海社会科学院出版社1987年版。
2. 王晓华等：《百年娱乐变迁》，江苏美术出版社2002年版。
3. 李霖灿：《艺术欣赏与人生》，云南人民出版社2002年版。
4. 胡大平：《崇高的暧昧：作为现代生活方式的休闲》，江苏人民出版社2002年版。
5. 莫运平：《诗意里的休闲生活》，岳麓书社2006年版。
6. 陈琰编著：《闲暇是金：休闲美学谈》，武汉大学出版社2006年版。
7. 吴志翔：《肆意的狂欢：传媒美学谈》，武汉大学出版社2006年版。
8. 陈望衡：《交游风月：山水美学谈》，武汉大学出版社2006年版。
9. 肖双荣：《温馨的家园：居住美学谈》，武汉大学出版社2006年版。
10. 于光远，马惠娣：《休闲·游戏·麻将》，文化艺术出版社2006年版。
11. 蔡丰民：《游戏史》，上海文艺出版社2007年版。
12. 蓝翔：《收藏史》，上海文艺出版社2008年版。
13. 刘婷：《民俗休闲文化论》，云南人民出版社2008年版。
14. 李岳峰、蒋仲君、张鹏主编：《时尚休闲运动》，高等教育出版社2007年版。
15. ［美］恩瑞·乔·安迪：《乐在不工作》，里文皓、原媛译，中国商业出版社2001年版。
16. ［英］马克曼·艾利斯：《咖啡馆的文化史》，孟丽译，广西师范大学出版社2007年版。
17. ［法］巴尔扎克：《风雅生活论》，许玉婷译，江苏人民出版社2008年版。
18. ［英］阿兰·德波顿：《旅行的艺术》，南治国译，上海译文出版社2009年版。

关联性阅读的书目：

1. 王雅林主编：《生活方式概论》，黑龙江人民出版社1989年版。
2. 林语堂：《生活的艺术》，东北师范大学出版社1994年版。
3. 曹永玓：《现代日本大众文化》，中国经济出版社2000年版。
4. 王皖强：《现代英国大众文化》，中国经济出版社2000年版。
5. 莫金莲、李广民：《现代德国大众文化》，中国经济出版社2000年版。

6. 蔡骐、孙有中：《现代美国大众文化》，中国经济出版社2000年版。

7. 杨可、孙湘瑞：《现代俄罗斯大众文化》，中国经济出版社2000年版。

8. 黄建远、蔡勤禹：《现代法国大众文化》，中国经济出版社2000年版。

9. 朱自清：《论雅俗共赏》，广西师范大学2004年版。

10. 何志钧：《文艺消费导论》，中国社会科学出版社2007年版。

11. 刘清平：《时尚美学》，复旦大学出版社2008年版。

12. ［美］B. 约瑟夫·派恩、詹姆斯·H. 吉尔摩：《体验经济》，机械工业出版社2002年版。

13. ［英］恩特维斯特尔：《时髦的身体：时尚、衣着和现代社会理论》，郜元宝等译，广西师范大学出版社2005年版。

14. ［法］罗兰·巴特：《文之悦》，屠友祥译，上海人民出版社2009年版。

15. ［美］埃德加·杰克逊编：《休闲与生活质量：休闲对社会、经济和文化发展的影响》，刘慧梅、刘晓杰译，浙江大学出版社2009年版。

16. ［美］克里斯多弗·R. 埃廷顿等：《休闲与生活满意度》，杜永明译，中国经济出版社2009年版。

第三编 休闲审美的制约

导读

休闲的合理性一直都受到质疑。虽然休闲是一种与个体特别相关的自由活动，但是各种社会决定论相对地影响着个体的选择。诚如布迪厄所认为，在社会世界中存在的是关系，它是独立于个人意识和意志之外而存在的客观关系。特定的关系场域影响和制约了休闲的实现，突出表现在以下三个方面：其一，不断转变的劳动（亦指工作）观念。如劳动究竟是为个体还是社会？是劳动"至上"还是"居次"？总之，劳动观的变化不仅与物质条件的改善有关，而且与社会制度的变更有十分紧密的关系；其二，不断增长的消费意识。消费是满足物欲的重要方式之一，现代人往往通过消费这一方式追求"被见证"的效果，这不仅使得现代人的消费欲求逐级攀升，而且容易导致物质主义的泛滥和消费性文化的浮迷；其三，不断进步的技术理性。技术极大地改变了当代人的生活，所谓"日常生活的审美化"彰显的正是电子文化现实和技术化生存语境，但是技术主义也必将在一定程度上导致人类在道德、精神层面上的堕落与虚无。伦理观念、消费意识和技术理性在人类社会各个发展阶段都存在，并与人类的休闲需求始终相伴。显然，认真审理这些方面对于促进我们更好地理解休闲、实践休闲是相当重要的。在这一问题上，西方学者对休闲的定性研究值得我们借鉴。过去，人们研究休闲的制约因素偏于定量研究，即研究这些因素对个体休闲偏好或参与的影响程度。这意味着遭遇制约因素就是不参与，反之就是参与。如今这种在休闲偏好与参与选择之间的简单判断受到了越来越大的挑战。当代社会不是要不要休闲的问题，而是如何提高休闲质量的问题。西方休闲制约研究新理论中重要的一条是认为人们参与休闲并非取决于制约因素的有无而是取决于同这些制约因素进行协商，这样的协商常常是修改的而不是取消参与。这在一定程度上抛弃了早期制约因素研究中提出的认为制约是影响人们参与休闲的不可逾越的障碍的假设。休闲美学研究也必须关注这一转向，毕竟休闲不是在真空状态中发展的，它要面对经济、制度、文化、科技等各方面的事实。同时也要认识到，作为影响休闲的各种条件既是在积极推进休闲对现实的介入，又是在有限度地阻碍与制约休闲的发展。因此，只有在各种条件中建立起一个协商机制，才能真正使休闲者"审美地生存"而不是"审美化生存"。

工作与休闲伦理

导言

工作伦理是影响休闲最为显要的条件之一。工作伦理以相信工作（亦指劳动）的合理性为前提，具体体现为努力工作、勤俭节约、节制自己的欲望，追求工作的尊严性、效率性，努力通过工作实现自我价值。与之相对的休闲伦理则认定休闲的合理性，认为工作只是一个过程和手段，其实并无实质意义，因此只有在休闲活动中才能实现个体价值。这样，工作与休闲的关系就并非只是简单的时间调配关系，而成为一种伦理选择的事实。一般来说，休闲与工作是一对反义词，因为休闲意味着不工作，而一个不工作的人也就是一个没有实现自我价值的社会人，但是是否工作了就可以认为是实现了自我价值，这该是一个值得我们反复深思的问题。休闲与工作相反相成，也都必然要受到经济、制度、政策、文化等的影响。从《诗经》、孔孟时代开始，虽然都将劳动视为十分重要的生产性活动，并不断强化劳动的观念，但是劳动者的身份是被有意识地再建构。西方亦如此，特别是近代工业革命以来，社会伦理观、价值观出现了重大调整，劳动虽然仍被重视，但是休闲的重要性得以突出，并逐渐形成了从互动到互化的趋向。因此，休闲观与工作观在任一社会中都形成了一种必要的张力，成为社会不断变动的暗示。这需要我们合理地去解读工作与休闲之间不断生成的互文关系。

选文一　西蒙论奴隶制与异化

……

上文我已提出，对于交往活动的基础与形式的研究，是更好地了解个人与社会二者的一条重要途径。对于交往活动的不同类型的观察，可以澄清个体心理、社会、甚至历史中的许多东西。我们已经表明，与艺术家缺少群体生活的需要相反，一个劳动者，至少当他进行生产活动时，他总是用得着他人的帮助。而且，与艺术家某种程度的排斥性这一总的性格倾向相反，劳动者大部分时间实际上都能与从事份内之事的任何人相处融洽。的确，以劳动为基础的这种交往活动与以共同体验的欢愉、或者爱为基础的交往活动不同。但即使在某种程度上是表面性的，也可以说，劳动者的交往活动事实上是普遍性的，他对于促进社会和谐的价值怎么高估都不过分。作为一个事实，任何阻碍它的事物都会直接导致社会的瓦解。我们不妨用两个相反的例子来说明这一观点：第一个是作为一个劳动单位所组成的家庭，第二个是奴隶制与异化。

……

劳动者交往活动的重要性，通过对奴隶制度与现代社会中工人阶级的异化稍作浏览，也可以得到说明。现在，当我们想到古代社会的工作或者劳动时，我们通常想到从早到晚在土地上耕种，用相当原始的工具做各种家务杂事的穷人。但我们也想到了奴隶，或者服务于私人家庭，或者为国家所雇用，建设像埃及金字塔、罗马渡槽或者阿芝台克人纪念碑那样的伟大工程。事实上，由于人口众多，或许也是为了改善生存环境，阿芝台克人与罗马人或者埃及人一样，有能力指挥无数的人，利用简陋的装备，完成巨大的工程。奴隶们对于维持这样的社会无疑非常重要。但无论是为私人干活还是为国家劳动,这些奴隶都不是社会的一部分。

根据古代政治理论家的观点,共同的善仅仅只是那些使城市有序运转的人——自由民、有完全公民资格的公民的善。奴隶以及可能居住在城市里的外国人是完全被排斥在外的。古典理论家费尽心机力图证明,将他们排斥于公共生活之外,作为工具而存在,是有利于奴隶的。根据定义,奴隶不能获得审慎的德性;不能管理自己,因此不做自己的主人更好。亚里士多德及其门徒就是这样试图为奴隶制度辩护的,尽管是否成功、是否自圆其说颇值得打问号。他们当然不希望奴隶受到虐待;否则他们就不会费尽心机力图证明奴隶制度是有利于奴隶的。但无论他们还说过什么,对他们来说,都不可能视奴隶为市民社会的一部分,认为奴隶有权享受共同的善。

这一切与我们的讨论何干?简述如下:奴隶给我们提供了关于劳动者的一个极好例子。他们是劳动者,即凡勃伦的短语"给人做东西"(turn out things for human use)中的人,但却是被从他们所生活、劳动与死亡于其中的社会排斥开来的人。他们是最原初的被异化者。但异化是个总的概念,借助前面的分析,我们或许可以使其稍稍简明一些。对我有意义的是,奴隶不仅被剥夺了其作为人的权利,其市民权利,而且也被剥夺了作为劳动者的权利。换言之,奴隶仅仅只被当作一件工具,事实上也被剥夺了作为一个劳动者所享有的社会交往的机会。我一直在寻找一个单独的表述,以便将奴隶的这两个方面结合起来,但是,由于我还没找到,我只好采用现成的表达来达到我们的目的。因此,在我们的时代,当"社会劳动者"(social worker)这一表达获得一种相当狭窄的、特殊的意义时,我们可以对其通常用法进行抽象,用它来表示那种既可以从事社会交往活动,也可以享受公民权利的劳动。在此意义上,奴隶不仅不是公民——他也不是一个完全的社会劳动者。社会劳动者是这样的人,其作为劳动者与作为公民的权利都得到完全承认。

对于从事劳动的人进行分析后,将这种分析运用到昨天、今天与明天的决定性社会影响中都可以追溯到的,现代历史与社会中的一个重要现象,我们可以对本章作出小结。我指的是这样一个事实,在我们的时代,无数的人民都已经获得或者正在接近于获得在我们的意义上所讲的社会劳动者的地位。我们可以在殖民主义的消失这一大规模的过程中发现这一点。在殖民主义消失的过程中，整个民族，为了他们帝国主义统治者的利益，都被保持着一种基本的工具性功能。我们也可以在现代工业化国家所谓工人阶级的解放中看到这一点。每个地方的人民都正在变成社会劳动者。要理解现代社会的一些独特的问题，我们只需要几个这样的分析工具。一般说来，马克思主义或者社会主义，在很大程度上，为所有劳动者理解他们原没有资格从事的社会交往，并为创造社会交往的条件，做出了艰苦的但不尽人意的努力。

——选自《劳动、社会与文化》，［美］伊夫·R. 西蒙著，瓦肯·魁克编辑，周国文译，中国经济出版社2009年版，第55—61页

选文二　卡莱尔论劳动

　　工作里面有一种永久的高尚之处，甚至神圣之处。一个人尽管如何冥顽不灵，尽管忘记他的崇高使命，只要是踏踏实实，埋头苦干，这个人便不致没有救药。只有怠惰才会永无希望。努力工作，而绝不贪婪卑吝，这便是与自然的欣合感通；想把工作完成的诚恳愿望本身就会把人逐步导入真理，导入自然的种种任命与规则，而这些也就是真理。

　　我们这个世界的最新福音则是：认识你的工作，并且努力去做。常言道，"要认识你自己"。看来你那个不幸的"自己"烦乱你的心志已非一日；我料定你会永远也"认识"不了它的！因此，认识你自己这件事尽可不必看作你的职务；你乃是一个完全无从认识的人：认识你自己能做些什么；然后便动手去做，像赫鸠利斯那样地工作！这倒是你的较好的办法。

　　经上有云，"工作之中意义无穷"，一个人经过工作才能日臻完善。梗秽榛莽既除，良田嘉禾才生长起来，宏都巨邑才建立起来；而人类自身也才赖以而初次摆脱其榛莽之性，污秽荒漠之状。试想即使在最卑微的劳动

中，只要一个人一旦着手工作，他的整个灵魂必将化为一种何等真实的和谐！疑虑、欲念、忧伤、懊悔、愤怒、失望等等，所有这些，仿佛地狱的恶犬一般，猖猖逼胁着每个穷苦工人的灵魂，正像逼胁着一切人们那样；但他却一心奋力工作，毫不为动，于是一切也就安宁无事，一切也就诺诺遁去，退缩入洞。这样的人方不愧为一个勇毅的人。这时他身上满披宠赐的灵光——这岂非如圣火一般，一经入炼，百毒俱消？——同那里的一切乌烟瘴气都一律化作煜煜耀目的神圣火焰！

  整个说来，命运之育人也别无他法。回想混沌之初，无形无状，但一经转动，即呈圆形，而且愈转愈圆；并借引力之作用，逐步形成地层、圈带等等；此时混沌已不复更为混沌，而变成圆形凝聚之世界。试想如果大地一朝停止转动，这个世界又将成何局面？在这个地老天荒的茫茫广土之上，只要它一天还在转动，一切不平等，一切不规则的事物便终有一天要消灭；一切不规则的东西正是这样不断地变得合乎规则。你注意过陶工的旋盘吗？——那最为人崇敬的一件什物；论其历史之悠久，足以与先知以西结比古，甚至比他更古！一块块粗糙的土坯，在疾速的旋转之下，会旋成多么精美的圆盘。试想现在有个最勤奋的陶工，但手中却没有旋盘；因而不得不只靠揣捏和烧焙来制作盘子或简直是什么也不像的东西！命运就是这样一个陶工，他手中的那个活人只知一味休憩，却不肯起来工作和转动！一个怠情而不想转动的人，即使遇到最宽厚的命运，也正像那个最勤奋但是手中无旋盘的陶工那样，是不会捏烧成器的；这时即使命运在他身上怎样不惜浓颜丽色，怎样彩釉镶金，他仍不免是滥坯一块，他够不上一个盘子；不，他只不过是凹凸不一、胡揣乱捏、弯弯曲曲、歪歪扭扭、边角倾斜、没有规格的滥坯一块而已——虽彩釉其外，器皿之耻也！这点希望怠惰的人能够三思。

  能找到自己工作的人是有福的；愿他此外不再祈求别的福祉。他现在有了工作，有了终生目的；他已经找到了它，并将矢志不渝！正像伟大的力量在生命的凄苦的泥淖沼泽之中开凿的一道畅通的运河，正像那里的一条愈流水岸愈宽愈阔的巨河，它将奔腾涌进，一往无前；逐渐把最远处草根周遭的毒液污水也挟去，结果厉疫为虐的沼泽一变而为青葱丰美的草原，清流掩映，流贯其中。这时草原本身该是多幸福啊，至于水流大小，价值高低，尚在其次。劳动就是生命；一旦工作开端得当，一个工作者从他的内心深处是会迸发出他那天赐的力量的，那种全能的上帝所给人的超凡入圣的生命精华；从他的内心深处，他是会被引入到一切高尚之境——一切知识之境的，不管是"自我知识"，抑或是更多的其他。知识，就是那种在工作当中可以发生效益的知识，望你谨守这点。因为自然本身就称许这点，信诺这点。严格地讲，舍工作中所获知识外，你并无别的知识；至于其余，不过是知识的一种假说而已；而且直到我们真正着手和给予确定为止，也只是学校里尚待争论的东西，也只是飘浮在云端或卷动在逻辑的漩涡里的虚无缥缈的东西。"各种各样的怀疑，最终只能靠行动来解决。"

（高健 译）

——选自《外国散文经典》，刘文荣编，上海文艺出版社1998年版，第49—51页

选文三　杜亚泉论劳动主义

诗云："稼穑维宝，代食维好。"我国社会之重视劳动主义也，由来旧矣。《论语》记丈人对子路之言曰："四体不勤，五谷不分，孰为夫子？"丈人盖实行劳动主义者也。孟子时之许行，捆屦织席，种粟而后食，亦实行此主义，且尽力传布此主义者，故有徒数十人；陈相且见之而大悦，尽弃其学而学焉。秦汉以后，文学之士，鲜有提倡此主义者。近世俄国托尔斯泰氏，以宣传劳动主义闻于世界。托氏之信条谓："人不可不劳动以自支生活，无论何人，不能有利用他人之劳动而夺其生产之权利。资本主之于工人，地主之于佃户，君主官吏之于人民，皆利用其劳动而夺其生产者，是为人类额汗上之寄生虫。今劳动之人无一得自由者，而公然抛弃其人间之义务，利用他人之劳动，夺他人生产以生活之特权，则自古至今犹

不能废。拥护此伪特权而为之辩护者，则伪宗教（即无基督教之真神，离基督之教训，而为教会所行之伪宗教）、伪哲学（国家哲学）、伪科学之三者也。"吾国儒家，于劳动主义固不反对，惟以此为小人之事，儒者所学则为大人之事，观孔子对于樊迟学稼之言可知之。至子路对于丈人，谓不仕为无义，以洁身为乱伦，其甚言多破绽，信如此言，则凡不做官者皆为无义乱伦之人矣。后世文学之士专骛势力，其流传文字中，往往含有不做官者不得称之为人之意见，可嗤尤甚。若孟子对许行之言，发表儒家意，甚为明切，深合孔子之旨，而与子路之言迥别。孟子曰："有大人之事，有小人之事。"又曰："劳心者治人，劳力者治于人。治于人者食人，治人者食于人。"孟子之言，即科学之分业说也。其告彭更之言，以通功易事为主，梓匠轮舆与为仁义者，皆以功而得食。分业之义尤明。盖科学上分业之义，说明人类社会为一有机体，与人之个体相同。人之个体，有各种器官，以行分业。社会之中，有官吏，有学者，有农工商，亦所以行分业也。而分业之中，以精神与物质为二大分野。官吏、政治家、学者、文艺家等，属于精神方面，其他则为属于物质方面者。依此分业之理，则劳心者得食于人之特权，自不能不承认。故丈人许行等为劳动主义，而孔子孟子可认为分业主义。惟托尔斯泰氏，则以此等分业为伪分业而反对之，其论甚详，不暇备述。惟述彼所主张人间生活之四分法，即将一日分为四分：一分为筋肉之活动，即手足肩背全体之活动；一分为手指之活动，即做手工；一分为智的及想象的活动；一分与他人交际。此为托氏所主张一日间之理想生活。苟人人依此法生活，则真分业生，伪分业自然消灭。此等主张，于托氏所著之《我忏悔》一书中见之。夫人者，合精神与物质而成，故两者不能偏用或偏废。若区划某某等使专为精神的劳动，使某某等专为物质的劳动，是犹使甲充其耳而专司视，使乙盲其目而专司听，则二者皆为废人。今日社会中下层苦力之民，十二时中，沾手涂足而茫无知识；一般高等游民，则机变万状而手足疲弱、消化沉滞、奄奄无生人气；二者均为残废之人，实为伪分业之所酿成。即如吾人从事于著作业者，日用脑力超过四分之一，积年累月，其遗恶影响于生理者自不待言。卫生家谓吾等宜从事运动，然欲使吾等从事于羌无意义之掷球蹴鞠，则吾等已非童年,殊不能生其兴味;若能从托氏之教,以每日之四分之一在田野间做工,握锄持镰,种竹艺蔬,而更以四分之一治其著作业,则其乐滋甚。至于社会间之劳工,则宜减少其劳动时间,使之读书报、听演讲、讨论政治、探索哲理。如是调剂,于个人之为益非浅,而社会间之各个人,亦自然渐跻于平等,无大人小人之分别。阶级既除,特权自灭,较之过激之社会主义,以破坏特权要求平等者,难易安危,迥不同矣。吾人今日尚以拘于习惯,未能实行托氏之所教,然回忆幼时所识丈人许行之言行,不禁心焉慕之。

——选自《杜亚泉文集》,许纪霖、田建业编,上海人民出版社2003年版,第216—218页

选文四 米尔斯论白领的工作与闲暇生活

对大城市中终日劳作的芸芸众生来说,闲暇只是在过去的50年里才成了得以普遍享受的东西。在此之前闲暇只属于少数经社会训练来利用和享受它的人,其他人则被遗弃在心理、趣味和感情的较低层次上。而后,随着享受闲暇的人越来越多,就像当初在工作领域里那样,娱乐也开始逐步采用大规模生产技术了。今天,美国社会最令人瞩目和疯狂的一个特点就是它的大规模闲暇活动,所有这些活动中最重要的特点就在于它们使人惊奇、兴奋并得到放松,但是它们既不能使人的理性和感情得到深化,也不会允许自发的情绪得到创造性地发泄。

向大规模闲暇转变的心理意义就在于在雇工社会里闲暇道德已经取代了老式中产阶级的工作道德——工作主义。这一替代使工作和闲暇被明显地分割开来。现在,工作本身也要根据闲暇的价值来评判。闲暇的范围提供了对工作进行评判的标准,它使工作产生了这样一些意义,就好像工作原来就有这些意义似的。

工作中的异化意味着一个人牺牲生命中最好的时光去挣"活下去"的

钱。异化意味着厌烦，意味着潜在的创造性努力和品格在生产上的挫折。它意味着尽管人们只能在工作之外寻找那些对他们来说十分重要的东西，但是他们在工作中却又寻找那些对他们来说十分重要的东西，但是他们在工作中却又必须严肃认真，他们不可以欢笑，唱歌，甚至不能谈话，他们必须遵守规章制度，不能破坏"企业"这个偶像。总而言之，他们必须严肃和始终如一地对待对他们来说毫无价值的东西，而且还要在他们生命中最好的时光当中这样做。在这里，闲暇时光对人们来说便意味着从工作的专制的严肃中获得一丝轻松的自由感。

工作和闲暇的分离以及闲暇在现代人的奋斗意识中具有越来越重要的意义，这两件事贯穿于 20 世纪美国的全部历史当中，它影响了人们对工作意义的感受，并树立了世俗的目标和梦想。正如利奥·洛文索尔（Leo Lowenthal）所说，在过去 40 多年里，随着"工作偶像的衰落"，闲暇偶像已经升起。如今，为畅销杂志的通俗传记挑选的英雄已经从实业、专业和政治人物这些在生产领域中取得成功的人，转向了在娱乐、闲暇和消费领域中获得成功的人。电影明星和棒球手取代了工业巨头和政治人物。如今公众偶像所展示的特点"完全可以用消费者这个概念来概括"。而思考、想象、梦想和希望的能力，就其现状而言，已很难和具体的实际工作经验发生什么关系了。

工作和生活的其他部分脱节，特别是和有意识的享受脱节。但是大多数的男人和相当数量的女人却又不得不工作。工作已成为实现某种闲暇活动中的目标的令人感到厌烦的手段。工作的必要性和工作的异化形成了工作对人的磨难，磨难越多，越需要在现代闲暇活动的欢乐和梦幻模式中找到解脱。闲暇包括梦想着并实际为之奋斗的所有的美好事物和目标。R. H. 托尼说，生活中最让人厌心的那个部分涉及的就是工作的时间和地点，而最令人高兴的则是消费的时间和地点。

为了用钱买回周末和晚间的"快乐"，人们每天都在一小部分一小部分地出卖着他们自身。通过娱乐，爱情，电影，以及建立在相互分担苦乐基础上的亲切感，人们可以使自己成为某种形式的健全人，但这时他们已不是原来的那些人了。从而，工作和闲暇的循环便导致了两种截然不同的自我形象：建立在工作基础之上的日常形象和建立在闲暇基础上的假日形象。假日形象往往带有浓重的渴望和梦想的成分，而且十有八九都是根据大众媒介塑造的人物和故事培养起来的。司各特·菲茨杰拉尔德（Scott Fitzgerald）写道，"周末的节律，它的开场，有计划的欢乐场面，及其定时宣告式的终结，已和生活的节律呼应起来，并成为后者的一种替代。"与一周工作毫不相干的周末使人们得以脱出日常工作中那种灰暗单调的气氛，并构成了一种与工作生活相对照的规范。

随着工作意义的丧失，它已不再能赋予生活以内在的指导并决定其节律，作为"把人们凝聚在社会当中"的手段的社区和亲缘关系的作用也降低了。在旧的手工艺模式中，工作和家庭是相辅相成的；工业革命之前，家庭和工作间也是同一的。但是在今天，这样的模式仅存在于某些小资产阶级家庭当中，而且这种家庭还常被年轻人看成是一种压抑个性的场所。劳动分工的成果之一就在于它把挣面包的人从家里拖了出来，使工作生活和家庭生活一分为二。这一般便意味着工作变成了维持家庭的手段，而家庭则成为使工人得到调整以重新回到工作中去的手段。但是，随着家庭作为心理生活中心地位的下降，以及工作时间的缩短，闲暇与娱乐生活却逐步把家庭的职能接替了过去。

人们生活的架构不再受到传统制度的约制。大众传播作为一种生活的架构取代了传统。大城市的人们就这样随波逐流，他们在体育竞技，大众媒介塑造的偶像及其他娱乐机器的运转中找到了新的寄托。

从而，闲暇生活——以及在现代意义上组织起来的那些娱乐机器——就变成了认同模型中影响性格形成过程的核心因素：这就是人们之间的共性，这是一种经久不衰的乐趣。亨利·杜兰特（Henry Durant）指出，这些娱乐机器把人们的注意力和欲望集中到了"生活中那些与工作不沾边的方面，以及那些不是在成就方面，而是在有钱有闲方面惹人嫉羡的人的身上"。

空虚者的娱乐是建筑在其自身的空虚同时又无力填补这空虚的基础上的，这种娱乐并不能像老式中产阶级的欢宴那样使他们得到安适或是轻松感，它也不能像手工艺模式表现的那样重新激发起他们的工作自觉性。他们的闲暇使他们得以摆脱工作中永无休止的磨难,用消极的奢侈享受和尖声叫喊来消解这些磨难。对现代人来说,闲暇是花钱的手段,工作则是挣钱的手段。当二者相竞争时,闲暇不费吹灰之力便赢得了胜利。

——选自《白领——美国的中产阶级》,[美] C. 赖特·米尔斯著,杨小东等译,浙江人民出版社1986年版,第270—273页

选文五　亨德森等论工作与女性休闲的关系

在历史上,很多白人女性都被限定在家庭的私人圈子里,虽然在某些时候,如"二战"中,她们也曾得以进入社会的公共领域。女性在工业社会中的从属地位,也许是由于女性的家庭的、私人的领域与男性的经济的、公共的领域的分离(Lenz & Myerhoff, 1985; Rosaldo, 1974)。女性的工作通常都是私人性的家务劳动,因而很多女性都没有介入(或只是很有限地介入)劳力市场的活动,而劳力市场又是社会中可见度较高的领域。这样,女性的地位总体上低于男性,从而能获得有价值的资源也少于男性(Shaw, 1985)。根据萧的研究,由于女性地位较低,她们拥有的休闲与休闲时间就不如男性所拥有的多。

工业社会之前,家庭具有作为一个经济单位的功能。例如,在农业社会中,家庭中所有的成员都参与食物的生产。然而,到了工业社会,男性进入了市场这一公共领域,中、上层女性却继续在家里工作。但是工业社会又是以金钱来衡量价值的,结果女性就与社会认为价值最高的活动分离了。这一变化给女性带来的后果是严重的:家务劳动由于没有金钱的报酬,其价值得不到承认;而女性由于继续与家庭联系在一起,被限定在家庭生活的圈子里,她们的价值也就被贬低了。这种情况对必须工作的黑人女性更是具有双重的危害:很多黑人女性可以去帮别人做家务挣钱,但她们挣的工资却非常低。这不仅有种族歧视的因素,而且还因为这种工作是与地位低下联系在一起的。

在美国，如同在当时其他新近工业化的西方国家一样，这种女性与男性角色的价值变化相当明显。例如，在美国早期的殖民社会，婚姻和做母亲是社会所要求的女性生活的范式，而男性生活的范式是婚姻和做父亲。工业社会中发生了一个具有决定性意义的变化：一个男性作为父亲的职能与他在工作和事业上的成功联系起来了，因为这种成功表明他有能力为一家人的生活提供经济基础。而婚姻和做母亲仍然是社会要求于大多数女性的"事业"。这样，男性、工作、事业的世界与家庭生活的圈子分离开来，而女性的世界仍然是母亲的角色及与此角色相联系的活计（Lemer，1977）。这对所有阶层和所有种族都是相同的。

工业化带来的变化也突出了不同阶层的女性之间的差异。很多中产阶层女性开始享受到父兄的财富所带来的好处。她们能较多地从繁重的家务劳动中解放出来，享有较多受教育的机会，成了"有闲淑女"，代表着一种似乎所有女性都应效仿的理想（Lemer，1977）。这样的女性是一种社会装饰品，能体现一个男人的成功。她们有着闲情逸致、娇气及像小孩一样的对现实的无知，能为男人提供一种用钱买不到的"派头"（class）（Ehrenreicl & English，1973）。没有能力达到"淑女"理想的工人阶级女性则只能接受在家中做母亲和主妇及"与她们相宜的位置"，满足于较低的社会地位（Lemer，1979）。

巴列特（Barrett，1980）提出：社会演化出来的家庭—住户体制可以作为弄清女性所受压迫的一个关键。社会为住户规定的社会结构与特定的关于家庭的意识有联系，但二者并不相等。巴列特的观点是：这种家庭—住户体系的历史构建代表了阶级关系。丈夫在外挣钱、妻子在家管事的家庭结构并非出于一种必然，而是随着女性与家务的联系被纳入资本主义生产关系这一历史过程而出现的（Brenner & Ramas，1984）。家庭生活（或曰"女性的镣铐"）与中产阶层的女性联系起来了。而对于工人阶级的女性，中产阶层女性家庭生活的理想更多地是对她们的生活的一种干预，因为她们既非与男性工人相对应的女性工人，也不是有工作的中产阶层女性。要想戴上"女性的镣铐"，就得接受中产阶层女性定下的规定，而中产阶层的女性是将工人阶级女性视为被动的受害者，只有中产阶层的家庭生活才能拯救她们（Fox Genovese, 1990）。将注意力集中在家庭生活，对女性的工作与休闲机会都有重要的影响，导致了一种很压抑的条件。

在整个工业革命的进程中，社会都需要下层女性的劳动力。但跟男性不一样，这些女性进行有酬工作并不意味着她们的地位有所改善。对于参加工作的女性来说，工业化意味着她们一天中有了双份负担，即在家务和看管孩子的责任之外，又加上了家外工作。由于大多数女性受到的社会化都使她们相信家务是她们的天职，是合乎自然的，所以她们往往会为自己在家外工作而感到负疚，并以"这工作不过是临时性的"作为遁词（Lemer, 1977）。这样的遁词为雇主给她们开低于男性的工资提供了一个借口：女人要临时性地工作一下，无非是为了挣点"零花钱"而已。这样，被归为"女人工作"的职业就具有了工资低、地位低、无保障的特点。这样的结果，是工业化及与其相连的意识降低了女性的地位，减少了她们获得有酬工作的机会（Lemer, 1977）。

根据勒纳（Lemer, 1977）的观点，工业化也给女性带来一个积极的结果：由于工业社会需要有文化的工人，一些女性得以克服她们在受教育机会上所受的歧视，而这种歧视过去曾使她们处于从属地位。面对社会上阻挠她们进入各种职业的障碍，这些女性组织了专为女性而设的教育机构，如女子大学、女子学院、女子医学培训学校等。在此过程中，一种"新女性"诞生了。她们在经济上能自立，是受过良好教育的职业女性。她们具有较高的女性主义觉悟，这表现在她们为争取自己的权利而斗争，并组织了女性压力团体。

本来，随着工业机械化程度的提高，两性在体力上的差异，对于一个人是否符合某项工作要求的条件以及女性是否适合参加工作应该是越来越无关紧要，但总的说来情形并非如此。战争时期能提供很好的例子，说明人们有关两性体力差别的观念毫无意义。美国的内战就曾改变过很多女性的生活，证明了社会在工作问题上对性别角色的规定是武断的。内战期间，一些女性第一次从限制她们的家中走出来，向人们显示，同时也向自己证明了她们有能力接过原先被规定为男性的角色，为社会提供了一些重要的服务，而且能完成一些要求很高、原先被定义为男性的工作任务，如农场与庄园的管理（Welch & Lerch, 1981）。在"二战"的岁月里，很多同盟国的女性都接过了各种原先由男性充任的工作，成了兵工厂工人、焊接工、建筑工人等。然而，每次都是当战争一结束，传统男权制下的政策与价值便再次回头。这些价值包括：女性应当是被动的，社会期待于她们的是依赖于男性、养育孩子、服从与从属于男性。两性间的权力关系是以男性强、女性弱为基本前提的，难怪与这种"弱女子"形象不符的工作与休闲活动都被视为对这种权力关系的威胁（Lenskyj, 1986）。

无酬与有酬劳动的演变对女性休闲的影响是多方面的。首先，在流行的对"休闲"的定义中，核心的概念就是：休闲是让人们从工作的劳累中得到恢复的一个机会。休闲让做有酬工作的人有一定的自由时间用于放松，使他们回到工作上时精力已得到恢复，又能从事生产性活动。这种对休闲的定义对于留在家中从事无酬工作的女性很成问题：她们的时间都没有用于从事有酬的劳动，但她们得不停地用这些"自由"时间做无酬的家务与看管孩子的工作。像当今的很多女性一样，她们与从事有酬劳动的男人之间有一种休闲差距。人们往往认为：这些女性没有为家里作出有价值的经济上的贡献，因而就没有为自己挣到休闲的权利。因此，她们不需要休闲，也没有权利从事休闲。

很多女性也觉得自己不该有休闲。例如，做家庭主妇的女性想要悠闲一下时，往往会感到负疚。由于她们没做什么有酬的工作，没为家里的经济作出什么贡献，她们对休闲的需要与愿望就很难被视为是正当的。任何需要花费钱的休闲活动对家庭主妇来说当然都很难，因为她们没有经济上的独立性，无权随意支配不是自己所挣的钱。

对全时间在家从事无酬工作的女性，人们还有一种很普遍的错误看法，即她们全部的时间都是休闲时间。这再次说明：社会不认为她们做的工作有价值，因为这种工作是没有什么可用金钱来衡量的产出，而是发生在家这个私人的圈子里。很多人认为：家庭主妇的时间基本上都是自由时间，需要用社会规定的女性角色活动（如照看孩子、做饭、洗衣服等）来充实。家庭主妇是"很悠闲"地做着这些事，或者更确切地说，做这些事就是她们的休闲了。但对于多数社会阶层的女性来说，说家庭主妇不干什么活或只干自己愿意干的、令人愉快的活是很不准确的。

不过，有些只在家里工作的女性确实能找到一些休闲的机会，或至少是尽量将自己日常必须干的活化为像是休闲的活动。为了遵从很强的工作伦理①，女性常常用做家务来满足自己休闲的需要。例如，剥玉米会②、采枫糖会、收割会、缝被会③及其他缝纫聚会都为女性提供了一些实用的消遣形式。这些活动虽然都是无酬的工作，但也被当作一种消遣，因为它们给女性提供了一些机会，让她们能与其他女性交往，而非总是被隔离在自己家中。同时，这些活动也使女性能以较为愉快的心情来完成自己的工作。

这样在一种既是工作又是休闲的场合与其它女性交往和培养感情，是女性的一大需要。这种需要在自己一家人的圈子里也表现得很明显。例如，夏洛蒂·吉尔曼（Charlotte Perkins Gilman）在1898年曾经指出过这种经历对母亲和女儿们是多么宝贵：

> 女儿们一边听母亲为她们诵读，一边缝衣服，这被看作是很好的一件事。……大家聚在一起缝纫和诵读时，既培养了亲密无间的家庭关系，又在智力与技艺上一起进步……这就是为什么这群女性能这么容易地在一起愉快地工作的原因。［Gilman in Cott（Ed.），1972，p. 368］

对于在家外工作的女性，休闲活动仍主要是以家为主要场所，也以家为中心。然而，到19世纪末，严格的工作伦理已引起人们对生活质量（至少是对男性的生活质量）的关注。有的公司开始设置消遣活动项目，而部分女性得以参加这些活动。正式的为职工服务的项目是由社会各种力量的变化、人们文化水平的提高及社会对休闲的接受等诸多因素综合作用的结果。20世纪初，很多公司都支持职工从事消遣活动，以加强职工对公

---

① 工作伦理（work ethic）：指要求人们努力工作，勤俭节约、节制自己的欲望的伦理原则。美国殖民时期新英格兰一带受清教徒的行为和教义（Puritanism）的影响而形成很强的工作伦理，对美国后来的发展有深远的影响。——译者注

② 剥玉米会（cornhusking，亦称 husking bee）：指农村中邻居亲友聚集在一起帮助某农家剥玉米苞叶的集会，通常以宴请和跳舞结束。——译者注

③ 缝被会（quilting party）：妇女们聚在一起缝被子的集会。——译者注

司的忠诚，增进职工间的团结，提高职工的士气和促进职工的身心健康（Tober，1988）。女职工虽因性别角色期待而受到很多限制，但还是参与了一些这样的活动。不过，很多活动项目存在着种族隔离。1916年固特异轮胎与橡胶公司（Goodyear Tire and Rubber Company）组织了女子曲棍球队，就是女性参与休闲活动的一个例子（Tober，1988）。

性别、有酬工作与休闲之间有着密切的关系。有关19、20世纪之交大城市作坊与工厂青年女工的文献所反映出来的情况，就是一个很好的例子。我们只要简单地看一下这些青年女工的社会活动，就能看到当时性、求偶、男性权利、女性的依赖与自主性等方面的表达，以及在这些方面什么行为被视为正当的（Peiss，1986）。正如佩斯（Peiss，1986）所说的：

> 休闲活动可以用来肯定其他社会体制所确定的文化范式，但同样也可以用来为跟既有文化范式相悖的价值与行为的表达提供一个舞台。休闲的组织方式与意义的变化，尤其是不断发展的资本主义对工作与时间的组织方式的影响，以及19世纪末与20世纪初休闲快速的商业化，都影响到工人阶级关于性别的观念。

然而，对于这些年轻的、自己在挣工资的女性（主要是来自工人阶级家庭的白人单身女性，被父母送进工厂去为家里挣钱）来说，要把休闲作为一个自己能够自主的领域是成问题的。社会关于女性角色的文化意识不会支持这种休闲观念，但她们在工厂工作这样一种生活又在鼓励这种休闲观。对休闲的追求，使她们热衷于一些新出现的商业娱乐形式，如舞厅、游乐场与影院。这些"低档娱乐场所"成了产生工人阶级"新女性"的地方，将一种异质性的社会文化与现代性、个体性及个人风格联系起来（Peiss，1986）。然而，这些单身工人阶级的女性在结婚和生了孩子之后，她们对休闲的追求通常就结束了。

总体上，在家外工作的女性与在家工作的女性很相似。她们的休闲活动很少，活动形式也往往跟她们的社会经济地位相关。这些女性所能拥有的一点点休闲，往往都是与她们生活的其他方面（如工作及对家庭的责任、社会义务、经济上的考虑等）联系在一起的。不管女性是出于自愿或为生活所迫而从事有酬工作,还是在家从事无酬的劳动,男权社会所定义的休闲都被视作与女性不相宜。这样,很多女性都试图进行社会变迁,以便使自己的自由时间能得以合法化。

——选自《女性休闲:女性主义的视角》,[美]卡拉·亨德拉等著,刘耳、季斌、马岚译,云南人民出版社2000年版,第47—54页

结语

美国当代学者西蒙认为,劳动生活为人们的结社提供了一个独特的基础,通过劳动者的交往活动可以更好地了解个人与社会之间的关系。他特别分析了奴隶制度与现代社会中工人阶级的异化问题,说明了任何阻碍交往活动的事物都将直接导致社会的瓦解。卡莱尔(1795—1881)是一位深受加尔文派宗教思想影响并反对教会烦琐教义的英国文学家和思想家,宗教、革命、英雄是他作品中永恒的主题。他以极大的热情讴歌劳动,认为它是高尚的、神圣的,能给人类带来幸福安宁并能实现自我的完善。这种劳动崇拜主义与稍后的韦伯(1864—1920)的新教伦理观(资本主义精神)遥相呼应。杜亚泉(1873—1933)是中国启蒙时期的著名学者之一,"以科学方法研究哲理,周详审慎,力避偏宕"(蔡元培语)。他借托尔斯泰的"四分法"提倡一种不分阶级的、平等的"人间生活",同时批判了中国古代的劳动观(孔孟的分业主义)。美国当代社会学家、文化批判主义者米尔斯(1916—1962)关注了20世纪美国社会中产阶级白领一族。他认为,与老式中产阶级工作主义相比,白领一族则依据闲暇价值来判断工作并普遍追求闲暇娱乐的生活方式。这种在工作观与休闲观之间的"巨大的裂痕"反映了西方社会由工作伦理观向休闲伦理观的重大变化。美国当代学者亨德森等人则认为,女性向来就有自己的休闲,一如她们的工作,但在历史上并没有得到体现和重视。女性主义视角为我们解读西方休闲史提供了另一个重要的侧面。显然,劳动(或工作)观的转变将直接导致生活方式的变化甚至流行。从休闲的反面工作和劳动来理解休闲,对于

说明人类休闲行为选择的合理性具有重要意义。

进一步思考的问题
1. 如何看待孟子的"劳心者治人,劳力者治于人"的观点?
2. 新教伦理观是如何影响和改变西方人的生活方式的?
3. 如何理解波德莱尔笔下的"浪荡子"形象?
4. 如何解读中国现代文学中的女性形象?

关联性思考的问题
1. 如何理解劳动(或工作)的伦理本质?
2. 不同社会制度条件下劳动伦理观差异产生的原因是什么?
3. 如何辩证理解"劳"与"闲"的关系?
4. 休闲教育在当代有何必要性?

进一步阅读的书目
1. 李小江等:《女性主义:文化冲突与身份认同》,江苏人民出版社2000年版。
2. 徐敏:《女性主义的中国道路:五四女性思潮中的周作人女性思想》,中国社会科学出版社2006年版。
3. 康有为、梁启超等:《孟子二十讲》,华夏出版社2008年版。
4. [德]马克斯·韦伯:《新教伦理与资本主义精神》,于晓、陈维纲译,北京三联书店1992年版。
5. [美]杰里米·里夫金:《工作的终结》,上海译文出版社1998年版。
6. [德]尼采:《快乐的科学》,黄明嘉译,漓江出版社2000年版。
7. [法]波特莱尔:《1846年的沙龙:波特莱尔美学论文选》,郭宏安译,广西师范大学出版社2002年版。
8. [德]本雅明:《发达资本主义时代的抒情诗人》(修订译本),张旭东、魏书生译,张旭东校译,北京三联书店2007年版。
9. [美]周蕾:《妇女与中国现代性:西方与东方之间的阅读政治》,蔡青松译,上海三联书店2008年版。

关联性阅读的书目

1. 陈鲁直:《民闲论》,中国经济出版社 2004 年版。
2. 衣俊卿:《现代化与日常生活批判:人自身现代化的文化透视》,人民出版社 2005 年版。
3. 陶行知:《中国教育改造》,人民出版社 2008 年版。
4. 刘海春:《生命与休闲教育》,人民出版社 2008 年版。
5. 罗伟:《闲雅与人生:休闲的伦理学考查》,经济日报出版社 2008 年版。
6. [美]卡莱尔:《文明的忧思》,宁小银译,中国档案出版社 1999 年版。
7. [古希腊]亚里士多德:《马各尼可伦理学》,苗力田译,商务印书馆 2005 年版。
8. [匈]阿格妮丝·赫勒:《日常生活》,衣俊卿译,重庆出版社 1990 年版。(重点阅读"从日常到类"一章)
9. [英]罗杰·斯克拉顿:《保守主义的含义》,王皖强译,刘北成校,中央编译出版社 2005 年版。(重点阅读"异化劳动"一章)
10. [美]查尔斯·K.布赖特比尔:《休闲教育的当代价值》,陈发兵、刘耳、蒋书婉译,中国经济出版社 2009 年版。

消费与快感政治

导言

消费总是无意或有意地遵循了某种社会逻辑:消费者通过消费显示自己的与众不同,通过消费生产个体在社会中的地位。因此,消费行为不但是不同社会阶层生活趣味的体现,实际上也成为阶层分化的一种社会机制。正如布迪厄所说,选择物品和消费可以为我们提供微妙的线索,确定社会等级的性质和一个文化内部的权力。在消费社会中,这种意识形态性更加显著。消费社会的主要特征在于物品高度丰富,人被物所包围,人们的一切行为举止、心理变化等都受到物的操纵。由于人的生活就这样被无形笼罩在商品消费的氛围中,这使得商品最初的使用价值让位于符码价值。文化的存在方式变成为以快感为基础的形象。所谓的"快感"是指一种快乐的心理体验,它反映的是人与其自身及外界的一种特定情感关系。在一般的日常生活领域,快感有时是低俗的、缺乏界定的道德范畴,是我们应该批判和抛弃的对象;但在审美这一特殊领域中,快感被视为"一种解放力量",它扬弃了生理性、感性的特征而升华为理性的"形象"。詹姆逊指出:"一个具体的快感,一个肉体潜在的具体享受——如果要真正具有政治,如果要避免自鸣得意的享乐主义——它有权必须以这种或那种方式并且能够作为整个社会关系转变的一种形象。"① 可见,快感是一个政治问题,也正是这种附加值"透露给那些享有休闲品体验意识的人们"。当我们面对以追求审美式的自由为核心指向的休闲行为时,"快感"也就成了一个我们不得不辨析的复杂问题。

选文一 凡勃伦论明显消费

……

根据以上关于明显有闲与明显消费发展情况的观察看来,两者所以同样具有博取荣誉这个目的上的功用,是由于两者所共有的浪费这个因素。在前一情况下所浪费的是时间和精力,在后一情况下所浪费的是财物。两者都是表明拥有财富的方法,同时两者也习惯地被认为是二而一的。在两者之间如何抉择,只是一个作自我表现时何者更为方便、有利的问题——除非在抉择时对受到了出自另一来源的别的礼仪标准的影响。在经济发展的不同阶段,为了方便与有利,人们可以选择这种方法,也可以选择那种方法。问题是他们企图说服对方时,两个方法之中哪一个具有最有效的说服力量。在不同的环境下用不同的方法解答这个问题的是习惯。

---

① [美]詹姆逊:《快感:文化与政治》,王逢振等译,中国社会科学出版社1998年版,第150页。

只要社会的范围还很狭小，彼此相处关系还很紧密，任何事情大家都可以共见共闻，就是说，只要个人在荣誉方面必须使自己与之相适应的人类环境，还局限于他的相熟和邻里的闲谈那个范围以内，两个方法的效用就是一样的。因此在社会发展的初期，两个方法的有效性大致相同。但是在社会有了进一步的分化，不得不同更大的人类环境接触以后，消费就比有闲更加适宜于作为礼仪表现的通常手段。到了和平经济阶段的后期，情况更是这样。交通的发达与人口的流动，使个人的接触面有了扩大，这时他所接触到的广大群众要推断他的身望和地位，除了以他在他们直接观察之下所能夸示的财物（也许还有仪态和礼貌）为依据外，已别无其他方法。

现代工业组织，还通过另一条路线，在这一方面发生作用。由于现代工业制度下的紧张情况，个人与个人或家族与家族往往会在漠然的情况下会面，但是除了会面以外，很少有别的意义上的接触。机械地说来，跟我们接近的人，往往并不是我们的在社交意义上的邻居，甚至也不是我们的熟人；然而这些人的一时的好评，仍然是有高度功用的。一个人要使他日常生活中遇到的那些漠不关心的观察者，对他的金钱力量留下印象，唯一可行的办法是不断地显示他的支付能力。在现代社会，参加大的集会的机会比较多，这时某个人的日常生活如何，在场的别人是一无所知的，例如在教堂、剧院、舞厅、旅舍、公园、商店等等场所，就有这样的情况。为了使这些临时聚合的观察者得到一个生动印象，为了使自己在他们的观察之下能够保持一种自我满足的心情，必须把自己的金钱力量显露得明明白白，使人在顷刻之间就能一览无余。因此很清楚，现在的发展趋向是，人们重视明显消费的作用甚于明显有闲。

还有一点也是显而易见的：在个人之间的接触面最广、人口的流动性最大的社会，以消费作为博取荣誉的一个手段时，它的适用性最大，以这个手段作为礼仪中的一个因素时，对它的要求也最坚决。明显消费的支出在收入中所占的成分，城市人口比乡村人口为大，前者对这种消费的要求也比较迫切。结果是，为了装点门面，虚饰外表，而过前吃后空的日子，其习惯程度前者也高于后者。于是就发生了这样的情况，例如，大家晓得，美国的农民和他的妻子儿女同一个有同等收入的城市里的手艺人的家族比起来，前者的衣着就显然没有后者的入时，容态举止也没有后者斯文。这并不是说，城市里的人对于由明显消费而来的那种自我满足，生来就有特别热烈的需要；也不是说，乡村里的人对金钱礼仪就特别看得淡些。这只是因为，这类现象所引起的反应以及由此发生的一时的有效性，在城市比较明确。因此城市里的人使用这个方法比较积极，明显消费的正常标准也在你追我赶的竞赛中提得比较高，结果为了表现一定程度的金钱礼仪，城市里的人就需要在这方面作较大的支出。他们必须与这个较高的习惯标准相适应，这一点已经成了不容推诿的义务。这种礼仪标准是随着阶级的提高而提高的，礼仪外表上所要求的那些是必须做到的，否则就要失去身份。

以城市与乡村对比，明显消费在城市生活标准中是一个比较显著的因素。在乡村居民中，储蓄和家庭享乐的作用是在某种程度上代替了消费的作用的，通过邻居们的聊天而辗转传播，前一类活动就可以在一定程度上适应在博取金钱荣誉方面的一般目的。这类家庭享乐以及从中享有的有闲——如果有这种现象的话——当然大部分也应该算是明显消费项下的节目；储蓄的情况也差不多是这样。城市中的技工阶级储蓄的数额比较小，这无疑，部分是由于这一事实，即这些人所处的环境同住在小村子里靠务农度日的那些人不同，以储蓄作为宣传手段的有效程度，在前一环境下远不及后一环境。在后一环境下，每个人的家务，尤其是财产的厚薄，别人是心里雪亮的。城市里的技工和工人阶级的接触面比较广，受到外诱的机会比较多，这一点单就其本身来说，初看起来似乎影响不大，不致因此显著降低他们的储蓄量；但就其累积的作用来说，由于礼仪上支出标准的提高，它对储蓄倾向的抑制作用不能不说是十分有力的。

城市里的机械工人、手工业者以及属于下层中产阶级的一般居民，往往喜欢在公共场所饮酒、吸烟、做小东道，这已成为一时的风气；这就是一个适当例证，足以说明在荣誉准则下产生的结果。这里可以举印刷工人为例，上述形态下的显著消费在这类人中极为风行，有时还因此产生了一些很触目的后果，受到了世人讥议。这类工人之所以会有这样一些习俗，大都认为是由于他们在道德上有某种缺陷，或者认为是由于职业上的原因，在某种难以确定的情况下对他们发生了影响。在印刷厂里从事日常工作的那些人，其一般情况可以概述如此。他们在任何印刷厂或任何城市获得的技能，在任何别的印刷厂或别的城市差不多都可以适用；就是说，由于专门训练而形成的惯性在这里是很微弱的。并且，这种工作需要在一般以上的智力和普通知识，因此各地区之间对他们工作的需求有了任何细小的上落，他们大都比许多别的工人容易利用机会。因此由乡土观念造成的惰性也比较薄弱。这个行业的工资又比较高，因而他们由这一地区转移到别一地区，比较地轻而易举。结果是印刷工人的流动性很大，可能大于同样范围明确的、同样庞大的任何别的工人团体。这些人经常要同一些新的伙伴打交道，虽然跟他们的关系是短促的或暂时的，可是他们在这一时的好评仍然值得重视。人类喜欢虚饰外表的性格，再加上友好的感情，就使这些人在最适于这类需要的方面，不免任情花费。这里也同在别处的情形一样，习惯不久就会成为风气，这种风气盛行以后，就跟已有的礼仪标准融合为一。下一步是以这个礼仪标准为出发点，从这里开始一个沿着同一方向前进的新的活动；因为仅仅死守着同业中人人认为当然应该达到的那个浪费标准而不能有所发展，是一无可取的。

由此可见，印刷工人胡花滥用的风气所以比一般人更加普遍，至少一部分是由于在这个行业中迁调比较便利，与同伴的接触往来富于暂时性。但归根到底，他们对浪费行为所以有这样的高度需要，无非是由于显示优势与符合金钱礼仪的性格倾向；这跟法国小农民的极度俭约与美国百万富翁的建立大学、医院和博物馆，其动机实际上并没有什么两样。但是在人类性格上还存有别的、与这方面的性质不同的特征；假使明显消费准则没有被这类性格特征大大抵消，则以城市中的技工和工人阶级所处的环境来说，不论他们的收入或工资怎样高，要他们从事任何储蓄，在逻辑上是不可能的。

除了财富与财富的表现以外，还有另一些荣誉标准和多少带些强制性的另一些行为准则，其中有些是对明显浪费这个广泛的、基本的准则有加强作用或限制作用的。以自我表现的有效性为依据作一简单考察，我们可以看到，有闲和财物的明显消费这两者在金钱竞赛中，起先应当是势均力敌的。以后随着经济的日益发展和社会范围的扩大，有闲也许会逐渐被废而不用，而财物的明显消费的绝对或相对的重要性则会日益增进，直到除了生活上真正必需的以外，一切可以利用的产物都被它所吸收。但发展的实际过程与这个理想的方案有点不同。在准和平文化阶段，有闲在最初是居于第一位的，不论作为财富的一个直接说明者或作为礼仪标准中的一个因素，它所占有的地位都远在财物的浪费性消费所占的地位之上。从那个时期以后，消费的势力逐渐增进，到现在它无疑已占据首位；不过距离上面说的除最低生活需要以外全部生产都被它所吸收的情况还很远。

以有闲作为博取荣誉的一个手段，其最初的占有优势是起源于工作有贵贱之别那种古老的看法。有闲之所以可贵，有闲之所以必不可少，部分是由于它表明了对贱役的绝无沾染。阶级有贵贱之别的古老的划分办法，其依据是工作有贵有贱的歧视性区别；在准和平阶段的初期，这种传统的区别发展成为有强制性的礼仪准则。这时以有闲作为财富的证明仍然有充分效用，其有效程度并不亚于消费，这就更加助长了它的优势。当人类的环境还比较小，情况还比较稳定，当个人还处于这样一个文化阶段时，有闲在轻视一切生产劳动这一传统的支持下，其有效性实际上竟这样显著，以致产生了一个很大的贫困的有闲阶级；而且在有闲观念的影响下，甚至产生了一种使社会的生产事业局限于适应最低生活需要的生产范围的倾向。这种生产事业受到极端抑制的局面所以能终于避免，是由于奴隶的劳动，他们在比出于博取荣誉的要求更加严格的强制下进行工作，被迫生产出超过工人阶级生活需要最低限度的产品。利用明显有闲作为博取荣誉的基础，以后所以会相对地衰落，部分是由于以消费作为财富的证明的有效程度有了相对的增长，部分是由于另外一种势力，这种势力与明显浪费的风气不同，在某种程度上甚至是跟它相对立的。

这个相反的因素就是作业本能。如果没有别的方面的阻力，这一本能会使人重视生产效能，重视对人类有用的任何事物。它使人们反对物质的浪费或精力的浪费。人人都具有作业的本能，即使处于逆势环境，这一本能也依然存在。因此某一项支出，不管它在实际上怎样地具有浪费性，也至少总要找到些似是而非的托词，说出一种表面的目的。在特殊情况下，这个本能会转变成为对侵占和阶级贵贱之间的歧视性区别的爱好，其情况在前一章里已经指出。作业本能与明显浪费准则发生抵触时，它的表现主要不是在于对实际效用的坚持，而是在于对那些显然无实用的事物始终感到憎嫌，感到丑恶。它在性质上既然是一种本能的爱好，因此它的指导作用，就会主要地、直接地对它的要求有显然的违背。但是这种感觉只是在反省以后才会发现，因此当对它的要求有了实际的违背时，它的反应比较迟钝，作为一种拘束力时，这种力量也比较薄弱。

　　只要一切劳苦工作全部或通常是由奴隶们来完成的，则生产劳动的卑劣性将在人们的心目中经常存在，使作业本能无法在生产事业的有实用这个方面认真发挥作用；但是当以奴隶与身份制为特征的准和平阶段转变到以工资劳动与现金支付为特征的和平阶段时，这个本能逐渐抬头了。这时在它的积极作用下逐渐形成了人们关于何者为有价值的观点，至少它成了自我满足的一个辅助准则。一切无关的考虑这里且搁开；有些人（成年人）或者全无打算，不想在任何方面有所成就，或者对于与人生实用有关的任何事物全不介意，像这样的人毕竟是极个别的。作业本能的倾向，也可能在很大程度上被向往光荣的有闲和避免粗鄙的劳动这些具有更加直接的拘束力的动机所掩盖，因此只能在一种伪装的形态下出现；例如"社交义务"，半艺术性或半学术性的研究，住宅的经营与装饰，妇女义务缝纫或服装改良方面的活动，考究穿着，玩纸牌、划船、打高尔夫球以及其他种种娱乐的精通等等，都是这类表现。但是在环境压迫下从事这类无意义的活动，并不等于作业本能已不复存在，正如让母鸡伏在一窝瓷制的蛋上，并不等于说这只母鸡这时已经丧失了孵卵的本能一样。

　　现代有闲阶级从事某种活动，往往在表面上并非一无目的，同时它对于不论与个人利益还是集体利益有关的任何生产行为则竭力避免，这就是现代有闲阶级与准和平阶段的有闲阶级的不同之处。上面说过，在较早时期，占压倒优势的奴隶制和身份制，除以掠夺为目的者外，对于其他任何方式的努力一概加以排斥。那时还有可能以武力侵略敌对部落和在自己部落内对奴隶阶级进行镇压作为日常工作；这就使有闲阶级的活动力有了出路，而不必用之于实际上有用或者甚至表面上有用的任何工作。狩猎活动在若干程度上也起着同样作用。当社会发展到和平的生产阶段以后，土地受到了进一步的充分利用，行猎的机会大大减少，只剩下了一点残迹，于是过剩的精力要从事有目的的活动，就不得不另找出路。这时强迫劳动已不复存在，对生产劳动的耻辱感已经没有以前那样敏锐，于是作业本能就逐渐抬头，有了进一步坚定和有力的表现。

关于哪一条是有闲阶级最适当的路线，这一点曾经发生若干变化。精力的发泄，以前是以掠夺活动为主，现在部分转向到了表面上有用的活动。那种显然无目的、无意义的有闲已渐渐受到轻视，尤其是平民出身的广大的有闲阶级，对于那种安闲度日、悠然自适的传统作风是格格不入的。但是对任何带有生产劳动性质的工作一概加以鄙视的那个荣誉准则依然存在；这一准则对于实用的或有生产性的任何工作，除偶尔作片时的尝试以外，是不容许沾染的。结果是有闲阶级执行的有闲发生了变化；但变化的主要是形式而不是实质。上述有关有闲的两种要求相互间存在着矛盾，这种矛盾是靠了掩饰和作伪获得调和的。于是兴起了种种繁文缛礼和礼仪上的社交义务，出现了许多组织，它们的名称总是富丽堂皇，就其名称来看，总是以在某些方面有所改进或改良为目的的。人们忙忙碌碌，此来彼往，谈得非常热烈，到头来他们自己可能根本就不曾考虑到，所谈的内容究竟有些什么实际的经济价值。同这类像煞有介事的活动密切交织在一起的，虽然不能说一定，但通常总有个一本正经的目的，作为活动的相当显著的内容和努力的方向。

在代理有闲这个范围较窄的领域内，也发生了同样的变化。作为一个主妇，在族长制全盛时代是逍遥坐食，一无所事，以此来度过时光的，到了和平阶段的后期，就得忙于家务操作了；关于这方面的演变的一些显著特征，上面已经提到。

在明显消费的整个演变过程中，不论从财富、劳务或人类生活方面来看，其间一个显著存在的含义是，为了有效地增进消费者的荣誉，就必须从事于奢侈的、非必要的事物的消费。要博取好名声，就不能免于浪费。仅仅从事于生活必需方面的消费是一无可取之处的，除非是同那些连衣食都不周的赤贫者作对比,不过在这样的对比中涉及的只是极无聊、极不够味的一种礼仪水平,谈不到什么消费标准。但是就生活标准来说,除富力以外,还有可能在别的方面,例如在道德、体格、智力、审美力等等方面的表现,作歧视性对比。这些方面的对比现在都很通行,而且它们往往跟金钱的对比结合得这样密切,以致与后者很难辨别。时下就智力和审美力或美术的精通程度这些方面的表现进行评比时,情况尤其是这样,因此往往会将实际只是金钱上的那种差别,理解为智力或审美力上的差别。

……

——选自《有闲阶级论——关于制度的经济研究》,[美]凡勃伦著,蔡受百译,商务印书馆2004年版,第68—77页

选文二　李欧梵论上海咖啡馆

作为一个在欧洲,尤其是法国,充满政治和文化意味的公共空间,咖啡馆在30年代的上海被证明为同样流行。像电影院一样,它成了最受欢迎的一个休闲场所——当然,它是西式的,一个男男女女体验现代生活方式的必要空间,特别是对作家和艺术家来说。很显然,这种习惯和风格出自上海的法租界。当英国统治的公共租界造着摩天大楼、豪华公寓和百货公司的时候,法租界的风光却完全不同。沿主干道,跟电车进入法租界,霞飞路(取自法国将军名,他在"一战"期间阻止了德军入侵)显得越来越宁静而有气氛。道路两侧的一本英文指南说,这里的和平安宁是法国政府要求的:"法国当局比公共租界强硬多了,他们拒绝商人在住宅区做生意开工厂。"① 相反,你在这里可以看到教堂、墓地、学校(包括施蛰存、刘呐鸥和戴望舒就读过的著名的震旦大学)、法国公园,还有电影院

---

① 达温特(Darwent):《上海:游客和居民手册》,上海/香港/汉口/新加坡/横滨:别发书店1920年版,台北:成文出版公司重印1973年版,第77页。

（包括恩派亚、国泰和施蛰存小说里写到过的"巴黎大戏院"）、咖啡馆。当地的一个咖啡馆常客这样说，在霞飞路上，"没有摩天大楼，没有什么特别的大建筑"，但"醉人的爵士乐夜夜从道路两侧的咖啡馆和酒吧里传出来，告诉你里面有女人和美酒，可以把你从一天的劳累里解放出来"①。

有意味的是，当公共租界忙于展示高度的商业文明时，法租界却在回顾文化的芬芳，高等的或低等的，但永远是法国情调，比英美更有异域风味。当然，法国文化的特殊魅力得以传播与中国的一批亲法作家很有关系，像曾家，父亲曾朴儿子曾虚白，他们一起于1927年创办了"真美善"出版社，这个名字的灵感直接源于法国的浪漫派作家，曾朴曾跟一个很有传奇色彩的中国将军一起研究过这些作家，而那个将军曾在法国居住和写作多年。尽管曾朴，晚清著名小说《孽海花》（1905）的作者，从不曾踏上过法国的土地，但他不懈地在他的书店居室里创造他自己的法国世界。该书店在法租界中心，马斯南路115号。下面的引文很能说明他对法国热情洋溢的想象：

> 马斯南是法国一个现代作曲家的名字，一旦我步入这条街，他的歌剧 Le roi de Lahore 和 Werther 就马上在我心里响起。黄昏的时候，当我漫步在浓荫下的人行道，Le Cid 和 Horace 的悲剧故事就会在我的左边，朝着皋乃依路上演。而我的右侧，在莫里哀路的方向上，Tartuffe 或 Misanthrope 那嘲讽的笑声就会传入我的耳朵。辣斐德路在我的前方展开……让人想到辣斐德在 La princesse de Cléves 中所描绘的场景和 Ménoires Interessants 中的历史场景。法国公园是我的卢森堡公园，霞飞路是我的香榭丽舍大街。我一直愿意住在这里就是因为她们赐我这古怪美好的异域感。②

---

① 中国图书编译馆编：《上海春秋》，香港：南天书业公司1968年版，2卷，第88页。
② 海恩里奇·弗鲁豪夫（Heinrich Fruehauf）：《中国现当代文学中的城市异国风》，见艾伦·维德莫和王德威编：《从五四到六四：20世纪中国的小说和电影》"From May Fourth to June Fourth: Fiction and Film in Twentieth Century China"，麻省剑桥：哈佛大学出版社，1993，p. 144. 这一部分完全是在Fruehauf文章的基础上完成的，我对他的先锋研究深表谢意。在我的指导下，Fruehauf于1992年在芝加哥大学就同一主题完成了他的博士论文。

曾朴不仅希图把他的出版社办成一个法国文学的图书馆,还想把它变成一个文化沙龙,他把他的朋友和门生召集起来,一起探讨他最喜欢的法国作家:雨果(Victor Hugo)、法朗士(Anatole France)、李尔(Leconte de Lisle)、乔治桑(George Sand)及洛蒂(Pierre Loti)。曾朴的儿子曾虚白曾生动地回忆道:

> 我家客厅的灯不到很晚是很少会熄的。我的父亲不仅特别好客,而且他身上有一种令人着迷的东西,使每一个客人都深深地被他的谈吐所吸引……谁来了,就进来;谁想走,就离开,从不需要繁文缛节。我的父亲很珍惜这种无拘无束的气氛;他相信,只有这样,才能处处像一个真正的法国沙龙。①

曾朴书店沙龙的客人和朋友都成了亲法分子。其中像李青崖、徐霞村、徐蔚南成了著名的翻译家;另外多数是作家、诗人和出版家,像邵洵美、徐志摩、田汉、郁达夫、卢梦殊(《银星》杂志的编辑)以及三个美学家:傅彦长、朱应鹏和张若谷,张若谷比曾朴还激进,他把法国和西方的异国风味结合进民族主义者的论述:"他们认为上海的特殊情形将最终提高整个民族的美学修养。因为上海是那样的充满异国情调,与中国的其他地方那么不同,她完全可以成为一个文化的实验室,以试验一个崭新的中国文明是否可能。"②

中国的亲法分子是否成功地把他们的文学沙龙变成了哈贝马斯(Habermas)所谓的"公共空间"还是存疑的。但上海的作家把咖啡馆当作朋友聚会的场所却是无疑的。从当时记载和日后的回忆看来,这种法国惯例加上英国的下午茶风俗在当时成了他们最重要的日常仪式。下午茶时间的选择经常是出于经济的考虑,因为两手空空的作家和艺术家常去的几家咖啡馆都在饭店里,那里在下午时卖的咖啡、茶和点心都比较便宜。张若谷,这个热烈的亲法分子,最喜欢去的地方有这些:南京东路上朝着新新百货的新雅(喝茶、吃点心),纯粹外国风味的沙利文(喝咖啡、可口

---

① 弗鲁豪夫(Heinrich Fruehauf):《中国现当代文学中的城市异国风》,第145页。
② 同上书,第141页。

可乐、柠檬汁和"冷饮料"），Federal，静安寺路口的德式"番丹拉尔"（喝咖啡，吃蛋糕），"君士坦丁"，俄式咖啡馆（喝正宗的阿拉伯黑咖啡）和国泰戏院对面的"小男人"，那里布置富丽，女侍也年轻貌美。① 但很显然，张若谷最钟爱的地方是"巴尔干"，法租界另一家俄国人开的咖啡馆，那儿的咖啡比贵族化的马赛尔和 Federal 都要便宜，在那里，"他和他的朋友可以消磨很长时间，而不至于被侍者赶走"②。张若谷的一本取名《咖啡座谈》的散文集里，他这样说：

> 除了坐写字间，到书店渔猎之外，空闲的时期，差不多都在霞飞路一带的咖啡馆中消磨过去。我只爱同几个知己的朋友，黄昏时分坐在咖啡馆里谈话，这种享乐似乎要比绞尽脑汁作纸上谈话来得省力而且自由。而且谈话时的乐趣，只能在私契朋友聚晤获得，这决不能普度众生，尤其是像在咖啡座谈话的这一件事。大家一到黄昏，就会不约而同地踏进几家我们坐惯的咖啡店，一壁喝着浓厚香淳的咖啡以助兴，一壁低声轻语诉谈衷曲。——这种逍遥自然的消遣法，"外人不足道也"。③

张若谷总结了去咖啡馆的三种乐趣：首先，咖啡本身的刺激，效果"不亚于鸦片和酒"；第二，咖啡馆提供了与朋友长谈的地方，"此乃人生至乐"；最后也很重要的是，咖啡馆里有动人的女侍——她们的文学形象是因郁达夫的翻译莫尔（George More）④ 的《一女侍》而首次被介绍给中国读者的，并且在1923年大地震前因为东京的酒吧和咖啡馆的女侍而变得非常著名。⑤ 然而，张若谷并不仅仅把咖啡馆当作"现代城市生活的点缀"和"一个很好的约会地点"，他把它和电影院、汽车一起看成是现代

---

① 张若谷：《茶、咖啡、麦酒》，《妇人画报》1935年版，第9—11页。
② 张若谷：《现代都会生活象征》，《咖啡座谈》，上海：真美善书店1929年版，第3—8页。
③ 张若谷：《咖啡座谈·序》，第6页。
④ 张若谷：《现代都会生活象征》，《咖啡座谈》，第4—11页。
⑤ 当然，咖啡馆在日本大正是非常流行的，标志着"大正的上等生活"。如 Edward Seidensticker 所说："咖啡馆是昂贵的银座前身。你的咖啡出到一定的价，优雅迷人的小姐就会来陪伴你，甚而还有其他的服务。车前草是第一家银座，1911年建。"参见《低城，高城：东京从伊豆到地震》 *Low City, High City: Tokyo from Edo to the Earthquake*，麻省剑桥：哈佛大学出版社1991年版，第104、201页。

性的重要标志,认为它比后两者对现代文学的冲击还要大。他骄傲地提到一些他心爱的作家,像莫莱亚(Jean Morés)、戈蒂耶(Théophile Gautier)、侣德(Maxine Rudé)、雷彦(Henri de Régnier),说他们都是顽固的咖啡瘾者。①

至于徐迟,这个30年代的年轻诗人,萌芽期的现代派,最喜欢的地方是新雅,当然,那儿贵多了。严格地说,新雅不算咖啡馆而是一家餐馆,但下午四点至六点,二楼的餐厅成了喝下午茶的好去处。有时候,这种聚会会招来三十多个作家和艺术家,他们分坐五六张桌子,熟识的人之间互相走动聊天。②他们在六点左右都得离开以便服务员铺晚餐桌子。按徐迟的说法,当时他们这些作家、艺术家和出版人爱去的地方大约有半打,他自己喜欢去的除了新雅,还有在静安寺路上的D. D. Café,霞飞路上的复兴馆,这两家都是白俄移民开的。张若谷甚至写了整整一篇文章题名《俄商复兴馆》,并设计了这样一个剧情:"三个打扮入时的年轻男人,就像'都会三剑客'那样,开一辆车,带着一个时髦的现代女子,她看上去就像吉士香烟广告上的美人,一个南方姑娘,有一双又黑又大的眼睛,长睫毛,纤手指。"接着,其中的一个男人就这个咖啡馆发表了如下的看法:

> 坐咖啡馆里的确是都会摩登生活的一种象征,单就我们的上海而言,有几位作家们,不是常在提倡"咖啡座谈"的生活吗?大家一到黄昏,便会不约而同踏进他们走惯的几家咖啡馆。这里的"俄商复兴馆"和那边的"小沙利文",是他们足迹常到的所在,他们一壁慢吞吞的呷着浓厚香醇亚拉伯人发明的刺激液质;一壁倾泻出各人心坎里积蓄着的甜蜜,彼此交换快乐的印象,有时在红灯绿酒之下,对面坐了一个十七八岁的少女,向他们细细追诉伊的已往的浪漫事迹,轻听一句两句从钢琴和提琴上发出来的旋律……③

---

① 张若谷:《现代都会生活象征》,《咖啡座谈》,第8页。
② 摘自他给我的一封私人信件(1986年2月26日)。
③ 张若谷:《俄商复兴馆》,《战争、饮食、男女》,上海:良友出版公司1933年版,第143、146页。

这幅画面里那种稍稍自恋的倾向和罗曼蒂克的氛围也许是鲁迅讽刺小品最好的嘲讽对象,正如后来1936年,鲁迅在左联时讽刺"四条汉子"为"才子加流氓"。但即便如此,这个讽刺大师本人却有习惯在著名的内山书店里屋会见他那些年轻的崇拜者,喝茶喝咖啡。张若谷写这篇文章的时候(1929),上海文学似乎整个地沉浸在"咖啡馆"风潮里,不仅有张若谷的文章,郁达夫的译文,还有田汉的戏剧《咖啡馆的一夜》以及无数的文学作品。田汉甚至在为他的新书店"南国剧社"登广告时,说里面有一家咖啡馆,"女侍者的文学素养好,可以让顾客在喝咖啡的时候领略好的文学作品,享受交谈的快乐"[①]。自然,所有这些异国情调都体现在他们波西米亚的自我形象上。张若谷在画家和诗人倪贻德的小阁楼里做客时,开玩笑地说道:"这间屋有鲁道夫画室的风味,但很遗憾你缺了一个陪伴你的咪咪。"田汉甚而在他编的电影剧本《风云儿女》的第一部分中放了些"波西米亚"式的角色,这些人最终在电影主题曲的伴奏下,奔赴战场,而主题歌《义勇军进行曲》后来成了中华人民共和国国歌。

——选自《上海摩登:一种新都市文化在中国 1930—1945》,[美] 李欧梵著,北京大学出版社2001年版,第23—28页

选文三 钱尼论大众娱乐

新形式的大众娱乐在20世纪发展起来,首先是国际影院,然后是广播、唱片业,接下来是电视,全部都建立在通俗刊物和通俗小说的大众读者基础之上,这更给工业化所带来的文化问题增添了世界末日的色彩。对陌生的下层市民的传统恐惧因大众娱乐业带来的不同文化团体的侵入而加强了。这些担心中最有影响的是害怕新的文化产业会被用来愚化大众读者的品位,使他们不仅无法领会文化革新所具有的解放潜力,而且会使他们

---

① 张若谷:《咖啡座谈》,第24页。

成为新的领袖人物的奴隶。

20世纪30年代，一群被称为法兰克福学派的思想家在马克思主义经典研究中将这些思想化为理论。他们的作品多数到60年代以后才开始翻译成英文（这些作品，尤其是沃尔特·本雅明这位前法兰克福学派成员的著作的出版，激起了文化研究领域的理论讨论）。不过，德国学者为逃避纳粹迫害不得不进行的移民也为美国的社会学研究，特别是传媒研究这一新领域带来了一些新的内容。

虽然在30年代，这类作品在英语国家中还鲜为人知，但这些国家也有它们自己的对新形式的剥削的恐惧，特别是存在着对意识形态两极分化的普遍觉察，在知识分子中尤其如此。此外，整个政治领域还蔓延着对大众思想受制于新形式的意识形态统治的担心，这一点部分是对全球性萧条和法西斯运动发展所引发的资本主义危机的反应。解决大众社会的匿名性似乎变得重要了——向社会展示自己的社会生活形式的丰富多样（有一些这方面的探索，如奥威尔的《通往威根码头之路》，这是仍发展着的大众生活修辞中的一个重要姿态；这里也应该提到其所具有的推动力以及对美国乡村贫困状态问题的研究所产生的影响）。

社会研究（英国一个团体所说的"我们自己的人类学"）的形式和动机有很多，各不相同；它们在这里的重要作用是大大扩大了对文化多元性的普遍接受。转向自身、发现自己的社会，这一进程可以追溯到那些民俗研究者，他们记录下了19世纪初期正在消失的前工业文化。同类追求中那些有意义的可以在20世纪30年、50年代和60年代更专业的团体研究中看到。所有这些运动在社会学上的任务是借助真正的社会知识巨风，吹走偏见和成见。在英国，现实主义的社会修辞（social rhetoric）是工人阶级文化在五六十年代节庆式大爆发的主要基础，而这是反思大众文化的必要背景。

这样，人们在所有方面都谈论着社会变革所带来的问题和危险——我们可以更概括地称为现代性话语——这是创新与传统之间的张力：一方面是正在出现的大众社会及其娱乐、广告、消费各方面；另一方面，对传统社会形式和团体的共同情感被新形式的自由和繁荣有力地拉紧、折断。一般认为20世纪60年代是一个分水岭,民族和地区的文化传统在这个时期出现了重大断裂,使兴奋的预言家们看到了新的全球文化。

在英国,现代复兴的基础一方面是充满自信的消费繁荣的大释放(保守党在1959年的普选口号"从未像现在这样好",是从美国1952年的大选中借来的);一方面是普遍认识到有必要对社会管理加以变革。需要变革的感觉部分因对核毁灭的恐惧,部分因新一代对既有秩序的蔑视而加剧了——工党相信自己是一个聪明的政党,嘲笑保守党在1964年的落选。这当然也是电视机普及的第一个十年。BBC经过相对来说很小的斗争就垄断了广播,而所有这些意味着文化专制的东西在1954年却因商业电视的引进被打破了。在这么多的领域里都可以感受到文化上的变革,因此在1964年理查德·霍加特利用自己的威信支持在伯明翰大学成立新的当代文化研究中心,这一做法看来是完全恰当的,当时他正在伯明翰大学教授英国文学。

在北美洲,部分因为社会学已经确立并受到尊重,知识分子对大众社会中社会和文化变革的反应一直较稳固地局限于学院内部;而在英国,直到20世纪60年代后期,社会学教授的数量才开始显著增加。关于"大众社会"的讨论引发了许多出版物对个体、团体和公民的身份等问题展开研究,这些问题至今仍为人们津津乐道(其中一些作为后现代观点重新出现),尽管如此,大众文化的更具战斗性的政治内涵却无法在当代社会话语中找到。我要说的是,意识形态上的限制妨碍了大众文化被从理论上视为当代美国结构性社会冲突的媒介。有趣的是,最近美国出版的一部非常优秀的大众文化论文集仍然比英国的类似文集有着更大的历史和人类学框架。

那些探讨新型大众社会的性质的论著显然必须考虑新的娱乐产业和休闲习惯,一些文集也开始出现,讨论大众文化(mass culture)和通俗文化(popular culture)。可惜的是,改良了的"法兰克福学派"的纯理论研究与那些更传统的精英主义悲观看法结合在一起,遇到相当简化的新平民主义的冲击,结果理论研究简单地分裂为"乐观派"和"悲观派",从而使这一早期的文化研究尝试很快就枯竭了。虽然在北美洲,还存在着研究大众传媒的影响这一长期传统，但往往陷入贫瘠的经验主义。除了一些主要的社会学观点外，这一传统几乎没有什么文化意义。吉特林对这类著作的共同传统作了批判性概括，至于更近阶段观点迥异的著作，见埃弗里和伊森的《对媒体与社会的批判》。

美国那些论大众文化的著作普遍内容贫乏，这一点因未能预见 60 年代后期代沟冲突这一文化政治而凸显出来。也有一些值得尊敬的作品属于例外，如甘斯 1974 年发表的《通俗文化与雅文化》。我并不是说后来美国没有出现大量论大众和通俗文化的著作，但它们多在社会学之外展开研究，只有一些完全例外的著作在试图弥合差异，如邓金的《符号互动论与文化研究：阐释的政治》。在美国，这一点集中于反对在印度支那发动帝国主义战争，尽管它在表述时谈论的是亚文化隔离。文化，以及更加不合法的通俗文化，成为历史断裂感得以显示的媒介——从而集结为一整套反文化偶像和文本。文化成了无法弥合的分裂，既有的社会结构被打破，正统的激进主义者开始感到无法适应。

新老一代缺乏认同，被认为不证自明地显示了传统权威在文化领域的破碎。在欧洲，这在 1968 年巴黎五月事件中达到高潮。这一事件的意义正在于它的不可思议——这场在一个成熟的后资本主义民主社会爆发的革命却反对对消费文化的一切信任。当然，革命最终烟消云散了，既因为资产阶级机构的强大，也是被共产党领导人的保守主义畏惧情绪出卖了。虽然有工人—学生联盟的大胆言论，但 1968 年作为符号的作用主要是一种文化干涉。它的基础既非生产关系，也非工人阶级，而是文化知识分子，因此它的长远影响是文化分析上的转变（我这里在以一种间接的方式谈到其后文化领袖的所作所为，如福柯、波德里亚）。

60 年代晚期后工业社会爆发的文化革命提供了一种可能，即通过一种新的明星模式，使大众文化表演者既是一名艺术先锋，又是一名政治革命家——这里的政治性非常微弱。弗里思和霍纳研究了英国通俗音乐领域接连不断的革新浪潮，揭示出艺术院校如何尤其成为滋生革新意图的有效温床，这些革新试图建立起一种新的表演模式，既声称真正拥有与正统文化相对立的文化立场，又能取得巨大的商业效益。文化激进主义这一初看不大可能的转变事实上已经在整个60年代波普艺术运动对艺术形象的风格化反讽中预示出来。虽然这一松散派别的成员的社会态度并不比早期先锋派（印象主义者）更激进，但英美波普艺术革新者们通过他们的实践，引发了对知识分子在通俗文化上的特权地位的真正颠覆，其程度超过在其之前的所有20世纪的先锋运动。

——选自《文化转向：当代文化史概览》，〔英〕戴维·钱尼著，戴从容译，江苏人民出版社2004年版，第10—16页

选文四　威尔逊论时尚、福柯和身体

服装和身体不但可以被用在对抗或反主流文化方面，而且可以在主流社会当中被用来创造一种假定的渴望效果。颇有悖论意味的是，正是那个我们没有选择的身体，却是我们最想通过装饰媒介而部分地改变的东西。有关时尚与身体的关系的讨论似乎相当少。尽管在许多文化中都有用装饰来改造身体的事例，但在西方，有关体形的讨论却一直受制于有关健康与女性压迫的道德关注。例如，有一种流行的观点认为，是那些为青年人、甚至前青春期的年轻人的体型所设计的时装款式，以及自1960年代崔姬（Twiggy）开始的对于非常年轻的时尚模特的使用，在某种程度上"引起"了神经性厌食症。

在质疑这几类解释时，我并不想简化或淡化诸如厌食之类的情况，但我的确怀疑这样一种对于因果关系所作的过分简单化的理解。许多妇女追随时尚，也许会不时地节食，但并不是厌食者。在1980年代，厌食现象并没有减少，而在这十年间，时尚却发生着多种变化，并不像1960年代中期那样是一律的前青春期风格。

米歇尔·福柯为这一问题提供了一条更富成效的探究思路。福柯一直被指责将身体当作被动的客体来讨论，并被指责将身体当作最基本的"既定物"，当作社会游戏的基础或原材料，但是他至少把身体放回到了社会

科学当中，既将身体理解为一个生物学实体，也将它理解为一个社会建构。就像每一位设法节食的人所知道的，从根本上改变一个人的体型实际上是相当困难的。然而，所有文化当中的服装和装饰一直被用来做这种事情：从文身、项链到染发、卷发以及高跟鞋的使用，女人和男人都一直在努力生产"不同的"身体。

福柯在《规训与惩罚》中详细说明了监视的发展，以及各种权力形式依靠具体的实践被配置到社会各个角落的方式。他感兴趣的东西是各种操练形式、体育以及一般的"改良"形体的方式发展，认为所有这些训练都起到了生产"守纪的身体"的作用，使得身体"适合于"更有效地履行和完成更大范围的任务和活动，或者仅仅充当效率和秩序的"再现"。从隐喻的意义上看，制服在19世纪的急剧增多，也有助于这种规训"体制"的形成。同样，无论在那时还是在稍后，时尚毋庸置疑地被资产阶级社会用作一种规范、调控和社会管制的形式。对丧服的研究尤为清楚地说明了这一点。它所用的材料和装饰品的每一个细节或细节的缺席都有一种特殊的意义。

说19世纪的鲸须紧身衣、帆布紧身衣和钢制妇女紧身衣（外在的强迫规训）已经让位于20世纪由锻炼和节食制作的肌肉衣（内在的主观的规训），也许显得有点陈腐了。从这一点看，与当代对于节食和锻炼的痴迷相比，19世纪紧束腰围的紧身衣——几乎一直被指责为一种强迫和限制的直接形式，也被指责为是将维多利亚时代妇女塑造为"优雅奴隶"的关键，似乎较少具有道德和心理的强迫性（一些妇女也发现，紧身衣是使人安心的、有它自己的舒适方式，是一个置于个体和世界之间的起支持作用的外壳或甲胄）。

如果我们将维多利亚时代的女性时尚看作是仅仅用来限制女性的，我们就将问题过分简单化了。同样，如果我们将20世纪时尚的兴起仅仅看作是表现了增强的自由和解放，也会犯类似的错误。在现代英国的监狱系统中，女犯人现在都穿她们自己的衣服而不穿罪犯制服。这种变化发生在1960年代，被解释为自由和进步，但它还有另外一面的意义。早在1836年，法国的帕雷特-杜恰特勒（Parent-Duchatelet）医生就发表了对于卖淫问题的开拓性研究成果，他旨在论证，作为妓女"个性化（individualisation）"的一部分，对妓女进行注册是必要的。每一位妓女必须有她自己的档案，因为官方越了解那些成问题的单身妇女，他们对她的监管就会越成功。帕雷特-杜恰特勒的论证似比福柯占先，而监狱改革者们提出在英国女监中废除制服时，给出了非常相似的理由——如果女囚穿着她们喜欢的服装，她们会更充分地"显示"自己的个性，而那种旨在贬低囚犯人格、削平囚犯个性的制服则很难完成这一使命（女子监狱的男性长官们也认为时尚和化妆品可以在女性监狱中促进一种更可接受的异性文化）。

因此，女囚穿衣和化妆的方式被重新定义了。穿衣和着装不再被作为惩罚她和必须剥夺的一种奢侈，也不像一种需要被根除的空虚和自私的形式。相反，它是对自我应尽的义务，以建立起自尊和规则的生活方式，帮助她们去遵从一种被认可的性别身份。在德行中也有种种的时尚；在维多利亚时代被定义为空虚和自私的行为举止，在当代福利文化中被理解为是充分社会化的顺从。一个不能为自己外表"感到骄傲"的人将是一个"不健全"的个体。

在这里，我们再次发现了福柯的回声，这次涉及他最后的一部著作——《性史》第二卷和第三卷："快感的享用"和"关注自我"。在这些著作中，他研究了古希腊和古罗马的礼仪、食谱和自前基督教时期以来的其他"实践"文件，在其中发现"生存艺术的发展是受自我关注（self-preoccupation）支配的"。他专注于考察那些与饮食和性活动有关的规则。福柯的这些著作不仅阐明了他正在考察的那个时期，而且也阐明了我们当代的世界。福柯将那时和现在做了一个对照：他认为，这两个时期都是传统道德和信念形式正在崩溃或正在转变的时期，也是个人在一种真正的意义上必须创造他们自己的道德规范的时期。正确的"关注自我"包括一个处理自我与世界关系的适当态度：这是一种使精神肉体化的伦理学。

在这些最后的著作中，福柯很少关注权力，但是在《规训与惩罚》以及1970年代以来的其他著作中，他将权力作为一种弥漫在社会各个角落中的事物来讨论。所有的社会互动都涉及权力关系。各种规训活动都表现出权力的配置。然而，这个权力或这些权力，又必然产生出反抗。知识固然是控制，但它也不可避免地会产生反叛。当19世纪的性学家们对同性恋和其他的"性变态"行为下定义之时，他们对于知识的使用是受规章限制的，是在控制一种权力的行使，但同性恋们却将他们的定义曲解为一种颠覆性的、反抗的身份：（男）同性恋身份——一种用衣服、珠宝饰物、发型和身体运动显示的身份。

性别是一种权力。性特征与服装和时尚之间的关系也许被早期的一些服装史学家和理论家们夸大了，例如，像詹姆士·雷沃和J.C.弗路格尔就写到了"性感区的转换"；他认为，时尚一会儿强调女性身体的这一部分，一会儿强调另一部分，都是为了防止男人变成性厌烦者。他声称，这可以说明1930年代强调后背性感区的原因，也部分地说明了衣裙贴边的升高和降低的原因。雷尔（Layer）的论点中存在一个突出的问题：它纯粹是依据男人看女人的方式来解释时尚的，完全忽视了女人作为性别人而进行的主动的自我建构。另一位服装史学家塞西尔·威勒特·柯宁顿（Cecil Willet Cunnington）甚至认为时髦的服装可以从相当没有希望的原料中创造出显示性欲的身体。他写道，女性时尚战胜了造物主。与她的服装相比，女人的身体"被它不好的体型和暗淡的颜色可悲地限制和阻碍了，成了被抹上性感气息的怪异的粉红棒棒糖！"

近年来女性主义文化对女性服装的兴趣，已经包含了对那种认为女性服装只与性吸引相关的观念的一些不言而喻的反击，因为后者毕竟依赖于那种认为妇女仅仅是为了取悦男人而存在的传统观点。除此之外，更多地强调了服装所表现的所有其他的社会意义。性别和服装无疑是紧密相关的。1987年，当异性恋者关注艾滋病毒的传染问题之时，一些新闻记者为女人和男人日益增强的性感所困惑——受巴黎设计师阿瑟丁·阿拉亚（Azzedine Alaia）启发而出现的那些紧绷、窄短的裙子和服装，很多采用了皮革甚至橡皮。对这种现象的一个尝试性的解释是，这种性展示的外观发挥了一种"不要碰我"的盔甲的作用，以窥阴癖来替代实际的性接触。三年以后，各种来自于物恋、束缚、色情的女用内衣和紧身运动装的主题，在年轻的荷兰先锋设计师们于阿姆斯特丹的贝列（Balie）咖啡馆举办的作品展示中占据了主导地位，也成为葆莱·泰瑞赫斯（Pauline Terreehorst）的《模式》（*Modus*）一书开始部分引入的话题。这本书就像展览一样，走到了一个极端；它赞美了在时尚与被禁止的性体验领域存在的浪漫联想，它的说明尤其没有回避物恋因素以及服装常常表现出的暧昧的性政治，长久以来，一些女同性恋和男同性恋群体采取了一种类似的有争议的策略，然而，正是暧昧的性描写意象更多地涉及半裸的女性身体，而不是完全裸露的女性身体。实际上，衣服有一种可以表达身体观念和性观念的独特性，但同时它又的确装饰了身体。服装所带来的"心醉神迷的幻想"也清楚地说明了穿用者的身体性别。

这些见解可以让我们避开那些对于时尚的简单的、道学的拒绝，后者已经成了许多左翼激进运动的特征。例如，它们超越了斯图亚特（Stuart）和伊丽莎白·伊文（Elizabeth Ewen）的观点，这两个人对美国移民追随时尚的方式感到悲哀，将追随时尚解释为传统文化的丧失，将"真正的"反叛"置换"成对琐细东西的反叛。今天，我们被迫接受更为复杂的观点：衣服是自我的身体扩展；它们以一种非常直接的方式表现文化；必然会表现文化中占支配地位的价值观（例如，蓝色适合于男孩，粉红色适合于女孩——发生在婴儿身上的几乎首要的事情是被颜色编码化和社会性别化）；然而，这种支配本身为反话语（counter-discourse）、再阐释和抵抗开辟了道路。而且，这些时尚之战都是"真实的"。被征服的苏格兰人和爱尔兰人被他们的英格兰征服者禁穿苏格兰方格呢短裙，因为苏格兰短裙被视为凯尔特人身份的一个有力象征，实际上也被视为反抗的召唤。祖特装（Zoot suits）在1940年代的美国西海岸引起了骚乱。服装代码领域是一个争夺控制权以定义地位和我们自身并用来创造意义的场所。我们仍然承认是服装一种控制和支配的有力武器，但也要扩展我们的视野，将服装同时所具有的颠覆性品质也纳入理解范围。

当代对于时尚的兴趣，与那些被描述为后现代转向的东西是一致的，即从对知识的强调到对存在的强调，"从知识到经验，从理论到实践，从精神到身体"。因为时尚不只是一种语言，它确实还传达信息。它还是触觉的和视觉的，是和触摸、表面、颜色、外形相关的事情。它具体地显现了文化。因此，比压抑或根除时尚更为激进的目标应该是对时尚的扩展、繁殖和增殖，后者包括在观念上将时尚从社会性别、种族和年龄的刻板定型中解放出来。至少在道义上可以讲，19世纪晚期的"理性服装"可以被认为像时髦服装一样带有自己的强制性。正如米根·莫里斯（Meaghan Morris）在描述1970年代的激进主义（包括女性主义）时所说的："目前，我们听到了很多有关迷恋时尚（style - obsessed）的肤浅的后现代理论：但是城镇周围那些时髦的姑娘和小伙子，在说明运用时尚进行独裁政治控制方面，的确没有多少可以教给左派的知识。我们毕竟是这样一群人，在自己的生活中安装了一个无情的监视系统，来监测风格的每一方面——衣服、饮食、性行为、家庭品行、'角色扮演'、内衣裤、读物、写作和艺术中的'愚民主义'和对应的'通俗易懂性'、房地产、室内装饰、幽默等等，这个监视系统是如此的完备，以至于那些被冠以个人政治、日常生活的事情都成了纯粹的符号过程（semiosis）运作的场所。这个监测过程经常发挥了如下的作用：决定什么风格、哪种手势可以算作好的（'正确的'、'合理的'）政治，哪种不能算作好的政治。"

价值体系必然会显现在我们的服装上。也许20世纪80年代的问题不是风格迷恋，而是那些风格，至少是服装风格，非常充分地表现了那个时代的企业——文化精神。在一种颠倒的抵抗中，穷人（朋克）创造的引发骚乱的风格被转变为支配性的或成功者的风格，他的靴子确实是为走路而制作的，也的确准备走上来向你献殷勤。但不能说这种过程是不能被颠倒的。

（宓瑞新 译，丁泓 校）

——选自《时尚与后现代身体》，载《消费文化读本》，罗钢、王中忱主编，中国社会科学出版社2003年版，第293—300页

选文五　波德里亚论休闲的悲剧或消磨时光之不可能

在"消费社会"现实或幻想的大量财富中，时间占据着一种优先地

位。仅仅对这种财富的需求就几乎相当于对其他任何财富需求之总和。当然，这方面的机会均等、自由时间的普及并不比其他方面的财富或服务来得更多。此外，我们知道以计时单位对自由时间的计算，如果说这对区别一个时代与另一个时代或者一种文化与另一种文化来说是有意义的，那么在我们看来就绝对价值而言这毫无意义：这段自由时间的品质、它的节奏、它的内涵，相对于劳动或"自治"的约束它是否还有剩余，这一切重新成为对个体、范畴、阶级进行区分的特征。工作的增加和休闲的缺乏甚至会重新变成经理或负责人的特权。除了这些仅在某种地位符号（其中包括"被消费了的"自由时间）区分理论中才有意义的差异，还应看到时间具有人类地位均等化的某种特殊神话价值、如今被休闲用力夺回并被作为主题的某种价值。那句曾集中表现了所有对社会公正的愿望的古老格言说道："时间和死亡面前人人平等"，它被精心地保存了下来，并流传到了今天的神话之中，变成了休闲之中人人平等。

"共同进行的潜水捕鱼及共同品尝的萨莫斯葡萄酒唤醒了他们身上的一种深深的同志情谊。在返航的船上，他们发觉彼此只知道对方的姓氏，于是交换了地址，才惊奇地发现他们原来是在同一家工厂工作，一位是技术指导而另一位是守夜人。"

这则有趣的寓言总结了地中海俱乐部的全部意识形态，包括了好些玄奥的公设：

1. 休闲，就是对自由的支配。

2. 每个人，生来，在实体上就是自由的，并且是与他人平等的：只需把他重新置于"自然"状态中，他就能收复这种实体的自由、平等、博爱。因此希腊的岛屿和海底深处成了法国革命理想的承继。

3. 时间是一种先天的、先验的、先于其内涵的范畴。它就在那儿，它等待着您。假如它在劳动中被异化、被奴役，那么"人们就没有时间"。假如它摆脱了劳动或束缚，那么"人们就有时间"。它就像空气、水等等一样是一种绝对的、不可让与的范畴，它在休闲中重新变成了大家的私有财产。

这最后一点是最重要的：它令人隐约感觉到时间很可能只是某种文

化,更确切地说是某种生产方式的产品。在这种情况下,它必然和这一生产系统范围中一切被生产出来或可资利用的财富一样隶属于同一法则:私有或公共财产的法则,占有的法则,被拥有且可让与的、异化了的或自由的客体的法则,而这种客体和根据这一系统模式生产出来的一切物品一样从属于交换价值的物化抽象。

还有人会说,大部分物品无论如何都具有某种理论上可与其交换价值相脱离的使用价值。可是时间呢?它的可通过某种客观功能或特定实践来确定的使用价值在哪里呢?因为"自由"时间的深刻要求就在于:为时间恢复其使用价值,将其解放成空闲范畴,并用个体的自由将其填满。然而,在我们的体系中,时间只有作为物品、作为每个人都能"随心所欲地"用于"投资"的由年、时、日、周构成的计时资本才能得到"解放"。因此事实上它已经不再"自由"了,既然它的计时要受到总体性抽象即生产系统的抽象的支配。

因而休闲的深刻要求陷入了无法解决的、绝望的矛盾中。它对自由的强烈期盼证明了制约机制的强大力量,确实,这种力量无论在何处都没有在时间领域表现得如此全面。"每当我谈到时间,它已然不再存在",阿波利奈尔说道。关于休闲人们可以说:"每当我们'有'时间,它便已不再自由。"况且这种矛盾并非只是文字游戏,而确实很深刻。这便是消费的悲剧性悖论。对每一件被拥有、被消费的物品,就如同对自由时间的每一分钟一样,每个人都想将自己的欲望传送于其中,并相信自己已经这样做了——然而每一件被占有的物品、每一次完成了的满足,就像"可资利用的"每一分钟一样,欲望已然缺席,必然缺席。剩下的不过是欲望"被消费"后的残余。

原始社会中没有时间。想要了解那里的人们"有"没有时间,是没有意义的。在那里,时间只是重复式集体活动(劳动、庆祝的仪式)的节奏。要把它投射到已然预见且调制好的未来中去就不能脱离这些活动。它不是个体的,庆祝活动中积累起来的就是交换的节奏本身。没有名称可以称呼它,它和交换的词汇混淆在一起,和人及自然的循环混淆在一起。因此它是"被联系"的,而不是被约束,而这种"联系"(格本登黑特)并不与任何"自由"相对立。它确实是象征的,就是说无法被抽象地孤立出来。另外"时间是象征的"这种说法毫无意义:很简单,在那里,官和金钱一样并不存在。

相反,时间与金钱的类比则是对"我们的"时间进行分析的基础,而且可能包含着劳动时间与自由时间之间的重大鸿沟、决定性的鸿沟,因为消费社会的那些基础性选择就是建立于其上的。

时间就是金钱:这句烙在雷明顿打字机上的铭言同样也烙在工厂的门楣之上、烙在被日常性事务奴役的时间之中、烙在变得越来越重要的"时间预算"的概念里。它甚至还支配着——而这才是我们的兴趣所在——休闲与自由时间。决定着空闲时间并被烙在海滩日晷仪上以及度假俱乐部门楣上的还是它。

时间是一种服从于交换价值规律的珍贵的、稀缺的东西。这一点对劳动时间而言是显而易见的,因为它是被出卖和被购买的。但是自由时间本身也变得越来越需要直接或间接地被购买以被"消费"。诺曼·梅勒分析了对以冰冻及液体形式(纸箱包装)发货的桔子汁进行的生产计算。后者更加昂贵,因为人们把免去产品冰冻准备过程而赢得的那两分钟也计算在成本内了:他们自己的自由时间就这样被出售给了消费者。而这是合乎逻辑的,因为"自由"时间实际上是"赚到的"时间、是可赢利的资本、是潜在的生产力,因而需要将其买回来以资利用。如果有谁对此感到惊奇或气愤的话,那么他肯定还停留在那种对理想化中性且可供任何人使用的"自然"时间的天真假设之中。投一枚一法郎的硬币到自动电唱机中就能"买回"两分钟的清静,这种念头毫不荒诞,这也反映了同一个真相。

可切分的、抽象的、被计时的时间就这样变得与交换价值系统同质:在那里它变得同无论什么物品都一样了。作为时间计算的物品,它能够而且应该与任何其他商品(尤其是金钱)进行交换。另外,时间/物品的概念具有可逆价值:一切都和时间一样是物品,因而一切被生产出来的物品均可被看作凝固的时间——其中不仅包括它们商业价值计算中的劳动时间,而且包括休闲时间,因为技术物品为使用它们的人"节约"了时间,而且这些人为此付费。洗衣机，便是家庭主妇的自由时间，便是转化为可被出售和购买的物品的潜在自由时间（这个自由时间她也许会用来看电视以及电视上其他洗衣机的广告！）。

时间作为交换价值和生产力的这一规律并不关注休闲，以至于后者奇迹般地逃脱了一切制约着劳动时间的束缚。（生产）系统的规律都是不休假的。它们持续地在任何地方——在路上、在海滩上、在俱乐部中——再生产作为生产力的时间。表面上一分为二变成劳动时间和休闲时间——后者打开了自由的先验领域——这是一个神话。这种在消费社会中的的巨大对立变得越来越基础、越来越形式化。这种将每年的时间划分为"阳光下的一年"和"社会性的一年"的巨大编排，把假日变成私人生活的开始而把初春当成集体生活的降临，这种巨大的潮涨潮落表面上看只是一种季节性节奏。这根本不是一种节奏（循环中自然时刻的承接），这是一种功能机制，是将同一个系统程序划分为劳动时间和休闲时间。我们将会看到由于这种客观的、逻辑的共通，制约着劳动时间的标准和约束也被传送到了自由时间及其内容之中。

暂且让我们回到休闲本身的意识形态上来。休息、放松、散心、消遣也许都是出于"需要"，但它们自身并没有规定对休闲本身的苛求，即对时间的消费。自由时间，也许意味着人们用以填满它的种种游戏活动，但它首先意味着可以自由地耗费时间，有时是将它"消磨"掉、纯粹地浪费掉。（这就是为什么说休闲"被异化了"，因为它仅仅是恢复劳动力所必需的时间——这是不够的。休闲的"异化"更加深刻：它并不直接隶属于劳动时间，而是与消磨时间之不可能性本身相联系。）

时间真正的使用价值，即休闲无望地试图恢复的那种价值，就是被消磨掉。① 假期便是一种对那可以完全浪费掉的时间的追寻，而且这种浪费不会进入到一种计算程序之中、（同时）这段时间不会以任何方式"被赚

---

① 可以认为，在此方面，时间与其他一切物品相对立，因为传统意义上的"使用价值"是被拥有、被使用和被利用。然而这无疑犯了一个深刻的错误，物品的真正使用价值无疑也是被消耗、"纯粹地浪费"——这是一种在各处都被划掉而被"实用的"使用价值取代了的"象征的"使用价值。

取"。在我们的生产与生产力系统中，人们只能赚取自己的时间：这种命定的必然沉重地压在了劳动之上，也压在了休闲之上。人们只能"利用"自己的时间，尽管也许只是一种空洞得惊人的使用。假期的自由时间依然是度假者的私人财产，是他通过一年的汗水赚取并拥有的一件物品、一件财富，他就像享受其他物品一样享受它——他不会放弃它、把它给予、贡献（就像人们把物品放进礼品袋那样），而要将它用于一种完全的无拘无束、用于意味着真正自由的时间之缺席。他被紧紧地束缚于"他的"时间之上，就像普罗米修斯被束缚在他的岩石之上那样被束缚于作为生产力的时间的普罗米修斯神话之中。

西西弗斯、坦塔罗斯、普罗米修斯：所有有关"荒诞自由"的存在神话较好地刻画了其背景之中的避暑者为了模拟某种"假期"、无动机、彻底的剥夺、空虚，刻画了他白费心机而仍无以消磨自身及时间——原因是他处在一个完全客观化的时间范畴中。

我们身处的时代是一个人们永远无法消磨足够多的时间以战胜那种从度日生活到从中赚取利益的命定必然性的时代。但是人们不能像脱去内衣一样摆脱时间。人们再也不能把它消磨掉或浪费掉，对金钱也是如此，因为这两者都是交换价值体系的同一种表达方式。在象征范畴之中，白银、黄金都如同粪土。客观化的时间也是一样。但事实上，极少有，而且就现实体系而言，逻辑上不可能把金钱或时间回复到它们"古老的"、祭祀式的粪土功能中去。假使有人真正如此，那么他就是在象征模式上摆脱了它们。在计算和资本的秩序之中，这显然是某种方式的颠倒：我们通过它而客观化，我们被作为交换价值的它所操纵，是我们变成了金钱的粪土，是我们变成了时间的粪土。

到处都是如此，不要相信关于休闲中自由的假象，"自由"时间在逻辑上是不可能的，只可能存在着受制约的时间。消费的时间即是生产的时间。它之所以如此是因为它从来就只是生产循环中的一个"模糊"阶段。而且，这种（根据社会阶层而进行了不同分配的）功能互补性并非其主要决定。休闲受到制约是因为它在无动机的表象下忠实地再生产着本属于生产时间和被奴役的日常性在精神上和实践上的一切束缚。

它并不表现为创造性活动：艺术或其他方面的创作或创造，从来都不是休闲活动。通常它表现为某种返祖活动、早于劳动的当代形式的活动（零活、手工艺、收藏、钓鱼）。至此唯一真实经验过的自由时间的指导性范例就是童年。但这里混淆了童年游戏中对自由的体验和对劳动分工之前社会阶段的怀念。在这两种情况下，休闲想要恢复的总体性和自发性由于它们突然出现在一个受到当代劳动分工重点强调的社会时间中，因而具备了消遣和无责任的客观形式。然而，休闲中的这种无责任是与劳动中的无责任对应并在结构上互补的。一方面是"自由"，一方面是束缚：实际上，结构还是一样的。

正是时间在这两大模态之间的功能划分构成了系统并将休闲变成了异化了的劳动的意识形态本身。这种二分法给双方都造成了同样的不足和矛盾。因此不论在何处我们都能像在劳动领域中一样在休闲和假日中找到相同的尽责式精神和顽强理想、相同的强迫伦理。休闲和它彻底参与的消费一样，都不是满足的实践。至少它只是在表面上是那样。事实上，这种要晒黑的急切念头萦绕心头，促使旅游者们"游览了"意大利、西班牙和一座座博物馆，这种健身和不可或缺的严格的裸体日光浴、尤其是这种微笑和坚持活着的快乐，这一切都表现为根据义务、牺牲及苦行原则进行的一种全面分配。里斯曼所说的"快乐道德"，便是今后休闲和快乐中任何人都无法回避的、这种本来就属于伦理方面的救赎范畴——除非他能在其他尽责标准中找到救赎。

出于与劳动束缚同质的一种束缚原则，产生了一种日益敏感的——并与自由及自主动机明确对立的——倾向，即旅游及度假集中化倾向。独处是一种口头上而不是实践中的价值。人们逃避了劳动，但逃避不了集中。在这里当然，也存在着社会不公平（报告，第8条）。海洋、沙滩、阳光和人群对来自于社会低层的度假者们比对富庶阶级的度假者们显得更加必要：这反映了经济能力的问题，但更主要的是文化期待的问题："受到被动假期束缚的人们，他们需要海洋、阳光和人群来掩饰自己的窘迫。"（同上，于贝尔·马塞）

"休闲是一项集体使命"：这一报章标题完美地概括了自由时间及其消费的那种制度的、内在化社会准则的特性，在那里对白雪、悠闲及各国美食的享受勉强遮掩了那深刻的服从：

1. 对一种将需要和满足最大限度化的集体道德的服从，这种道德在私人及"自由"领域里逐点反映了"社会"领域中生产及生产力最大限度化的原则。

2. 对一套区分编码、一种鉴别结构的服从——区分的标尺，在古代对富庶阶级而言长期意味着"游手好闲"，现在变成了对无用时间的"消费"。支配着休闲的，是什么（有用的事）都不做的束缚，而且这种支配是非常专制的，这种束缚曾在传统社会中支配着特权阶层的地位。休闲，其分配依旧很不公平，在我们的民主社会中，仍然是文化选拔和区分的一个因素。尽管如此，人们可望预见趋势逆转（至少可以想象这样）：在 A. 赫胥黎的《最美妙的世界》中，只有阿尔法人进行劳动，其他大群的人们都献身于享乐与休闲。人们可以承认随着休闲的前进及自由时间的普遍"提升"，特权会发生逆转，而最好的结果也许是为必须的消费留下越来越少的时间。假如休闲活动在发展过程中越来越与它们的理想计划背道而驰，且堕入到竞争和惩戒性伦理之中（这种可能性很大）的话，那么就可以断言劳动（特定类型的劳动）反而会成为使人们从自己休闲的疲劳当中恢复过来的场所和时间。无论如何，劳动今后可能会重新成为区分特权的符号：比如高层干部和总经理们那种做作的"被奴役"，他们每天必须工作 15 个小时。

由此我们得出了一个矛盾项，其中被消费了的正是劳动本身。只要它比自由时间更受欢迎，只要存在着通过劳动实现的"神经官能"的需求和满足，只要额外劳动还是声誉的标志，那么我们就处在劳动消费的领域内。但我们知道，一切都可能成为消费客体。

休闲的区分价值反正在今天以及今后很长时间内都将存在着。即便劳动反弹性增值，那也只是从反面证明了休闲作为深层夸耀中高贵价值的力量。"受到劳动的明显束缚成了不成文的名誉索引"，瓦布兰在其《休闲阶级理论》中说道："明显地受到劳动约束是公认的名誉和地位的标志。"生产性劳动是卑贱的：这一传统依然如故。也许随着当代"民主"社会中日益激烈的地位竞争，这一传统甚至还得到加强。价值/休闲的这种规律具有绝对社会规定的力量。

休闲因而并非就意味着一种享受自由时间、满足和功能性休息的功能。它的定义是对非生产性时间的一种消费。这样我们便回到我们开头为了证明为什么被消费了的时间实际上是生产时间而谈到的"时间的浪费"之上了。这种时间在经济上是非生产性的，但却是一种价值生产时间——区分的价值、身份地位的价值、名誉的价值。因此，什么也不做（或者不做任何生产性事情）变成了一种特定活动。生产（符号等）价值是一种必然的社会供给，这与被动消极是完全相反的，即使后者是休闲显著的话语。事实上，时间在这里并不"自由"，它在这里被花费，而且也没有被纯粹地浪费，因为这对社会性个体来说是生产身份地位的时刻。没有人需要休闲，但是大家都被要求证明他们不受生产性劳动的约束。

所以对空闲时间的消费类似于礼物交换。在这里，自由时间（同时对附属及内在于休闲的一切活动而言）是含义和符号交换的材料。就像在巴塔耶的《被诅咒的一方》中，其价值就在于毁灭本身之中，在于牺牲之中，而休闲则是这一"象征性"步骤发生的场所。

因此休闲在最后审判中用价值区分逻辑和生产逻辑为自己进行辩护。人们几乎可以经验性地核实这一点：当一个休闲者独处、进入"创造性自由支配"状态之时，他会绝望地寻找一个可以钉的钉子、一个可供拆卸的马达。置身竞争圈之外，没有丝毫自主需要、半点自发动机。但他并不因而就放弃什么也不做的机会，恰恰相反。他迫切地"需要"什么也不做，因为这具有社会区分价值。

今天依然如此，普通个体向假期和自由时间要求的，并不是"尽责的自由"（要它何用？有什么被隐藏的本质会冒出来？），而首先是标榜自己时间的无用性，作为奢侈资本、作为财富的时间的富余。休闲时间，就和消费时间一样，总的来说，变成了非常确切的社会时间、价值生产的社会时间，变成了一个并非关于经济继续存在而是关于社会救赎的范畴。

我们来看自由时间的"自由"归根结底是以什么作为根据的。应该将其与劳动"自由"及消费"自由"进行比较。就像必须要使作为生产力的劳动得到"解放"以获取经济交换价值一样——就像必须要使消费者得到"解放",使他(在形式上)可以自由进行选择和建立兴趣以便消费系统得以建立起来一样,同样必须使时间得到"解放",就是说使它摆脱它的(象征的、礼仪的)蕴涵以:

1)不仅成为经济交换循环中的商品(就像在劳动时间中那样);

2)而且成为在休闲中获得了社会交换价值(名誉游戏价值)的符号和符号材料。

决定被消费时间的仅仅是这后一种模态。劳动时间没有"被消费",或者说它只是像马达耗费汽油一样被耗费了,这个概念与消费逻辑毫无关联。至于"象征性"时间,则既没有受到经济上的束缚,也不像功能/符号那样"自由",而是被联系着,也就是说与自然或相对社会交换的具体循环密不可分,这种时间显然没有"被消费"。事实上,我们称之为"时间",只是由于我们的计时概念的类比和投影;它实际上是一种交换节奏。

在我们所处的这样一个一体化的、总体的系统中,不存在对时间的自由支配。休闲并非对时间的自由支配,那只是它的一个标签。其基本规定性就是区别于劳动时间的束缚。所以它是不自主的:它是由劳动时间的缺席规定的。这种构成了休闲深刻价值的区别到处被解释、强调为多余、过度展示。在其一切符号之中、在其一切姿态之中、在其一切实践之中及在其表达的一切话语之中,休闲靠着对这样的自我、对这种持续的炫耀、对这个标志、对这张标签的这种展示和过度展示而存在。除了这一点,它的一切都可以被剥夺、删除。因为正是这一点规定了它。

——选自《消费社会》,[法]让·波德里亚著,刘成富、全志钢译,南京大学出版社 2001 年版,第 168—178 页

结语

美国经济学家凡勃伦（1857—1929）提出了"明显消费"的概念。所谓的"明显消费"是指在金钱上占优势的阶级为显示自己的优越和荣誉大肆从事对财产的浪费性消费行为，他们在财力、道德、体格、智力和审美力等方面均表现出与其他阶级的歧视性对比，这是"有闲阶级"特有的生活方式。国际知名文化研究学者李欧梵（1942—　）重绘了上海的文化地图。他借咖啡馆这个新的公共构造和空间为我们呈现了上世纪三四十年代摩登都市上海的状况，其中谈到众多的往来于咖啡馆的知识阶层如何在这个消费空间的文化活动，显示了咖啡馆这个具有政治和文化意味的公共空间在中国文化现代性历程中所具有的象征意义。英国当代学者钱尼概述了作为新形式的大众娱乐在西方产生的负面效应以及知识分子对大众文化理论研究的流变过程，从而揭示了大众（娱乐）文化作为社会批判的重要功能。英国当代学者威尔逊考察了后现代社会中时尚与身体的关系，认为女性时尚并不仅仅是为表现"增强的自由和解放"，而是一种性别权力，是用于对抗或反抗主流文化并用于"创造一种假定的渴望效果"。法国当代著名的社会学家波德里亚（1929—　）揭示了消费社会中休闲异化的现象，认为休闲是不可能的，因为休闲也是作为文化消费的对象，具有符号性、强制性的特点。消费社会中所谓的休闲是由劳动时间的缺席而被规定的，它其实不过是自由的"假象"。以上这些论述分别从消费主体（"有闲阶级"）、场所（"咖啡馆"）、方式（"大众娱乐"）、对象（"身体"）、语境（"消费社会"）等方面说明了作为一种休闲行为的消费及其包蕴其中的"快感"是具有一种特别规定的，这实际上是提示我们必须要理性地对待各种消费（休闲）文化。

进一步思考的问题：

1. 时尚的社会心理特征是什么？
2. 酒吧在现代都市中有什么象征意义？
2. 以摇滚乐为例说明上世纪60年代美国文化的特点。

4. 如何促进消费社会中休闲的可能？

关联性思考的问题：

1. 美感与快感有何本质区别？
2. 如何理解消费的快感本质？
3. 以尼采观点为例说明身体的美学意义。
4. 休闲行为是如何受到消费观念制约的？

进一步阅读的书目：

1. 李陀：《在新意识形态的笼罩下：90年代的文化和文学分析》，江苏人民出版社2000年版。

2. 陈昕：《救赎与消费：当代中国日常生活中的消费主义》，江苏人民出版社2001年版。

3. 包亚明等：《上海酒吧：空间、消费与想象》，江苏人民出版社2001年版。

4. 高宣扬：《流行文化社会学》，中国人民大学出版社2006年版。

5. ［德］齐美尔：《时尚心理学——社会学研究》，《社会是如何可能的：整齐美尔社会学文选》，林荣远编译，广西师范大学出版社2002年版。

6. ［美］迪克斯坦：《伊甸园之门：六十年代的美国文化》，方晓光译，译林出版社2007年版。

7. ［美］蒙福德：《午后的爱情与意识形态：肥皂剧、女性及电视剧》，林鹤译，中央编译出版社2004年版。

8. ［英］约翰·B.汤普森：《意识形态与现代文化》，高铦译，译林出版社2005年版。

关联性阅读的书目：

1. 赵一凡等主编：《西方文论关键词》，外语教学与研究出版社2006年版。（重点阅读"消费社会"、"快感"等词条）

2. 朱效梅：《大众文化研究：一个文化与经济互动发展发展的视角》，清华大学出版社2003年版。

3. 汪民安编：《后身体：文化、权力和生命政治学》，吉林人民出版社2003

年版。

4. 汪民安：《尼采与身体》，北京大学出版社 2008 年版。

5. ［美］詹姆逊：《快感：文化与政治》，王逢振等译，中国社会科学出版社 1998 年版。

6. ［法］米歇尔·福柯：《规训与惩罚：监狱的诞生》，刘北成、杨远婴译，北京三联书店 1999 年版。

7. ［美］罗伯特·弗兰克：《奢侈病》，蔡曙光、张杰译，中国友谊出版公司 2002 年版。

8. ［法］尼古拉·埃尔潘：《消费社会学》，孙沛东译，社会科学文献出版社 2005 年版。

9. ［法］让·波德里亚：《象征交换与死亡》，车槿山译，译林出版社 2006 年版。

10. ［法］亨利·勒菲弗：《空间与政治》，李春译，上海人民出版社 2008 年版。

技术与审美生存

导言

技术的进步无疑会促进休闲的实现。有了高效的生产工具，我们可以提高生产速度，快速积累物质财富，从而赢得更多的闲暇时间；有了便捷的交通工具，我们可以远游四方饱览河山，从而可以在工作之外获得更多身心调节的机会；有了电影、电视、网络等技术媒介，我们可以足不出户地实现商品买卖和多样化的休闲娱乐方式。人类在技术中获益匪浅，但是技术亦如一把"双刃剑"，直指其反面。在任何以技术为中介而组成的社会关系中，都有可能引入更民主的控制和重新设计技术，使技术容纳更多的技能和主动性；而一旦技术中介渗透到社会生活的每一个领域，随之也就产生了技术的矛盾和潜能。因此，如何使技术更好地为人类服务是一个与文明前途息息相关的重要课题。关于技术是中性的还是决定性的争论从一个侧面反映了人类在此问题认识上的困境。海德格尔、马尔库塞等人就认为，技术是具有支撑统治体系的意识形态，他们规划的审美乌托邦蓝图就是建立在批判技术理性的基础之上的。今天，我们看到社会生活日益被发达的电子、图像、媒介技术所塑造，生活经验和存在方式呈现出一种"审美化"的趋势。德国学者韦尔施甚至这样认为，"不计目的的快感、娱乐和享受"的潮流，"在今天远远超越了日常个别事物的审美掩盖，越超了事物的时尚化和满载着经验的生活环境。它与日俱增地支配着我们的文化总体形式。经验和娱乐近年来成了文化的指南。一个日益扩张的节庆文化和娱乐，侍奉着一个休闲和经验的社会"①。审美化对现实的支配也包含新技术和新媒介自身越来越被审美化过程所支配。面对这样的现实，我们既不可能逃避它的影响，又不可能退回到前技术的原始时代，而只能是积极选择。正如当代美国技术哲学家安德鲁·芬伯格所说："真正的问题不在于技术或进步本身，而在于我们必须从中做出选择的各种可能的技术和进步途径。"② 这需要我们有一种与占主导的技术理性不同的思想，一种能在技术的更广泛的情境中进行反思的批判理性，即"前进到自然"，朝向一种根据人的需要和利害关系的宽广范围而有意识地构造的总体性，使环境与适当技术的结构之间取得协同作用。如此，我们也就通向了休闲之境界即审美的道途。

选文一　麦克卢汉论游戏——人的延伸

饮酒和赌博在不同的文化中含义迥然不同。在我们具有强烈个人主义和切割色彩的西方世界中，"痛饮"（boose）是一种社会纽带和介入节日活动的手段。与此相对，在扭结紧密的部落社会中，"痛饮"对一切社会格局都具有破坏性，它甚至是神奇体验的一种手段。

---

① ［德］韦尔施：《重构美学》，陆扬、张冰岩译，上海译文出版社2002年版，第6—7页。
② ［美］安德鲁·芬伯格：《技术批判理论》，韩连庆、曹观法译，北京大学出版社2005年版，第1页。

另一方面，赌博在部落社会中是一种受欢迎的手段，用来表现创业者拼搏精神和首创精神。一旦搬进个人本位主义的社会中，赌博和赛马似乎会对整个社会秩序构成威胁。赌博将个人首创精神推向嘲弄个人本位社会结构的程度。部落的美德成了资本主义的丑行。

1918 年和 1919 年从欧洲西线泥泞和血腥的战场回国的士兵们，遇到了禁酒令。① 这一法令表现了如下的社会认识和政治认识：战争使我们亲如兄弟和部落化，于是酒精构成了对个人本位社会的威胁。如果我们再准备使赌博合法化，我们就会像英国人一样，向世界宣告个人本位社会的结束，并将踏上重返部落生活方式的旅程。

我们认为幽默是心智健全的标志，这一点有充分的理由：在欢乐嬉戏中我们又恢复了整体人的天性，而在工作和专业生活中，我们却只能用上整体人的一小部分天性。菲利普·迪安在《我在朝鲜的俘虏生活》中，述及他们在接连不断的洗脑活动中所做的游戏，他说得非常中肯：

> 接着有一段时间，我只好停止看那些书，停止练习俄语。因为由于学习俄语，那种荒唐和经常听见的断言竟开始留下了印记，开始找到了共鸣。我觉得自己的思想过程搅成了一团乱麻，我们的批判力逐渐迟钝起来……突然之间，他们却犯了一个错误，他们让我们看史蒂文森②英文版的《金银岛》……我又可以在读马克思的书时老老实实地问自己而不必感到害怕了。史蒂文森使我们感到轻松愉快，于是我们就开始学跳舞。

游戏是大众艺术，是集体和社会对任何一种文化的主要趋势和运转机制做出的反应。和制度一样，游戏是社会人和政体的延伸，正如技术是动物有机体的延伸一样。游戏和技术都是抗刺激的媒介，或者是适应专门化行动压力的方式：任何社会群体中都必然出现专门化的行动。游戏是对日常压力的大众反应的延伸，因而成为一种文化准确可靠的模式。它们把整

---

① 禁酒令（Volstead Prohibition Act）：1919 年美国国会通过的联邦禁酒令，议案由议员安德鲁·沃尔特斯德提出，1930 年解除禁酒令。

② 史蒂文森（Robert Louis Stevenson, 1850—1894）：英国小说家，创作了许多文学作品。

个人口的行动和反应熔为一炉，使之成为一个动态的形象。

1962年12月13日，路透社从东京发出的一则电讯说道：

生意就是战场

日本企业家圈子中最近的新潮，是研究古典军事战略和策略，以将其用于企业的运筹之中……据报道，日本一家最大的广告公司甚至规定，它的所有雇员都必须研读这些经典兵书。

历时千百年、团结紧密的部落组织，在电力时代的贸易和商务中使日本人处于非常有利的地位。几十年前，他们经历的书面文化和工业切割，足以释放出他们个人主义的能量。电力装置现在所要求的密切协同和部落忠诚，再次使日本人和他们古老的传统形成一种积极的关系。可是我们的部落生活方式离我们已经遥不可及，因而它对社会不可能有任何帮助。我们在痛苦的摸索中开始重新部落化的过程：无文字的社会在痛苦的摸索中开始学习读书写字，开始以三维空间的视觉方式组织自己的生活。我们的痛苦摸索与他们的痛苦摸索是一样的。

几年之前，寻找失踪的迈克尔·洛克菲勒的工作，使新几内亚一个部落的生活进入《生活》杂志并占据显要的地位。编者在解说这个部落的战争游戏时写道：

威利吉曼—瓦拉鲁阿人的世仇是威塔亚人。威塔亚人在语言、服饰和风俗上和他们一模一样……每隔一二周，他们就与宿敌在一个惯用的战场上安排一次形式化的战斗。和"文明"国家灾难性的冲突相比较，这些打闹似乎是一种危险的户外运动，而不是名副其实的战争。每一场战斗都只进行一天，总是在夜幕降临前收兵回营（因为晚上闹鬼、有危险），或者是天下雨时就偃旗息鼓（谁也不想把头发和装饰品弄湿）。勇士们有百发百中的本事，因为他们自幼年时起就开始学打仗玩。但是，他们在避让袭来的武器时同样是行家里手，因此他们很难得伤到一点皮毛。

这场原始战争真正致命的部分，并不是上述这种形式化的战斗，而是偷袭或伏击。在偷袭和伏击中，不仅男子而且连妇女和儿童都毫不留情地予以屠杀……

这场流血冲突无休止地进行下去，找不到进行战争的任何常规的理由，没有领土的得失，没有商品或俘虏的劫掠……他们之所以打仗，是因为他们热心打仗、喜欢打仗，因为对他们而言，打仗是完全的人的一种重要功能，因为他们觉得必须靠打仗来安慰战死同伴的鬼魂。

简言之，这个部落在上述战争游戏中发觉了一种宇宙的模式，他们可以通过战争游戏的仪式来参与宇宙间那种致命的舞蹈。

游戏是我们心灵生活的戏剧模式，给各种具体的紧张情绪提供发泄的机会。它们是集体的通俗艺术形式，具有严格的程序。古代社会和无文字社会自然把游戏看作是活生生的宇宙戏剧模式（dramatic models of the universe）。希腊的奥林匹克运动会就是直接扮演这种竞赛的游戏，或者说直接扮演太阳神争斗的游戏。竞技者绕圆形跑道奔跑时，头上扎着黄带，模仿太阳神驾车一日一周所经过的圆形黄道带。由于游戏和娱乐是宇宙性争斗的戏剧演出形式，观众的角色显然是带有宗教色彩的。参与这些仪式使宇宙保持在正确的轨道上，同时又给部落提供一种推进力。部落或城市是这种宇宙的模糊的摹本，游戏、舞蹈和偶像同样是宇宙的摹本。艺术如何成为神奇游戏和仪式的文明替代品，正是非部落化走过的历程，非部落化的过程是与文字同时来临的。和游戏一样，艺术成为身心完全介入的、古老魔力的模拟回声，同时也是超乎这种魔力的一种解脱。由于这些神奇游戏和娱乐的观众日益带着更加浓厚的个人主义色彩，艺术和仪式的角色从宇宙的角色转变到人性的、心理的角色，希腊戏剧就发生了这样的转化。连仪式本身也变得越来越口语化，越来越少带模拟的或舞蹈的色彩。最后，荷马和奥维德①的口头叙事诗，成了团体礼拜和群体参与的、富有浪漫色彩的文学替代品。上一世纪许多领域中的大量学术工作，一直被用来精细地构拟原始艺术和仪式的生发环境，因为人们觉得这一重建的过程会提供了解原始人心态的一把钥匙。然而，这把钥匙同时又可以在我们的新式电力技术中找到，因为这种技术正在非常迅速而深刻地在我们自己的身

---

① 奥维德（Ovid，前46—17）：罗马诗人。

上重新创造出原始部落人的品质和态度。

晚近出现的游戏——受欢迎的棒球、橄榄球和冰球——具有广泛的魅力,它们被视为内在心理生活的外在模式,是可以理解的。作为模式来说,它们是内在生活的集体戏剧化模式,而不是个体戏剧化模式。正如我们的口语一样,一切游戏都是人际交际的媒介,除非成为我们内心生活的延伸,否则它们是既不能生存也没有意义的。如果我们手握一块网球拍或13张牌,那就是同意在一个人为构想的环境中成为一个动态机制的一部分。我们之所以最喜欢那些模拟自己工作和社会生活情景的游戏,难道不是由于这个原因吗?难道我们喜欢的游戏,不正是给自己提供了一种超乎社会机器垄断暴政的一种解脱吗?一句话,亚里士多德的戏剧思想——既是模拟表演又是持续压力的解脱——不正是完美地解释了各种游戏、舞蹈和欢乐吗?嬉耍和游戏要受人欢迎,就必须传达日常生活的回声。另一方面,一个人或一个社会如果没有游戏,就等于堕入了无意识的、行尸走肉般的昏迷状态。艺术和游戏使我们与常规惯例中的物质压力拉开距离,使我们去作这样的观察和询问。作为大众艺术形式的游戏,给一切人提供了充分参与社会生活的直接手段,任何单一的角色或工作,都不能给任何人提供这样一种直接的手段。所以,所谓"职业"体育运动是自相矛盾的。当通向自由生活的游戏之门导向专门的职业时,人人都觉得是不适合的。

一个民族的游戏揭示了有关他们的许多情况。游戏是像迪斯尼乐园的一种人为的天堂,或者是一种乌托邦似的幻景,我们借助这种幻景去阐释和补足日常生活的意义。我们在游戏中设计出非专门化的手段,去参与当代广阔的戏剧生活。然而,对文明人而言,参与的观念受到了严格的限制。抹去个人知觉界限的深度参与他是体会不到的,印度教的"得福"(darshan)就是这样一种深刻的参与,这是一种大群人对肉体存在所做的一种神奇体验。

游戏是一架机器。参加游戏的人要一致同意,愿意当一阵子傀儡时,这架机器才能运转。对个人本位的西方人而言,他为了适应社会而作的"调整",具有个人投降集体要求的性质。游戏既给我们传授这种调适,又给我们提供一种解脱。竞赛结果的不确定性,给我们在游戏规则和游戏程序中的死板严格性，提供了合理的借口。

规则突然变化后，此前已被接受的社会习俗和礼仪，突然呈现出游戏中的僵化轮廓和任意模式。史蒂芬·波特尔在《游戏规则》中述及英国正在发生的一场社会革命。英国人正在走向社会平等和由此伴生的激烈的个人竞争。一向被人接受的阶级行为的、老式的仪礼，现在开始显得滑稽可笑、不合情理了，就像是游戏中的骗人把戏一样。戴尔·卡内基①的《处世之道》首版问世时，以严肃的社会知识小册子的面目出现，但是对世故很深的人而言，它似乎是荒唐可笑的。对那些活动在弗洛伊德氛围中的人来说，卡内基当作严肃发现的处世之道，似乎已经是天真而刻板的礼仪，因为了解弗洛伊德理论的目的正是研究日常生活中的精神病理现象。现在，弗洛伊德的感知模式已经变成了过时的准则，它给人提供的是宣泄情感的消遣，而不是生活的向导。

一代人的社会习俗往往变成下一代人的"游戏"准则。最后，这种游戏又作为笑话再往下传，成了没有血肉的骷髅。在社会态度剧变的时期尤其是如此。人们态度的突然改变是崭新技术引起的。电视图像无所不包的网状结构，至少在一段时间里意味着棒球的厄运。因为棒球这种运动是每次只做一种动作的运动，球员的位置固定，他们被分派的专一职能是显而易见的。而这种分派专门职能的做法，是属于正在消亡的机械时代的；机械时代的被分割的任务、人员和行业都置于管理组织之中。由于电视形象本身是新型的、团体参与性的、电力时代的生活方式，所以它养成统一知觉和相互社会依存的习惯。这就使我们与棒球的独特风格产生了疏远；棒球的独特风格，是偏重专门分工和注重球员位置。文化变迁时，体育运动随之而变。棒球变成了工业社会争分夺秒生活的优雅而抽象的形象，所以过了10年新型的电视时期以后，它就失去了适合新型生活方式的心理相关性和社会相关性。这种球被逐出了社会生活的中心，它已经转向美国生活的边缘地区了。

---

① 戴尔·卡内基（Dale Carnegie, 1888—1955）：美国作家。《处世之道》1936问世，成为世界畅销书。

与此相对，美式橄榄球不固定阵式，任何球员或全体球员都可以在球赛中转换为任何一种角色。因此，目前它在普遍受欢迎的程度上正在取代棒球，它非常符合电力时代非集中化的团队游戏的新式行为。不假思索，就可能认为，橄榄球紧密的部落团结会使它成为俄国人努力发展的运动。他们对冰球和足球这两种高度个人本位的运动形式的专注，似乎很不适合一个集体主义社会的心理需要。然而，俄国仍然基本上是一个重口头文化的部落世界，它正在经历非部落化的过程，它正在把个人主义作为新奇的东西去发现。因此，对他们而言，足球和冰球具有一种新奇的、给人希望的乌托邦性质；对我们西方人来说，它们并不传达这样的信息。这种性质我们往往称之为"势利眼价值"。反过来，从占有赛马、赛马球用的乘马或12米长的游艇中，我们也可能去追随类似的"价值"。

所以，游戏可以给人多种多样的满足。我们在此考察的，是游戏在社会中用作传播媒介的总体情况。因此，人们常常以扑克为例，说它表现了竞争性社会中的一切复杂态度和未经说明的价值观念。它要求精明机敏、咄咄逼人、玩弄花招、不奉承人。据说女士们打不好扑克，因为扑克牌激起她们的好奇心，而好奇心又是打好扑克的致命伤。扑克是高度个人主义的东西，容不得丝毫的温情和体贴，只允许最高数字的最大好处——第一名。从这一视角去看，就容易明白，为何战争被称为国王的运动。因为王国之于帝王，犹如财产和个人收入之于普通公民。帝王可以用王土来玩扑克，正如帝王的将军可以用军队来玩扑克一样。围绕自己的资源和意图，他们可以进行虚声恫吓，可以欺骗自己的对手。战争够不上是真正的游戏之处，恐怕也是股票市场和生意够不上是真正的游戏的原因——它们的规则既不为所有游戏人了解，也不被所有人接受。况且，人们参与战争和生意的程度太深，所以战争和生意不可能成为艺术，正如土著社会中无所谓真正的艺术一样，因为每一位土著人都从事制作艺术品的工作。艺术和游戏需要规则、常规和观众，它们必须从总体环境中走出来，成为其典范，以便使总体环境的游戏性质保持不变。因为所谓"游戏"，无论是生活中的游戏还是轮子中的游戏，都包含着相互作用的意义。必须要有来有往，或者叫对话，正如两个以上的人之间和群体之间的关系一样。然而，这种性质在任何情景中都可能减少或失去。名星球队常常在没有观众的情况下举行练习赛。这种练习并不是我们所说的运动，因为相互作用的性质以及相互作用的媒介本身，在很大程度上是观众的情感。加拿大冰球运动员罗基特·里查兹，曾经评说过一些冰球场不佳的音响效果。他觉得冰球从他的球棍上飞出之后像是漂浮在观众的吼声之上。运动作为一种大众艺术形态，并不只是一种自我表现，而且必然是整个文化中的一种相互深刻影响的媒介。

艺术不仅是玩耍，而且是处在人为设计的传统模式中的人的知觉延伸。运动作为大众艺术，是对社会中的典型行动所做的深刻反应。然而另一方面，高级的艺术却不是一种反应，而是对一种复杂的文化状态重新作出的深刻估价。热内①的剧作《阳台》，是对人类疯狂的自毁行为非常合乎逻辑的评价，有人认为它有这样的感染力。热内描述一家被战争和革命的浩劫所包围的妓院，把它作为广阔的人生舞台来表现。我们容易证明，简内特的看法是歇斯底里的；橄榄球表现的对生活的批评，可以比他的批评更严厉。如果把游戏看作复杂社会情景的活生生的样板，游戏就可能缺乏道德上的严肃性，这一点是必须承认的。也许正是这个原因，使高度专门化的工业文化迫切需要游戏，因为对许多头脑而言，它们是唯一可以理解的艺术形式。在分派任务和切割职能的专门化世界中，真正的相互作用缩减到了零。有些落后社会或部落猝然转换为工业化、专门化、机械化的形态之后，往往难以设计出运动和游戏之类的矫正剂，以便创造出与这一转化抗衡的力量。这些社会陷入迂腐的泥潭。没有艺术的人，没有游戏这种大众艺术的人，往往像毫无意识的自动机器。

简单说一说英国议院和法国议会中玩弄的游戏，会唤起许多读者的政治经验。英国人有幸在下院议席中引入了两组议员分开就座的模式。相反，法国人让议员面向议长席坐成半圆，借以谋求集中制；结果反而形成了许多小组，使这些小组玩弄许许多多的游戏。通过谋求统一，法国人反

---

① 热内（Iean Genet，1910—　）：法国小说家、戏剧家，先锋派和荒诞派戏剧家。被社会抛弃的童年造成他终生的叛逆和无政府主义。在监狱中创作成名。《阳台》为大型讽刺戏剧。

而得到混乱的后果。英国人通过树立多样化，如果说得到什么的话，反而是太多的统一。由于他坐在"己方座位上"去参加游戏，英国议员丧失了诱使自己动脑的刺激：在球没有传到他跟前之前，他就不用去听别人的辩论。正如一位批评家所言，假如议席不是面对面安排的话，英国议员就分不出是和非，也分不出智和愚了，除非他们认真去听全部辩论过程。但是，大多数辩论是毫无意义的，所以认真去听全部辩论又是愚蠢的行为。

任何游戏的形式都是它的第一要素，而博弈论和信息论一样，都忽略了游戏和信息运动的这一侧面。两种理论都处理了系统的信息内容，都观察了使资料转向的"噪声"和"诱惑"因素。这好比是从内容的视角去鉴赏一幅画、一首乐曲，换言之，这样做准保看不到经验中关键的结构核心。因为使游戏与我们的生活相关的是游戏的模式，而不是参加游戏的人，也不是游戏的结果；信息运动就是如此。在此，所选用的感官，比如照片和电报所选用的感官，造成了模式的千差万别。在艺术中，我们的感官在媒介中具体的混合情况，是最为重要的；外在的程序内容是骗人的干扰；要使结构形式冲破有意识注意的障碍，就需要这骗人的干扰。

任何游戏，正像任何信息媒介一样，是个人或群体的延伸。它对群体或个人的影响，是使群体或个人尚未如此延伸的部分实现重构。一件艺术品除开它对观赏者产生的影响之外，别无什么存在或功能。与游戏或大众艺术、传播媒介一样，艺术能使人的社群形成新的关系和姿态，它有力量借此将自己的假设强加于人。

和游戏一样，艺术是一种经验转换器。我们曾在一种情景下感觉到的或看见的东西，突然之间以一种新型材料的形式展现在我们眼前。同样，游戏也将熟悉的经验转化成新颖的形式，使事物惨淡和朦胧的一面放出了光辉。电话公司录制了一些粗俗的废话；这些粗俗的谈话人，常常以各种使人厌恶的言词去淹没毫无防卫的接线生。当这些录音带由总机播放出来时，它们就成了还击粗鲁人的娱乐和游戏，使接线生在礼尚往来中保持了平衡。

科学界对其无穷无尽的试验中的游戏成分，已经变得非常自觉，否则它试验的情景模式就观察不到了。在管理业务的训练中心里，游戏被用作开发新式企业的感知手段，已经有很长一段时间了。约翰·肯尼斯·加尔布雷斯认为，企业界现在必须研究艺术，因为艺术给问题和情景所建立的模式，尚未在更大的社会母体中出现，艺术可以使借用艺术去进行感知的企业家在制定计划时取得十来年的余裕时间。

电力时代，艺术与企业、校园与社区日益缩小的沟壑，是整个内爆现象的一部分，这种内爆使一切层面的专门家队伍靠得更近了，19世纪的法国小说家福楼拜觉得，如果人们留意他的《情感教育》，普法战争本来是可以避免的。艺术家普遍持有与此类似的感觉。他们知道自己创作的情景模式，在广阔的社会范围内尚未成熟。他们在艺术游戏中，发现了确确实实正在发生的东西，因此他们看上去是"走在时代的前面"。不搞艺术的人总是透过旧时代的眼镜来看待当前的事情。总参谋部总是做好万无一失的准备去打过去打过的那种战争。

因此，游戏是人为设计和控制的情景，是群体知觉的延伸，它们容许人从惯常的模式中得到休整。就整个社会而言，游戏是一种自言自语的行为。而自言自语又是一种公认的游戏形式，这种形式对自信心的增长是必不可少的。晚近一些时期，英国人和美国人从娱乐和游戏的欢快精神里享受到了极大的自信。如果觉得对手缺乏这种精神时，他们反而会感到难堪。如果对全然世俗的事情过分死板认真，那就说明人的知觉有缺陷，这种缺陷实在可怜。自基督教诞生之日起，有些地区的人就养成了一种习惯，一种精神上取乐的习惯，用圣徒保罗的话说就叫做"装傻瓜闹着好玩"。保罗还将这种精神自信和基督教娱乐与那时代的游戏和运动联系起来。与游乐伴生的是对表面情景和真实兴趣之间的巨大差别的知觉。一种相似的感觉在游戏情景的上空徘徊，名副其实地徘徊。因为游戏和任何艺术形式一样，仅仅是另一种较难把握的情景的比较实在的模式，所以娱乐和游戏中总要产生一种使人震颤的神奇和欢快的感觉，这种感觉使非常死板的个人和社会十分可笑。维多利亚女王时代的英国人趋向不苟言笑那一极端的时候，奥斯卡·王尔德[1]、萧伯纳和G. K. 切斯特尔顿[2]作为与之抗

---

[1] 奥斯卡·王尔德（Oscar Wilde, 18566—1900）：英国剧作家、诗人、小说家。
[2] 切斯特尔顿（G. K. Chesterton, 1874—1936）：英国新闻记者、小说家和批评家。

衡的力量迅速走进社会。学者们常常指出，在柏拉图看来，献给神灵的戏剧是人类宗教冲动最高尚的成就。

柏格森论述笑的那篇名噪一时的论文提出了如下的思想：机械主义接管生活中的价值观念，是构成荒唐可笑性的关键所在。看见一个人踩着香蕉皮摔倒，等于是看见一个合理的结构系统突然转换为一架旋转的机器。既然工业主义在他那时的社会中造成了一种无与伦比的环境，所以柏格森的思想欣然被人接受。他似乎没有注意到：他在机械时代里找到了一个机械的比喻，去解释笑声这种很没有机械味的东西去解说温德厄姆·刘易斯所形容的那种"脑子打喷嚏"的东西。

游戏的精神，几年前在骗人的电视问答竞赛上吃了败仗。首先，高额的奖品似乎是对金钱的嘲弄。货币作为力量和技能的储存器和交换的加速器，对许多人而言，仍然具有诱发极为认真的痴迷状态的魔力。就某种意义而言，电影也是骗人的把戏。而且，任何戏剧、诗歌或小说都是为了骗人，以便产生某种效果。电视问答竞赛也是这样。但是，就电视的效果而言，存在着观众的深刻参与。而电影和戏剧所容许的观众参与度，不如电视形象的马赛克网点结构所提供的参与程度高。在电视问答竞赛中，观众的参与程度很高，以致节目编导被指控为骗子。此外，由于它依靠报纸和电台，广告公司对新型电视媒介的成功也感到愤愤不平，它们也乐意给对手剜肉放血。当然，这些骗子在高兴之时也没有觉察到电视媒介的性质，他们把电影强烈的写实主义照搬到电视中来，而没有用适合电视的、比较柔和的、虚构的聚焦。查尔斯·冯·多伦之所以败诉，纯粹是作为一个无辜的局外人被打败的。整个案子的调查过程，并未使人对电视媒介的性质或效果获得任何深刻认识。遗憾的是，它只是给认真的说教者提供了一个得意的时刻。用道德的观点取代对技术问题的理解，可惜这样的事情发生得太频繁了。

游戏是延伸，但不是我们个体的延伸，而是我们社会肢体的延伸。游戏是传播媒介。这两点现在应该清楚了。如果我们再问一个问题："游戏是大众传播媒介吗？"回答也只能是"是的"。游戏是人为设计的情景，旨在容许很多人同时参与他们自己团体生活中某种有意义的模式。

——选自《理解媒介——论人的延伸》，[加拿大] 马歇尔·麦克卢汉著，何道宽译，商务印书馆 2004 年版，第 290—303 页

选文二　雅斯贝尔斯论体育运动

　　自我保存的冲动，作为生命力的一种形式，在体育运动中为自己找到了发挥场所，作为直接生命需要的一种遗迹，在训练中、在能力的全面性以及运动的灵巧性中得到满足。通过受意志控制的肉体活动，力量和勇气得到了保存，而且，追求同自然的接触的个人更接近了宇宙的基本力量。

　　体育运动作为一种群众现象，是按照人人必须服从的方式组织起来的，就像依照规则进行的游戏一样，它为有可能危及生活机器的冲动提供了发泄的出路。体育运动占据了群众的闲暇从而使他们保持平静。正是生命的意志——它在新鲜的空气和阳光中运动——才导致这种对生命的集体享受。它并不同自然发生思想关系，并不把自然当作一个有待揭开的谜；它也终止了导致种种后果的孤独。攻击性本能的发挥，或者，在体育运动中优胜欲望的实践，要求最高的技艺，因为每一个竞争者都想要建立他对别人的优势。对于那些被这种冲动所刺激的人们来说，全部重要的事情在于创造纪录。名声与喝彩声是基本必需的。遵循游戏规则的必要性则导致对礼节的服从。由于这种服从，在现实的生存斗争中，那些有利于社会交往的规则也同样地被遵守。

　　个人所进行的冒险行动表明何者为群众所不能达到的，以及何者是群众视为英雄行为并且认为如果可能他们自己也愿意去做的事情。登山者、游泳家、飞机驾驶员以及拳击家都是英雄行为的楷模，他们拿自己的生命作赌注。这些人也是牺牲者，他们拿自己的成就供群众观赏，群众因此被激动、被震惊、被满足，并且始终怀着一个隐秘的想望，即他们自己或许也能去做非凡之举。

　　但是，提高体育运动的乐趣的另一个因素，也许是在目睹同观看者自

己命运无关的人经历危险与毁灭时所具有的快乐,这种快乐在古罗马时代无疑是吸引群众观看角斗士竞技的原因。群众的残忍也以类似的方式表现在对侦探小说的喜爱上,表现在对罪犯受审报道的热烈兴趣上,表现在对于荒谬、原始以及隐晦的偏爱上。在清晰的理性思想中,一切都是已知的,或肯定是可知的,命运不再主导一切而只有机遇留存着(尽管有各种活动),生活的总体却已令人无法忍受地乏味,而且被绝对地剥除了神秘性——这样,那些不再相信自己有某种命运的人们便在他们自身与黑暗之间建立了联系,在他们身上活跃起一种人的冲动,即禁不住要去期望种种离奇古怪的可能性。生活的机器则设法使这种冲动得到满足。

尽管如此,现代人在体育运动中的种种活动并不能完全通过认识上述群众本能可以从运动中得到的一切而被充分地理解。体育运动是一种被组织起来的事业,被迫进入劳动机器的人在这个事业中所要寻求的只是与他的直接的自我保存冲动相应的东西。但是,在体育运动中,我们仍发现和感觉到有某种毕竟是伟大的东西弥漫于这个事业之上。体育运动不仅是游戏,不仅是纪录的创造,它同样也是一种升华,也是一种精神上的恢复。今天,体育运动成为对每一个人提出的要求。即使极端精致的生活也必得在自然冲动的压力下进入体育运动。事实上,有人拿当代人的体育运动同古代的体育运动相比较。不过,在那些时代里,体育运动可以说是非凡的人对其神的来源的一种间接分享,而在今天已不再有这种观念。然而,即使是当代人,也希望以这种或那种方式来表现他们自身,体育成为一种哲学。当代人起而反抗被束缚、被禁锢、被限制的状况,他们在体育运动中寻求解放,虽然体育运动并无超越的内涵。尽管这样,体育运动仍然包含前述升华的要素作为对僵化的现状的抗议,这种要素虽然不是共有的目标,却是无意识的愿望。在生活的机器无情地把人逐一消灭的时代里,人的身体正在要求自己的权利。因此,现代体育运动散发出一种光辉,这使它在某些方面同古代世界的体育运动相似,尽管各有不同的历史根源。当代人在从事体育运动时确实并未成为一个古希腊人,但同时他也并非只是一个运动狂。在他从事运动的时候我们看到的是一个人:他身上紧裹着救生衣,处于连续不断的危险中,好像在从事一场真正的战争;这个人没有被那几乎无法忍受的命运所压垮,而是为了自己而奋力搏击,挺直身体投出他的长枪。

但是,即使体育运动给合理化的生活秩序设下了界限,仅仅通过体育,人还是不能赢得自由。仅仅通过保持身体的健康,仅仅通过在生命勇气上的升华,仅仅通过认真地"参加游戏",他并不能够克服丧失他的自我的危险。

——选自《时代的精神状况》,[德]卡尔·雅斯贝尔斯著,王德峰译,上海译文出版社1997年版,第58—60页

选文三　豪泽尔论广播与电视

广播和电视更可以说是大众媒介了,它们已成为涉及面最广、最受人欢迎、甚至是不可或缺的娱乐和消遣媒介了,总之是我们用来消磨时光的东西。缺了它们,人多数人的生活几乎是无法忍受的,目前,除了某些乡村居民,没有哪个家庭没有收音机和电视机。广播和电视之所以适合于大众传播,不仅因为它们提供的娱乐节目无需太高的鉴赏能力,而且因为它们价格低廉。

与其他艺术形式不同,广播和电视没有丝毫一本正经的严肃味,甚至电影都与它们保持着一定的距离。广播和电视每周有着固定不变的节目安排。比如,两点或九点是新闻节目;周一有上周新闻评论,周二有音乐会,周三有旅游节目;然后又有会见歌星或流行音乐节目等等。甚至一般节目的变化都有着不变的定式。

广播和电视有两类不同的节目,它们的目的不一样,对它们的估价也应有所不同,一类节目纯粹为了提供信息和教育,另一类则为了娱乐或艺术的目的。它们的功能不仅不一样,而且是相互对立的。有教育意义的不一定有艺术价值。广播和电视给老弱病残者、给那些疲乏的人带来了福音,另一方面它们又在起着把人孤立起来的作用,使人们成了广播、电视

的俘虏。

有人说，电影与戏剧的一个不同之处在于前者把观众引向被表现的对象，而不是把被表现的对象引向观众而让观众静坐于席上。在这个意义上，电影可以被看成一种调动受众的媒介。但事实并非尽然。电影观众跟戏剧观众一样，也是不动地坐在电影院里的。活动的不是观众，而是导演、摄影师和摄影机的镜头。但电影拍成后，导演和摄影师已经离去，当电影开映时，观众的被动程度甚于戏剧观众。在戏院里，不管上演的戏经过如何精心的排练，观众的在场和反应仍会影响到演员的演出。对于广播和电视来说，不仅演员不在了，而且受众也是散在各家各户的，因为他们比戏剧观众处于更加被动的地位。广播和电视不能产生某种听众或观众共同体。不同的节目机械地、一个接一个地出现，而新闻评论又是如此客观和中立，致使受众变得完全无动于衷了。

戏剧观众的主动程度高于电影、广播和电视受众的主动性并不意味着仅仅演员的在场增加了舞台效果。事实上，戏剧观众相互之间的亲密感要强于观众与演员之间的联系。但是戏剧和音乐厅里的艺术过程由于演员的存在确实更为生动、更为独特。这种生动性和独特性是电影或广播、电视这些高度自动化的电子传播媒介所没有的。

大众媒介的受众与其他艺术形式的受众的不同，首先在于他们只能接受而不能选择。在任何情况下，节目都是根据同一个原则组织的，受众的选择余地很小，若你不想听或不想看某一个节目，就只能把机子关掉，别无他法。

正如雅典的戏剧节不是真正的民主论坛，广播和电视也不是独立的舆论机关和可以表达个人意愿的自由工具。如果大众媒介的产品的方向和基调不是直接地受到国家、政府或政党的牵制或监督的话，那么在经济占统治地位的阶级也会通过大众媒介间接地、隐含地表达自己的思想。诚然，"政党的政治"广播对论敌双方平分秋色也是一种"自由"的游戏，但对时间的控制仍然能够使它运用各种方法和手段来影响节目的内容，以为它的利益服务。

在一个民主自由的社会里，我们当然很难说存在着文化支配现象，或者甚至存在着对保守的文化政策和经济制度的代表进行约束的阴谋。这种想法是荒唐的，就像认为娱乐产业有意要降低公众的趣味水准，使他们乐于接受拙劣的艺术作品一样荒唐。无疑地，他们不会想着提高大众独立思考、艺术鉴赏的能力和人格意识，再说，这也不是他们所希望看到的。但是指责他们有意愚弄受众，是对他们的商业政策的误解和过高估计。他们首先想的是赚钱，而并不总是意识到取得成功的思想动机。

广播是一种既令人喜欢又叫人讨厌的媒介。它既好又坏的特点最清楚地表现在音乐之中。广播使广大听众熟悉那些伟大的作曲家的作品，但它带来了对音乐的"可怕的普及"。没有广播，就不可能有那么多的人了解——尽管一般都比较肤浅——莫扎特、贝多芬、舒伯特和肖邦的作品。没有广播，人们也无法随着时尚的变化不断听到各种流行音乐。

在大众媒介中，电视的受众最多，也最为混杂。作为一种娱乐产业，其产品之多和产品质量之低都达到了极点。电视主要是用来消磨无用的时光的。那些在晚上或周日无所事事的人总会坐在电视机前，以为自己在享受生活，或者什么也不想。不管电视观众的行为如何地无意识、如何地受人操纵，如果他们在世界各地已成习惯，天天如此，那么必然有一种实际的需要驱使着他们的行为。他们显然感到得意的是，世界被包装得好好的，他们不出大价、不费吹灰之力就可以占为己有。对他们来说，这意味着技术对大自然的胜利。已被浓缩的世界——不管听起来显得多么幼稚——是艺术追求的对象；每一件艺术作品总是企图得到这个世界。艺术的主要魅力在于艺术创造可以变为或退化为可以哄哄稚童一类的东西。

艺术的最显著特征之一是，它对现实生活的反映总是以完整的形式出现的。看电视的人一旦打开电视机就以为他看到的就是生活中的画卷，而不是缩小了的图像，他会忽略洋娃娃在说人话这一事实的荒唐。媒介的复合结构不能缩短材料和表现手法之间的距离，它只是使两者的关系复杂化而已。无声电影变为有声电影并不是说无声电影的艺术成就被抹杀了，这只不过是说听觉表现手段延伸了视觉表现手段。因此，电视这种感觉手段比较丰富的媒介并不会使广播贬值。复合表现手段与单一表现手段相比不存在孰优孰劣的问题。数目、范围和形式在美学上都是中性的，或者说都不是头等重要的因素。

麦克鲁汉赞扬的电子时代艺术媒介的多样性既提高又限制了人感知世界的能力。歌德曾担忧戏剧视觉和听觉刺激的同时性可能不利于对世界的艺术"表现"，从复合表达形式和电视角度看，他的那种担忧是颇有道理的。口语和图像的直接性克服了古登堡的印刷媒介的局限，其结果导致了人的想象力的退化，而不是延展。无论如何，电视对于书籍，甚至对于戏剧、电视和广播的胜利，可以说是思想的懒惰对于勤快的胜利。

电视的最重要特征之一——也是最难解释的——是它的效果的直接性和集中性。电视缺的不仅是演员的实际在场，而且是节目的独特性。电视观众之所以对电视节目如此着迷，那是因为电视接收机对接收者的接近、家庭的接收气氛的亲密和接收范围的狭小。与戏剧相比，那个小小的熟悉的方盒子所产生的效果同样是强烈的，但又是完全不同的。

诚然，大众媒介的产品总是以一大批消费者为服务对象的，但这不等于他们必须一起来接受。电视观众比戏剧，甚至电影观众广泛得多，但他们是分散的，不像戏剧和电影观众必须坐在一起看。坐在电视机前的总是一个人或几个人。电视的大众性不在于大批人一起观看，而在于成百万的人——尽管是分散的——参与了同一个过程，接受着相同的节目。与戏剧观众不同的是，成百万的电视观众是非人格化的。

跟戏剧和有声电影一样，电视也是一种声、像兼备的媒介。麦克鲁汉关于电视基本上是一种"触感"媒介的说法是不能成立的。电视的三维触感决不比电影强，而比戏剧要弱得多。舞台上的人物和道具实际上都是空间现象，但电视的图像都是两维的，就此而言，跟电影没有什么区别。

——选自《艺术社会学》，［匈］阿诺德·豪泽尔著，居延安编译，学林出版社1987年版，第286—291页

选文四　贝尔论透明的生活

现代社会的文化改造主要是由于大众消费的兴起，或者由于中低层阶级从前视为奢侈品的东西在社会上的扩散。在这一过程中，过去的奢侈品现在不断地升级为必需品，到头来人们竟难以相信普通人曾经无缘受用某一种普通物品。举例来说，由于玻璃生产中难以解决温度、均匀性和透明性等问题，大块窗玻璃曾是罕见而昂贵的奢侈品。但在1902年法国人福考尔引入挤压成形的机械制法之后，它们就成为城市商店门面和乡村住宅的普通装饰物，从而构成了一系列新陈设和新景观。①

大众消费始于本世纪20年代。它的出现归功于技术革命，特别是由于大规模使用家用电器（如洗衣机、电冰箱、吸尘器等等），它还得助于三项社会发明：一、采用装配线流水作业进行大批量生产，这使得汽车的廉价出售成为可能；二、市场的发展，促进了鉴别购买集团和刺激消费欲望的科学化手段；三、比以上发明更为有效的分期付款购物法的传播，彻底打破了新教徒害怕负债的传统顾虑。伴之而来的交通和通讯革命奠定了国民社会和共同文化的根基。总体来看，大规模消费意味着人们在生活方式这一重要领域接受了社会变革和个人改造的观念，这给那些在文化和生产部门创新、开路的人以合法的地位。

大众消费的象征——以及技术彻底改革社会习惯的主要方式——当然是汽车。弗莱德里克·刘易斯·艾伦评论说，我们今天简直无法想象，当人们完全依赖铁路和马车这些运输工具时，他们的社区是何等分散，何等疏远！紧靠铁路的城镇实际上也可能是遥远的。如果一个农民住在离县城五英里开外的地方，对他来说，带着家人去城里过周末就是一件大事；而到十英里之外去访友，可能要花一整天时间，因为马需要休息和喂草料。

---

① 这段说明引自基恩·福拉斯蒂的《致富的原因》（伊州，格伦索：自由出版社，1959）第127页。福拉斯蒂教授的这本书和西格弗里德·吉迪恩的著作《机械化统治》（纽约：牛津大学出版社，1948）一样，提供了许多这一变革过程中有趣的实例。

每个小镇，每个农庄，都依靠自身条件开展娱乐和交际。人的视野狭小，终年生活在熟人与熟物之中。

汽车一举扫荡了闭塞的小镇社会原有的众多规则。正如安德鲁·辛克莱所说，19世纪道德观之所以成为令人压抑的威胁，在很大程度上是因为人们不能逃离那个地方，因而也无法回避过失的结果。到了本世纪20年代中期，社会学家林德夫妇在小镇米德尔顿看到，那儿的男女青年觉得驱车二十英里到路边客店去跳舞根本不算回事，反倒能躲开邻居们窥探的目光。密封的小轿车作为中产阶级的私室[cabinet particulier]，成了爱冒险的年轻人放纵情欲、打破旧禁的好地方。①

变革的第二件大事是电影闯入了封闭的小镇社会。电影有多方面的功能——它是窥探世界的窗口，又是一组白日梦，幻想，打算、逃避现实和无所不能的示范——具有巨大的感情力量。电影作为世界的窗口，首先起到了改造文化的作用。林德夫妇十年后重访米德尔顿时看到："米德尔顿的居民世代相传，认为性是一件可怕的事，人们有关性的行为……总是被尽可能地排斥在视觉和注意力之外。"电影里却是例外，年轻人因而都喜欢聚集在银幕之前。

青少年不仅喜欢电影，还把电影当成了一种学校。他们模仿电影明星，讲电影上的笑话，摆演员的姿势，学习两性之间的微妙举止，因而养成了虚饰的老练。在他们设法表现这种老练，并以外露的确信行为来掩饰自己内心的困惑和犹疑时，他们遵循的"与其说是……他们谨小慎微的父母的生活方式，不如说是……自己周围的另一种世界的生活"。电影美化了年轻人崇拜的事物（姑娘们喜欢留短发、穿短裙），并劝告中年男女要

---

① 林德夫妇援引了一位中西部人士的话："你们干吗要研究这个国家变化的原因？……我可以告诉你发生了什么，只用四个字母：A—U—T—O（汽车）！"参见罗伯特·S. 林德和海伦·梅里尔·林德的《米德尔顿》（纽约：哈考特，布雷斯，1929），第251页。在1890年，米德尔顿的青年最大的梦想是寻找一匹小马；到了1923年"米德尔顿的'马背文化'已经消失殆尽"。汽车首次在此地露面是1900年。至1906年，"这个城镇及其附近乡村大约已有二百辆汽车"。1923年底已超过六千二百辆，平均六人占有一辆，每三家约占两辆。正如林德夫妇所说："集体认可的价值观因汽车闯入家庭开支而遭到侵扰。一个家庭以房产作抵押来贷款买汽车的例子很多，这颇能说明问题。"（见第254页）

"及时行乐"。非法酒店的合法化，以及人们在狂欢聚会上放纵自己的习惯，都为所谓"自由"观念提供了例证。刘易斯·雅各布斯写道："人们一面嘲笑道德观，嘲笑电影上男女主角老式的'善心'，一面开始注重物质上的享受。"

汽车、电影和无线电本是技术上的发明。而广告术、一次性丢弃商品［p'anned obsolescence］和信用赊买才是社会学上的创新。戴维·M.波特评论说，不懂广告术就别指望理解现代通俗作家，这就好比不懂骑士崇拜就无法理解中世纪吟游诗人，或者像不懂基督教就无法理解19世纪的宗教复兴一样。

广告术颇不寻常的地方是它的普遍渗透性。如果没有灯光标牌，什么才能作为大城市的标志呢？人们乘飞机掠过市区时，可以看到在夜幕的背景上，一丛丛五彩缤纷的灯光广告在闪烁不停，宛如晶莹的宝石。在大都市的中心地区——泰晤士广场、皮卡迪利大街、香榭丽大街、银座等等——人们攒聚到闪耀着的霓虹灯广告下，汇入熙来攘往的人流之中，分享都市的活力。如果要考虑广告术的社会影响，那么它最直接、常为人所忽视的作用正是改造城市中心的面貌。整修城市市容时，譬如说更换旧教堂、市政厅或宫廷塔楼，广告就在我们的文明的门面上打上"烙印"。它是货物的标记，新生活方式展示新价值观的预告。正如流行的做法那样，广告术突出了商品的迷人魅力。小汽车被说成是"美满生活"的象征，它的诱惑力无处不在。可以说，消费经济借助于表面事物而得以存在。人们所展示、所炫耀的，都是成就的标志。19世纪末叶，成就意味着社会地位的迁升。现在不复如此，它意味着采取特殊的生活方式——如参加乡村俱乐部，摆摆艺术派头，养成旅游习惯，或耽迷于自己的爱好等等——这些都标志着人们是消费社团的成员。

在成分复杂、社团众多、地位流动的社会里，广告术也起着多种"中介"作用。美国大概是历史上第一个大规模将文化变革融合于社会结构的国家，许多社会地位问题的产生，完全是因为这种变革快得令人晕头转向。实际上很少有几个国家能够如此迅速地吸收变革。主要的社会机构——家庭、教堂和教育体系——建立起来，以便传播确认的社会习惯。

在迅速变化的社会里，必然会出现行为方式、鉴赏方式和穿着方式的混乱。社会地位变动中的人往往缺乏现成的指导，不易获得如何把日子过得比以前"更好"的知识。于是，电影、电视和广告就来为他们引路。在这方面，广告所起的作用不只是单纯地刺激需要，它更为微妙的任务在于改变人们的习俗。妇女杂志、家庭指南以及类似《纽约客》这种世故刊物上的广告，便开始教人们如何穿着打扮，如何装潢家庭，如何购买对路的名酒——一句话，教会人们适应新地位的生活方式。最初的变革主要在举止、衣着、趣尚和饮食方面，但或迟或早它将在更为根本的方面产生影响：如家庭权威的结构，儿童和青年怎样作为社会上的独立消费者，道德观的形式，以及成就在社会上的种种含义。

大规模消费和高水平生活一旦被视为经济体制的合法目的，所有这一切就出于社会对变革的需要及其对文化变革的接受而产生了。销售活动变成了当代美国最主要的事业。销售本身直接与节俭习惯相冲突，它强调挥霍；销售活动也反对禁欲主义，它鼓励讲排场，比阔气。

如果没有道德习俗的革命，即分期付款购物思想的发明，这一切都不可能出现。虽然在第一次世界大战之前，美国就断断续续地推行过分期付款购物法，但那时它有两个弱点：第一，多数是卖给穷人，他们拿不出大宗款项，只好每星期付一笔。钱付给小商贩，他们一面卖货，一面按期收欠款。因此，这种买卖方式是经济能力不稳定的标志。第二，在中产阶级看来，这种买卖方式意味着背上债务，而负债是危险而糟糕的事情。正如米考伯［狄更斯小说《大卫·科波菲尔》中的穷汉］常说的那样，借债度日，寅吃卯粮，结果便是悲剧。讲道德的人只能依赖勤奋和节俭。如果想买东西，就应该攒钱。分期付款的鬼把戏是让人绕开"债方"而行，转而强调购物者的"信用"。通过邮局，欠款每月一清，这样的转账就有了商业往来的基础。

积蓄或禁酒是新教道德观的核心。加上亚当·斯密的吝惜或节俭观念，以及大拿骚的忌酒理论，新教徒坚定地认为，积蓄能成倍地扩大再生产，并可通过利息获得报偿。结果是人们储蓄的习惯发生了变化。多年来，人们害怕在银行透支，致使支票反弹。这种中产阶级道德观的严谨作风流行了很久。到了 60 年代末，银行大肆宣扬现金储备，允许储户超额几千美元支取现款（以后分月偿还）。人们再也用不着在拍卖场上抑制自己的一时冲动了。对所有的消费者的诱惑计划已全面得手。

V. W. 布鲁克斯在评论天主教国家的道德伦理时曾说，只要天国的道德继续存在，世俗行为的变化将随之而定。在美国，新教那种天国道德大多已被淘汰，人世间的俗念开始恣情妄为了。美国人的基本价值观注重个人成就，它的具体衡量标准是工作与创造，并且习惯从一个人的工作质量来判断他的品质。50 年代，成就模式依然存在，但它有了新的含义，即强调地位和趣尚。文化不再与如何工作，如何取得成就有关，它关心的是如何花钱，如何享乐。尽管新教道德观的某些习语沿用下来，事实上 50 年代的美国文化已转向享乐主义，它注重游玩、娱乐、炫耀和快乐——并带有典型的美国式强制色彩。

享乐主义的世界充斥着时装、摄影、广告、电视和旅行。这是一个虚构的世界。人在其间过着期望的生活，追求即将出现而非现实存在的东西。而且一定是不费吹灰之力就能得到的东西。十年前，一份取名《花花公子》的杂志大肆畅销，此事并非偶然——1970 年它的发行量达六百万份——主要原因是它怂恿男子的幻想，夸大他们的性能力。正如马克斯·伦纳所述：如果说性是美国生活最后的边疆，那么这个不断进取的社会在性的问题上也表现出最强烈的成功欲望。五六十年代，人们对情欲高潮的崇拜取替了对钱的崇拜，成为美国生活中的普遍追求。

美国享乐主义最有代表性的缩影是加利福尼亚州。《时代》杂志一则名为《加利福尼亚——令人兴奋的州》的封面报道开头说：

加利福尼亚实际上是一个自给自足的地方，但对所有美国人而言，它具有奇妙的诱惑力和兴奋力——甚至某种恐惧感。正如多数加州人所见，正大光明，无拘无束，大家一道群居，寻欢作乐，正是加州的好处所在。这些安乐乡的公民似乎永远是懒洋洋地闲荡在游泳池边，饱享日光浴，身背行装穿山越岭，裸着身子在海滩上嬉戏，每年长高一点儿，忙着从圣诞树上摘钱，不着上装四处兜风，在红杉林里跋涉——停下来喘口气时——他们便要面对妒嫉的世界在照相机前挠首弄姿。"我看到了未来",刚从加州回来的人说,"它是玩闹的时代"。①

结果是娱乐道德观[fun morality]代替了干涉冲动的"行善道德观"[goodness morality]。若没有欢乐,人就要暗自反省:"我哪儿做错啦?"沃尔芬斯坦博士指出:"在过去,满足违禁的欲望令人产生负罪感。在今天,如果未能得到欢乐,就会降低人们的自尊心。"②

娱乐道德观多半集中在性问题上。在此范围内,它对消费者的诱惑几乎一无例外。我以东部航空公司的两页生动广告为例。它刊登在1973年的一期《纽约时报》上:"请您像鲍勃和卡罗尔、泰德和艾丽丝、菲尔和安妮那样欢度假期吧!"触目动心的标题有意模仿电影《鲍勃和凯洛尔、泰德和艾丽丝》。这部讽刺片描写两对友好的夫妇如何笨拙地相互交换配偶取乐。

东部航空公司接着宣告:"我们送您飞往加勒比海。我们为您租好海边小屋。先飞后付。"付多少钱?东航没作说明,不过你可以拖欠(并忘掉内疚),过一个鲍勃和凯洛尔、泰德和艾丽丝以及菲尔和安妮(为了搔人痒处又添了一对)式的痛快假期。请将它同富兰克林提出的十三条美德略作比较,它们包括禁酒、节俭、沉静,还有贞洁。在世纪之交,中西部的教堂地产上或许盖有妓院。那时人们至少可以说:"喏,我们虽然失了身,可毕竟能赚钱拯救灵魂。"至今如果有谁卖身,可不再是为了拯救灵魂了。

放弃清教教义和新教伦理的结果,当然是使资本主义丧失道或超验的伦理观念。这不仅突出体现了文化准则和社会结构准则的脱离,而且暴露出社会结构自身极其严重的矛盾。一方面,商业公司希望人们努力工作,树立职业忠诚,接受延期报偿理论——说穿了就是让人成为"组织人"[organization man]。另一方面,公司的产品和广告却助长快乐、狂喜、放

---

① 《时代》1969年11月7日,第60页。
② 玛莎·沃尔芬斯坦《娱乐道德观的产生》,载于《大众闲暇》,埃里克·拉勒比和罗尔夫·迈耶森合编(伊州,格伦柯:自由出版社,1958),第86页。

松和纵欲的风气。人们白天"正派规矩",晚上却"放浪形骸"。这就是自我完善和自我现实的实质!

——选自《资本主义文化矛盾》,[美]丹尼尔·贝尔著,赵一凡、蒲隆、任晓晋译,北京三联书店1992年版,第113—119页

选文五　鲍尔格曼论过度活动

灵活的专业化给工业提供的模式,在它的设置与目标方面是比大公司和大规模生产优越的。可是这种模式,可能有被我们只能称之为过度活动的工作方式推翻的危险。的确,无休无止的活动向来是现代运动的显著特征。观察家们已经看到这种活动进行的不同形式。1848年,马克思与恩格斯指出资产阶级是现代规划的推动力。他们以无与伦比的敏锐性,捕捉到规划的似无止境、永不衰竭的能量。

生产的不断变革,一切社会关系不停地动荡,永远的不安定和变动,这就是资产阶级时代不同于过去一切时代的地方。一切固定的古老的关系以及与之相适应的、素被尊崇的观念和见解都被消除了,一切新形成的关系等不到固定下来就陈旧了。一切固定的东西都烟消云散了,一切神圣的东西都被亵渎了。人们终于不得不用冷静的眼光来看他们的生活地位、他们的相互关系了。

这段话最为全面和概括地揭露了现代的躁动不安。尔后没有任何一代人曾感到真正有过警告。每一代人都必须重新发现令人迷失方向的现代主义的推动力,再一次在特殊背景中识别它。欧内斯特·荣格尔[①]1930年回顾第一次世界大战带来的导致变革的力量时,他再次发现了这推动力。他认为,这次战争是点燃民主制与科技爆炸性结合的火花,引爆了他称之为

[①] Ernst Jünger (1895—):德国小说家、短论作家,早年是个狂热的军国主义者、虚无主义者,后来又改变为坚信和平、欧洲联盟及个人尊严。——译者注

总动员的熊熊大火。战争是这种总动员的第一个最明显的实例。在 20 世纪，战争不再是受限制的事情了，而是由政府决定，由军队进行的事情；更准确地说，战争把所有人的同意和整个经济的成果都卷入它的漩涡。总动员不是强加给人们的意识形态设计，而是把一切努力与愿望投入进步运动之中。荣格尔着迷地冥思总动员，最后无根据地盼望总动员会导致德国的民族复兴。

可是，在每次宣布科技大火以后，还有很多传统的与自然的现实尚未毁灭。当更多的现实化为灰烬时，便吸引精力充沛、野心勃勃的人火上加油。50 年代后期，心脏学家们开始关注这种纵火狂导致的伤亡数字。10 年之后，世界卫生组织注视着心脏病的发展，担心它可能"在不久的将来成为人类所遭逢的最大流行病"。

1959 年，迈耶·弗里德曼与雷·罗森曼两位医生注意到，有一种特殊行为模式，似乎主要是伴随或引起冠状动脉心脏病的。它是由紧张、无休止地倾注于形形色色、意义不清的目标所造成的综合症。这种由弗里德曼与罗森曼两位医生称为 A 型的行为模式以及它和心脏病的关系，已经被后来的研究所证实。A 型行为模式的外形轮廓或要点，被更明晰地描绘为一种生活方式，其特征是：

> 竞争性到了极点，奋力争取成就，侵犯性（有时严加抑制），匆忙，无耐性，焦躁不安，过度警惕，言语激动，面部肌肉紧绷，以及时间紧迫感和责任挑战感。有这种行为模式的人，常常将全身心贡献给他们的天职或职业，以致他们相对地忽略了他们生活的其他方面。

我们在这里看到的现象是过度活动的大致轮廓或要点，是通过冠状动脉心脏病这一透镜捕捉到的。心脏病的发病率后来已经减少，可是过度活动的表征，即使不用临床工具，今天也可以察觉出来。这一事实揭示"一个过度参与的，'疲惫不堪的'人"在压力下的生活方式。确实，没有疾病与死亡的真正重负，过度活动便成为人们生活方式的原型，它完全和超现实的状态相适应。

为弄清楚过度活动与超现实的对应关系，我们可以想象后者为游戏，前者为对该游戏的癖好。现实有它无限的困难,而一种游戏总是受到比如说它的棋盘、它的纸牌,或者它的游戏场地或规则的限制,这样就可避免发生预料不到的刺激而惹怒的情况。同时,一场好的游戏或比赛在这些保护性的界限内,可以带来无限的可能性与挑战。真实的或现实的世界能够容纳痛苦与仁慈,而超现实的领域则只包含新闻报道以及需要人们做出反应的挑战。并且,在现实中,一个人可能遭遇失败或者得到救赎,而在超现实中,他只能赢、胜或输、败。在现实世界中,一个人能博得爱情与感佩,而在超现实的框架内,则只有奖品与喝彩。

过度活动初看起来似乎是引起矛盾的——它的目标既过分狭隘,意义又极不明确。但是,当把活动过度的背景看作游戏或比赛时,这种矛盾便解决了。它的种种界限与规则以及明确的成功条件,给了它超现实的准确性。可是,从一个生手或输后手气转好的人的观点看来,再玩一场,试试另一种策略,再取得一次胜利等等,似乎是无止境的、没有意义的娱乐消遣。有此癖好的人认为他们了解得更清楚。没有任何东西像游戏或比赛给人以缥缈的、确定无疑的兴奋感觉那样甜美了。相比之下,现实是肮脏污浊的,似乎是无休止的模糊不清。并且现实随着每天的、季节的与世代的变化节奏从容不迫地运动。超现实的游戏任何时候都能玩。

让我们想象某公司一位广告部主任,当她早5点半驾车上班时,并不必非得到办公室后才开始工作。她在车上的时候,就可以轻按移动电话,检查语音邮箱,给欧洲的客户打电话。还可想象某国际律师事务所的一位重要合伙人,他在半夜搞完他的案情摘要离开办公室时,并不必非得等到第二天用打字机打出它,他可以请事务所24小时值班的文字处理员打出它。还可以想象,某一位建筑师和他妻子在安盖拉海滩上,估计是在休假,但他仍用电子装置和他的工作人员保持联系。

游戏一般来说是现实内的一个领域,是与周围世界分开又能遮风避雨之处,而超现实则威胁突破它的界限,淹没那里的一切。已经存在着活动过度的游戏者,他们认为,超现实的游戏已经变成一切。现实已被降低为游戏中多输少赢的对手。玩游戏和扩大游戏范围之间不再有差异了。无论什么时候谈论全球经济时,其背后都是完全超现实的概念。全球性的超现实图像准确反映游戏的概念。因为是全球性的，超现代的经济是无限的，并且，因为是超现实的，超现代的经济清除了现实的困难与黑暗。从而正出现的全球性的经济产生一具有无比魅力的领域，永远在激励更多、更富创造性的行动：又一个简报，又一个备忘录，又一个建议，又一个论点，又一个为项目筹资、为委托人辩护、争取到合同、击败竞争对手的方法。请看鲍伊德·杰弗里斯怎样忙活吧：他凌晨 1 点半钟起床，一直到晚 7 点钟召开董事会，在那里说服动员银行、慈善机构投资者以及接收专家结成新的联盟，要静悄悄地进行，然后突然出击，迫使别人按他的命令行事。

由于超现实与游戏有这种密切关系，对那些着迷于它的人来说，它很容易模糊它的工具性的一半与它表示目的的一半之间的界限，模糊劳动与闲暇之间的界线。当然，甚至对过度活动的专业人员来说，也仍然存在可辨别清楚的娱乐与消费的领域。在这领域过度活动是随心所欲的，并且这种现象在它发生时早被发现与描述过了。斯塔芬·林德 1970 年在所著《匆忙的休闲阶级》一书，研究、描述了时间压力对富裕的上流社会休闲生活的影响。自从 1970 年以来对时间的约束越来越严酷，但其他方面对休闲与消费的限制却一直在减少。我们的性急、无耐性被即时递送的最为奇特动人的商品所纵容，任其发展；我们特殊的爱好受制于定做的产品。每一种我们懒惰的或不安的倾向，都有某种服务性产业予以满足。可是，不论这种产业多么繁荣兴盛，休闲领域对过度活动来说都是次要的，终归是满足不了它的要求的。休闲就是玩游戏；游戏本身并不重要。

过度活动不仅有它闲暇的背面，也有它没人喜欢的劳动与郁郁寡欢闲暇的底面。活动过度的工作被珍视和隐藏起来，而把无需费脑筋劳动的荒芜地区留给紧迫感较少与受教育较少的人们。这块荒芜地区包括服务行业中比较微贱的工作——打扫、照管房间、做饭、伺候开饭——以及生产中较低级的工作，如装配工作，电子数据处理中较低级的工作，如数据输入。这些工作的缺点是无需技能，没有灵活性，但优点是可以通过电子监测与记录加以控制。无需费脑筋的工作具有外在的压力或紧张，过度活动的工作令人从内心感到兴奋，两者相互对应，但前者令人感到不愉快。

由于无需费脑筋的工作无比辛苦劳累，耗费体力，不得不做这种工作的人，极容易被有卸除重负作用的、有趣的超现实事物所感动。同样，超现实事物本身也极有力地使我们疏远现实世界，使我们感到再进入现实特别困难，令我们忧伤，郁郁不乐。我们逐渐变得感觉不到现实的灿烂光辉，终至像但丁所说的那样，困于地狱般的、不可名状的痛苦之中。

"阳光使大气清新甜蜜，
在这甜蜜的氛围中我们却抑郁怨愤；
在光彩夺目的阳光中我们的心倾泻出
痛楚的浓烟。我们开始怨愤；
永远躺在这湿暗的阴沟中，我们怨愤"。
他们在喉咙中嘀咕着重复着这个祷文，
好像他们在歌唱，但言语不清，又无旋律。

——选自《跨越后现代的分界线》，[美] 艾尔伯特·鲍尔格曼著，孟庆时译，商务印书馆 2003 年版，第 117—123 页

结语

加拿大传播学家麦克卢汉（1911—1980）极其肯定游戏在文化中的作用，认为游戏可以给人多种多样的满足，也正如此，"游戏"在社会中广泛传播，成为"我们社会肢体的延伸"，所以"游戏是传播媒介"。德国哲学家雅斯贝尔斯（1883—1969）对体育活动的分析是他作为深刻考察西方"时代的精神状况"的一个方面。他认为，技术和机器是群众生活的决定性因素，而像体育运动这种技术性的群体秩序与人的生活之间具有张力，"群众秩序形成了一种普遍的生活机器，这机器对于真正人的生活的世界是一种毁灭性的威胁"。匈牙利艺术社会学家豪泽尔（1892—1978）认为广播和电视是两种重要的娱乐和消遣媒介，它们改变了现代人的生活方式，但也造成了日常生活的平庸和同质化，这与戏剧、电影等艺术形式有根本不同。美国社会学家贝尔（1919—　）把当代大众消费的出现归功于技术革命，正是技术引起了资本主义新教道德的转折、社会结构的改

造、消费习惯的改变和享乐主义的盛行，资本主义文化矛盾也因此暴露无疑。美国当代技术哲学家鲍尔格曼关注了纯技术时代的超现实主义社会之特征之一在于"过度活动"。作为一种完全和超现实状态相适应的人类生活方式的原型，它基于"游戏或竞赛"的背景和不分工作与休闲的模糊界线，其表征的正是一种对现实的丧失感和忧郁感。上述所论都涉及了对"技术"的认识，都强调因技术侵入游戏、娱乐等休闲性活动而对人类造成全面而又深刻的影响，或是正面的，或是负面的。

进一步思考的问题：

1. 如何理解电影的技术性和娱乐性特征？
2. 广告是如何影响当代人的生活的？
3. 互网联是如何改变当代人的生活方式的？
4. 如何理解马尔库塞所说的"单向度的人"？

关联性思考的问题：

1. 20世纪20年代初"科玄论战"产生了什么样的历史影响？
2. 大众媒介有哪些类型？它们在国内发展情况如何？
3. 如何辩证地看待技术在人类历史上的社会作用？
4. 如何理解"日常生活审美化"这一命题？

进一步阅读的书目

1. 南帆：《双重视域——当代电子文化分析》，江苏人民出版社2001年版。
2. 蓝爱国：《好莱坞主义：影像民间及其工业化》，广西师范大学出版社2003年版。
3. ［法］皮埃尔·布尔迪厄：《关于电视》，许钧译，辽宁教育出版社2000年版。
4. ［德］彼得·科斯洛夫斯基：《后现代文化：技术发展的社会文化后果》，毛怡红译，中央编译出版社1999年版。
5. ［美］曼纽尔·卡斯特：《网络社会的崛起》，夏铸九等译，社会科学文献出版社2006年版。

6. [美]尼尔·波兹曼：《娱乐至死》，章艳译，广西师范大学出版社 2004 年版。

7. [美]沃尔特·D. 斯科特：《广告心理学》，李旭大译，中国发展出版社 2004 年版。

8. [美]安德鲁·芬伯格：《技术批判理论》，北京大学出版社 2005 年版。

9. [美]赫伯特·马尔库塞：《单向度的人：发达工业社会意识形态研究》，刘继译，上海译文出版社 2008 年版。

关联性阅读的书目：

1. 张君励、丁文江等：《科学与人生观》，山东人民出版社 1997 年版。

2. 刘悦笛：《生活美学：现代性批判与重构审美精神》，安徽教育出版社 2005 年版。

3. 宋妍：《媒介之镜与休闲时代》，辽宁教育出版社 2009 年版。

4. [美]尼葛洛庞蒂：《数字化生存》，胡泳等译，海南出版社 1997 年版。

5. [美]费瑟斯通：《后现代主义与消费文化》，刘精明译，译林出版社 2000 年版。

6. [德]沃尔夫冈·韦尔施：《重构美学》，陆扬、张冰岩译，上海译文出版社 2002 年版。

7. [英]斯图尔特·霍尔编：《表征：文化表象与意指实践》，徐亮、陆兴华译，商务印书馆 2003 年版。

8. [美]米勒：《土著与数码冲浪者：米勒中国讲演集》，易晓明编，吉林人民出版社 2004 年版。

9. [美]W. J. T. 米歇尔：《图像理论》，陈永国、胡文征译，北京大学出版社 2006 年版。

10. [英]史蒂文森：《媒介的转型：全球化、道德和伦理》，北京大学出版社 2006 年版。

第四编 休闲的生活艺术

导读

休闲是一种文化、一种人生。林语堂所说:"倘不知人民日常的娱乐方法,便不能认识一个民族,好像对于个人,吾们倘非知道他怎样消遣闲暇的方法,吾们便不算熟悉了这个人。"① 因此,了解一个民族性格最好的方式之一就是专门考察它们的各种闲暇活动。当然,每一个民族都有自己的闲暇活动方式,同时又有自己的休闲理念,这种差异和多元共同汇聚成了人类丰富、灿烂的休闲文化。休闲文化大致又有中、西之别。两者由于在文化生态、自然观和宇宙观等方面的差异,使得它们在休闲的历史、休闲的状态、休闲的形式、休闲的功用等方面也表现出显著的区别,主要表现在:"西方休闲观是建立在个人价值充分认识的基础上,在休闲中体现人文关怀;而中国的休闲观则是清明的、深层的,重视心理体验并把休闲作为工作之外的补充,是一种被动的选择。"② 这些特征又最为集中地在中、西方众多的哲学家、美学家、文学艺术家等人的思考和个人生活体验中凸显出来。虽然他们的休闲生活体验具有个体性,但是在某种程度上,又是他们所生活时代状况的反映,这使得他们的生活精神产生了重要影响。鉴此,本编分章介绍中、西方人的休闲生活个案,涉及从古代至当代不同时期的哲学家、美学家和文学艺术家等,旨在强化我们对休闲的美学认知和坚定我们对完美的休闲生活之期待。这里必须再强调的是,尽管

---

① 林语堂:《吾国与吾民》,东北师范大学出版社1994年版,第310页。
② 马勇、周青编著:《休闲学概论》,重庆大学出版社2008年版,第65页。

中、西方人的休闲理念存有差异,但又是可以互鉴的,如中国人的生活艺术可以成为我们反思西方现代化的一个重要维度。

中国人的休闲生活艺术

导言

中国人的休闲观念在《诗经》时代就已萌芽,后经历朝历代的发展而逐渐形成了自己的特色。中国人在休闲中十分注重形而下的人生体验,与中国思想传统保持一致。一般来说,儒家讲求积极入世,而道家讲求消极避世,两者是相反的。但是它们也具有相成的一面,即都无法回避对人生问题的思考,而且具有较为一致的回答,即都十分珍视个体的存在和生命价值的实现,重视高尚人格的养成和生命境界的提升,重视人与自然宇宙的和谐相处。所以,中国古代哲学也成为人生论哲学的典范,并影响了一大批文人雅士。至近代,这种重人生的思想又在一批具有启蒙意识的美学家、文学家身上得以延续。他们秉持国民性改造的使命,以域外文化为参照,着重发扬了具有本土意味的"人生艺术化"命题。至当代,这种传统似仍未泯灭,继续延伸到以汪曾祺等为代表的一批具有传统倾向的作家身上。可以说,他们与古代的文人雅士,近现代的启蒙美学家、文学家集中代表了那种追求休闲生活艺术的中国人形象。从他们的作品中,我们可以深切感受并体会到中国人那种独有的闲情雅趣和诗意的人生至境。

选文一 陶渊明记酒(诗六首)

饮 酒(其中四首并序)

余闲居寡欢,兼比夜已长,偶有名酒,无夕不饮。顾影独尽,忽焉复醉。既醉之后,辄题数句自娱,纸墨遂多。辞无诠次。聊命故人书之,以为欢笑尔。

（一）

衰荣无定在，彼此更共之。邵生瓜田中，宁似东陵时！
寒暑有代谢，人道每如兹。达人解其会，逝将不复疑。
忽与一觞酒，日夕欢相持。

（三）

道丧向千载，人人惜其情。有酒不肯饮，但顾世间名。
所以贵我身，岂不在一生。一生复能几？倏如流电惊。
鼎鼎百年内，持此欲何成！

（五）

结庐在人境，而无车马喧。问君何能尔？心远地自偏。
采菊东篱下，悠然见南山。山气日夕佳，飞鸟相与还。
此中有真意，欲辨已忘言。

（十四）

故人赏我趣，挈壶相与至。班荆坐松下，数斟已复醉。
父老杂乱言，觞酌失行次，不觉知有我，安知物为贵，
悠悠迷所留，酒中有深味。

止　酒

居止次城邑，逍遥自闲止。坐止高荫下，步止荜门里。
好味止园葵，大欢止稚子。平生不止酒，止酒情无喜。
暮止不安寝，晨止不能起。日日欲止之，营卫止不理。
徒知止不乐，未知止利己。始觉止为善，今朝真止矣。
从此一止去，将止扶桑涘。清颜止宿容，奚止千万祀。

述　酒

仪狄造，杜康润色之

重离照南陆，鸣鸟声相闻。秋草虽未黄，融风久已分。
素砾皛修渚，南岳无馀云。豫章抗高门，重华固灵坟。
流泪抱中叹，倾耳听司晨。神州献嘉粟，西灵为我驯。
诸梁董师旅，芊胜丧其身。山阳归下国，成名犹不勤。

卜生善斯牧，安乐不为君。平王去旧京，峡中纳遗薰。
双阳甫云育，三趾显奇文。王子爱清吹，日中翔河汾。
朱公练九齿，闲居离世纷。峨峨西岭内，偃息常所亲。
天容自永固，彭殇非等伦。

——选自《陶渊明集全译》，陶渊明著，郭维森、包景诚译注，贵州人民出版社1992年版，第142—143、145、148、160、171—172、174页

选文二　白居易记闲适（诗六首）

常乐里闲居，偶题十六韵，兼寄刘

十五公舆、王十一起、吕二炅、吕四颖、崔十八玄亮、元九稹、刘三十二敦质、张十五仲方。时为校书郎。

帝都名利场，鸡鸣无安居。独有懒慢者，日高头未梳。
工拙性不同，进退亦遂殊。幸逢太平代，天子好文儒。
小才难大用，典校在秘书。三旬两入省，因得养顽疏。
茅屋四五间，一马二仆夫。俸钱万六千，月给亦有余。
既无衣食牵，亦少人事拘：遂使少年心，日日常晏如。
勿言无知己，躁静各有徒。兰台七八人，出处与之俱。
旬时阻谈笑，旦夕望轩车。谁能雠校间，解带卧吾庐。
窗前有竹玩，门外有酒沽。何以待君子？数竿对一壶。

遣　怀

寓心身体中，寓性方寸内。此身是外物，何足苦忧爱？
况有假饰者，华簪及高盖。此又疏于身，复在外物外。
操之多惴栗，失之又悲悔。乃知名与器，得丧俱为害。
颓然环堵客，萝蕙为巾带。自得此道来，身穷心甚泰。

闲　居

空腹一盏粥，饥食有馀味。南檐半床日，暖卧因成睡。
绵袍拥两膝，竹几支双臂。从旦直至昏，身心一无事。
心足即为富，身闲乃当贵。富贵在此中，何必居高位？
君看裴相国，金紫光照地。心苦头尽白，才年四十四。
乃知高盖车，乘者多忧畏！

咏　慵

有官慵不选，有田慵不农。屋穿慵不葺，衣裂慵不缝。
有酒慵不酌，无异尊长空；有琴慵不弹，亦与无弦同。
家人告饭尽，欲炊慵不舂；亲朋寄书至，欲读慵开封。
常闻嵇叔夜，一生在慵中。弹琴复煅铁，比我未为慵。

咏　意

常闻南华经，巧劳智忧愁。不如无能者，饱食但遨游。
平生爱慕道，今日近此流。自来浔阳郡，四序忽已周。
不分物黑白，但与时沉浮。朝餐夕安寝，用是为身谋。
此外即闲放，时寻山水幽。春游慧远寺，秋上庾公楼。
或吟诗一章，或饮茶一瓯。身心一无系，浩浩如虚舟。
富贵亦有苦，苦在心危忧。贫贱亦有乐，乐在身自由。

官　舍

高树换新叶，阴阴覆地隅。何言太守宅，有似幽人居。
太守卧其下，闲慵两有馀。起尝一瓯茗，行读一卷书。
早梅结青实，残樱落红珠。稚女弄庭果，嬉戏牵人裾。
是日晚弥静，巢禽下相呼。喷喷护儿鹊，哑哑母子乌。
岂唯云鸟尔，吾亦引吾雏！

——选自《白居易全集》，中国戏剧出版社1999年版，第39、46、49、53、60、71页

选文三　苏东坡谈养生

近年颇留意养生。读书,延问方士多矣,其法百数,择其简易可行者,间或为之,辄有奇验。今此闲放益究其妙,乃知神仙长生非虚语尔,其效初不甚觉,但积累百余日,功用不可量。比之服药,其力百倍。久欲献之左右,其妙处,非言语文字所能形容。然可道其大略。若信而行之,必有大益,其诀如左:

每夜以子后三更三四点至五更以来。披衣起,只床上拥被坐亦可。面东或南,盘足,叩齿三十六通,握固,以两拇指握第三指,或第四指握拇指,两手拄腰腹间也。闭息,(闭息,最是道家要妙。先须闭目净虑,扫灭妄想,使心源湛然,诸念不起,自觉出入息调匀,即闭定口鼻。)内观五脏,肺白、肝青、脾黄、心赤、肾黑。当更求五藏图,常挂壁上,使心中熟识五藏六腑之形状。次想心为炎火,光明洞彻,入下丹田中。待腹满气极,即徐出气。不得令耳闻。候出入息匀调,即以舌接唇齿,内外漱炼津液,若有鼻涕,亦须漱炼,不嫌其咸,漱炼良久,自然甘美,此是真气,不可弃之。未得咽下。复前法,闭息内观,纳心丹田,调息漱津,皆依前法。如此者三,津液满口,即低头咽下,以气送入丹田。须用意精猛,令津与气谷谷然有声,径入丹田。又依前法为之。凡九闭息,三咽津而止。然后以左右手热摩两脚心,此涌泉穴上彻顶门,气诀之妙。及脐下腰脊间,皆令热彻,徐徐摩之,微汗出,不妨,不可喘促。次以两手摩熨眼、面、耳、项,皆令极热。仍按捏鼻梁左右五七下,梳头百余梳而卧,熟寝至明。

右其法至简易,唯在常久不废,即有深功。且试行一二十日,精神自已不同,觉脐下实热,腰脚轻快,面目有光,久之不已,去仙不远。但当习闭息,使渐能持久。以脉候之,五至为一息。近来闭得渐久,每一闭百二十至而开,盖已闭得二十余息也。又不可强闭多时,使气错乱,或奔突而出,反为之害。慎之!慎之!又须常节晚食,令腹中宽虚,气得回转。

昼日无事，亦时时闭目内观，漱炼津液咽之，摩熨耳目，以助真气。但清净专一，即易见功矣。神仙至术，有不可学者。一忿躁，二阴险，三贪欲。公雅量清德，无此三疾，窃谓可学。故献其区区，笃信力行，他日相见，复陈其妙者焉。文书口诀，多枝词隐语，卒不见下手门路。今直指精要，可谓至言不烦，长生之根本也。幸深加宝秘，勿使浅妄者窥见，以泄至道也。

——选自《苏轼全集》，中国戏剧出版社1999年版，第1502—1503页

选文四　袁中郎记游（文三篇）

雨后游六桥记

寒食后雨，予曰此雨为西湖洗红，当急与桃花作别，勿滞也。午霁，偕诸友至第三桥。落花积地寸余，游人少，翻以为快。忽骑者白纨而过，光晃衣，鲜丽倍常，诸友白其内者皆去表。少倦，卧地上饮，以面受花，多者浮，少者歌，以为乐。偶艇子出花间，呼之，乃寺僧载茶来者。各啜一杯，荡舟浩歌而返。

满井游记

燕地寒，花朝节后，余寒犹厉。冻风时作，作则飞沙走砾，局促一室之内，欲出不得。每冒风驰行，未百步，辄返。廿二日，天稍和，偕数友出东直，至满井。高柳夹堤，土膏微润，一望空阔，若脱笼之鹄。于时冰皮始解，波色乍明，鳞浪层层，清澈见底，晶晶然如镜之新开，而冷光之乍出于匣也。山峦为晴雪所洗，娟然如拭，鲜妍明媚，如倩女之靧面，而髻鬟之始掠也。柳条将舒未舒，柔梢披风，麦田浅鬣寸许。游人虽未盛，泉而茗者，罍而歌者，红装而蹇者，亦时时有。风力虽尚劲，然徒步则汗出浃背。凡曝沙之鸟，呷浪之鳞，悠然自得，毛羽鳞鬣之间，皆有喜气。

始知郊田之外，未始无春，而城居者未之知也。夫不能以游堕事，而潇然于山石草木之间者，惟此官也。而此地适与余近，余之游将自此始，恶能无纪？己亥之二月也。

游苏门山百泉记

举世皆以为无益，而吾惑之，至捐性命以殉，是之谓溺。溺者，通人所戒，然亦通人所蔽也。溺于酒者，至于荷锸；溺于书者，至于伐冢；溺于禅者，至于断臂。溺山水者亦然，苏门之登，至于废起居言笑，以常情律之，则为至怪；以通人观之，则亦人情也。夫此以无妻于为怪，彼以远山水为怪。各据其有，则递为富，彼此易位，抑更相苦矣。嗣宗语意微涉牵率，栖神导气，在山水间为俗谈，置之勿答是已。及划然长啸，林谷传响，真意所到，先生何尝废酬应哉？唯世无发其籁者，故不鸣也。曰："子何以知其溺？"曰："以百泉知之。"

百泉盖水之尤物也。吾照其幽绿，目夺焉。日晃晃而烁也，雨霏霏而细也，草摇摇而碧也，吾神酣焉。吾于声色非能忘情者，当其与泉相值，吾嗜好忽尽，人间妖韶，不能易吾一盼也。嗜酒者不可与见桑落也，嗜色者不可与见嫱施也，嗜山水者不可与见神区奥宅也。宋之康节，盖异世而同感者，随风规稍异，其于弃人间事，以山水为殉，一也。或曰："投之水不怒，出而更笑，毋乃非情？"曰："有大溺者，必有大忍，今之溺富贵者，汩没尘沙，受人间摧折，有甚于水者也。抑之而更拜，唾之而更谀，其逆情反性，有甚于笑者也。故曰忍者所以全其溺也。"曰："于之于山水也，何以不溺？"曰："余所谓知之而不能嗜，嗜之而不能极者也，余庸人也。"

游惠山记

系性疏脱，不耐羁锁，不幸犯东坡、半山之癖，每杜门一日，举身如坐热炉。以故虽霜天黑月，纷庞冗杂，意未尝一刻不在宾客山水。余既病痊，居锡城，门绝履迹，尽日惟以读书为事。然书浅易者，既不足观，艰深者观之复不快人。其他如史记、杜诗、水浒传、元人杂剧畅心之书，又皆素所属厌，且病余之人，精神眼力几何，焉能兀兀长手一编？邻有朱叟者，善说书，与俗说绝异，听之令人脾健。每看书之暇，则令朱叟登堂，娓娓万言不绝，然久听亦易厌。

余语方子公，此时天气稍暖，登临最佳，而此地去惠山最近。因呼小舟，载儿子开与俱行。茶铛未热，已至山下。山中僧房极精邃，周回曲折，窈若深洞，秋声阁远眺尤佳。眼目之昏瞆，心脾之困结，一时遣尽，流连阁中，信宿始去。始知真愈病者，无逾山水，西湖之兴，至是益勃勃矣。

——选自《袁中郎散文》，张海明主编，吉林文史出版社2004年版，第14、38、95、108—109页

选文五　袁枚记随园（文三篇）

随园记

金陵自北门桥西行二里，得小仓山。山自清凉胚胎，分两岭而下，尽桥而止。蜿蜒狭长，中有清池水田，俗号干河沿。河未干时，清凉山为南唐避暑所，盛可想也。凡称金陵之胜者，南曰雨花台，西南曰莫愁湖，北曰钟山，东曰冶城，东北曰孝陵，曰鸡鸣寺。登小仓山，诸景隆然上浮。凡江湖之大，云烟之变，非山之所有者，皆山之所有也。

康熙时，织造隋公当山之北巅，构堂皇，缭垣牖，树之荻千章、桂千畦。都人游者，翕然盛一时，号曰"隋园"，因其姓也。后三十年，余宰江宁，园倾且颓，弛其室为酒肆，舆台嚾呶，禽鸟厌之不肯妪伏；百卉芜谢，春风不能花。余恻然而悲，问其值，曰三百金；购以月俸。茨墙剪阖，易檐改涂。随其高，为置江楼；随其下，为置溪亭，随其夹涧，为之桥；随其湍流，为之舟；随其地之隆中而欹侧也，为缀峰岫，随其蓊郁而旷也，为设宧窔。或扶而起之，或挤而止之，皆随其丰杀繁瘠，就势取景，而莫之夭阏者，故仍名曰"随园"，同其音，易其义。落成叹曰："使吾官于此，则月一至焉；使吾居于此，则日日至焉。二者不可得兼，舍官

而取园者也。"遂乞病,率弟香亭、甥湄君移书史居随园。闻之苏子曰:"君子不必仕,不必不仕。"然则余之仕与不仕,与居兹园之久与不久,亦随之而已。夫两物之能相易者,其一物之足以胜之也。余竟以一官易此园,园之奇,可以见矣。

己巳三月记。

随园四记

人之欲,惟目无穷。耳耶,鼻耶,口耶,其欲皆易穷也。目仰而观,俯而窥,尽天地之藏,其足以穷之耶?然而古之圣人受之以《观》,必受之以《艮》,《艮》者止也。"于止知其所止",黄鸟且然,而况于人!

园,悦目者也,亦藏身者也。人寿百年,悦吾目不离乎四时者是,藏吾身不离乎行坐者是。

今视吾园,奥如环如,一房毕,复一房生,杂以镜光,晶莹澄澈,迷乎往复,若是者于行宜。其左琴,其上书,其中多尊罍玉石,书横陈数十重,对之时俶然以远,若是者于坐宜。高楼障西,清流泂洑,竹万竿如绿海,惟蕴隆宛暍之勿虞,若是者与夏宜。琉璃嵌窗,目有雪而坐无风,若是者与冬宜。梅百枝,桂十余丛,月来影明,风来香闻,若是者与春秋宜。长廊相续,雷电以风,不能止吾之足,若是者与风雨宜。是数宜者,得其一差强人意,而况其兼者耶?

余得园时,初意亦不及此。二十年来,庸次比偶,艾杀此地,弃者如彼,成者如此。既镇其薆矣,夫何加焉?年且就衰,以农易仕,弹琴其中,咏先王之风,是亦不可以已乎?后虽有作者,不过洒溄之事,丹垩之饰,可必其无所更也!宜为文纪成功,而分疏名目,以效辋川云。

丙戌三月记。

随园五记

志余于才则乐,才余于志则不乐。吾志愿有限,而所诣每过所期。自分官职得郡文学已足,而竟知大邦;家计得十具牛已足,而竟拥百亩;园得一椽已足,而竟四记之,疏名目而分咏之。私揣余怀,过矣哉!不意数年来,过之中又有过焉。

余离西湖三十年,不能无首丘之思。每治园,戏仿其意,为堤为井,为里、外湖,为花港,为六桥,为南峰、北峰。当营构时,未尝不自计曰:以人功而仿天造,其难成乎!纵几于成,其果吾力之能支,吾年之能永否?今年幸而皆底于成。嘻!使吾居故乡,必不能终日离其家以游于湖也。而兹乃居家如居湖,居他乡如故乡。骤思之,若甚幸焉;徐思之,又若过贪焉。然读《易·贲》之六五曰:"贲于丘园,束帛戋戋,吝终吉。"辅嗣注云:"施饰于物,其道害也;施饰丘园,吉莫大焉。"谓丘园草木所生,本质素之处,故虽加束帛,虽吝而终吉。左氏曰:"乐操土风,不忘本也。"余虽贪不知止,而能合于《易》,以操土风,或免于君子之讥乎!

彼世之饰朱门涂白盛者,或为而不居,居而不久。而余二十年来,朝斯夕斯,不特亭台之事生生不穷,即所手植树,亲见其萌芽拱把,以至于蔽牛而参天;如子孙然,从乳哺而长成壮而斑白,竟一一见之,皆人生志愿之所不及者也。何其幸也!虽然,草木如是,吾亦可知;吾既可知,则此后有不可知者在矣。

戊子三月记。

——选自《袁枚文选》,高路明选注,作家出版社 1997 年版,第 250—251、254—255、256—257 页

选文六　周作人谈喝茶

前回徐志摩先生在平民中学讲"吃茶",——并不是胡适之先生所说的"吃讲茶",——我没有工夫去听,又可惜没有见到他精心结构的讲稿,但我推想他是在讲日本的"茶道"(英文译作 Teaism),而且一定说得很好。茶道的意思,用平凡的话来说,可以称作"忙里偷闲,苦中作乐",在不完全的现世享乐一点美与和谐,在刹那间体会永久,是日本之"象征的文化"里的一种代表艺术。关于这一件事,徐先生一定已有透彻巧妙的解说,不必再

来多嘴，我现在所想说的，只是我个人的很平常的喝茶罢了。

喝茶以绿茶为正宗。红茶已经没有什么意味，何况又加糖与牛奶？葛辛（George Gissing）的《草堂随笔》(Private Papers of Henry Ryecroft) 确是很有趣味的书，但冬之卷里说及饮茶，以为英国家庭里下午的红茶与黄油面包是一日中最大的乐事，支那饮茶已历千百年，未必能领略此种乐趣与实益的万分之一，则我殊不以为然。红茶带"土斯"未始不可吃，但这只是当饭，在肚饥时食之而已；我的所谓喝茶，却是在喝清茶，在赏鉴其色与香与味，意未必在止渴，自然更不在果腹了。中国古昔曾吃过煎茶及抹茶，现在所用的都是泡茶，冈仓觉三在《茶之书》(Book of Tea, 1919) 里很巧妙地称之曰"自然主义的茶"，所以我们所重的即在这自然之妙味。中国人上茶馆去，左一碗右一碗的喝了半天，好像是刚从沙漠里回来的样子，颇合于我的喝茶的意思（听说闽粤有所谓吃工夫茶者自然也有道理）只可惜近来太是洋场化，失了本意，其结果成为饭馆子之流，只在乡村间还保存一点古风，唯是屋宇器具简陋万分，或者但可称为颇有喝茶之意，而未可许为已得喝茶之道也。

喝茶当于瓦屋纸窗之下，清泉绿茶，用素雅的陶瓷茶具，同二三人共饮，得半日之闲，可抵十年的尘梦。喝茶之后，再去继续修各人的胜业，无论为名为利，都无不可，但偶然的片刻优游乃正亦断不可少。中国喝茶时多吃瓜子，我觉得不很适宜；喝茶时可吃的东西应当是清淡的"茶食"。中国的茶食却变了"满汉饽饽"，其性质与"阿阿兜"相差无几，不是喝茶时所吃的东西了。日本的点心虽是豆米的成品，但那优雅的形色，朴素的味道，很合于茶食的资格，如各色的"羊羹"（据上田恭辅氏考据，说是出于中国唐时的羊肝饼），尤有特殊的风味。江南茶馆中有一种"干丝"。用豆腐干切成细丝，加姜丝酱油，重汤燉热，上浇麻油，出以供客，其利益为"堂倌"所独有。豆腐干中本有一种"茶干"，今变而为丝，亦颇与茶相宜。在南京时常食此品，据云有某寺方丈所制为最，虽也曾尝试，却已忘记，所记得者乃只是下关的江天阁而已。学生们的习惯，平常"干丝"既出，大抵不即食，等到麻油再加，开水重换之后，始行举箸，最为合式，因为一到即罄，次碗继至；不遑应酬，否则麻油三浇，旋即撤去，怒形于色，未免使客不欢而散，茶意都消了。

吾乡昌安门外有一处地方，名三脚桥（实在并无三脚，乃是三出，因以一桥而跨三叉的河上也），其地有豆腐店曰周德和者，制茶干最有名。寻常的豆腐干方约寸半，厚三分，值钱二文，周德和的价值相同，小而且薄，几及一半，黝黑坚实，如紫檀片。我家距三脚桥有步行两小时的路程，故殊不易得，但能吃到油炸者而已。每天有人挑担设炉镬，沿街叫卖，其词曰：

  辣酱辣，

  麻油炸，

  红酱搭，辣酱拓，

  周德和格五番油炸豆腐干。

其制法如上所述，以竹丝插其末端，每枚值三文。豆腐干大小如周德和，而甚柔软，大约系常品。唯经过这样烹调，虽然不是茶食之一，却也不失为一种好豆食。——豆腐的确也是极好的佳妙的食品，可以有种种的变化，唯在西洋不会被领解，正如茶一般。

日本用茶淘饭，名曰"茶渍"，以腌菜及"泽庵"（即福建的黄土萝卜，日本泽庵法师始传此法，盖从中国传去）等为佐，很有清淡而甘香的风味。中国人未尝不这样吃，唯其原因，非由穷困即为节省，殆少有故意往清茶淡饭中寻其固有之味者，此所以为可惜也。

    ——选自《周作人自编文集·雨天的书》，周作人著，止庵校订，河北教育出版社2002年版，第53—56页

选文七　梁实秋谈雅舍

到四川来，觉得此地人建造房屋最是经济，火烧过的砖，常常用来做柱子，孤零零地砌起四根砖柱，上面盖上一个木头架子，看上去瘦骨嶙

嶙，单薄得可怜；但是顶上铺了瓦，四面编了竹篦墙，墙上敷了泥灰，远远的看过去，没有人能说不像是座房子。我现在住的"雅舍"正是这样一座典型的房子。不消说，这房子有砖柱，有竹篦墙，一切特点都应有尽有。讲到住房，我的经验不算少，什么"上支下摘"、"前廊后厦"、"一楼一底"、"三上三下"、"亭子间"、"茅草棚"、"琼楼玉宇"和"摩天大厦"，各式各样，我都尝试过。我不论住在哪里，只要住得稍久，对那房子发生感情，非不得已我还舍不得搬。这"雅舍"，我初来时仅求其能蔽风雨，并不敢存奢望，现在住了两个多月，我的好感油然而生。虽然我已渐渐感觉它是并不能蔽风雨，因为有窗而无玻璃，风来则洞若凉亭，有瓦而空隙不少，雨来则渗如滴漏。纵然不能蔽风雨，"雅舍"还是自有它的个性。有个性就可爱。

"雅舍"的位置在半山腰，下距马路约有七八十层的土阶。前面是阡陌螺旋的稻田。再远望过去是几抹葱翠的远山，旁边有高粱地，有竹林，有水池，有粪坑，后面是荒僻的榛莽未除的土山坡。若说地点荒凉，则月明之夕，或风雨之日，亦常有客到，大抵好友不嫌路远，路远乃见情谊。客来则先爬几十级的土阶，进得屋来仍须上坡，因为屋内地板乃依山势而铺，一面高，一面低，坡度甚大，客来无不惊叹，我则久而安之，每日由书房走到饭厅是上坡，饭后鼓腹而出是下坡，亦不觉有大不便处。

"雅舍"共是六间，我居其二。篦墙不固，门窗不严，故我与邻人彼此均可互通声息。邻人轰饮作乐，咿唔诗章，喁喁细语，以及鼾声、喷嚏声、吮汤声、撕纸声、脱皮鞋声，均随时由门窗户壁的隙处荡漾而来，破我岑寂。入夜则鼠子瞰灯，才一合眼，鼠子便自由行动，或搬核桃在地板上顺坡而下，或吸灯油而推翻烛台，或攀援而上帐顶，或在门框桌脚上磨牙，使得人不得安枕，但是对于鼠子，我很惭愧地承认，我"没有法子"。"没有法子"一语是被外国人常常引用着的，以为这话足代表中国人的懒惰隐忍的态度。其实我的对付鼠子并不懒惰。窗上糊纸，纸一戳就破；门户关紧，而相鼠有牙，一阵咬便是一个洞洞。试问还有什么法子？洋鬼子住到"雅舍"里不也是"没有法子"？比鼠子更骚扰的是蚊子。"雅舍"的蚊风之盛，是我前所未见的。"聚蚊成雷"真有其事！每当黄昏的时候，满屋里磕头碰脑的全是蚊子,又黑又大,骨骼都像是硬的。在别处蚊子早已肃清的时候,在"雅舍"则格外猖獗,来客偶不留心,则两腿伤处累累隆起如玉蜀黍,但是我仍安之,冬天一到,蚊子自然绝迹,明年夏天——谁知道我还是否住在"雅舍"!

"雅舍"最宜月夜——地势较高,得月较先,看山头吐月,红盘乍涌,一霎间,清光四射,天空皎洁,四野无声,微闻犬吠,坐客无不悄然!舍前有两株梨树,等到月升中天,清光从树间筛洒而下,地上阴影斑斓,此时尤为幽绝。直到兴阑人散,归房就寝,月光仍然逼进窗来,助我凄凉。细雨蒙蒙之际,"雅舍"亦复有趣。推窗展望,俨然米氏章法,若云若雾,一片弥漫。但若大雨滂沱,我就又惶悚不安了,屋顶湿印到处都有,起初如碗大,俄而扩大如盆,继则滴水乃不绝,终乃屋顶灰泥突然崩裂,如奇葩初绽,砉然一声而泥水下注,此刻满室狼藉,抢救无及。此种经验,已数见不鲜。

"雅舍"之陈设,只当得简朴二字,但洒扫拂拭,不使有纤尘。我非显要,故名公巨卿之照片不得入我室;我非牙医,故无博士文凭张挂壁间;我不业理发,故丝织西湖十景以及电影明星之照片亦均不能张我四壁。我有一几一椅一榻,酣睡写读,均已有着,我亦不复他求。但是陈设虽简,我却喜欢翻新布置。西人常常讥笑妇人喜欢变更桌椅位置,以为这是妇人天性喜变之一证。诬否且不论,我是喜欢改变的。中国旧式家庭,陈设千篇一律,正厅上是一条案,前面一张八仙桌,一边一把靠椅,两旁是两把靠椅夹一只茶几。我以为陈设宜求疏落参差之致,最忌排偶。"雅舍"所有,毫无新奇,但一物一事之安排布置俱不从俗。人入我室,即知此是我室,笠翁《闲情偶寄》之所论,正合我意。

"雅舍"非我所有,我仅是房客之一。但思"天地者万物之逆旅",人生本来如寄,我住"雅舍"一日,"雅舍"即一日为我所有。即使此一日亦不能算是我有,至少此一日"雅舍"所能给予之苦辣酸甜,我实躬受亲尝。刘克庄词:"客里似家家似寄。"我此时此刻卜居"雅舍","雅舍"即似我家。其实似家似寄,我亦分辨不清。

长日无俚,写作自遣,随想随写,不拘篇章,冠以"雅舍小品"四字，以示写作所在，且志因缘。

——选自《雅舍小品》，梁实秋著，鹭江出版社2007年版，第1—4页

选文八　老舍谈避暑

英美的小资产阶级，到夏天若不避暑，是件丢人的事。于是避暑差不多成为离家几天的意思，暑避了与否倒不在话下。城里的人到海边去，乡下人上城里来；城里若是热，乡下人干吗来？若是不热，城里人为何不老老实实的在家里歇着？这就难说了。再看海边吧，各样杂耍，似赶集开庙一般，男女老幼，闹闹吵吵，比在家还累得慌。原来暑本无须避，而面子不能不圆——夏天总得走这么几日，要不然就受不了亲友的盘问。谁也知道，海边的小旅馆每每一间小屋睡大小五口；这只好尽在不言中。

手中更富裕的，讲究到外国来。这更少与避暑有关。巴黎夏天比伦敦热得多，而巴黎走走究竟体面不小。花几个钱，长些见识，受点热也还值得。可是咱们这儿所说的人们，在未走以前已经决定好自己的文化比别国高，而回来之后只为增高在亲友中的身份——"刚由巴黎回来，那群法国人！"

到中国做事的西人，自然更不能忘了这一套。在北戴河，有三家凑凭一所小房的，住上两天，大家的享受正如圈里的羊。自然也有很阔气的，真是去避暑；可是这样的人大概在哪里也不见得感到热，有钱呀。有钱能使鬼推磨，难道不能使鬼做冰激凌吗？这总而言之，都有点装着玩。外国人装蒜，中国人要是不学，便算不了摩登。于是自从皇上被免职以后，中国人也讲究避暑。北平的西山，青岛，和其他的地方，都和洋钱有同样的响声。还有特意到天津或上海玩玩的，也归在避暑项下；谁受罪谁知道。

暑，从哲学上讲，是不应当避的。人要把暑都避了，老天爷还要暑干吗？农人要都去避暑，粮食可还有的吃？再退一步讲，手里有钱，暑不可不避，因为它暑。这自然可以讲得通，不过为避暑而急得四脖子汗流，便大可

不必。到避暑期间而闹得人仰马翻，便根本不如在家里和谁打上一架。

所以我的避暑法便很简单——家里蹲。第一不去坐火车；为避暑而先坐二十四小时的特别热车，以便到目的地去治上吐下泻，我就不那么傻。第二，不扶老携幼去玩玄：比如上山，带着四个小孩，说不定会有三个半滚了坡的。山上的空气确是新鲜，可是下得山来，孩子都成了瘸子，也与教育宗旨不甚相合。即使没有摔坏，反正还不吓一身汗？这身汗哪里出不了，单上山去出？第三不用搬家。你说，一家大小都去避暑得带多少东西？即使出发的时候力求简单，到了地方可就明白过来。啊，没给小二带乳瓶来！买去吧，哼，该买的东西多了！三叔的固元膏忘不了，此处没有卖的，而不贴则三叔就泻肚；得发快信托朋友给寄！及至东西都慢慢买全，也该回家了，往回运吧，有什么可说的！

一个人去自然简单些，可是你留神吧，你的暑气还没落下去，家里的电报来了——急速回家！赶回来吧，原来没事，只是尊夫人不放心你！本来吗，一个人在海岸上遛，尊夫人能放心吗？她又不是没看过美人鱼的照片。

大家去，独自去，都不好；最好是不去，一动不如一静，心静自然凉。况且一切应用的东西都在手底下：凉席，竹枕，蒲扇，烟卷，万应锭，小二的乳瓶……要什么伸手即得，这就是个乐子。渴了有绿豆喝，饿了有烧饼，闷了念书或作两句诗。早早的起来，晚晚的睡，到了晌午再补上一大觉；光脚没人管，赤背也不违警章，喝几口随便，喝两盅也行。有风便荫凉下坐着，没风便勤扇着，暑也可以避了。

这种避暑有两点不舒服：（一）没把钱花了；（二）怕人问你。都有办法：买点暑药送苦人，或是赈灾，即使不是有心积德，到底钱是不必非花在青岛不可的。至于怕有人问，你可以不见客，等秋来的时候，他们问你，很可以这样说："老没见，上莫干山住了三个多月。"如能把孩子们嘱咐好了，或者不至漏了底。

——选自《老舍散文》，傅光明选编，
浙江文艺出版社2007年版，第165—166页

选文九　张爱玲谈跳舞

中国是没有跳舞的国家。从前大概有过，在古装话剧电影里看到，是把雍容揖让的两只大袖子徐徐伸出去，向左比一比，向右比一比；古时的舞女也带着古圣贤风度，虽然单调一点，而且根据唐诗，"舞低杨柳楼心月"，似乎是较泼剌的姿态，把月亮都扫下来了，可是实在年代久远，"大垂手""小垂手"究竟是怎样的步骤，无法考查了，凭空也揣拟不出来。明朝清朝虽然还是笼统地歌舞并称，舞已经只剩下戏剧里的身段手势。就连在从前有舞的时候，大家也不过看看表演而已，并不参加。所以这些年来，中国虽有无数的人辛苦做事，为动作而动作，于肢体的流动里感到飞扬的喜悦，却是没有的。（除非在背人的地方，所以春宫画特别多。）浩浩荡荡的国土，而没有山水欢呼拍手的气象，千年万代的静止，想起来是有可怕的。中国女人的腰与屁股所以生得特别低，背影望过去，站着也像坐着。

然而现在的中国人很普遍地跳着社交舞了。有人认为不正当，也有人为它辩护，说是艺术，如果在里面发现色情趣味，那是自己存心不良。其实就普通的社交舞来说，实在是离不开性的成分的，否则为什么两个女人一同跳就觉得无聊呢？

装扮得很像样的人，在像样的地方出现，看见同类，也被看见，这就是社交。话说多了怕露出破绽，一直说着"今天天气哈哈哈"，这"哈哈哈"的部分实在是颇为吃力的；为了要避免交换思想，所以要造出各种谈话的替代品，例如"手谈"。跳舞是"脚谈"，本来比麻将、扑克只有好，因为比较基本，是最无妨的两性接触。但是里面艺术的成分，如果有的话，只是反面的：跳舞跳得好的人没有恶劣笨拙的姿态，不踩对方的脚尖，如此而已。什么都讲究一个"写意相"，所以我们的文明变得很淡薄。

外国的老式跳舞，也还不是这样的，有深艳的情感，契诃夫小说里有这么一段，是我所看见的写跳舞最好的文章。

……她又和一个高大的军官跳波兰舞；他动得很慢，仿佛是着了衣服的死尸，缩着眉和胸，很疲倦的踏着脚。——他跳得很吃力的，而她又偏偏以她的美貌和赤裸裸的颈子鼓动他，刺激他；她的眼睛挑拨的燃起火来，她的动作是热情的，他渐渐的不行了，举起手向着她，死板得同国王一样。

看的人齐声喝彩："好呀！好呀！"

但是，渐渐的那高大的军官也兴奋起来了；他慢慢的活泼起来，为她的美丽所克服，跳得异常轻快，而她呢，只是移动她的肩部，狡猾地看着他，仿佛现在她做了王后，他做了她的奴仆。

现在的探戈，情调和这略有点相像，可是到底不同。探戈来自西班牙。西班牙是个穷地方，初发现美洲殖民地的时候大阔过一阵，阔得荒唐闪烁，一船一船的金银宝贝往家里运。很快地又败落下来，过往的华美只留下一点累赘的回忆，女人头上披的黑累丝纱，头发上插的玳瑁嵌宝梳子；男人的平金小褂，鲜红的阔腰带，毒药，匕首，抛一朵玫瑰花给斗牛的英雄——没有罗曼斯，只有罗曼斯的规矩。这夸大，残酷，黑地飞金的民族，当初的发财，因为太突兀，本就有噩梦的阴惨离奇，现在的穷也是穷得不知其所以然，分外地绝望。他们的跳舞带一点凄凉的酒意，可是心里发空，再也灌不醉自己，行动还是许多虚文，许多讲究。永远是循规蹈矩的拉长了的进攻回避，半推半就，一放一收的拉锯战，有礼貌的淫荡。

这种啰嗦，现代人是并不喜欢的，因此探戈不甚流行，舞场里不过偶然请两个专家来表演一下，以资点缀。

美国有一阵子举国若狂跳着 Jitterbug①，（翻译出来这种舞可以叫做"惊蛰"。）大家排队开步走像在幼稚园的操场上，走几步，擎起一只手，大叫一声"哦咦！"叫着，叫着，兴奋起来，拼命踢跳，跳到疲筋力尽为止。倦怠的交际花，商人，主妇，都在这里得到解放，返老还童了，可是头脑简单不一定是稚气。孩子的跳舞并不是这样的，倒近于伊莎多娜·邓

---

① Jitterbug，吉特巴舞，一种随着爵士音乐节拍跳的快速舞。

肯①提倡的自由式，如果有格律，也是比较悠悠然的。

印度有一种癫狂的舞，也与这个不同。舞者剧烈地抖动着，屈着膝盖，身子矮了一截，两腿不知怎样绞来绞去，身子底下烧了个火炉似的，坐立不安。那音乐也是痒得难堪，高而尖的，抓爬的聒噪。歌者嘴里就像含了热汤，喉咙颤抖不定。这种舞的好，因为它仿佛是只能如此的，与他们的气候与生活环境相谐和，以此有永久性。地球上最开始有动物，是在泥沼里。那时候到处是泥沼，终年湿热，树木不生，只有一丛丛壮大的厚叶子水草。太阳炎炎晒在污黑的水面上，水底有小的东西蠢动起来了，那么剧烈的活动，可是没有形式，类如气体的蒸发。看似龌龊，其实只是混沌。龌龊永远是由于闭塞，由于局部的死；那样元气旺盛的东西是不龌龊的。这种印度舞就是如此。

文明人要原始也原始不了；他们对野蛮没有恐怖，也没有尊敬。他们自以为他们疲倦了的时候可以躲到孩子里去，躲到原始人里去，疏散疏散，其实不能够——他们只能在愚蠢中得到休息。

……

在上海的高尚仕女之间，足尖舞被认为非常高级的艺术。曾经有好几个朋友这样告诉我："……还有那颜色！单为了他们服装布景的颜色你也得去看看！那么鲜明——你一定喜欢的。"他们的色彩我并不喜欢，因为太在意想中。阴森的盗窟，照射着蓝光，红头巾的海盗，觳觫的难女穿着白袍，回教君王的妖妃，黑纱衫上钉着蛇鳞亮片。同样是廉价的东西，这还不及我们的香烟画片来得亲切可念，因为不是我们的。后宫春色那一幕，初开幕的时候，许多舞女扮出各种姿态，凝住不动，嵌在金碧辉煌的布景里，那一刹那的确有点像中古时代僧侣手抄书的插画，珍贵的"泥金手稿"，细碎的金色背景，肉红的人，大红，粉蓝的点缀。但是过不了一会，舞女开始跳舞，空气即刻一变，又沦为一连串的香烟画片了。我们的香烟画片，我最喜欢它这一点：富丽中的寒酸。画面用上许多金色，凝壮的美人，大乔二乔，立在洁净发光的方砖地上，旁边有朱漆大柱，锦绣帘

---

① 伊莎多娜·邓肯（Isadora Duncan, 1878—1927）：美国女舞蹈家，现代舞蹈派创始人。

幕,但总觉得是穷人想象中的富贵,空气特别清新。我喜欢反高潮——艳异的空气的制造与突然的跌落,可以觉得传奇里的人性呱呱啼叫起来。可是足尖舞里的反高潮我不能够原谅;就坐在最后一排也看得见俄罗斯舞女大腿上畸形发达的球状的筋,那紧硬臃肿的白肉,也替她们担忧,一个不小心,落脚太重,会咚地一响。

舞剧《科赛亚》,根据拜伦的长诗,用舞来说故事,也许这种故事是特别适宜的,就在拜伦的诗里也充满了风起云涌的动作。但是这里的动作,因为要弄得它简单明了,而又没有民间传说的感情作底子,结果很浅薄。被掠卖的美人,像笼中的鸟,绝望地乱飞乱撞。一身表情,而且永远是适当的表情,所以无味而且不真实。真实往往是不适当的。譬如《红楼梦》,高鹗续成的部分,与前面相较,有一种特殊的枯寒的感觉,并不是因为贾家败落下来了,应当奄奄无生气,而是他写得不够好的缘故。高鹗所拟定的收场,不能说他不合理,可是理到情不到,里面的情感仅仅是sentiments①,不像真的。

《科赛亚》里的英雄美人经过许多患难,女的被献给国王,王妃怕她夺宠,放她和她的恋人一同逃走。然而他们的小船在大风浪里沉没了。最后一幕很短,只看到机关布景,活动的海涛,天上的云迅速往后移,表示小舟的前进。船上挤满了人,抢救危亡之际也还手忙脚乱摆了两个足尖舞的架式,终替全体下沉,那样草草的悲壮结局在我看来是非常可笑的。机关布景,除了在滑稽歌舞杂耍(Vaudeville)里面,恐怕永远是吃力不讨好。看惯了电影里的风暴,沉船,战争,火灾,舞台上的直接表现总觉得欠真实。然而中国观众喜欢的也许正是这一点。话剧《海葬》就把它学了去,这次没有翻船,船上一大群人之间跳下了两个,扑咚蹬在台板上,波涛汹涌,齐腰推动着,须臾,方才一蹲身不见了。船继续地往前划,观众受了很大的震动起身回家。据说非得有这样的东西才能够把他们送走,不然他们总以为戏还没有完。

印度舞我只看过一次。舞者阴蒂拉·黛薇并不是印度人,不知是中欧

---

① Sentiments,这里是"观念"的意思。

哪一个小国里的，可是在印度经过特别训练，以后周游列国，很出名。那一次的表演是非正式的，台很小，背景只是一块简陋的幕，可是那瘦小的妇人合着手坐在那里，盘起一只腿，脚搁在膝盖上，静静垂下清明的衣折，却真有天神的模样。许久，她没有动。印度的披纱，和希腊的古装相近，这女人非但没有希腊石像的肉体美，而且头太大，眼睛太小，坚硬的小瘪嘴，已经见得苍老，然而她的老是没有年岁的，这样坐着也许有几千年。望到她脸上有一种冷冷的恐怖之感，使人想起萧伯纳的戏《长生》（"Back to Methuselah）"①，戏里说将来人类发展到有一天，不是胎生而是卵生，而且儿童时期可以省掉了，蛋里孵出来的就是成熟的少男少女，大家跳舞作乐恋爱画图塑像，于四年之内把这些都玩够了，厌倦于一切物质的美，自己会走开去，思索艰深的道理。这样可以继续活到千万年，仅仅是个生存着的思想，身体被遗忘了，风吹日晒，无分男女，都是黑瘦，直条条的，腰间围一块布。未满四岁的青年男女把他们看作怪物，称他们为"古人"。虽有"男性的古人"与"女性的古人"之分，看上去并没多少不同。他们研究数理科学贯通到某一个程度，体质可以自由变化，随时能够生出八条手臂；如果要下山，人可以瘫倒了成为半液体，顺着地势流下去。阴蒂拉·黛薇的舞，动的部分就有那样的感觉。她掐着手指，并着两指，跷起一指，迅疾地变换着，据说每一个手势在婆罗门教的传统里都有神秘的象征意义，但据我看来只是表示一种对于肢体的超人的控制，仿佛她的确能够随心所欲长出八条手臂来。

第二支舞，阴蒂拉·黛薇换了一条浅色的披纱，一路拍着手跳出来，踢开红黄相间的百褶裙，臂上金钏铿锵，使人完全忘记了她的老丑。圆眼珠闪闪发光，她是古印度的少女，得意扬扬形容给大家看她的情人是什么模样，有多高，肩膀有多宽，眼睛是怎样的，鼻子，嘴，胸前佩着护心镜，腰间带着剑，笑起来是这样的，生起气来这样的……描写不出，描写不出——你们自己看罢！她就快来了，就快来了。她屡次跑去张看，攀到

---

① "Back to Methuselah"，直译《回到麦修彻拉》。Methuselah，麦修彻拉，《圣经》中的长寿者。

树上瞭望，在井里取水洒在脸上，用簪子蘸了铜质混合物的青液和眼尾描得长长的。

阴蒂拉·黛薇自己编的有一个节目叫做"母亲"，跳舞里加入写实主义的皮毛，很受欢迎，可是我讨厌它。死掉了孩子的母亲惘惘地走到神龛前跪拜，回想着，做梦似的摇着空的摇篮，终于愤怒起来，把神龛推倒了，砰的一声，又震惊于自己的叛道，下跪求饶了。题材并不坏，用来描写多病多灾的印度，印度妇女的迷信与固执的感情，可以有一种深而狭的悲惨。可是这里表现的只有母爱——应当加个括弧的"母爱"。母爱这个大题目，像一切大题目一样，上面做了太多的滥调文章。普通一般提倡母爱的都是做儿子而不做母亲的男人，而女人，如果也标榜母爱的话，那是她自己明白她本身是不足重的，男人只尊敬她这一点，所以不得不加以夸张，浑身是母亲了。其实有些感情是，如果时时把它戏剧化，就光剩下戏剧了；母爱尤其是。

提起东宝歌舞团，大家必定想起广告上的短裤子舞女，歪戴着鸡心形的小帽子。可是她们的西式跳舞实在很有限，永远是一排人联臂立正，向右看齐，屈起一膝，一踢一踢；呛的一声锣响，把头换一个方面，重新来过；进去换一套衣服，又重新来过。西式节目常常表演，听说是因为中国观众特别爱看的缘故。我只喜欢她们跳自己的舞，有一场全体登台，穿着明丽的和服，排起队来，手搭在前面人的背上，趔趄着脚，碎步行走，一律把头左右摇晃，活络的颈子仿佛是装上去的，整个地像小玩具，"绢制的人儿"。把女人比作玩具，是侮辱性的，可是她们这里自己也觉得自己是好玩的东西，一颗头可以这样摇那样摇——像小孩玩弄自己的脚趾头，非常高兴而且诧异。日本之于日本人，如同玩具盒的纸托子，挖空了地位，把小壶小兵嵌进去，该是小壶的是小壶，该是小兵的是小兵。从个人主义者的立场来看这种环境，我是不赞成的，但是事实上，把大多数人放进去都很合适，因为人到底很少例外，许多被认为例外或是自命为例外的，其实都在例内。社会生活的风格化，与机械化不同，来得自然，总有好处。由此我又想到日本风景画里点缀的人物，那决不是中国画里飘飘欲仙的渔翁或是拄杖老人，而是极家常的；过桥的妇女很可能是去接学堂里的小孩。画上的颜色也是平实深长的，蓝塘绿柳树，淡墨的天，风调雨顺的好年成，可是正因为天下太平，个个安分守己，女人出嫁，伺候丈夫孩子，梳一样的头，说一样的客气话，这里面有一种压抑，一种轻轻的哀怨，成为日本艺术的特色。

东宝歌舞团还有一支舞给我极深的印象，"狮与蝶"。舞台上的狮子由人扮，当然不会太写实。中国的舞狮子与一般石狮子的塑像，都不像狮子而像叭儿狗，眼睛滚圆突出。我总疑心中国人见到的狮子都是进贡的，匆匆一瞥，没看仔细，而且中国人不知为什么特别喜欢创造怪兽，如同麒麟之类——其实人要创造，多造点房子瓷器衣料也罢了，造兽是不在行的。日本舞里扮狮子的也好好地站着像个人，不过戴了面具，大白脸上涂了下垂的彩色条纹，脸的四周生着朱红的鬃毛，脑后拖着蓬松的大红尾巴，激动的时候甩来甩去。"狮与蝶"开始的时候，深山里一群蝴蝶在跳舞，两头狮子在正中端坐，锣鼓声一变，狮子甩动鬃尾立起来了，的确有狮子的感觉，蝴蝶纷纷惊散；像是在梦幻的边缘上看到的异象，使人感到华美的，玩具似的恐怖。

这种恐怖是很深很深的小孩子的恐怖。还是日本人顶懂得小孩子，也许因为他们自己也是小孩。他们最伟大的时候是对小孩说话的时候。中国人对小孩的态度很少得当的。外国人老法一点的是客气而疏远，父母子女仿佛是事务上的结合，以冷淡的礼貌教会了小孩子说："我可以再吃一片吗？我可以带小熊睡觉吗？"新法的父母未结婚先就攻读儿童心理学，研究得越多越发慌，大都偏于放纵，"亲爱的，请不要毁坏爸爸的书"，那样恳求着；吻他早安，吻他晚安，上学吻他，下课吻他。儿歌里说，"小女孩子是什么做成的？糖与香料，与一切好东西。"可是儿童世界并不完全是甜甜蜜蜜，光明玲珑，"小朋友，大家搀着手"那种空气。美国有一个革命性的美术学校，鼓励儿童自由作画，特出的作品中有一张人像，画着个烂牙齿戴眼镜的坏小孩，还有一张，画着红紫的落日的湖边，两个团头团脑的阴黑的鬼；还有一张，全是重重叠叠的小手印子，那真是可怕的。

日本电影《狸宫歌声》里面有个女仙，白木莲老树的精灵，穿着白的长衣，分披着头发，苍白的，太端正的蛋形的小脸，极高极细的单调的小嗓子，有大段说白，那声音尽管娇细，听了叫人背脊上一阵阵发冷。然而确实是仙不是鬼，也不是女明星，与《白雪公主》卡通片里的葡萄干广告式的仙女也大不相同。神怪片《狸宫歌声》与狄斯耐的卡通同是幻丽的童话，狄斯耐的《白雪公主》与《木偶奇遇记》是大人在那里卑躬曲节讨小孩喜欢，在《狸宫歌声》里我找不出这样的痕迹。

　　有一阵子我常看日本电影，最满意的两张是《狸宫歌声》（原名《狸御殿》）与《舞城秘史》（原名《阿波之踊》）。有个日本人藐视地笑起来说前者是给小孩子看的，后者是给没受过教育的小姐们看的，可是我并不觉得惭愧。《舞城秘史》的好，与它的传奇性的爱仇交织的故事绝不相干。固然故事的本身也有它动人之点，父亲被迫将已经订了亲的女儿送给有势力的人做妾，辞别祖先。父亲直挺挺跪着，含着眼泪，颤声诉说他的不得已，女儿跪在后面，只是俯伏不动，在那寒冷的白格扇的小小的厅堂里，有一种绵绵不绝的家族之情。未婚夫回来报仇，老仆人引她去和他见一面，半路上她忽然停住了，低着头，背过身去。仆人为难地唤着"小姐……小姐……"她只是低徊着。仆人说："……在那边等着呢。"催了又催，她才委委曲曲前去。未婚夫在沙滩上等候，历尽千辛万苦冒险相会，两人竟没有面对面说一句知心话；他自管自向那边走去，感慨地说："真想不到还有今天这一面……"她默默地在后面跟随，在海边银灰色的天气里。他突然旋过身来，她却又掉过身去往回走，垂着头徐徐在前走，他便在后面远远跟着。最近中国话剧的爱情场面里可以看到类似的缠绵的步子，一个走，一个跟，尽在不言中。或是烈士烈女，大义凛然地往前踏一步，胆小如鼠的坏蛋便吓得往后退一步，目中无人地继续往前走，他便连连后退，很有跳舞的意味了。

　　《舞城秘史》以跳舞的节日为中心，全城男女老少都在耀眼的灰白的太阳下舒手探脚百般踢跳，唱着："今天是跳舞的日子！谁不跳舞的是呆子！"许是光线太强的缘故，画面很淡，迷茫地看见花衣服格子布衣服里冒出来的狂欢的肢体脖项，女人油头上的梳子，老人颤动着花白的髻，都是淡淡的，无所谓地方色彩，只是人……在人丛里，英雄抓住了他的仇人，一把捉住衣服，细数罪状，说了许多"怎么也落在我手里"之类的话，用日文来说，分外地长。跳舞的人们不肯做他的活动背景，他们不像好莱坞歌舞片里如林的玉腿那么服从指挥——潮水一般地涌上来，淹没了英雄与他的恩仇。画面上只看见跳舞，跳舞，耀眼的太阳下耀眼的灰白的旋转。再拍到英雄，英雄还在那里和他的仇人说话，不知怎么一来仇人已经倒在地下，被杀死了。拿这个来作传奇剧的收梢，真太没劲了，简直滑稽——都是因为这跳舞。

——选自《张爱玲散文全编》，来凤仪编，
浙江文艺出版社1998年版，第190—205页

结语

东晋陶渊明（约365—427）辞官隐居、醉卧南山，成隐逸诗人之宗；唐代白居易（772—846）志在兼济、行在独善，以诗明意，成闲适诗人之代表；北宋苏东坡（1037—1101）亦朝亦隐，修性养生，成中国古代士人之典型。而明代袁中郎（1568—1610）直抒性灵，不拘格套，钟情自然山水，并以插花为"快事"；清代袁枚（1716—1797）筑室居园，晚年更是游遍名山大川。他们与李渔等人成为明清时期最具崇尚生活品味的文人之代表。近代的周作人（1885—1967）坐而喝茶，梁实秋（1903—1987）居而兴雅，当代的汪曾祺口福不浅，尝遍四方美味。他们重视享受的生活主张是古代人生艺术化传统的再现。在现代性语境中，这种传统具有改造社会、批判文化的启蒙价值。老舍（1899—1966）以避之却暑，张爱玲（1929—1995）爱看跳舞，陶醉在都市的声光画影之中，前者以描写市民的心态和北京的风土人情见长，后者以多谈人生阅世和摩登上海见长，他们都有对社会的细致观察和对人性世界的深入省思，也同样具有追求诗意人生的理想。可以说，从古代以来的中国文人知识分子在日常生活都有一种较为"统一性"的追求，即努力在一种超越现实人格的文化人格架构中求得"文心"与"人心"的平衡，在一种入世精神与出世精神或者传统意识与现代意识的矛盾张力中彰显个体的存在。在节奏快、压力大的今

天，阅读他们那些或闲适平淡，或清丽雅致，或温婉细腻的散文，同样能起到调整心态、陶冶性情的审美净化效果。

进一步思考的问题：
1. 魏晋文人的生活情趣主要表现在哪些方面？
2. 唐宋人的生活情趣主要表现在哪些方面？
3. 明清人的生活情趣主要表现在哪些方面？
4. 现代闲适派散文作家的生活情趣主要表现在哪些方面？

关联性思考的问题：
1. 李渔的《闲情偶寄》和林语堂的《生活的艺术》包含了中国人的哪些休闲思想？
2. 以苏轼为例，谈谈中国古代文人的人格结构特点。
3. 当代日本人、韩国人、印度人的休闲生活各有什么特点？
4. 中国人在近代西方人眼中是一个怎样的形象？

进一步阅读的书目：
1. 黄志杰主编：《遵生八笺、茶经、饮膳正要、食物本草精译》，科学技术文献出版社2000年版。
2. （南朝）刘义庆：《世说新语》，任晓彤、韩晶译注，中国社会科学出版社，2003年版。
3. （明）陈继儒：《小窗幽记》，李竹君、曾楚雄、翟霞注释，华夏出版社2006年版。
4. （明）张岱：《陶庵梦忆：西湖梦寻》，史念林、刘同军、钟瑞玲注，华夏出版社2006年版。
5. （清）沈复、冒襄：《浮生六记》，周颖、刘同军注，华夏出版社2006年版。
6. （清）张潮：《幽梦影》，史念林、李竹君注，华夏出版社2006年版。（与朱锡绶《幽梦续影》、王永彬《围炉夜话》合订）
7. （清）李渔《闲情偶寄》，李忠实译注，天津古籍出版社2000年版。
8. 朱光潜：《谈修养》，载《朱光潜全集》第四卷，安徽教育出版社1987年版。

9. 宗白华：《美学散步》，上海人民出版社 1997 年版。

10. 丰子恺：《艺术趣味》，湖南文艺出版社 2002 年版。

11. 张竞生：《美的人生观》，载《张竞生文集》（上卷），广州出版社 1998 年版。

12. 梁漱溟：《人生的艺术》，陕西师范大学出版社 2007 年版。

13. 贺麟：《文化与人生》，上海文艺出版社 2001 年版。

14. 曹聚仁：《山水　思想　人物》，北京三联书店 2007 年版。

15. 郁达夫：《郁达夫游记集》，浙江文艺出版社 1987 年版。

16. 姜振昌、王连仲编：《"象牙塔"之恋——三十年代"闲适"派杂文选》，文化艺术出版社 1996 年版。

关联性阅读的书目：

1. 林语堂：《吾国与吾民》（又译《中国人》），东北师范大学出版社 1994 年版。

2. 龚斌：《中国人的休闲》，上海古籍出版社 1998 年版。

3. 郑利华：《疏放的中国人》，学林出版社 2001 年版。

4. 吴伟希：《追求生命的超越与融通——儒道释与休闲》，云南人民出版社 2004 年版。

5. 吴小龙：《适性任情的审美人生：隐逸文化与休闲》，云南人民出版社 2005 年版。

6. 柴毅龙：《畅达生命之道：休闲与养生》，云南人民出版社 2005 年版。

7. 余英时：《士与中国文化》，上海人民出版社 2006 年版。

8. 黄卓越、党圣元：《中国人的闲情逸致》，广西师范大学出版社 2007 年版。

9. 陈长喜主编：《诗情画意：闲话休闲中国》，北方文艺出版社 2007 年版。

10. 张人杰：《台湾社会生活史：休闲游憩、日常生活与现代性》，台北县稻乡出版社 2007 年版。

11. 刘彦庆：《唐宋风尚：唐宋文人士大夫的风雅情怀》，中国文联出版社 2008 年版。

12. 彭修银：《东方美学》，人民出版社 2008 年版。

13. ［日］笠原仲二：《古代中国人的美意识》，魏常海译，北京大学出版社 1987 年版。

14. ［英］约·罗伯茨编著：《十九世纪西方人眼中的中国》，蒋重跃、刘林海译，中华书局2006年版。

西方人的休闲生活艺术

导言

西方人在亚里士多德时代就已非常重视休闲，不过它的合法性经历了一个历史演进的过程。娱乐等休闲活动在古希腊、古罗马时代只属于特权阶级，在中世纪则被整合到宗教的体制之下，在文艺复兴时期基本属于上流社会。文艺复兴时期尽管被称为"玩乐的黄金时代"，但民众需服从主张勤劳诚实的清教思想为前提。应该说，休闲在西方古代仍是受到相当大的质疑的，直至近代才能逐渐合理化，并且基于这样两个条件：一是因科学意识的发展以及工具理性给西方人带来新的困境；二是因产业革命的发生及深入开展而使得西方人的日常工作绝对化。鉴于此，一些思想家、哲学家为困惑中的西方人提供了一种和谐的人生观，并把休闲作为消除工作束缚和摆脱理性控制的必要途径之一。他们提出，如果要合理化工作就必须重视休闲，只有在休闲中才能展现人性，实现人生的目的、生活价值和人类终极意义上的幸福。这些休闲要义在西方的一些文人作家那儿得以广泛表现，从他们的作品中我们也可以感受到西方人那种对休闲生活情趣的独特追求。

选文一　蒙田谈闲逸

正如我们看见的旷地，如果是肥沃的，必定丛生着各色各样的无用的野草。想好好利用它，得先要把它清理及散播好的种子；又如我们看见的妇人，如果任她们自己，只能产生不成形的肉块，必定施以良种，然后能得到自然的好的后嗣；心灵亦然，倘若没有一定的主意占据着它，把它约束在一定范围内，它必定无目标地到处漂流，入于幻想的空泛境域里。

> 正如铜瓶里颤动着的水光，
> 反映太阳或月亮的晶明影像，
> 随处飞升，随处飘荡，
> 飘荡到长空与天花板上。
>
> ——维吉尔

无论什么幻梦与痴想都可以在这种不安的情况里产生。

> 他们虚构无数的妖魔，
> 无异病者的噩梦。
>
> ——贺拉斯①

灵魂如果没有确定的目标，它就会丧失自己，因为，俗语说得好，无所不在等于无所在。

> 四处为家的人无处有家。
>
> ——马尔提阿里斯②

我最近隐居家里，决意在可能的范围内，不理旁事，优游闲逸以度这短促的余生；似乎对我的心灵没有更大的恩惠，除了让它在闲暇里款待自己，逗留和安居在它自己身上。我希望它今后会毫无困难地这样做去，因为它已与日俱增地变为更坚定更成熟了，但我总觉得，

> 闲逸使心灵飘忽。
>
> ——卢卡努斯

而在另一方面呢？与无羁的马一般，它为自己跑比为别人跑快百倍；因而便产生了无数的妖魔与怪物，无次序，无目的，一个两个接踵而来。为了可以优悠默索它们的离奇不经，我已开始把它们一一写下来，希望日

---

① 贺拉斯（前65—前8）：古罗马诗人。
② 马尔提阿利斯（约80—104）：古罗马诗人。

后用它们来羞它。

——选自《蒙田散文》，[法] 蒙田著，梁宗岱、黄建华译，人民文学出版社 2008 年版，第 14—15 页

选文二　卢梭谈独步旅行

　　我最懊悔的是不曾写旅行日记，使我至今记不起旅行生活的细节。可以说，我从来没有像在独自徒步旅行中那样充分思想、充分存在、充分生活、充分体现自我。步行包含某种能够使我的头脑兴奋和活跃的东西，我静止不动时几乎不能思索……

　　记得我曾经在一条沿着罗纳河或索思河蜿蜒的小路上度过了一个美妙的夜晚，因为我记不清是其中哪条河了。路那边是高出地面的园地。那天日间十分炎热，夜色是迷人的：露水湿润着干枯的野草；风儿不兴，万籁俱寂，空气凉爽而不寒冷；落日在空中留下红色的烟霞，将河水映成玫瑰色；园中树上栖息着百灵鸟，它们婉转啼鸣，隔枝唱和。我如痴如醉地漫步着，用我的感官和心灵享受这一切，只因为没有人同我一起分享而感到惋惜。我沉缅于甜美的遐想，直到深夜还在继续我的漫步，而没有疲倦的感觉。但我终于困乏了……树枝是我床顶的华盖：一只百灵鸟刚好栖息在我头上，它的歌声伴随我进入梦乡。我的睡眠是甜蜜的，我的苏醒更是如此。天色大亮了：我睁开眼睛，看见河流、苍翠的树木、令人赞叹的景色。我站起来，抖抖身上的尘土，觉得饥肠辘辘。我欢快地朝城市方向走去，决定用剩下的两枚银币美餐一顿。我神态飞扬，一路哼着歌……

　　徒步旅行中我随心所歇，想停就停下来。我最适宜过漂泊的生活。天气晴朗时，步行在路上，周围是秀丽的景色，前方是惬意的目的地：这就是我最喜欢的生活方式。而且，人们已经知道我说的风景秀丽指的是什么。依我看，平原地区无论如何优美，也不符合这个要求。我认为必须有激流、巉岩、茂林、高山、起伏的道路、近有咫尺的万丈深渊。我在尚贝

里附近看见的就是这是这样的景色,我尽情欣赏它。在巴德莱萨山附近,有一条在岩石中开凿而成的大路,路边是河水花了"千万个世纪淘洗而成的深渊",深渊里有一条小河在奔腾翻滚。为了安全,人们沿着路边筑了一堵护墙:这样我就能尽情欣赏渊底的景色,任自己头晕目眩,因为我之所以喜爱陡壁巉岩就是这个缘故;只要我处于安全的地位,我是喜欢这么做的。我兴致勃勃,手扶着护墙,伸头俯瞰翻腾的泡沫和蓝色的河水,一待就是几个钟头;千仞之下,乌鸦和猛禽在岩石和荆棘间翱翔,它们的叫声同河水的咆哮相呼应。在山坡比较平缓和荆棘比较稀疏的地方,我拾取一些我搬得动的大石头:我把石头垒在护墙之上,然后逐个扔下去;我看见石块滚动、跳跃、碎片横飞,最后到达崖底,而我感到莫大的愉快。

在距尚贝里更近的地方,我见过类似的、但位于相反方向的风光。道路在我平生所见的最壮观的瀑布下面穿过,山峰壁立,飞流直下,形成一个拱洞,行人有时可以在瀑布和岩石之间穿过而不濡湿衣裳。但人们如果不留心,是很容易上当的,我就有这样的经验:因为瀑布极高,落下时分成许多小股,散落成水珠。当你太靠近这迷蒙的烟雾时,并不立即意识有什么危险,但顷刻之间全身已经湿透了。

——选自《法国散文选》,拉马丁等著,程依荣译,湖南人民出版社1987年版,第216—219页

选文三　欧文谈伦敦寻幽

　　我想,我确实像吉多·沃克斯[①]那样,
　　手执黑色的灯笼,
　　偷偷地把城镇点燃;而在乡下,

[①] 吉多·沃克斯(Guido Vaux):英国阴谋家,与人合谋于1605年11月5日推翻国王。此阴谋被称之为"黑色火药计划"。

> 我应被当作一团磷火，
>
> 或者罗宾·古德费洛①。
>
> ——弗莱彻

我有点儿好古成癖，喜欢在伦敦实地察看，寻觅古代的遗迹。这些遗迹主要须在城市深处找到，它们埋没在荒芜的砖瓦和灰浆之中，几乎归于湮灭，然而周围平淡无奇的环境却也给这些遗迹带来诗一般的、罗曼蒂克的情调。在最近一次于夏天去伦敦漫游的过程中，我就被这样一种情景所吸引。须知伦敦城只有在夏天才能得到有效的探索，因为那时伦敦就没有冬天的烟气、雾气、阴雨和泥泞。我已与舰队街②上如潮的人流搏斗了一些时间。炎热的天气使我心烦意乱，使得我对每一次推推搡搡、每一个刺耳的噪音都很敏感。我浑身倦怠，精神疲惫，不得不从熙熙攘攘的忙碌的人群中挣扎着前行，这又使我心境不佳。在一阵绝望之中，我从人群中挣脱了出来，闯入一个小巷，转过几个偏僻的拐角后，眼前出现了一个古雅而静谧的庭院。庭院中央有一片草坪，草坪上方悬垂着榆树，一眼喷泉射出耀眼的水柱，使得草坪总是清新翠绿。一位手捧书本的学生坐在石凳上，一边读书，一边注视着两三位照料着婴儿的身材苗条的保姆的举动。

我就像一个阿拉伯人，在令人气喘吁吁的贫瘠的沙漠当中，突然遇见一片绿洲。逐渐地，这个地方的静穆和凉爽抚平了我的神经，振作了我的精神。我继续前行，走不多远，便来到一个非常古老的教堂的面前。这是一个富丽堂皇的雄伟建筑，入口处有个低矮的撒克逊式大门。室内圆敞，华灯高悬。四周是古时候的高大的坟墓，墓上有身穿盔甲的武士的大坪石肖像。有的武士双手虔诚地交叉于胸前，有的则握着剑柄的圆头，看得出即使在坟墓里也是满怀敌意！——而那几个盘着腿的武士则表明，他们是曾去圣地参加过神圣战争的宗教正统的军人。

原来，我是在圣殿骑士团③的教堂里，它就坐落在这交通拥挤不堪的

---

① 罗宾·古德费洛（Robin Goodfellow）：英格兰民间故事中的顽皮小妖。
② 舰队街（Fleet Street）：以报馆集中而著称。
③ 圣殿骑士团（Templar）：1118年为保护圣墓及朝圣者而在耶路撒冷建立基督教军事组织。

闹市中心，实在不可思议。依我看，精于世故的人若要获得印象最为深刻的教训，莫过于从忙碌的为金钱而奔波的人生马路上转向一旁，在这些幽暗的坟墓当中坐下来，这儿一切皆是微光、尘埃和忘却。

在随后的一次观光游览中，我又遇见了这样一个深匿于城市中心的"前世"文物。我在单调乏味的街道上闲逛了一会儿，街上没有任何引人注目或可激发想象之处，就在这时，眼前出现了一个破败的古代哥特式大门。里面是一个宽敞的四方形院，周围是宏伟的哥特式建筑群，其正门诱人地敞开着。

显而易见，这是个公共建筑物，既然我是在寻找古迹，于是便壮着胆子走了进去，虽然脚步有些犹豫不决。由于无人阻拦或者指责我的闯入，我便继续前行，最后来到一个大厅，大厅高耸着拱形的屋顶，有一个橡木柱廊，全都是哥特式的建筑风格。大厅的一端有一个巨大的壁炉，壁炉两旁有木制高背长椅，另一端是一个高台，那是一个威严之地，高台上方悬挂着一位男士的肖像，他身着古装，长袍，高而硬的轮状皱领，蓄有令人肃然起敬的花白胡须。

这里的一切笼罩着一种修道院般的静谧和与世隔绝的气氛，而给这个地方带来一种神秘的魅力的是，自我跨进门槛时起，竟未看到一个人影。

这孤寂的景象鼓舞了我，于是我便在一个巨大的弓形窗子的凹进处落座，一束宽阔的金灿灿的阳光从这窗子照射了进来，又由于透过彩色的窗格玻璃而变得色彩斑驳陆离，而从另一扇敞开的窗扉又吹进了夏日柔和的微风。在这儿，我把胳臂放在一张旧橡木桌上，用手托着头，沉溺于想入非非之中，这座建筑在古代会是派什么用场的呢？它显然原本是一座隐修院，也许是昔日为促进学术而建造的一座学府。这里，勤奋的修道士们在修道院的充裕的隐居生活中，一页又一页、一卷又一卷地增加着精神上的产品，欲使之与他所居住的大厦在价值上相媲美。

当我这样若有所思地坐着的时候，大厅最里面拱形结构里的一扇镶板小门打开了，一群身披黑色大氅的银发老者鱼贯而出，又鱼贯穿过大厅，一言不发，当从我面前经过时，每个人都转过苍白的脸望着我，然后在大厅另一端的一扇门里消失了。

他们的样子尤其吸引了我，他们的黑色大氅和古朴的神态与这极为古老而又神秘的大厦的格调相协调。这就好像我冥冥幻梦中的往昔的幽灵，正列队经过，接受我的检阅。我因这种怪念头而颇为自鸣得意，于是带着浪漫的情调，着手对我想象中的一个幽灵的领域进行探索，这幽灵的领域就存在于真实的现实的中心。

我的漫游把我带进了一个由内部庭院、走廊以及圮废失修的回廊所组成的迷宫，须知这个主体建筑有许多扩建部分和附属建筑物，它们建于不同的时代，风格五花八门。在一块空地，一群显然是属于这座寺院的男孩子们正在玩耍，不过每到一处，我都看到那些身穿黑色斗篷的神秘的灰发老人，他们有时独自漫步，有时三五成群闲谈，看上去就像是此地无所不在的神怪。此刻我想起了曾在书上读到过的某些旧大学的情景，那儿讲授缜密的占星术、泥土占卜学、招亡魂问卜的巫术，以及其他遭禁的学科和巫术。此机构是否属于这一类？而这些身穿黑色大氅的人果真就是巫术教授吗？

正在臆测之际，我的目光投向了一个四周挂着种种稀奇古怪而又不雅的物品的房间，有原始的作战工具、怪诞的偶像和鳄鱼标本，蛇和怪物装在瓶子里装饰着壁炉台，而在一个老式床架的高高的华盖上，有一个狞笑的骷髅，两旁各有一只风干了的猫。

我走向前去，以便更仔细地观察这间似乎是招亡魂问卜的巫师适用的实验室的神秘房间，这时我吃惊地看见，一张人的面孔正从一个积有灰尘的角落盯着我。那是一个矮小枯萎的老人的脸，两颊瘦瘪，两眼有光，眉毛灰白硬直且向前突出。起初，我怀疑这是否是一具精心保存的木乃伊，但是他却在移动，我这才知道是个活物。又是一位黑衣老者。我端详着他的古怪的面相，他那过时的装束，以及他周围的丑陋而邪恶的物品，这时我开始使自己相信，我碰上了这个魔法兄弟会的首领。

见我在门前停下步来，他便起身邀我入内。我壮着胆子依从了他，因为我并不知道，他的魔杖的挥舞是否会把我变成一个怪物，或者把我塞进他壁炉台上的瓶子里呢？然而，事实证明，他并不是什么巫师，他的朴实而又喋喋不休的言谈，很快就驱散了我给这古老的建筑和其同样古老的居民所蒙上的一切不可思议和神秘的气氛。

看来，我是闯进了一个古老的救济院的中心，此救济院收留年迈的退休商人和穷困潦倒的户主们，与之相连的是一个人数有限的男校。它是两个世纪以前以一所古老的隐修院为基础建立的，因而多少保留着修道院生活的气氛和特点。在大厅里从我眼前经过的那行身影模糊的黑衣老人——那被我尊称为星术家的，原来是在小教堂里做完晨祷返回的靠养老金生活的人。

约翰·哈勒姆，这位被我封为魔术师首领的矮小的古玩收集家，已在此地居住了六年，他用自己一生中所搜集到的文物和珍品点缀他这晚年的栖息处。据他自己讲，他曾多少算得上个旅行家，去过一趟法国，还差一点儿去了荷兰。他后悔没有能访问荷兰，"因为那样他就可以说是去过那儿了"。显然，他是位微不足道的旅游者。

他还具有贵族的观念，我发现，他游离于大多数普通的养老金领取者之外。他的主要的朋友有一位是能说拉丁文和希腊文的盲人，哈勒姆对这两种语言则是一窍不通。另一位是个潦倒的绅士，他将其父留下的四万英镑和其妻的一万英镑妆奁挥霍殆尽。在小个子哈勒姆眼里，能够挥霍这么一笔巨款，则毋庸置疑是高贵血统和崇高精神的表现。

附言：我为读者消遣而讲述的那个古代的别具一格的遗迹，就是现在称作"查特豪斯慈善机构"的地方，它原来称作加尔都西修道院①。它是托马斯·萨顿爵士于一六一一年在一个女隐修院的遗址上创建的。它是那些由个人慷慨解囊而发起的高尚的慈善机构之一，它们在伦敦的现代变化和创新当中保留着古代的古雅和圣洁。这里住着八十位衰老的人，他们曾过过优裕的生活，现在到了晚年，则被提供以食物、衣服、燃料和供个人花销的一年发一次的津贴。他们像昔时的僧侣们一样，在大厅里共同进餐，那大厅本是原先的女隐修院的餐厅。查特豪斯还有一所有四十四名男生的附属学校。

有关这方面的情况我参考了斯托的著作。在谈到这些白发退休人

---

① 加尔都西修道院是天主教隐修院修道会之一。

的义务时,他说道:"他们不得干预与养老院的事务有关的任何事宜,只能致力于侍奉上帝,满怀感激之情接受提供给他们的东西,而不嘀嘀咕咕,小声抱怨,或者心怀不满。谁也不许佩戴武器,蓄长发,穿彩色靴子、靴刺或彩色鞋子,帽子上不许装饰羽毛,不得穿痞子式或不合乎礼仪的服装,只许穿适合养老院的人穿的衣服。""事实上",斯托又补充说,"这些老人从尘世的忧虑和悲伤中解脱出来,在这么一个好地方安享晚年,心无二用,只须净化灵魂,侍奉上帝,在兄弟般的情谊中生活,这是多么幸福。"

前面这篇速写是据我本人的观察而写下的。为了给那些读了拙文而产生兴趣以及想多了解一些伦敦奥秘的人提供消遣,我附上了一点儿当地的历史,这是一位相貌古怪的老绅士提供给我的。这位绅士戴着小型棕色假发,身穿黄褐色的外套,我是在造访查特豪斯后不久认识他的。我承认,起初我有些怀疑,不知它是否是那些常用来哄骗像我这样的好奇的旅游者的杜撰的故事中的一个,这些杜撰的故事使我们一般的诚实性格蒙受了不应有的指责。然而,经过适当的探寻以后,我得到了对该作者的诚实无欺的最令人满意的保证。确实,人们告诉我,他实际上正忙于对他所居住的那个非常有趣的地区作充分而又细致的记述,下文可以看作不过是对该记述的一种预先体验而已。

——选自《欧文散文》,[美] 华盛顿·欧文著,
王义国译,人民文学出版社2008年版,第197—202页

选文四 梭罗谈湖边钓鱼

当我提着一串鱼,拖着钓竿穿过树林回家的时候,天色已经完全黑了下来,我瞥见一只土拨鼠偷偷地横穿过我的小径,就感到了一阵奇怪的野性喜悦的颤抖,我被强烈地引诱了,只想把它抓住,活活吞下肚去;倒不是因为我那时肚子饿了,而只是因为它所代表的是野性。我在湖上生活的

时候，有过一两次发现自己在林中奔跑，像一条半饥饿的猎犬，以奇怪的恣肆的心情，想要觅取一些可以吞食的兽肉，任何兽肉我都能吞下去。最狂野的一些景象都莫名其妙地变得熟悉了。我在我内心发现，而且还继续发现，我有一种追求更高的生活，或者说探索精神生活的本能，对此许多人也都有过同感，但我另外还有一种追求原始的行列和野性生活的本能，这两者我都很尊敬。我之爱野性，不下于我之爱善良。钓鱼有一种野性和冒险性，这使我喜欢钓鱼。有时候我愿意粗野地生活，更像野兽似的度过我的岁月。也许正因为我在年纪非常轻的时候就钓过鱼打过猎，所以我和大自然有亲密的往还。渔猎很早就把我们介绍给野外风景，将我们安置在那里，不然的话，在那样的年龄，是无法熟悉野外风景的。渔夫、猎户、樵夫等人，终身在原野山林中度过，就一个特殊意义来说，他们已是大自然的一部分，他们在工作的间歇里比诗人和哲学家都更适宜于观察大自然，因为后者总是带着一定的目的前去观察的。大自然不怕向他们展览她自己。旅行家在草原上自然而然地成了猎手，在密苏里和哥伦比亚上游却成了捕兽者，而在圣玛丽大瀑布那儿，就成了渔夫。仅仅是一个旅行家的那种人得到的只是第二手的不完备的知识，是一个可怜的权威。我们最发生兴趣的是，当科学论文给我们报告，已经通过实践或者出于本能而发现了一些什么，只有这样的报告才真正属于人类，或者说记录了人类的经验。

有些人说北方佬很少娱乐，因为他们公定假日既少，男人和小孩玩的游戏又没有像英国的那样多。这话错了，因为在我们这里，更原始、更寂寞的渔猎之类的消遣还没有让位给那些游戏呢。几乎每一个跟我同时代的新英格兰儿童，在十岁到十四岁中间都捐过猎枪；而他的渔猎之地也不像英国贵族那样地划定了界限，甚至还比野蛮人的都广大得多。所以，他不常到公共场所游戏是不足为奇的。现在的情形却已经在起着变化，并不是因为人口增加，而是因为猎物渐渐减少，也许猎者反而成了被猎的禽兽的好朋友，保护动物协会也不例外。

况且，我在湖边时，有时捕鱼，只是想换换我的口味。我确实像第一个捕鱼人一样，是由于需要的缘故才捕鱼的。尽管我以人道的名义反对捕鱼，那全是假话，其属于我的哲学的范畴，更甚于我的感情的范畴。这里我只说到捕鱼，因为很久以来，我对于打鸟有不同的看法，还在我到林中来之前，已卖掉了我的猎枪。倒不是因为我为人比别人残忍，而是因为我一点感觉不到我有什么恻隐之心。我既不可怜鱼，也不可怜饵虫。这已成了习惯。至于打鸟，在我那背猎枪的最后几年里，我的借口是我在研究飞鸟学，我找的只是罕见或新奇之鸟。可是我承认，现在我有比这更好的一种研究飞鸟学的方式了。你得这样严密仔细地观察飞鸟的习惯啊，就凭这样一个理由，已经可以让我取消猎枪了。然而，不管人们怎样根据人道来反对，我还是不得不怀疑，是否有同样有价值的娱乐，来代替打猎的；当一些朋友们不安地探问我的意见，应不应该让孩子们去打猎，我总是回答，应该，——因为我想起这是我所受教育中最好的一部分，——让他们成为猎者吧，虽然起先他们只是运动员，最后，如果可能的话，他们才成为好猎手，这样他们将来就会晓得，在这里或任何地方的莽原里并没有足够的鸟兽，来供给他们打猎的了。迄今为止，我还是同意乔叟①写的那个尼姑的意见，她说：

  没有听到老母鸡说过
  猎者并不是圣洁的人。

在个人的和种族的历史中还都曾经有过一个时期，那时猎者被称颂为"最好的人"，而阿尔贡金族的印第安人就曾这样称呼过他们。我们不能不替一个没有放过一枪的孩子可怜，可怜他的教育被忽视，他不再是有人情的了。对那些沉湎在打猎上面的少年，我也说过这样的话，我相信他们将来是会超越过这个阶段的。还没有一个人在无思无虑地过完了他的童年之后，还会随便杀死任何生物，因为生物跟他一样有生存的权利。兔子到了末路，呼喊得真像一个小孩。我警告你们，母亲们，我的同情并不总是作出通常的那种爱人类的区别的。

  青年往往通过打猎接近森林，并发展他身体里面最有天性的一部分。

---

① 乔叟（Geoffrey Chaucer，约1340—1400）：英国诗人。所著《坎特伯雷故事集》中有《女尼的教士的故事》。

他到那里去,先是作为一个猎人,一个钓鱼的人,到后来,如果他身体里已播有更善良生命的种子,他就会发现他的正当目标也许是变成诗人,也许成为自然科学家,猎枪和钓竿就抛诸脑后了。在这一方面,人类大多数都还是并且永远是年轻的。在有些国家,爱打猎的牧师并非不常见。这样的牧师也许可以成为好的牧犬,但决不是一个善良的牧羊人。我还奇怪着呢,什么伐木、挖冰,这一类事是提也不用提了,现在显然只剩下一件事,还能够把我的市民同胞,弗论老少,都吸引到瓦尔登湖上来停留整整半天,只有这一件例外,那就是钓鱼。一般说,他们还不认为他们很幸运,他们这半天过得还很值得,除非他们钓到了长长一串鱼,其实他们明明得到了这样的好机会,可以一直观赏湖上风光,他们得去垂钓一千次,然后这种陋见才沉到了湖底,他们的目标才得到了净化;毫无疑问,这样的净化过程随时都在继续着。州长和议员们对于湖沼的记忆已经很模糊了,因为他们只在童年时代,曾经钓过鱼;现在他们太老了,道貌岸然,怎么还能去钓鱼?因此他们永远不知渔乐了。然而,他们居然还希望最后到天堂中去呢。如果他们立法,主要是作出该湖准许多少钓钩的规定;但是,他们不知道那钓钩上钓起了最好的湖上风光,而立法也成为钓饵了。可见,甚至在文明社会中,处于胚胎状态的人,要经过一个渔猎者的发展阶段。

……

——选自《更高的规律》,载《瓦尔登湖》,[美]亨利·戴维·梭罗著,徐迟译,上海译文出版社2004年版,第197—200页

选文五　黑塞谈古老的音乐

我孤寂的乡居的窗前,灰蒙蒙的雨还在不停地飘落。我兴致索然,不愿再套上雨靴,踏上泥泞的进城的远路。但此刻我孤身一人,长时间的工作后,两眼隐隐作痛;工作室四面的墙上,一排排烫金的书列带着沉甸甸

的问题和责任凝视着我，让我不堪重负；孩子们都已在床上睡着了，壁炉里的火摇曳将熄。于是，我决定出门去了。找出音乐会的门票，穿好雨靴，再用链条拴好狗，我披上雨衣走进了泥泞和潮湿中。

空气清新，有一丝苦涩的芳香。黑魆魆的乡间小路穿行在秀顾的橡树间，沿着邻人的产业划了个弧伸展开去。不知谁家的门厅还亮着灯火。一只狗叫了起来，发起性子，越叫越响，又猛地停了下来。黑魆魆的矮树丛后，一座乡村小屋中响起了钢琴声。在这黄昏时分，独自行走在乡野间，没有比听到一间孤零零的房屋中传出的音乐声更美丽更发人幽思的了；那是一种对所有美好的、可爱的食物的感受，是家和灯火的温情，是岑寂空间内庄严的暮色的氛围，是妇人的手，古老家庭的气息。

前面已是第一盏路灯，是这城市安静而苍白的前哨。接着又是一盏，城市的山墙也近了。转过墙根，耀眼的弧光灯下，电车站倏然呈现眼前。等车的人穿着长长的雨衣，售票员闲聊着，雨水从湿淋淋的雨帽上滴落，制服上的金属纽扣发出暗淡的光泽。一辆车子哐哐啷啷驶近了，蓝色的车灯、宽敞的车窗明亮温暖。我上了车。车开动了，透过车窗我凝视着夜晚的街道，宽大、空寂。街角站着一个妇女，撑着伞等我们的车。再下去，街道变亮了，人也多了起来。忽然，高高的桥那边，整个城市扑面而来，暮色中窗棂和街衢灯火掩映，桥下深深的河谷中水光幽暗，堤堰边荡着白沫。

我下了车，穿过小巷的拱门朝教堂走去。教堂前小方场湿漉漉的石子地上，映着几点路灯光，暗淡、清冷，平台上有栗树摇曳，大门中透过微红的灯光，在它的上方，哥特式的尖顶直向天空，消失在雨夜无尽的苍穹之中。我在雨里停了一会儿，终于扔掉雪茄，走进高高的尖顶穹门。人们穿着湿衣服拥挤着，出纳员坐在明亮的窗后，有人在检票，我手单拿着帽子，走进教堂。霎时间，充满希冀的神圣的气息从昏暗的巨形拱顶涌了过来。小巧的挂灯发出谈淡的光，光线期期艾艾地沿着柱群上行，消散在灰色的岩石上，又轻柔地渗入嵯峨的拱顶。除了几张长凳上满满地坐了些人，整个殿堂和圣坛几乎是空的。我踮着脚尖穿过宽大庄严的圣殿——即使如此，我的脚步仍带起低低的回音。昏黑的圣坛内，古旧而笨重的木凳蒙着一层雕花皮面静候着。我打开一张椅子,木椅发生的声响回荡在石子的拱顶上,显得格外的沉闷。

座椅宽大舒适,我泰然地坐着,拿过一张节目单。光线很暗,看不清字迹。我细细地回想了一阵,却记不起许多:似乎有一个已故的法国大师的管风琴作品,一个古老的意大利小提琴奏鸣曲,也不知创于何人,或许是瓦罗西尼,或是纳尔蒂尼或是塔尔蒂尼,再就是一支序曲和一支巴赫的赋格曲。

三三两两地又来了几个人,静悄悄地走进圣坛坐了下来,彼此远远地隔着,深深埋入古旧的座椅中。有人掉了一本书,我身后的两个女孩在嘁嘁低语。然后是寂静、一片寂静。一个男人站在远处的诵经台上,两盏圆灯之间。他耳前的管风琴高高的声管上流动着清冷的光。他行了个礼坐下来,观众席上扬起一片满是期待的呼吸声。我不想把目光停留在台上,靠在椅背上,我望着高高的拱顶,呼吸教堂静穆的空气。我想:人们怎么会每周日在明亮的白天来到教堂,密密挨挨地坐着聆听布道呢?不论布道文有多漂亮多智慧,在这巍峨的殿堂里听起来终究是空洞乏味、令人倦怠的。

听,一声强劲的管风琴声。它逐渐填满了整个房间,它自己已成了空间,拥着我们。它越来越强,而后停了下来,旁的调子伴入。突然,所有的音调一齐急急地向深处跌落,它们屈膝祷告,它们抗争,最后,驯服地凝成和谐的低音。而后它又缄默,犹如雷雨前的沉寂穿过大厅,之后,又再度响了起来:激昂的乐调以火一般的热情迸发出来,汹涌着壮大着。它以全部的身心呐喊,它向上帝慷慨陈词,又一次呐喊,更加深切强劲,而后归于平静。音乐再一次响起,这位无畏的忘我的大师再一次把声音有力地掷往上帝,它控诉,它呼喊,它悲鸣,音浪汹涌,如波峰层层叠叠,然后静了下来,怀着孺慕和敬畏,沉浸在对上帝的赞美之中。乐音犹如金色的弧线穿过高高的暮色,让柱和回响的柱群升起,建造它崇仰的殿堂;直到它停下来,静止,再一次停止和静默,当音响已逐渐消散,余音却仍然萦绕在我们周围。

我不得不想到,我们过着怎样一种狭隘的、不健全的生活!我们当中有谁能像这位大师一般,以一种具有很深的本质的跃腾的宏伟站到上帝和命运面前，宣泄他的谴责与感激？啊，人们不该这样活着，不该像现在这样，人们应该到天空下面，到大树下面，应该独处，去接近美和伟大的奥妙。

管风琴再度响起，深沉、低缓，一个悠长、和缓的和弦；然后，小提琴的旋律越过它扶摇而上，音步组合精巧玄妙。有些儿诉怨，有些儿质问，但却以一种神秘与圣洁吟哦着，飘摇着，犹如妙龄少女的步履优美蹁跹。旋律重复，变化着，藏匿着，造访相类的音组。探视上百美妙灵动的阿拉贝斯克①，轻轻巧巧地滑过狭长的小径，末了，涤荡一新，以一种恬淡、澄静的感觉飘然复出。此刻没有伟人，没有呐喊，没有至深的苦难，也没有崇高的敬畏，此刻只有愉悦、闲适及心灵的美丽。它只想告诉我们，这世界是美丽的，充满了神明的秩序与和谐。啊，在我们听过的讯息中，还和比它更罕有，更珍贵的吗？

这是一种只可意会不可言传的感觉。在偌大一座教堂内，许多的脸在微笑，舒畅、纯净的微笑。有人会觉得这古老而素朴的音乐有些稚拙，有些陈旧，但他们也在微笑，像浪花一般汇入这条单纯清澈的河流。

在休息的时间里，这种感觉依旧。人们窃窃的交谈声、座椅轻轻的挪动声，都透出一种欣喜和振奋。人们快乐地迎向一种崭新的宏伟。而这种宏伟来了。带着伟大与自出的神情，大师巴赫②走进了他的殿堂，满怀感激问候上帝，然后从崇敬中准备由礼拜时赞美诗的虔诚转向欢愉。但这过渡刚起步，他却将和声深化了，把不同的旋律与和声叠置交织，建构成激荡磅礴的多声部和声。他托起和声建筑群，它渐渐变为球体，越出了教堂，成了充满高贵完美的体系的星空，就如同上帝去睡了，而把大衣和手杖留给了它。它在转聚的云块中轰鸣，而后再一次打开晴朗的碧空，凯旋般引导着恒星行星，在高高的中天闲散地躺着，在凉爽的薄暮洒下甘霖。然后，它犹如落日般辉煌地终止了，在一片静寂中留下荣光四射的世界。

我静静地穿过巍峨的殿堂和熟睡的小方场，静静地走过高高的河桥和

---

① Arabeske：一种阿拉伯风格的乐曲，以轻快的旋律为特点。
② 约翰·瑟巴斯帝安·巴赫（1685—1750）：德国作曲家，风琴演奏家。此处的巴赫是指他的作品。

进入城市的灯列，出了城。雨已经停了，一大片的云笼罩了整个原野。透过微微的罅隙，可以看到月色和朗丽的夜光。城市已经看不见了，乡野小径边的橡树在柔和清新的晚风中低吟。我慢慢踏上最后一块高地，走进我沉睡的房屋。向窗有榆树在喁喁低语。现在，我只愿走入静谧，再一次尝试生活，成为它的一颗玻璃弹珠。

（王晓珏 译）

——选自《德国散文精选》，孙凤城选编，北岳文艺出版社 1999 年版，第 348—352 页

选文六 普利斯特莱谈无所事事

我曾经随同一位美术家朋友到他的农舍去住过一阵子，他是个讨人喜欢的懒家伙，那所房子坐落在约克郡的丘陵地带，离一个火车站约有十英里远；我们赶巧碰上连日忽然变得挺暖和的天气，于是每天一清早就抄最近的荒野小道，悠闲自在地爬到海拔两千英尺的地方去，仰面朝天地躺在那儿，消磨那漫长而金光灿烂的午后良辰——任什么事也不干。要找个地方偷闲休息休息，哪儿也比不上荒野高原。那里像是一个洁净而空旷的露天大厅。那种显然单调的环境，既不提供当场叫人神魂颠倒的娱乐，也无引人入胜而声色俱全的大戏可看，却有浮云阴影和色彩斑斓的地平线慢慢变换出来的千姿百态，微妙绝伦，足以使您心荡神移，情趣丛生。高原上一块块客厅地毯般大小的草地，美好柔软得像丝绒，诱您躺在上面养神歇息。那儿远离尘世喧嚣，超脱人间利害得失，万古长存，使人头脑得以休息，杂念涤净。世上的嘈音全都淹没在麻鹬一片单调的啾啾声中。

我们连日舒坦地躺在高原草地上，不是仰望苍穹就是梦幻般地凝视远方的地平线。当然，说我们什么事都没干，也绝非事实，因为我们抽掉大量烟叶，吃了许多三明治和小块的巧克力，喝了不少冰凉冒汽的溪水。那水也不知道从哪儿涌出来的，汩汩流了几码就消失了。我们俩偶尔也交换

一两句话。不过,我们也许达到了人类两名成员尽可能近乎什么事也不干的程度。我们闲呆着,什么计划也不制订,头脑里连个想法都没有;我们甚至没有像两个男伙伴聚在一起往往一味地对着吹牛那样消磨时光。在远方某地,我们的亲友正在乱吹哄地忙忙碌碌,动用心计啦,图谋策划啦,争辩啦,挣钱啦,挥霍啦;可我们就像成了仙一样,实实在在地无所事事,头脑清净,一片空白。但是,我们结束那段短暂的赋闲时刻,脸色晒得晚霞那样红喷喷,从高原下来,回到凡人和报馆老板盘踞的尘世,却发现我们刚刚受到戈登·瑟夫里奇先生的指责。

  他是在什么时候什么场合指责我们的,我并不知道。我也不清楚是一群什么样嘻嘻哈哈欢闹的家伙居然招致并取得了他的信任。怪事就发生在这稀罕的阳光助长我们那种怪癖的季节里。去年还是前年刚有那么一位富有创业精神的家伙组织了一次欧洲大陆导游旅行,为了招徕更有学问的人参加度假,还特地在途中各站给他们安排一系列知名作家的讲演。那群愉快的游客上路了,他们的向导也确实信守诺言,因为您瞧——第一站就有英季教长①给他们作了一次畅论现代享乐的演讲。不过,瑟夫里奇先生是不是也向一群度假者发表宏论,或是在那帮商场大老板召开的严肃会议上致词,我就不清楚了,反正我确实知道他说了他最痛恨懒散,认为那是天字第一号罪恶。我也相信他批评了一些浪费时间的人,可我把他举出的理由和例子忘了,说实话,再去细究,我会认为那是一种浪费时间的丢脸事儿。瑟夫里奇先生虽然没点我们的名,却在攻击懒散那一过程中,脑子里自始至终想着我们俩,这一点是根本用不着怀疑的。也许他的脑海里出现这样一种使他震怒的景象,那就是我们俩平躺在荒野高原上,堂而皇之地浪费时间,而世间却有许多活儿急待去做。顺便提一句,急待完成后由瑟夫里奇的店铺买进再卖出。我真希望他能看到我们俩,因为那想必会对他大有好处;我们俩无论在什么时候都叫人瞧着看到并不完整而难以理解的形象,也会对他的身心有所裨益。不幸的是,瑟夫里奇先生大概对他所谓的懒散之罪已经下了断话,所以不愿意接受别人的看法,连态度也不肯软

---

① 英国牧师和作家。

化一些。这实在可惜,更糟糕的是他的观点在我看来并不对,而且肯定相当有害。

在这人世间,万恶其实都是那些一向忙忙碌碌的人造成的,他们既不知道什么时候该忙,也不晓得什么事情该做。我认为魔鬼仍然是宇宙间最忙碌的家伙,我也蛮有把握地想象到他在谴责懒散,而且对那种浪费一丁点时间的现象大发雷霆。我敢打赌,在他统治的王国里,谁也不许闲着,即使偷闲一个下午也不行。我们大家都坦率承认这个世界一团糟。可我跟有些人一样,认为并非是悠闲懒散把它弄到这步田地的。人间缺少的不是有为,而是无为;它无所不能,唯独缺少友善和些许理智。世界上仍然有大量的精力(以往从来没有这样多瞎忙的人),只不过大部分都给浪费在不该用的地方了。比如说,要是一九一四年七月里,天气好得叫人懒洋洋,所有的人,皇帝啦,国王啦,大公爵啦,政治家啦,将军啦,记者啦,都一下子极想什么事也不干,而只希望在阳光下闲荡,消耗烟叶,那么我们的境况也许就会比现在强多了。可是不行,那种生活必须紧张的说教仍然是无可争辩的;任何时间都不许浪费,总得想法干点什么。于是,众所周知,真就干出了什么名堂。再说,假如咱们那些政治家,与其带着一大堆还没考虑成熟的想法和大量可以消耗的精力匆匆赶到凡尔赛去,还不如暂时撇下一切书信来往和接见等等事务,干脆都去度假两周,只在这个或那个山坡闲逛,破题儿第一遭在他们精力旺盛的生活当中显然什么事都不干,然后嘛,再回到他们那个所谓的和平大会去,这样也就可以在散会后,声誉没被玷污,世界大事也给处理得挺好。其实就在目前,如果欧洲有一半政治家都放弃那种视懒散为罪恶的想法,离开政坛一阵子,什么事也不干,那么我们肯定会从中获益匪浅。其他例子也都涌上心头。例如,某些宗教教派时而召开会议,尽管外面罪恶堆成山,人类文明的前景仍然难卜,那些与会代表却在谴责女人裙子的长度和伴舞乐队的噪声,净在这些小是小非上瞎浪费时间。他们还不如找个地方躺躺,凝视天空,休息休息他们的脑筋更好些。

懒散为万恶之首的想法,伴以生活必须紧张的说教,在美国十分流行;我们也设法回避美国是个令人惊异的昌盛国家这一事实。可我们也没法回避另一事实：在那样一个社会里，所有最卓越的当代作家竟然全是讽刺家。说也奇怪，大多数伟大的美国作家都毫不迟疑地歌颂悠闲自在，他们的才能往往就是无所事事，为此还自夸呢，这就是他们救世的办法。因此，梭罗如果没有他那种什么事也不干而只欣赏银河的本领，就只能是个冷冰冰的道学先生；还有惠特曼，如果剥夺了他双手插在裤兜里闲荡的习惯以及这样消遣时所流露出来的天真喜悦，就只会是个大号笨蛋。任何一个蠢货都会小题大作瞎忙乎，到处消耗他的精力，而一个人想安顿下来无所事事，却得有点真本事。他必须存有可以汲取的精力，必须能够浸沉于缓缓流畅的沉思奇想的河流，必须内心深处是位诗人。往往其他诗人叫我们失望的时候，我们便会想到华兹华斯，因为他深知无所事事的奥妙，你可以说，没有谁比他做得更好了；你也可以从他的作品中发现有关这方面最好的叙述。他活得够长的，足可以把他年轻时的大多数见解收回，可我认为他绝不会对其中一个想法反悔，那就是世间再也没有什么比无所事事地凝视大自然更能使人心灵净化，更能使人健康了（他在一首诗中真的对一些吉卜赛人表示过愤慨，因为他有一次从那些人身旁走过，十二小时之后再从他们身旁经过，竟然发现他们真什么事也没干。我怀疑这是种族偏见，还带点忌妒，因为他本人虽然干得不多，那些人却干得更少），他要是仍然在世，肯定会比以往更加热情而经常地宣讲他的信条；他或许还会攻击瑟夫里奇先生，用一连串了不起的十四行诗（开首是"上周他俩漫步在荒野高原上"）来维护我们俩。顺便说一句，这些诗一点儿也不会引起人们的注意。他会告诫我们，如果人人在未来十年里，一有机会就尽可能仰面朝天地躺在荒野高原上，无所事事，那么全世界的情况就会好得多。这他可就说对了。

（梅绍武 译）

——选自《外国散文金库·遵生卷》，乔继堂主编，中国广播电视出版社 1993 年版，第 217—221 页

选文七　爱尔斯金谈忙里偷闲

其时我大约只有十四岁,年幼疏忽,对于卡尔·华尔德先生那天告诉我的一个真理,很随便地未加注意,但后来回想起来真是至理名言,嗣后我就得到了不可限量的益处。

卡尔·华尔德是我的钢琴教师。有一天,他给我教课的时候,忽然问我:每天要练习多少时间钢琴?我说大约每天三四小时。

"你每次练习,时间都很长吗?是不是有个把钟头的时间?"

"我想这样才好。"

"不,不要这样!"他说,"你将来长大之后,每天不会有长时间的空闲的。你可以养成习惯,一有空闲就几分钟几分钟地练习。比如在你上学以前,或在午饭以后,或在工作的休息余闲,五分、十分钟的去练习。把你的练习时间分散在一天里面,如此则弹钢琴就成了你日常生活中的一部分了。"

当我在哥仑比亚大学教书的时候,我想兼从事创作。可是上课、看卷子、开会等事情把我白天晚上的时间完全占满了。差不多有两个年头我一字不曾动笔,我的借口是没有时间。后来才想起了卡尔·华尔德先生告诉我的话。

到了下一个星期,我就把他的话实验起来。只要有五分钟左右的空闲时间我就坐下来写作一百字或短短的几行。

出乎我意料之外,在那个星期的终了,我竟积有相当的稿子准备我的修改。

后来我用同样积少成多的方法,创作长篇小说。我的教授工作虽一天繁重一天,但是每天仍有许多可资利用的短短余闲。我同时还练习钢琴,发现每天小小的间歇时间已足敷我从事创作与弹琴两项工作。

利用短时间,其中有一个诀窍:你要将工作进行得迅速,如果只有五分钟的时间给你写作,你切不可把四分钟泡磨在咬你的铅笔的尾巴。思想上事前要有所准备,到工作时间届临的时候,立刻把心神集中在工作上去。迅速地集中脑力,幸而决不像一般人所想象的那样困难。

我承认我并不是故意想使五分钟不要随便过去,但是人类的生命可以从这些短短的间歇闲余中获得一些成就的。卡尔·华尔德对于我的一生有极重大的影响。由于他,我发现了极短的时间,如果能毫不迁延地充分加以利用,就能积少成多地供给你所需要的长时间。

(王家棫 译)

——选自《外国散文金库·遵生卷》,乔继堂主编,中国广播电视出版社 1993 年版,第 268—269 页

选文八 勃兰库谈冰上旅行

在我们离开杜克村的前几天,传教士建议我乘坐狗拉雪橇作一次冰上旅行。他正好要到那里去拉起设置在大浮冰下的渔网。对我来说,这简直是实现孩提时的梦想,我将亲临《白牙》中描写的景色。我们的雪橇将由九条狗牵拉。罗贝尔一面把鞍鞯套上狗的前胸,一面对我说,我们的爱斯基摩狗是狼种。

"从前,"传教士解释说,"爱斯基摩人从狗群里挑选出处在发情期的雌狗,把它们拴在远离营地的荒野里,让野狼同它们交配。这样所得的狗仔身强力壮,能吃苦耐劳,用它们来拉雪撬跑长途远远胜过普通狗。"

我一边帮助勒默尔神甫编组列队,一边情不自禁地对他说,这些被大家遗忘的爱斯基摩狗早已在征服冰雪两极的光荣榜上有名了。真的,一九〇九年四月六日,正是皮雷[①]的牵头狗率先抵达了北极。一九一一年十二月四日,另一只长毛牵头狗首先踏上了地球的另一终端南极;它和另外十

[①] 即 Robert Edwin Peary (1856—1920):美国探险家,他于 1909 年 4 月 5 日第一个登上北极。

四只狗一起拉着阿蒙德森①的雪橇。

现在雪橇已准备就绪；狗群已等待得烦躁不安。如果说鞍辔和拉套过去是海豹皮制的话，那么现在是用帆布和绳索制成的了。牵头的狗黑前胸白尾巴很容易辨认，它正呼吸着寒冷的空气。它知道它是群犬之首。尽管它的霸主地位已被其他狗确认，但是每天仍必须受到考验，它不得不张开血盆大口，露出利齿，一往直前地同它的同属展开残酷的厮杀，直至鲜血溅满雪地。战败者仰卧在地摊开胸膛，任人宰割以示归顺。罗贝尔一边理顺两根缠在一起的鞍辔，一边说狗的编组是很有讲究的：

"在你面前的这群狗是完整的一家。牵头的塔杜克既是父亲也是首领；紧随其后的是它的长子，奴维克，在它旁边的是塔杜克的配偶，后面顺次排列的都是它们的后代。"

排成扇形或排成纵队，必须视冰的厚度而定，每条狗都熟知自己的职责，随主子的吆喝行动："尤克——尤克!! 伊利——伊利!!"雪橇的长途滑行开始了。

要了解这个地区，最好的方法莫过于坐一天由像传教士罗贝尔这样的人驾驭的狗拉雪橇。我们的神甫全身穿着毛皮服。站立在雪橇后面，他不时地呼唤着每条狗的名字，用皮鞭准确地向它们传达指令，却不伤害他的任何一位长毛朋友。它们露着长舌，竖着耳朵，迎着淡雾形成的光晕拉着八十公斤重的雪橇行进，它们奋拉着脑袋，尾巴却翘得老高。

在我们的前面，是一望无际的、冰层达数米厚的波弗特海。假如我们能一直往前走，那么我们这条路就可以经过北极而到达几千公里以外的西伯利亚沿岸。

我穿一件狐皮派克大衣御寒，头戴一顶暖和的狼皮风帽，我觉得我的颜面已被凛冽的北风吹得都麻木了。我的前额、颧颊和鼻子已经失去任何知觉。确实，出发时，罗贝尔的气温计上就指着零下38℃。车身被雪堆弹起后又深重地落在滑板上。神甫用爱斯基摩语大声斥责他的九条狗，但是

---

① 即 Roald Amundsen（1872—1928）：瑞典探险家，他于1911年12月14日第一个抵达北极。

我觉察到在他和他的牲口之间有一种默契,甚至有一种感情。只有金属在冰块上滑行时发出的非常特殊的嘎吱声打破了周围的沉寂。杜克村在我们身后变成了一个小黑点。在我们一行的正面,天空不断下沉与无垠而光亮的冰面相接。

暴风雪从侧面猛烈地扑打我们,不停地在狗群的皮毛上撒上雪白的粉末。罗贝尔使劲地把风帽往他的呢帽上压,他看到我那忧郁的表情,歪着脖子直笑。转瞬间"米粉雪"打我衣服的所有缝隙里钻进来;千万只针扎着我手脚末梢的毛细血管。冰锥从我的胡须和眉毛上挂下来,每次呼吸我的鼻孔里都发出吱嘎的声响。

教士被粗糙的冰凌扎得面目全非,把皮鞭甩得格格作响。我们向北,朝着标志着渔网的小木桩滑行了将近三个小时。

为了减轻在高低不平的坡上爬行的狗群的负荷,我跳下雪橇,在雪地上小跑,我感到两肺剧痛,嗓子冒烟。气温很低,能见度越来越差,以致狗群有时在霜淞凝成的雾霭中消失了。

罗贝尔·勒默尔竟在我五十三岁时教会我体育锻炼。对他来说,这次数小时的旅行同他为了访问分散居住在大浮冰上的数十名爱斯基摩人所历时数月的旅行相比,那简直只是一种娱乐。

当我意识到我们正"站立"在万籁俱寂的波弗特海上的时候,勒默尔神甫的村子早已消失了好几个小时,我环视四周,目光所及一片空旷。无垠的北冰洋已被它的冰雪大衣紧紧裹住,它被凝固了,一无动静。

在洋面上由风和短暂的气温回升形成的雪浪犹如某种现代派的雕刻;而由潮汐形成的冰塔则像一艘艘侧卧在海滩上的大船。

在罗贝尔一声吆喝下,狗群立即停止了奔跑。唾液从它们的嘴里淌出后马上就结成了冰锥。风向已向东转移,风力随之减弱了。神甫拾起羊角镐向表层透明、深层变暗的冰块猛砍。海面冰冻一米有余。不多一会儿,木质浮标被解脱出来,我们就开始轻轻地拉网。鳕鱼、鲑鱼、鳐鱼和其他的白色海鱼纷纷跳出它们的樊笼,却又立即被冻成冰块。罗贝尔抓起一把鲑鱼向狗群扔去。

"作这样的旅行,最要紧的事情是喂狗。按理一条爱斯基摩狗应每隔两三天就饱餐一次,因为不能让它们空着肚干活。瞧瞧我们那些狗,它们已经开始啃鞍辔了。如果我们想返回村子,现在就应当让它们吃饱。"

我一面帮助罗贝尔理顺狗群的缰绳和肩带,一面向传教士请教北极探险者必须注意的安全事项。

对于生活在严寒世界已达到四分之一世纪的勒默尔神甫来说,经验使他有资格声称,北极地带不允许任何严重的差错。他爱一再提及,由于受到危害的是自身的存在,因此必须熟知高纬度地区特有的规则。他认为一个远离居民点进行探险的人首先应当具有超人的体魄和高尚的情操。

罗贝尔强调说,爱斯基摩人从来不单独去冰上探险。接着他谈到了旅行的准备工作要精选狗群和雪橇上的装备,要携带各种必要物品,如指南针、替换衣服、加温器、帐篷、睡袋、十天以上的食品、一支完好的枪和足以对付雪地上最危险的野兽——白熊的弹药。勒默尔认为,旅行路线也必须悉心加以研究。对冰层应尽一切可能进行测定,编目和设标。要注意冰封的海面会在暗浪的作用下开裂。严寒季节要避免做深呼吸,以防支气管受冻后咯血。此外为了保持良好的血液循环,防止冻僵,还应适当跟着雪橇跑步。

罗贝尔给我看他的那副用海象骨磨成的太阳镜,并对我说,尤其要保护眼睛,因为日光在雪地上的反射非常强烈。他补充说,大晴天,他甚至用烟灰把鼻子和颧颊抹黑。他接着说,当暴风雪来临的时候,雪橇、枪支、食品、帐篷,所有的一切都可能几分钟之内化为乌有;所以最重要的是把能埋的东西都埋在地里。当连续发生冻伤的时候,罗贝尔说,切忌采用民间的治疗方法,用雪摩擦冻伤的部位是万万使不得的,这只能使日后的坏疽加剧。坐雪橇旅行时丢失手套,几乎必然使双手遭到严厉的惩罚。

为了提供本村食品,而杀死过千百只野兽的本堂神甫告诉我们说,接近海豹浮到水面呼吸的窟窿是很危险的。这些地方冰层极薄,冰受不了人的重量,随时都可能破裂;他接着说,假如猎人不幸掉入水中,他必须时刻不停地活动和游泳,他的衣服会帮助他一直漂浮到得救的时候。如果他只有一人,那就难以幸存了。

在谈到打猎和设置陷阱的问题时,勒默尔神甫强调了另一件既困难又残酷的事儿:假如猎人找不到捕猎物,他就应当毫不犹豫地牺牲狗群中的最弱者以养活剩下的生灵。在大浮冰上是无温情可言的；猎人每天都得对自己的生命做出抉择。

然而罗贝尔强调说，他在加拿大北极地带生活的二十六个年头里，学会了尊重兽类。

正因为如此，所以我在再一次听他讲述那只拆毁捕捉它的所有陷阱的狼的故事时，觉察到在神甫的眼光里有一丝欣赏那种以孤僻残暴著称的野兽的狡黠的神情。几分钟之后，北极的本堂神甫仔细地把我打量了一番，他诡诈地问：

"你知道大白熊也就是爱斯基摩人管它叫纳诺克的那种熊怎样捕捉在阳光下取暖的海豹吗？你知道海豹是怎样受骗的吗？"

我正期待着这样一个显示大浮冰主宰着的威力的爱斯基摩民间传说。

"白熊知道自己长得和雪一样白，"勒默尔神甫说："可是它也知道它身上唯一的深色部分就是它的黑色鼻尖；所以当它悄悄地匍匐逼近海豹的时候，它用一只爪子把鼻尖掩盖起来……"

冰上旅行结束了，狗群被拴在链子上，减缓了它们的呼吸节奏；冰上打来的鱼都被细心地存放在被神甫当作天然冰窖的库房里。这间库房四面通风，里面的库存供全村在暴风雪季节无法打猎和捕鱼的数周内享用。我们在世界之极采访的第九日结束了，晚上在罗贝尔的屋子里自发地形成了一个欢送我们的盛会。长得像瓷娃娃似的爱斯基摩孩子们围着为我们敲打海豹皮大鼓的长辈。一只令人厌倦的单调曲子充斥着温度过高的房间；曲子歌颂一个伟大的猎人，他只用一把刀就杀死了白熊纳诺克。

神甫一面喝着滚烫的热茶，一面给膝前的孩子们讲世界上最美的故事，即那个诞生在热带地方名叫耶稣的孩子的故事。

屋外狂风呼啸，白雪覆盖了所有的窗户，天空变得漆黑。因我们的长途跋涉而疲惫不堪的狗群在白茫茫的拱穹下睡着了。

（汪家荣　译）

——选自《外国散文金库·记游卷》，乔继堂主编，中国广播电视出版社1993年版，第255—260页

选文九　波伏瓦谈假期的欢乐

　　我最大的乐趣是黎明时去迎接草地的苏醒。我手拿一本书，离开尚在沉睡的家屋，轻轻推开栅栏。草地上覆盖着一层薄霜，无法坐下去；我踏着小路，沿着被爷爷称为"庭园"的种满奇花异木的花园散步。我边走边读书，清新的空气迎面扑来，滋润着我的皮肤。那一抹笼罩大地的雾霭逐渐消散；紫红色的山毛榉、蓝色的雪松、银白色的杨树闪烁发光，像天国的清晨一样晶莹。我独自一人享受大自然的美景和上帝的恩惠，同时由于腹中空虚，想起了巧克力和烤面包的美味。

　　阳光沐浴的紫藤散发着清香，蜜蜂嗡嗡叫着，绿色的百叶窗打开了，对于别人这是一天的开始，可是我同这一天已经秘密分享了一段漫长的时光了；家人互道早安并且吃早餐，然后我到木豆树下坐在一张铁桌旁边做我的"假期作业"。这对于我是愉快的时刻，因为作业很容易；我好像在用功，实际上却陶醉于夏日的喧闹：胡蜂的嗡鸣、珠鸡的咕嗒、孔雀的哀叫、树叶的飒飒。福禄考花的芬芳和从厨房吹来的焦糖和巧克力的诱人香味混杂在一起，阳光在我的作业本上投下了朵朵跳动的圆圈。这儿，每件事物和我自己都各得其所，现在，永远。

　　将近中午，爷爷下楼了，两道白颊髯之间的下巴刚刚刮过。他拿起《巴黎回声报》，一直读到吃午饭。他喜欢有分量的食物：鹧鸪焖卷心菜、烤子鸡、橄榄炖鸭、兔里脊、馅饼奶油、水果馅饼、圆馅饼、杏仁奶油馅饼、烘饼、樱桃蛋糕。当菜盆托①放着《角城之钟》②时，爷爷同爸爸逗趣；他们争先恐后说话；他们笑声朗朗，时而背诵名句，时而唱歌；往事的回忆、奇闻轶事、名言警句、家传的笑料都是他们谈话的素材。饭后，我通常和姐姐一道去散步。我们跑遍了方圆几公里内的栗树林、田野和荒

---

① 一种可以播放音乐的托盘。
② 一部轻歌剧的名称。

原，荆棘刺破我们的手脚……有时，我整个下午待在花园里，如痴似醉地读书，或者凝视地上慢慢移动的阴影和翩翩飞舞的蝴蝶。

雨天，我们留在屋子里。可是，如果说我对人为的约束感到痛苦，我对大自然的限制并不反感。客厅里有绿色长毛绒的扶手椅、挂着黄色纱幔的落地窗，我在那是很惬意的；在大理石壁炉上，在桌上，在餐具柜上，摆着许多逝去岁月的纪念物：羽毛日益脱落的鸟类标本、日益干缩的花朵、光泽日益暗淡的贝壳。我爬上凳子，在书架上搜寻。我在那儿总会找到一本未曾读过的芬尼莫尔库柏[①]的小说，或者一期旧的《风光画报》。客厅里还有一架钢琴，好几个键已经不响了，弹出的声音不大协调。妈妈翻开摆在谱架上的《大漠戈尔》[②]或《让内特婚礼》[③]的乐谱，唱起爷爷爱听的歌曲，爷爷同我们齐声重复着副歌。

如果天晴，我晚饭后再到花园里兜上一圈。我头顶银河璀璨的星斗，呼吸沁人心魄的玉兰花香，窥视横掠长空的流星。随后，我手执蜡烛上楼安寝。

——选自《法国散文选》，拉马丁等著，程依荣译，湖南人民出版社 1987 年版，第 209—211 页

选文十　法迪曼谈咖啡

我上大学二年级的时候，差不多每天晚上都和朋友彼得和阿列克斯在一起喝咖啡。尽管咖啡是罐装的；尽管牛奶是从餐厅偷偷拿来的，冷冻在朋友宿舍的窗外，溶进了雪花，混进了浮尘；尽管阿列克斯的破旧单孔加热炉似乎随时会使我们触电；尽管我们在洗澡间的盆子里清洗厨房用具，在马桶边垫上一叠手纸把它们晾干——总之，尽管登斯特宿合 F—13 号不

[①] 美国冒险小说作家（1784—1801）。
[②] 奥德朗（Audran）1817 年写的滑稽歌剧。
[③] 马随（Masse）1853 年写的滑稽歌剧。

是地道的艾斯可菲咖啡馆,我们还是觉得这一场夜饮是顶尖的雅事,我认为在各方面都是符合规矩的。

阿列克斯是坎布里奇①本地人。彼得是诱人的国际产品。他有一位塞尔维亚父亲,一位美国母亲,还有一只法国的咖啡壶。在我的洛杉矶家中,泡制咖啡的过程只需三秒钟:你舀上一勺冰冻干燥的咖啡颗粒,放进杯中加上热水,搅拌几下就行了。用彼得的咖啡壶,你很容易浪费掉几个小时,包括把咖啡壶安装好,加热,泡制,倒出咖啡,喝咖啡,拆卸咖啡壶,清洗等程序(聊天就不用提了)。你一直自我安慰,认为没有白费工夫,因为充分吸入咖啡碱之后,你的学习就会快得像魔鬼一样。那个法国式的咖啡壶由七个零件组成:一个长圆形的大玻璃罐;一个四条腿的金属架;一个铬制的盖子,中间穿过一支带活塞的管子,顶端是一个黑色的圆形把手;还有三个金属过滤碟,按一定顺序旋转安装在活塞管子的尖头;要掌握好这一套安装技巧,我们各科测试成绩再好也帮不了忙。所有零件布置到位以后,你把磨碎的咖啡豆投入玻璃罐中,倒进沸水,必须等待足足四分钟。(在《伊普克雷斯档案》一书中,特工人员帕尔默总是没有做好这关键的一步。《卫报》的一位评论员说,帕尔默磨碎了咖啡豆,倒进了咖啡壶,但是没等到咖啡泡够时间就按下了活塞。一个自尊的间谍怎么能够喝下泡得不浓的饮料就去执行日常的暗杀和伤害的任务呢?)只有时间到了,你才用手心按下活塞的把手,把咖啡渣压到玻璃罐的底部,但是饮用的部分仍然会残留着少量的淤积物。整个操作是多么令人满意啊!活塞与长圆形的玻璃罐正好相配,一丝不差。你把它按下时,能感到有些阻力。如果压得太猛,热水和咖啡渣就会反弹到顶部。整个过程需要恰如其分,避免弄得一团糟。说真的,很像两性之间做爱(我那时初次尝到的另一种秘密,但不是跟彼得或阿列克斯)。你只要干过一次,就会要再做一次,再做一次。

我们不喜欢餐厅里的树胶茶杯,那些杯子多数在边上都变成灰色。我们每人都用一只瓷器筒杯。我的杯子上画着一只带圆点的猪,表示胃口很

---

① 坎布里奇(Cambridge),即哈佛大学所在地。——译者注

好。搅动咖啡用一只小银勺，勺子底部刻着我家乡的名称（本应该用意大利"翡冷翠"或法国"昂蒂布角"，而不用"洛杉矶"），我特别喜欢舌头舔那个字的感觉。喝咖啡的要旨就是表示我们已经长成人了，百事可乐已经不配我们这些风流的知识分子了，然而，我们在这种高级饮品中加了太多的牛奶和糖，弄得它像溶化了的咖啡冰淇淋。这就表示我们不只要长大成人，也要退回去变成小孩子了。

咖啡没有加快我的生活节奏，反而把速度拖慢，这是我平生最后一次。那些懒洋洋的长夜成了我大学功课的重要部分——雪落在外面的考珀思韦特大街上，我们三个人蹲在明亮暖和的房间里谈论文学和政治，直到整个登斯特宿舍都进入了梦乡。毕竟，教育无非就是用芳香可口的东西来充实生命，压掉不纯净的物质，只在底部留下一点点残渣。难道不是这么回事吗？

据说在公元7世纪红海附近的某地——是在埃塞俄比亚还是在也门，仍有争论——一群山羊吃了当地灌木丛中的紫红色小果子，行为出现了怪异。德国新闻记者雅各布（Heinrich Eduard Jacob）于1935年写了一本经典性的研究，名叫《咖啡：一种商品的史诗》。书中对山羊作了如下描写：

> 整夜，连续五夜——不，七八夜，这些山羊在岩石间攀登、跳跃、互相追逐、大声叫嚷。它们毛茸茸的头转过来又转过去。发红的眼睛看见牧羊人来了，便猛烈蹦到别处，像离开弓弦的箭一样，飞快逃跑了。

看见这些活蹦乱跳的山羊，附近清真寺的一位伊玛姆———位中世纪的卡斯塔尼达（Carlos Castaneda）——把小果子在锅里烤干，放在臼中捣碎，冲进开水，喝下泡出的浓汁。他躺在床上不能入睡，心跳加快，四肢轻松，情绪愉快而敏感。雅各布写道："他不只是在思考，他的思想仿佛看得见、摸得着，可以从上面、下面、左面、右面加以观察。又像一群马儿在奔驰。"这位伊玛姆发现，他平时只能思索一件事，现在可以同时思索许多事。他的眼光也更加锐利，桌上的羊皮纸文件显得更明亮，身边挂钩上的长袍也充满了生气。如雅各布所说"天堂的天使给他送来了神圣的食品"，使他强壮了。

嘀！精神振奋的伊玛姆还不懂得，当他和羊群轻飘飘地活动时，是1，3，7 三甲基黄嘌呤（又称咖啡碱）在血管中流动，刺激了大脑的活动，阻断了脑部吸收腺苷。腺苷是一种神经传导物质，如果听任它发挥作用，便使人（和羊群）昏昏欲睡，打不起精神。饮量刚好足够，你会感到享受了天堂天使的礼物。分量太多，你就坠入咖啡先生（20 世纪 30 年代优雅的波斯塔姆公司广告中的有翘胡子的卡通人物）的手掌心，难以自拔了。

咖啡碱初次提取，是在 1819 年。歌德在一生中喝过大量咖啡，进入老年后，对自己无节制的行为深感悔悟，便把一盒阿拉伯的穆哈咖啡豆交给化学家朗格（Friedlieb Ferdinand Runge），请他分析其中成分。朗格就在那一年提炼出一种生物碱，按雅各布的说法，"它的形状是白色发光的针状晶体，让我们想到天鹅的绒毛，更会想到雪"。咖啡碱有毒，实验室工作人员接触它要戴面罩和手套。温伯格（Bennett Alan Weinberg）与比勒（Bonnie K. Bealer）合著的《咖啡世界》一书中，有一张药物晶体的照片，药罐上附有说明标签：

> 警告！咽下或吸入皆可能有害。在实验动物中曾产生突发性或再生性后果。吸后导致心跳加速、兴奋、晕眩、疼痛、晕厥、高血压、发烧、气短。可能引起头痛、失眠、呕吐、胃疼、晕厥与痉挛。

凡是不相信咖啡碱为兴奋剂的人，都应该去读一读在这种药物影响下写出的文章。我桌上堆积着许多研究咖啡的书，都有一个共同点，那就是速度。仿佛这些书的作者都在凌晨 3 点被催起床，写作的速度赶不上思想的奔驰，不得不求助于表示强调的斜体字以及夸张的修辞；他们写的句子长得不得了，你看到末尾时竟忘掉了开头是什么。（但读书时你没有喝咖啡；如果你咽下几杯黑咖啡，跟上步调也就轻松自如了。）雅各布吹嘘说，他的叙述是"从咖啡创造的幸福状态中获得灵感的"。迪卡姆（Gregory Dicum）和卢廷格尔（Nina Luttinger）合写了本《咖啡之书：从大量到最后一滴工业的解剖》。他们自称，在写作此书的过程中：

> 喝下了 83 份双料美式咖啡，12 份双料浓咖啡，4 份完美的意大

利特浓咖啡,816 份普通咖啡(241 份法国产品加 87 杯滴溜咖啡),47 份土耳其咖啡,6 杯令人遗憾的风味咖啡,10 磅有机咖啡,7 磅公平交易咖啡,四分之一磅菊苣与一把大麻籽作为偶尔的附带品,一罐超市买来的咖啡粉(加冰水饮用),6 瓶咖啡饮料,一品脱咖啡啤酒,一品脱浓缩咖啡,一把穆哈咖啡(产于埃及),一些卡布基诺咖啡,一份浓咖啡加苏打水,还有一份顺便尝尝的低脂肪无咖啡因大豆汁与橘汁混合饮料。

他们写的书一共只有 196 页,似乎用不了很长时间就可写完。不算无咖啡碱的那一项,他们每天摄入的咖啡碱量真是大得惊人。(但是看看他们表述的精确性吧:咖啡叫你生气勃勃,而不会叫你草草率率。)

当代咖啡写作大师是艾伦(Stewart Lee Allen),人称"咖啡新闻主义的汤普森(Hunter S. Thompson)"。他写了一本光怪陆离的杰作《魔鬼之杯》。为了写这本书,他竟消费了"2 920 立升过滤咖啡、滴溜咖啡、浓咖啡、拿铁咖啡、卡布其诺咖啡、玛琪雅朵咖啡、康宝蓝咖啡、速溶咖啡、美式咖啡"。(这本书并不长。艾伦完成写作之时,血液里恐怕尽是 1, 3, 7 三甲基黄嘌呤了。)为了探寻咖啡在全球散播的路线,他走遍了哈拉、塞纳、伊斯坦布尔、维也纳、慕尼黑、巴黎、里约热内卢,还有美国的许多城市。一路上他使用了各种手段为旅行筹款并满足自己喝咖啡的嗜好,包括制造假护照和走私等勾当。他这一套活动终于在 66 号公路上停止了:为了寻找美国最劣质的咖啡,他开着一辆本田牌汽车,里面装满了各式各样的咖啡碱:Stimu-Chew, Water Joe, Krank, 高咖啡碱糖果,以及一小瓶咖啡碱晶体(某个以震颤眼球为标志图片的国际网站给予高分评价)。这种咖啡碱晶体与可卡因类似,能引起神经药物学方面的失常反应。田纳西州的警察在该州的雅典城附近把他的汽车截留了下来。

然而,在震颤眼球的领域内,艾伦无法和巴尔扎克相比。只有巴扎克才是依靠浓咖啡写作的人们追随的榜样。咖啡碱对巴尔扎克的作用,也就是大麻对波德莱尔、鸦片对柯勒律治、可卡因对史蒂文森、笑气对骚塞、"酶斯卡灵"对阿尔多斯·赫胥黎、安非他命对杰克·凯鲁亚克所发挥的作用。他这种习惯很早就开始了。像美国的富家子弟大学预备学校那样,巴尔扎克上学的时候，就靠学校的看门人把违禁的咖啡豆偷偷运到他的宿舍中去，由此欠下了这个看门人大笔债务。成人以后，巴尔扎克每天十八个小时不断写小说，他的债主也不断来敲门索债。他和所有上瘾的人一样，承受咖啡碱的能力越来越强，喝咖啡就越来越多。开始时每天一杯，后来从几杯增加到四十杯，用水逐渐减少，浓度越来越高，直到吃起咖啡豆的碎末来。他写道："这是可怕粗野的办法，我只能推荐给精力特别充沛的人，推荐给黑发浓密，皮肤上有斑点，手掌又大又宽，两腿像保龄球柱一样的人。"虽然这种吃法对胃极端有害，但是能把咖啡碱送进头脑，效率极高。

从那一时刻开始，一切都激发起来了。观念以急行军进入行动，仿佛一支庞大的部队投入战场，战斗打响了。记忆高举着鲜明的旗帜冲锋在前；比喻的骑兵奔驰着展开了队形；逻辑的炮兵开了过去，炮车载着炮弹发出嘎嘎的响声；想象力一声令下，狙击手瞄准射击。形状、形象、人物纷纷涌现，纸下布满了墨迹。

像这样的段落，没有咖啡碱写得出来吗？

巴尔扎克的咖啡壶现在陈列在巴黎雷努阿街47号的故居内。那是他度过最后十年艰难岁月的地方，他在那里写作了《贝姨》和《邦斯舅舅》，失去了健康，债主来了便从一个密门逃出去。我的朋友亚当（他爱喝浓咖啡但要加糖）几年前参观了这个房子。他给我写信说："咖啡壶是红白相间的瓷器，上有巴尔扎克名姓的简写字母。很优雅的小玩意儿，样子像航海使用的。我可以想象，在他晚年乱糟糟的生活中，它平静地统治着一切，是黑暗中一座小小的咖啡碱的灯塔。"

我十五岁时也到巴黎去了。我当时并不理解，那个夏天我是处在决定命运的十字路口。一条路通向咖啡，另一条路通向酒。

我那时是个高中学生，去法国是课程的一部分。在那个时代，父母必须伴随未成年子女（in loco parentis）的规定还不像现在这样严格。每天早上我在当地糕点铺喝一份奶油咖啡，每天晚上在酒吧吃一份冷冻薄荷奶酪。我们离开巴黎后到法国南部去旅游,一天下午,课程导师请我在维恩的一家三星餐厅吃饭。我们享受了鹅肝奶油蛋卷,佩里格鲟鱼肉酱,比目鱼加鱼子酱配时蔬,小珠鸡配时蔬,奶油焗土豆,奶酪,奶油栗子蛋糕,花色小蛋糕等佳肴,还喝了克莱门特'62起泡酒。此前我从来不曾喝过半瓶葡萄酒。饭后,在去阿维农的路上,导师科斯纳先生(Monsieur Cosnard)请我开一段汽车。我感到有苦说不出,因为昏头昏脑,把驾驶用的地图都拿颠倒了。

结论很清楚:谁愿意变成这个样子呢?虽然我不曾戒绝饮酒,但我明白——尤其在第二天早晨我宿醉尚未过去的时候,我已经与咖啡碱结下不解之缘,而不会与酒精做朋友了。我的感官可以变得敏锐,谁愿意使之迟钝呢?我能够记忆清晰,谁愿意忘性大呢?我能够口齿灵便,谁愿意说话含糊呢?当然,我在那时就是个多嘴多舌的工作狂,喜欢整夜不睡觉,你一定认为我愿意找到一种药,叫我接近钟形曲线的中央,而不愿意被挤到边缘。当然是这样。谁愿意处在边缘呢?难道我们不是在连续工作,尽力发挥我们的本色吗?

我那天躺在床上,头疼得要命,阳光从窗户照进来,同时传进来的还有楼下厨房里上等法国咖啡的香味。

雅各布说,咖啡是酒神的对头。17世纪中叶,当咖啡从中东地区向西方渗透,开始侵入欧洲的时候,潜在的咖啡消费者正迫切需要一种保持头脑清醒的药剂。雅各布议论说:"那个时代的人们,眼睛、血感官都浸泡在啤酒里。啤酒堵塞了他们的肝脏、他们的声音、他们的心。"普通的英国人每天要喝上三升啤酒,相当于现在的十二罐,许多时间都会撞在路灯杆上面,摔进路边的沟渠中。咖啡受到欢迎,被认为是有利于健康的一种选择。1674年一位不知名的诗人这样写道:雾蒙蒙的啤酒,掀起一长串/泥浆般的酒气,抓住我们的头脑。/老天怜悯我们……/初次送来了治疗百病的仙果。

在1645到1750年期间,咖啡馆在巴黎、维也纳、莱比锡、阿姆斯特丹、罗马、威尼斯纷纷涌现,治疗百病的仙果使欧洲大陆无数人的头脑拨开云雾，重见青天。然而，在1730年茶占据上风之前，英国毫无疑问是咖啡之王。按保守的估计，伦敦在18世纪初年约有五家咖啡馆。（如果纽约今天有同样密度的咖啡馆，那就应当是八千家之多。）这些馆子并不只是喝那种浑浊液体（一位评论家比喻为"烟尘浆或破鞋汁"）的地方；在那个年代，公共图书馆根本不存在，报纸刚刚萌芽，咖啡馆便是新闻中心，也是闲谈和受教育的中心，是"廉价大学"。1657年一个报纸广告上说，咖啡馆的主要作用是"公众交流"。

伦敦为每个人（只要是男性）都开设了咖啡馆。如果你爱赌博，就去"怀特"咖啡馆。如果你是医生，就去"加拉威"或者"柴尔德"。如果你是生意人，就去"劳埃德"，那家咖啡馆后来发展成为保险业的大楼。如果你是科学家，就去"格雷西安"，那里有牛顿、哈雷（Edmund Halley）、斯隆（Hans Sloan）曾经当众解剖从泰晤士河捕到的一只海豚。如果你是新闻记者，就去"巴顿"，阿狄生（Joseph Addison）曾经在那里设立了"读者信箱"，形状像个狮子头，你可以把投送《卫报》的信件放进狮子的嘴中。如果你是文学家，就去"威尔斯"，和蒲柏、佩皮斯、德莱顿在一起，参与辩论弥尔顿的《失乐园》应当写成素体诗，还是应当写成双行押韵诗。这些咖啡馆改变了英国社会的历史发展，表明在那里待下去是何等愉快，"绅士、商人都可以坐在一起，互不冒犯"（根据1674年的咖啡馆管理条例）。咖啡馆也改变了英国文学的道路，把独自变成了对话。大英博物馆有一幅1705年的水彩画描绘了典型的咖啡馆场面：一间天花板很高的房屋，中间是一个巨大的黑色咖啡锅，在明亮的炉火上冒出泡沫。戴假发的顾客有的在喝咖啡，有的在抽烟斗，有的在看报纸，做笔记，然而大多数都在谈天说地——你可以从他们指手画脚的姿势看得出来。

回顾起来，当年我在登斯特宿舍的夜晚也是一种微型的"廉价大学"。说来可悲，如今我喝咖啡通常只是单独活动，像巴尔扎克一样为了应付交稿的限期而采取的对策（虽然饮量比巴尔扎克小一些）；它已经不是"公众交流"的活动。时间比过去紧迫，我泡制咖啡已经不用法国式的咖啡壶，而是把滤纸放在一只塑料锥体中来过滤咖啡。通常，我每天只喝一两杯，仍旧加糖，写作的时候多喝一些。根据"参与新闻"的精神，这篇文章的每个字都是在 1，3，7 三甲基黄嘌呤的影响下写出来的。写作的产量必须对得起摄入的分量；在停息三十年之后，那只画着小猪的圆筒杯又开始用上了。

我喝咖啡在各方面都不如过去了，但是，我并没有完全戒掉它。这不仅仅是习惯、感情或品位的问题。其理由有点像多年以前埃塞俄比亚的加拉人（Galla people），他们在每次作战前都要吃一些混合着动物油脂的咖啡粉；也像美国内战每次战役的前夜，你可以看见几百处营火在黑暗中闪耀，每处都在煮一锅又黑又浓、足以提升战斗勇气的咖啡。

我还记得五年前的情景：我搭乘一架早班飞机到佛罗里达州迈尔斯堡去。父亲刚住进医院，看来是患了晚期癌症，后来确诊是如此。应付医生、护士和办事人员的职责都落在我身上。我一夜都没睡觉，跌跌撞撞走下飞机的时候，连路也走不动了。正好在那边，在机场通道的远处，原来是卖比萨饼和汉堡王的地方，新开了一家星巴克咖啡店，像海市蜃楼一般闪动着。

我懂、我懂。人们说星巴克是没有心肝的庞大公司，全球千篇一律的怪物，家庭咖啡店的杀手。可是那时我没有想到那些说法。我想的是：要喝一大杯加全奶的浓咖啡，放进两包糖，调拌得一点晶体也不剩下。我要坐下来慢慢地喝，然后开车到医院去。

走向柜台的时候，我对自己说："我能办得到。"

——选自《闲话大小事》，［美］安妮·法迪曼著，
杨传纬译，上海人民出版社 2009 年版，第 145—155 页

结语

法国作家蒙田（1533—592）辞官归隐，居家过上自由、平静、安闲的乡绅生活。法国启蒙思想家和文学家卢梭（1712—1778）厌倦巴黎生

活,后隐居乡间,过着清贫生活,每日在独步旅行中遐想,并感受自然之美。美国作家欧文(1783—1859)"好古成癖",在伦敦寻踪访迹。美国作家梭罗(1817—1862)热衷自然,在瓦尔登湖畔结庐定居,独得钓鱼之情味。瑞士作家黑塞(1877—1962)用细致而洒脱的笔触描写自己聆听古老音乐的经历,并道出了音乐与建筑之间的密切关系。英国作家普利斯特莱(1894—1984)沉溺于躺在荒野高原的悠闲感,"消磨漫长而金光灿灿的午后良辰",极为认同与那种整天忙碌工作状态完全相反的"无所事事"。美国近代作家、出色的钢琴家爱尔斯金以自己的经验告诉我们人可以在短暂的闲歇、闲余中获得成就。法国作家勃兰库(1935—)感受了一次非同寻常的北极冒险之旅,体验到了那种惊险和刺激。法国女作家波伏瓦(1908—1986)叙述的虽然只是个人在假期当中通常情况下一天的生活情况,但"欢乐"溢于言表,并教会了我们如何真实而快乐地生活。专职小品文写作的美国当代女作家安妮·法迪曼,其兴趣是广阔的(谈大事),然而注意的焦点是近处的(谈小事)。她说夜饮咖啡是"顶尖的雅事","在各方面都是符合规矩的",而文中插入介绍的咖啡文化也让我们感受到咖啡导致的"强烈耳鸣"。这些西方作家均述及了自己的兴趣、爱好,他们以各种方式来排遣时光和享受生活。从这些作家身上和他们的作品中,我们能够深刻感受到西方人那种对工作的烦躁情绪,特别是对于理性生活制度的不满及力求摆脱的强烈愿望。西方人的人生观、价值观对于今天的我们如何更好地摆正生活态度同样具有一种启发意义。

进一步思考的问题:

1. 古希腊人和古罗马人的生活有什么特点?
2. 如何看待中世纪人的生活?
3. 培根、帕斯卡尔等人是怎样思考休闲问题的?
4. 英国人、法国人、美国人的休闲生活各有什么特点?

相关性思考的问题:

1. 比较西方人与中国人的时间观念。

2. 如何看待当代西方人的生活理想观?
3. 西方人在近、现代中国人眼中是一个怎样的形象?
4. 比较中、西休闲思想的不同发展历程。

进一步阅读的书目:

1. [古罗马] 爱比克泰德:《生活的艺术:通往幸福、快乐与美德之路》,沈小钧译,天津社会科学院出版社 2008 年版。

2. [古罗马] 奥古斯丁:《幸福就要珍惜生命:奥古斯丁论宗教与人生》,张传有编,湖北人民出版社 2001 年版。

3. [古罗马] 吕齐乌斯·安涅·塞涅卡:《面包里的幸福人生》,陕西师范大学出版社 2003 年版。 4. [英] 培根:《培根论人生》,徐奕春等译,中央编译出版社 2009 年版。

5. [法] 帕斯卡尔:《帕斯卡尔思想录》,何兆武译,天津人民出版社 2007 年版。

6. [德] 马克斯·韦伯:《入世修行:马克斯·韦伯脱魔世界理性集》,王容芳、陈维钢译,天津人民出版社 2007 年版。

7. [法] 安德烈·莫洛亚:《生活的智慧:安德烈·莫洛亚超凡入圣集》,傅雷等译,天津人民出版社 2005 年版。

8. [英] 约翰·卢伯克:《人生的乐趣》,薄景山译,上海人民出版社 2008 年版。

9. [英] 罗素:《幸福之路:贝特兰·罗素通情达理集》,傅雷译,陕西师范大学出版社 2003 年版。

关联性阅读的书目:

1. 赵澧、徐京安主编:《唯美主义》,中国人民大学出版社 1988 年版。
2. 乐黛云主编:《文化传递与文学形象》,北京大学出版社 1999 年版。
3. 辜振丰:《布尔乔亚:欲望与消费的古典记忆》,岳麓书社 2007 年版。
4. 倪世光:《铁血浪漫:中世纪骑士》,北京大学出版社 2010 年版。
5. [美] 赫茨勒:《乌托邦思想史》,张兆麟等译,商务印书馆 1990 年版。
6. [法] 热纳维埃夫·多古尔:《中世纪的生活》,冯棠译,商务印书馆 1998 年版。

7. ［英］亨利·斯坦利·贝内特：《英国庄园生活：1150—400 年农民生活状况研究》，上海人民出版社 2005 年版。

8. ［法］安娜·马丁－菲吉耶：《浪漫主义者的生活：1820—848》，杭零译，山东画报出版社 2005 年版。

9. ［英］H. D. F. 基托：《希腊人》，徐卫翔、黄韬译，上海人民出版社 2006 年版。

后记

编完本书，如释重负，总算有个交代了。这个读本从选题、构思、选文（包括文字录入、校对）、写作，直到最后的完成，颇费周折，前后持续了整整一年的时间：从去年那个夏秋之交开始，经历飒飒的秋风、湿冷的冬季，再到春暖花开，而后又是个闷热的暑期，再加上最近一个月的连续作战。我几乎把教学工作之外的所有闲暇时间都用上了，这一年真是"忙之又忙"！好在平时有上操场运动的习惯，忙中"偷"点闲，缓解了一些疲惫和焦虑感，终能如愿完成这一工作。

"能闲世人之所忙者，方能忙世人之所闲者。"清人张潮的话不无道理。任何的"闲"与"忙"其实都是相对的，关键在于你对工作、生活的一种态度。编写工作之所以"忙"，也决定于此。就休闲美学而言，它所涉及的话题多，资料也极为丰富，但多、丰富并不一定就是好事，因为需要你去认真、仔细地甄别，做到"为我所用"。在编写过程中，我曾对原先入选的部分选文进行了替换，去掉了那些或关联性不够，或注释繁杂，或理解难度偏大的选文，尽力选取那些具代表性、可读性强的选文；而始终盘踞在我大脑的是这样两点：一是要编写的是"休闲美学"而不是"休闲学"，尽管两者极其相关，但休闲美学应该有自己的特点；二是无论是对美学还是休闲学的理解，都应该偏于或导向一种人生实践，要做到与生活的紧密结合。编写过程本身就是一个不断增进理解休闲、休闲美学的过程，唯愿不要"忙中出错"！

感谢浙江师范大学人文学院为系列读本编写工作给予的大力支持；感谢文艺学学科的各位老师，他们提出的诸多宝贵建议使本书增色不少；还要特别感谢张法老师，他的关心和宽容是我及时完成这项工作的动力。

赖勤芳
2010 年 10 月 3 日于金华高村